Kurt Nagel

Weiterbildung als strategischer Erfolgsfaktor

Kurt Nagel

Weiterbildung als strategischer Erfolgsfaktor

Der Weg zum unternehmerisch denkenden Mitarbeiter

verlag moderne industrie

CIP-Titelaufnahme der Deutschen Bibliothek

Nagel, Kurt:
Weiterbildung als strategischer Erfolgsfaktor : der Weg zum unternehmerisch denkenden Mitarbeiter / Kurt Nagel. –
Landsberg/Lech : Verl. Moderne Industrie, 1990
ISBN 3-478-31820-3

Umschlaggestaltung: Hubert Patscheider, 8900 Augsburg
Satz: SatzStudio Pfeifer, 8032 Gräfelfing
Druck und Bindearbeiten: Druckerei Schoder, 8906 Gersthofen
Printed in Germany 310820/890203
ISBN 3-478-31820-3

Inhaltsverzeichnis

Problemanalyse und Zielsetzung dieses Buches

Vor über zwei Dekaden hat der Verfasser in seinem Buch „Die innerbetriebliche Ausbildung von Führungskräften in Großunternehmen"[1] in die Problemstellung mit den nachstehenden Aussagen eingeführt: „Der Erfolg einer Unternehmung hängt sehr stark vom Wollen und Können ihrer Führungskräfte ab. Diese Tatsache wird auch in Deutschland immer mehr erkannt. Es hat sich heute weitgehend die Auffassung durchgesetzt, daß wesentliche Teile des Führungswissens und Führungskönnens lehr- und lernbar sind. Deshalb haben vor allem die Großunternehmungen ein wachsendes Interesse an der Ausbildung ihrer Führungskräfte. Sie investieren zum Teil erhebliche Beträge, um die Leistungsfähigkeit der Führungskräfte zu steigern. Da die Vermittlung notwendigen Wissens mehr und mehr zu einer Lebensfrage für die Unternehmung wird, muß sie auch systematisch geplant und durchgeführt werden. Aber gerade daran mangelt es in vielen Unternehmungen. Man überläßt auf dem Gebiet der Ausbildung von Führungskräften einfach zuviel dem Zufall. Diese Arbeit soll zeigen, wie die Führungskräfte durch systematisches und planmäßiges Vorgehen ausgebildet werden können."

In den vergangenen gut zwei Jahrzehnten hat sich fraglos auf dem Gebiet der Aus- und Weiterbildung viel getan – insbesondere bei Großunternehmen, die häufig als Pioniere für neue Ansätze im planerischen, organisatorischen und methodischen Vorgehen stehen.

Diese Vorreiter sind zwischenzeitlich unter anderem hervorgetreten durch:

---

1 Vgl. Nagel, Kurt: Die innerbetriebliche Ausbildung von Führungskräften in Großunternehmen. Berlin 1969.

- eine systematische Planung der Aus- und Weiterbildung (erwähnt seien hier die Skillplanungen in mittlerer und längerer Sicht),
- die Verbesserung der Effizienz in der Durchführung der Aus- und Weiterbildungsmaßnahmen (dies wurde insbesondere durch die verstärkte Anwendung der Informationsverarbeitung im Bereich der Aus- und Weiterbildung erreicht),
- den Einsatz adäquater Methoden des Lehrens und Lernens wie zum Beispiel
  - Lernprogramme
  - Lernsysteme
  - Superlearning.

Dennoch empfindet der Verfasser bei der heutigen Diskussion dieses Themenkreises Unbehagen. Dieses Gefühl wurde verstärkt durch
- die geführten Diskussionen mit namhaften Wissenschaftlern aus unterschiedlichen Fachbereichen,
- eine – zugegebenermaßen sehr grobe – Analyse der Veröffentlichungen auf diesem Gebiete,
- die verstärkte Auseinandersetzung mit Verantwortlichen für die Aus- und Weiterbildung in der Wirtschafts- und Verwaltungspraxis,
- den Besuch einer Vielzahl von Seminaren und Veranstaltungen,
- zahlreiche Gespräche mit Leitern von namhaften Aus- und Weiterbildungsinstitutionen und
- nicht zuletzt durch die eigenen rund 30jährigen Erfahrungen als Dozent und Berater.

Mein Eindruck ist, daß eine Reihe von Organisationen in der Wirtschafts- und Verwaltungspraxis
- den Stellenwert dieses Erfolgsfaktors noch nicht erkannt haben,
- strategische Konzeptionen vermissen lassen,
- bei der Umsetzung häufig Probleme haben,
- nicht alle von der Weiterbildung Betroffenen zu Beteiligten machen,
- an klassischen Lehrmethoden kleben, die meist keine optimale Weiterbildung erlauben,
- das vorhandene Budget als „Alibifunktion“ gegenüber den Mitarbeitern und der Öffentlichkeit sehen, gleichzeitig aber die Weiterbildungsmaßnahmen als Kostenfaktor betrachten,
- Kompetenz und Professionalität nicht den notwendigen Stellenwert geben.

Diese kritischen Anmerkungen machen deutlich, daß ein hoher Prozentsatz der jährlichen Fortbildungsmaßnahmen nicht sinnvoll genutzt wird. Geht man von rund 30 Milliarden aus, die jährlich für die Fortbildung in der Bundesrepublik ausgegeben werden, dann ist dies ein dramatischer Tatbestand.

Mein Eindruck über den Stand der wissenschaftlichen Erkenntnisse auf diesem Gebiet ist besser. Eine Reihe von Wissenschaftlern und Praktikern (meist in Personalunion) haben in ihren Themenschwerpunkten Großartiges geleistet. Beim Lesen und Durcharbeiten ihrer Aussagen war ich häufig begeistert. Leider ist es ihnen aber nur in relativ begrenztem Umfang gelungen, als „Sauerteig" in der Praxis zu gären. Es ist schade, wie wenig Entscheidungsträger, Mitarbeiter und Dozenten von diesen Erfahrungen und den dabei entwickelten Lösungsvorschlägen profitieren. Was mir bei der Analyse der Publikationen aber auch auffiel, ist die meist nur punktuelle Behandlung der strategischen Überlegungen. Es wird

- die Weiterbildung zu wenig aus gesamtheitlicher Sicht gesehen,
- der Weiterbildungsbedarf nicht aus den Veränderungen der Erfolgspositionen in der Unternehmensführung abgeleitet,
- keine Antwort auf strategisches Investitionsverhalten gegeben,
- zu wenig Wert auf kreatives, innovatives und vernetztes Denken gelegt,
- der Mitarbeiter noch meist im klassischen Umfeld der Stellenbeschreibungen gesehen – vom Mitarbeiter in der Rolle des Sub-Unternehmers ganz zu schweigen.

Es ist heute unbestritten, daß erfolgreiche Unternehmensführung auf der Verwirklichung konkreter Erfolgsfaktoren basiert. Aus zahlreichen empirischen Untersuchungen, die weltweit durchgeführt wurden, geht hervor, daß neben klaren, längerfristigen Strategien, einer flexiblen Organisation, einem effizienten Informationssystem und einer bestens praktizierten Kundenorientierung es insbesondere gilt, das Potential der Mitarbeiter zu nutzen und wirkungsvolle Führungssysteme aufzubauen. Das Wollen und Können der Mitarbeiter haben heute entscheidenden Einfluß auf den Unternehmenserfolg. Man hat in Wirtschaft und Verwaltung erkannt, daß in jedem Menschen ein Potential für massive Leistungssteigerung steckt und daß seine positive innere Einstellung zur Organisation Ausgangspunkt für herausragende Arbeit ist; denn wer Aufgaben und Ziele als wertvoll erkannt hat, wird sich auch wesentlich erfolgreicher dafür einsetzen. Es ist für jede Organisation deshalb gleichermaßen eine Notwendigkeit, diese vorhandenen Energien und Fähigkeiten zu erkennen und zu nutzen.

Die Weiterbildung der Mitarbeiter wird in allen Organisationen zu dem entscheidenden Schlüsselfaktor für erfolgreiches Agieren in den 90er Jahren. Dies ist vor dem Hintergrund zu sehen, daß

- das Wissen der Welt sich alle vier Jahre verdoppelt,
- die Halbwertzeiten künftig – in nahezu allen Berufen – zwischen drei und vier Jahren liegen werden,
- die Wettbewerbsvorteile durch Produkte nicht mehr wie früher in Jahren gemessen werden können, sondern bestenfalls in Monaten,
- die Unternehmen sich ständig um neue Geschäftsfelder bemühen,
- die Prozesse des Unternehmens intern und extern stark vernetzt werden,
- die siegreichen Unternehmen im Wettbewerb von morgen diejenigen sind, deren Mitarbeiter als Subunternehmer tätig werden und die die Fähigkeit haben, ständig neue Innovationen für Produkte, Prozesse und Märkte zu schaffen,
- die klassischen Aus- und Weiterbildungsmethoden verstärkt der Vergangenheit angehören und durch neue, häufig computergestützte Methoden abgelöst werden und
- die ständige Lernbereitschaft aller zur conditio sine qua non wird.

Die Weiterbildung wird in Wirtschaftsunternehmen zu *der* strategischen Waffe schlechthin werden (siehe Abbildung). Wenn dies so ist, dann gilt es, eine Reihe von Paradigmen abzulösen. Die neuen Fragestellungen der Weiterbildung werden unter anderem sein:

- Wie ist der Beitrag der Weiterbildung zum Unternehmenserfolg?
  - heute
  - in der Zukunft
- Wie werden die Erfolgsfaktoren durch Weiterbildung unterstützt?
  - heute
  - in der Zukunft
- Wie können die potentiellen Gefahren und Herausforderungen mit Hilfe der Weiterbildung gemeistert werden?

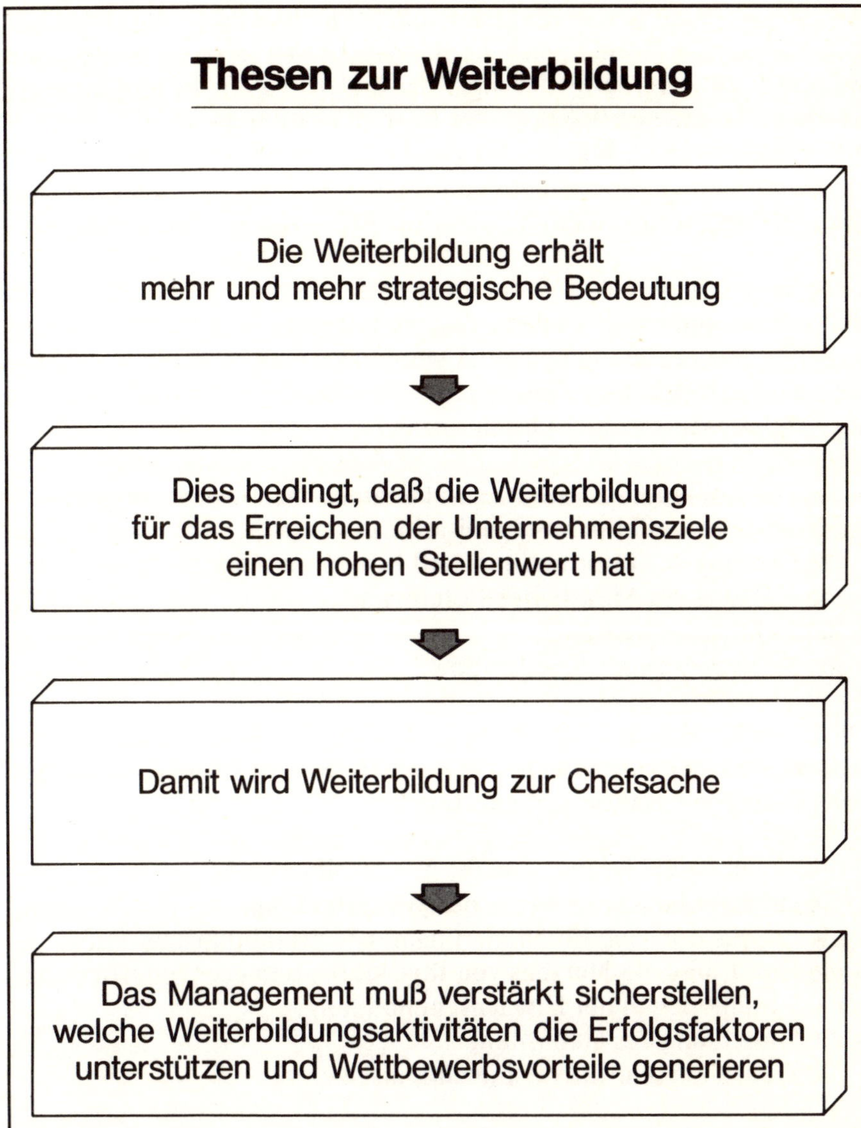

- Wie lassen sich langfristige Wettbewerbsvorteile gegenüber den Mitwettbewerbern durch Weiterbildung aufbauen?

Diese Überlegungen werden durch die nachfolgenden Aussagen von Rolf Th. Stiefel voll unterstrichen: „In einer Zeit der zunehmenden

Austauschbarkeit von Produkten wird die Qualität der Mitarbeiter und ihre Fähigkeit zu lernen, sich zu entwickeln und neue Antworten auf Probleme und Herausforderungen zu finden, zu einem imitationsgeschützten Wettbewerbsfaktor. Im Kern dieser neuen Sichtweise steht die zentrale Frage: „Welche Art von Lernen und Entwicklung braucht ein Unternehmen, um schneller als die Konkurrenz das zu lernen, was es zur Realisierung seiner strategischen Erfolgspositionen benötigt?[1]"

Unbestritten ist heute, daß die immer schnelleren Veränderungen im technischen und zwischenmenschlichen Bereich nur durch neue Ansätze in der Weiterbildung bewältigt werden können. Die Weiterbildung hat – wie noch zu keiner Zeit – entscheidenden Einfluß auf alle generellen Erfolgsfaktoren einer Organisation:

- die Unternehmensgrundsätze und strategischen Überlegungen,
- die Struktur- und Prozeßorganisation,
- die Nutzung der Informations- und Kommunikationssysteme,
- die Nutzung des Mitarbeiter-Potentials,
- das Führungssystem,
- die Realisierung der Kundennähe.

Die Zielsetzung dieser Arbeit ist es, die Weiterbildung als strategischen Erfolgsfaktor zu verdeutlichen. Daneben werden Lösungsvorschläge und praktische Erfahrungen gegeben für

- die neuen Anforderungen an die Weiterbildung,
- die strategische Komponente der Weiterbildung,
- die organisatorische Eingliederung der Weiterbildungsfunktion,
- die Ermittlung des Nutzens von Investitionen in die Weiterbildung,
- neue Methoden in der Erwachsenenbildung,
- die Umsetzung des Gelernten,
- das Gewinnen innovativer Lösungsansätze.

Sicherlich werden eine Reihe der im Buch geschilderten Lösungsvorschläge nicht in die klassischen Denkstrukturen passen. Im Weiterbildungsbereich gilt es aber mehr und mehr, Paradigmen zu überwinden.

---

[1] Stiefel, Rolf Th.: Strategieumsetzendes Lernen. In: Innovative Personalentwicklung, hrsg. von Sattelberger, Thomas. Wiesbaden 1989, S. 38.

Der Verfasser wäre aber nicht damit zufrieden, wenn auf seine Überlegungen der Satz des Zukunftsberaters und Herausgebers von RADAR für TRENDS, Gerd Gerken, zuträfe: „Wer Neues vorschlägt, um Altes zu überwinden, muß zuerst einmal eine Art Spießrutenlauf überstehen, bevor man ihn – meistens zu spät – zu akzeptieren beginnt".[1]

Vielmehr gilt es, die Diskussion zu befruchten und Verfechter dieser Überlegungen zu gewinnen, bevor es zu spät ist.

In diesem einführenden Teil sollen auch noch einige Anmerkungen zur Begriffsklärung fixiert werden. Zwischen Weiterbildung und Fortbildung wird in der Literatur meistens keine Unterscheidung gemacht. Diese Begriffe umfassen im allgemeinen alle Maßnahmen der Erwachsenenbildung, die nach Abschluß einer Ausbildungsphase und nach der Aufnahme einer Berufstätigkeit initiiert werden. Insofern ist es schlüssig, wenn Döring[2] die Weiterbildung als den „Quartären Bildungsbereich" beschreibt, der neben den Elementarbereich (Kindergarten und Vorschule), den Sekundärbereich (weiterführendes Schulwesen und berufliche Bildung) und den Tertiärbereich (Hochschule) tritt. Weiterbildung wird dabei verstärkt als ein ständiger Prozeß gesehen. Daraus entwickelte sich vornehmlich in den 80er Jahren der Begriff des „lebenslangen Lernens". Der Begriff der Erwachsenenbildung subsumiert alle Lern- und Bildungsbemühungen von Erwachsenen. Er kann als Oberbegriff für Weiterbildung und Fortbildung gesehen werden. Im Rahmen dieser Arbeit erscheint es wenig sinnvoll, begrifflich scharfe Trennungsstriche zwischen Weiterbildung, Fortbildung und Erwachsenenbildung zu ziehen. Im folgenden wird daher vorwiegend der Begriff Weiterbildung verwendet, und zwar auch dort, wo in der Literatur gelegentlich von „Bildung", „Förderung" und „Schulung" gesprochen wird. In Veröffentlichungen wird in den letzten Jahren verstärkt auch der Begriff Personalentwicklung verwendet. Dieser wird im wesentlichen ebenfalls durch Bildungsmaßnahmen bestimmt. Mehr und mehr finden sich auch die Begriffe „Management-Andragogik" und „Management-Development". Während die Andragogik verstärkt verhaltenswissenschaftliche Grundlagen einbezieht, zielt das Management-

---

[1] Gerken, Gerd: RADAR für TRENDS, 17.10.1989, S. 2.

[2] Döring, Klaus W.: System Weiterbildung. Weinheim und Basel 1987. Vgl. hierzu auch Jung, Raimund und Wörster Wolfgang: Lerntätigkeit. Probleme und perspektivisches Lernen in der Weiterbildung. Frankfurt 1989, S. 13ff.

Development hauptsächlich auf die Weiterbildung der Führungskräfte. Der strategischen Komponente der Weiterbildung, die im Vordergrund dieses Buches steht, kommt der Ausdruck Personalentwicklung sehr nahe, geht es doch bei diesem um

- die Verbesserung der Fach- oder Wissenskompetenz, der kommunikativen oder Sozial-Kompetenz und der Handlungs- und Methodenkompetenz in der kurzen Sicht,
- die mittel- und langfristige Abdeckung des Weiterbildungsbedarfs,
- die Sicherung und Verbesserung von materiellen und immateriellen Mitarbeiterwünschen und
- die Verwirklichung der Rolle des Mitarbeiters als „Subunternehmer".

Diese Interpretation deckt sich nahezu vollständig mit den von Hölterhoff[1] getroffenen Aussage: „Strategieorientierte Personalentwicklung bedeutet,

- Ausbildungsstrategie
- Weiterbildungsstrategie
- Management-Development-Strategie
- OE-Strategie

zu einem strategischen Gesamtkonzept zusammenzuführen, ggf. mit Ausstrahlungseffekt auf Nachbarbereiche im Personal- und Sozialwesen:

- Personalmarketingstrategie
- (Präsenz an Hochschulen etc.)
- Personalbeurteilungsstrategie
- (Input für Weiterbildung, Potentialeinschätzung etc.)
- Entgeltstrategie
- (zum Beispiel als Voraussetzung für die Einführung von Teamkonzepten)".

Unabhängig davon, welche Etikette man dafür verwendet, die *erfolgreichen* Organisationen werden in der Zukunft jene sein, die die Weiterbildung *strategisch* betrachten. Mehr und mehr tritt neben die fachliche und verhaltensorientierte Weiterbildung die unternehmerische Komponente. Der Mitarbeiter wird zum Subunternehmer. Zur Schlüs-

[1] Hölterhoff, Herbert: Strategische Personalentwicklung. In: Personal Führung, Heft 1, 1989, S. 27.

selqualifikation der Zukunft wird die Erfolgskompetenz. Jeder Mitarbeiter, egal an welcher Stelle und an welchem Platz in der Organisation, benötigt neben seinen fachlichen und menschlichen Qualifikationen mehr und mehr unternehmerisches Denken. Bei dieser Weiterbildungskategorie entscheiden sich Investitionen aber nicht mehr nur nach den Renditezahlen oder Ausgaben im Vergleich zu anderen Investitionen. Hier geht es um strategische Wettbewerbsvorteile. Wer dies nicht rechtzeitig erkennt, wird entscheidende Wettbewerbsnachteile in Kauf nehmen müssen. Diese werden so gravierend sein, daß sie über „Sein“ oder „Nicht-Sein“ von Unternehmen entscheiden.

Der Verfasser hat ganz bewußt die Formulierung „unternehmerisch denkender Mitarbeiter“ in den Titel mit aufgenommen. Die Weiterbildung wird in den 90er Jahren sich verstärkt der Aufgabe widmen, die unternehmerischen und persönlichen Erfolgsfaktoren zu unterstützen. Das Thema der Erfolgsfaktoren übte auf den Verfasser in den letzten Jahren eine große Faszination aus. Er hat sich in Theorie und Praxis sehr intensiv mit dem, was unternehmerischen und persönlichen Erfolg bestimmen, auseinandergesetzt. Als Ergebnis entstanden eine Reihe von Publikationen und PC-Programmen, die aus der folgenden Abbildung („Das Erfolgs-System und die Einordnung wesentlicher Veröffentlichungen des Autors“) hervorgehen.

Das System zur erfolgreichen Unternehmensführung[1] ist ein praxisorientierter Ansatz zur Umsetzung der 6 Erfolgsfaktoren des Unternehmens. Die Fragen des persönlichen Erfolges konnten erstmals in dem Buch „Erfolg durch effizientes Arbeiten, Entscheiden, Vermitteln und Lernen“ dargestellt werden.[2] In einem weiteren Werk[3] analysierte der Autor rund 200 Strategien, Prinzipien und Systeme für den persönlichen sowie unternehmerischen Erfolg und ordnete diese den entsprechenden Erfolgsfaktoren zu. Damit entstand ein pragmatischer Werkzeugkasten, der als das Konzentrat bedeutungsvoller und beachtenswerter Erfolgskonzepte angesehen werden kann. Die gesammelten Erkenntnisse wurden auch in zwei Personal-Computer-Programme

---

1 Vgl. Nagel, Kurt: Die 6 Erfolgsfaktoren des Unternehmens. 3. Aufl., Landsberg 1989.

2 Vgl. Nagel, Kurt: Erfolg durch effizientes Arbeiten, Entscheiden, Vermitteln und Lernen. 4. Aufl., München und Wien 1990.

3 Vgl. Nagel, Kurt: 200 Strategien, Prinzipien und Systeme für den persönlichen und unternehmerischen Erfolg. 3. Aufl., Landsberg 1990.

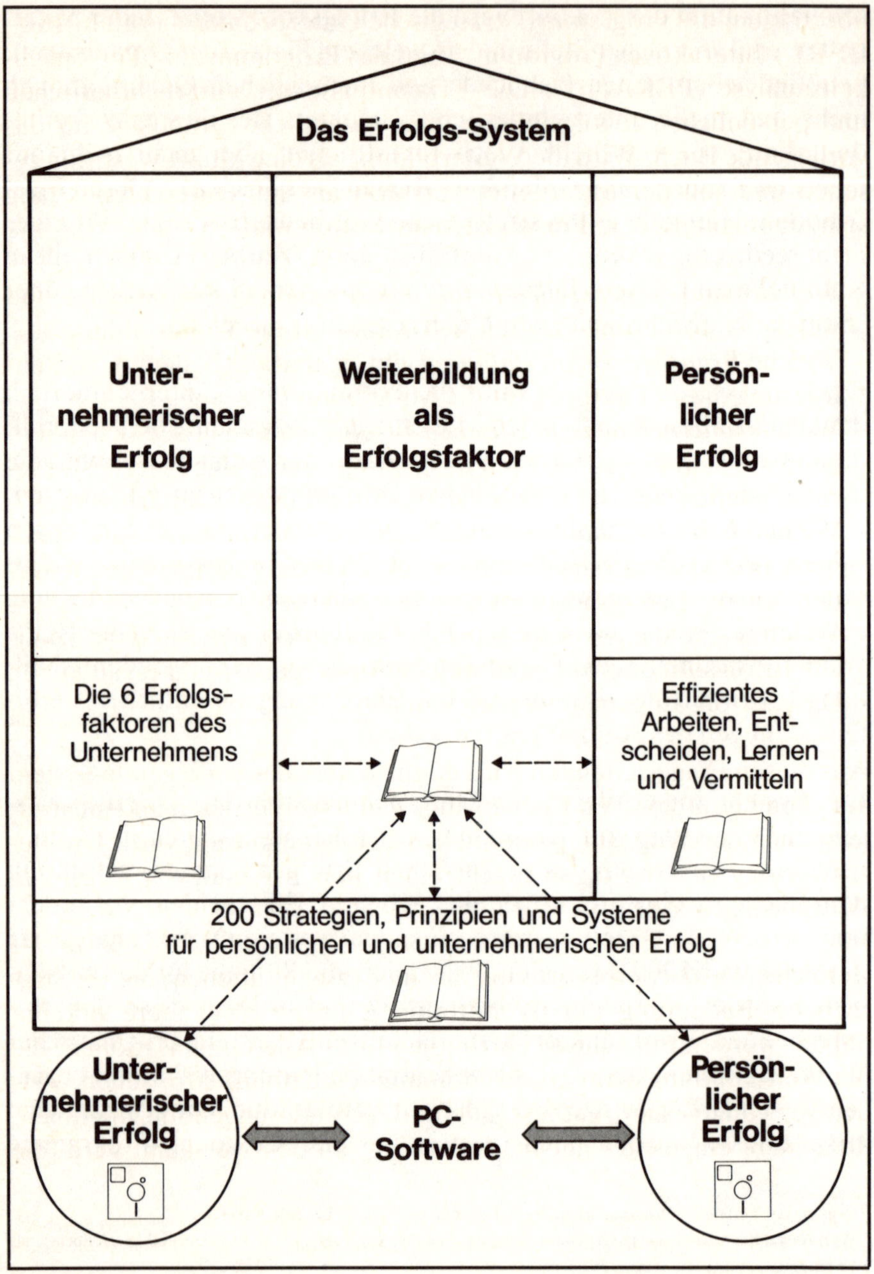

Abbildung: Das Erfolgs-System und die Einordnung wesentlicher Veröffentlichungen des Autors

übertragen: das Programm „Strategische Unternehmensberatung (SUBER) – Interaktives Programm“[1] und das Programm zur „Persönlichkeitsanalyse (PERAN)“[2]. Die Erkenntnisse des unternehmerischen und persönlichen Erfolgs bilden eine wesentliche Grundlage für das vorliegende Buch. Wird die Weiterbildung als eine Muß-Investition gesehen und soll der Mitarbeiter verstärkt als Sub-Unternehmer tätig sein, dann gilt es, u. a. Fragen zu beantworten wie:

- Welches sind die *generellen Erfolgsfaktoren* von Organisationen, und welche Anforderungen leiten sich daraus für die Weiterbildung ab?
- Welche *Branchen-Erfolgsfaktoren* gibt es, und was bedeutet die Realisierung dieser Faktoren für die Mitarbeiter?
- Welche *unternehmensspezifischen Erfolgsfaktoren* lassen sich erkennen, wie sind diese Faktoren ausgeprägt, und welche Herausforderungen leiten sich daraus für die Weiterbildung der Mitarbeiter ab?
- Welche *bereichs-/abteilungsspezifischen Erfolgsfaktoren* sind dominant, und was kann – insbesondere durch Weiterbildung – getan werden, um die Erfolgspositionen zu verbessern?
- Welches sind die *persönlichen Erfolgsfaktoren*, wie ist die persönliche Erfolgsorientierung, und welche Ansatzpunkte gibt es, auf deren Basis Erfolg aufgebaut werden kann?

Aus diesen Fragestellungen wird deutlich, daß das vorliegende System auf allen hierarchischen Ebenen angewandt werden kann und nicht zuletzt auch der Weg zum persönlichen Erfolg aufgezeigt wird. Die Beantwortung dieser Fragen macht einen hohen Anteil der folgenden Ausführungen aus.

Zeitliche Wettbewerbsvorteile einzelner Organisationen, die die strategische Bedeutung der Weiterbildung *früher* als andere erkannt haben, werden nur schwer einzuholen sein. Alle Organisationen, die die Weiterbildung nicht als *den* dominanten Erfolgsfaktor sehen, werden gezwungen sein, Tatbestände und Veränderungen hinzunehmen, die *andere* eingeleitet haben. Jeder Tag, an dem versäumt wird, die

---

[1] Vgl. Nagel, Kurt, Elschenbroich, Heinz-Dieter und Sieber, Edgar: Strategische Unternehmensberatung („SUBER“) – Interaktives Programm. Hrsg.: IBM Deutschland, 2. Aufl., Herrenberg 1990. IBM Form-Nr. SR 12-8689 (5 1/4-Diskette) bzw. SR 12-3689 (3 1/2-Diskette).

[2] Vgl. Nagel, Kurt: Ihre Stärken – Ihr Erfolg. Ein PC-Programm zur Persönlichkeitsanalyse. Hrsg.: Deutscher Sparkassenverlag, Stuttgart 1990. Artikel-Nr. 310093/004 (5 1/4-Diskette) bzw. 310093/005 (3 1/2-Diskette).

strategische Komponente der Weiterbildung nicht nur zu *akzeptieren*, sondern auch *umzusetzen*, verschlechtert die Wettbewerbsposition eines Unternehmens entscheidend. Für das Top Management darf es heute nicht mehr um die Frage gehen, *ob* durch die Weiterbildung Erfolgspositionen aufgebaut werden. Es muß für sie nur darum gehen, *wann* und *wie* diese Vorteile zum Wohle aller Beteiligten – der Führungskräfte, der Mitarbeiter, der Kunden, der Lieferanten und der Öffentlichkeit – eintreten. Und hier kann es nur heißen: Sofort! Leisten auch Sie Ihren Beitrag dazu. Denken Sie dabei an nachstehende Aussage:

„Man sollte die Dinge so nehmen, wie sie kommen. Aber man sollte auch dafür sorgen, daß sie so kommen, wie man sie nehmen möchte."

1. Die strategische Bedeutung der Weiterbildung

1.1 Tendenzen in der Unternehmensführung der 90er Jahre und ihre Auswirkung auf die Weiterbildung

1.1.1 Zunehmende Verstärkung der Markt- und Kundenorientierung

Schon immer hatte die Markt- und Kundenorientierung eine große Bedeutung. Aber noch zu keiner Zeit wurde dieser Faktor in diesem Ausmaß zu einem der wesentlichen Erfolgsfaktoren propagiert. Zahlreiche Untersuchungen aus den letzten Jahren machen deutlich, daß erfolgreiche Unternehmen eine sehr große Marktnähe praktizieren und den Kunden im Mittelpunkt ihres Denkens und Handelns sehen. In diesen Organisationen lernen Führungskräfte und Mitarbeiter, in den Gehirnwindungen der Kunden und den Kunden ihrer Kunden spazieren zu gehen. Sie sind dadurch in der Lage, den Nutzen des Partners, seine Interessen, seine Ziele im Auge zu behalten. Diese Betrachtungsweise läßt Kunden zu Partnern werden und ermöglicht das Gewinner-Gewinner-Spiel[1] in bester Weise.

---

[1] Auf das Gewinner-Gewinner-Spiel (Verhältnis Lieferanten – Unternehmung – Kunden) ist der Verfasser in seinem Buch 200 Strategien, Prinzipien und Systeme für den persönlichen und unternehmerischen Erfolg ausführlicher eingegangen.

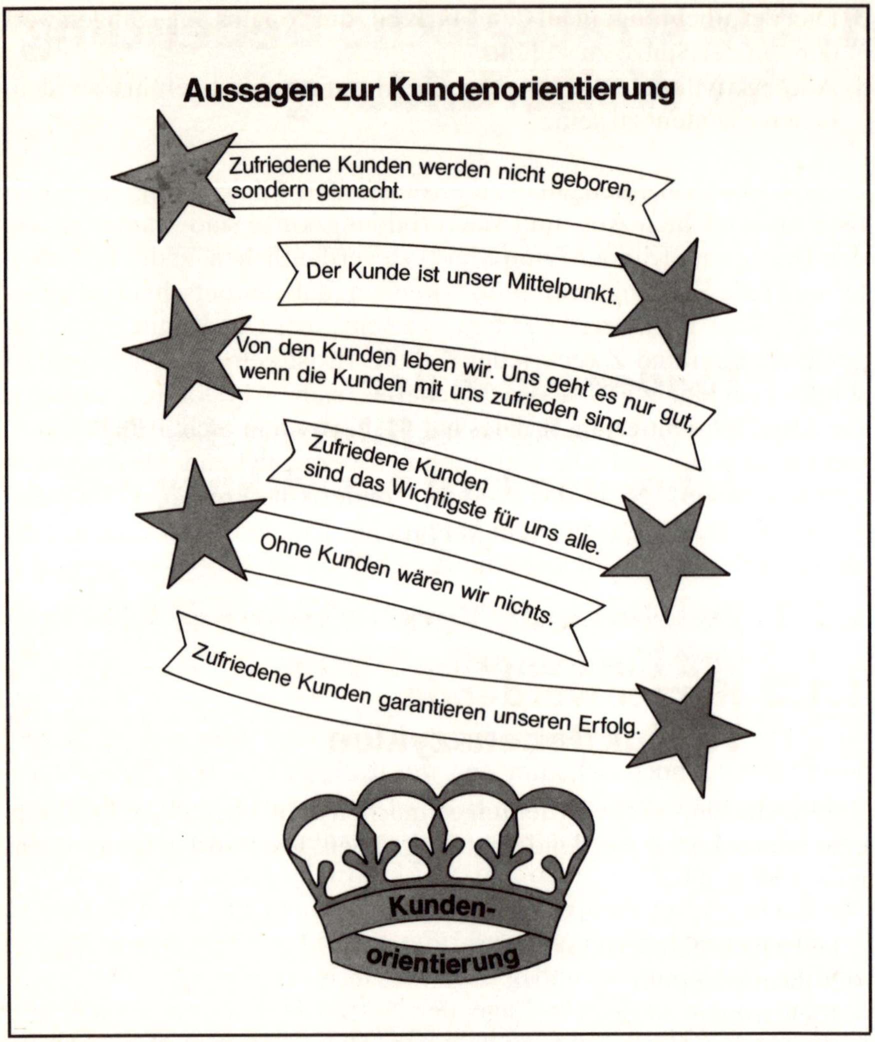

Was bedeutet diese Kunden- und Marktorientierung für die Aus- und Weiterbildung? Im Grundsatz gilt es zunächst, allen Mitarbeitern und Führungskräften die Grundprinzipien der Marktorientierung zu verdeutlichen. Diese können zum Beispiel sein:

1. Der Kunde ist die wichtigste Person für das Unternehmen.
2. Ohne eine genaue Kenntnis der Märkte können wir die Kundenaufgaben nicht gewinnbringend für ihn und uns erfüllen.

3. Die Verpflichtung, in all den Märkten, die von uns angegangen werden, an der Spitze zu stehen.
4. Alle Aktivitäten, die in einer Organisation durchgeführt werden, haben exzellent zu sein.

Diese Grundprinzipien gilt es zu verdeutlichen. Gleichgültig, wie spezifisch die einzelnen Aus- und Weiterbildungskurse sind, immer gilt es, den Bezug zum Kunden, zum Markt zu verdeutlichen. Jeder Mitarbeiter und jede Führungskraft muß erkennen, daß der entscheidende Unterschied zur Konkurrenz er bzw. sie selbst ist. Der Kunde ist der eigentliche Sinn und Zweck jeder Arbeit. Er ist kein Außenstehender, sondern ein lebender Teil des Geschäftes (siehe Abbildung „Aussagen zur Kundenorientierung"). Dies hat Meffert schon recht früh erkannt, wenn er schreibt, daß alle Unternehmensbereiche kundenorientiert zu arbeiten haben. „Nicht das Produkt, sondern die Probleme, Wünsche und Bedürfnisse aktueller und potentieller Kunden stehen am Anfang aller Überlegungen (Philosophie-Aspekt)".[1]

1.1.2 Kürzer werdende Produktlebenszyklen

Zahlreiche empirische Erhebungen machen deutlich, daß die Produkte eine immer kürzer werdende Laufzeit haben. Dies wird unter anderem nachgewiesen bei

- Gebrauchsgüterprodukten
- Nahrungsmitteln
- Elektronikprodukten
- Arzneimitteln.

Die folgenden Abbildungen machen ersichtlich, daß es für Unternehmen immer mehr darauf ankommt, in *kurzen* Zeiten das Geld für die Forschungs-, Entwicklungs- und Produktionskosten am Markt zu verdienen. Während die Forschungs- und Entwicklungszeiten zunehmen, verkürzt sich die Lebensdauer der Produkte zusehends. Der klassische

[1] Meffert, H.: Marketing. Eine Einführung in die Absatzpolitik. Wiesbaden 1982, S. 36.

Produktlebenszyklus und das klassische Produkt-Portfolio erfahren mehr und mehr eine Veränderung. Über Jahrzehnte hinweg galt das „Quasi-Dogma" der vier Phasen im Rahmen der Lebenszykluskurve (siehe Abbildung „Produkt-Lebenszyklus und Produkt-Portfolio")

I. Entstehungsphase
II. Wachstumsphase
III. Reifephase
IV. Sättigungsphase

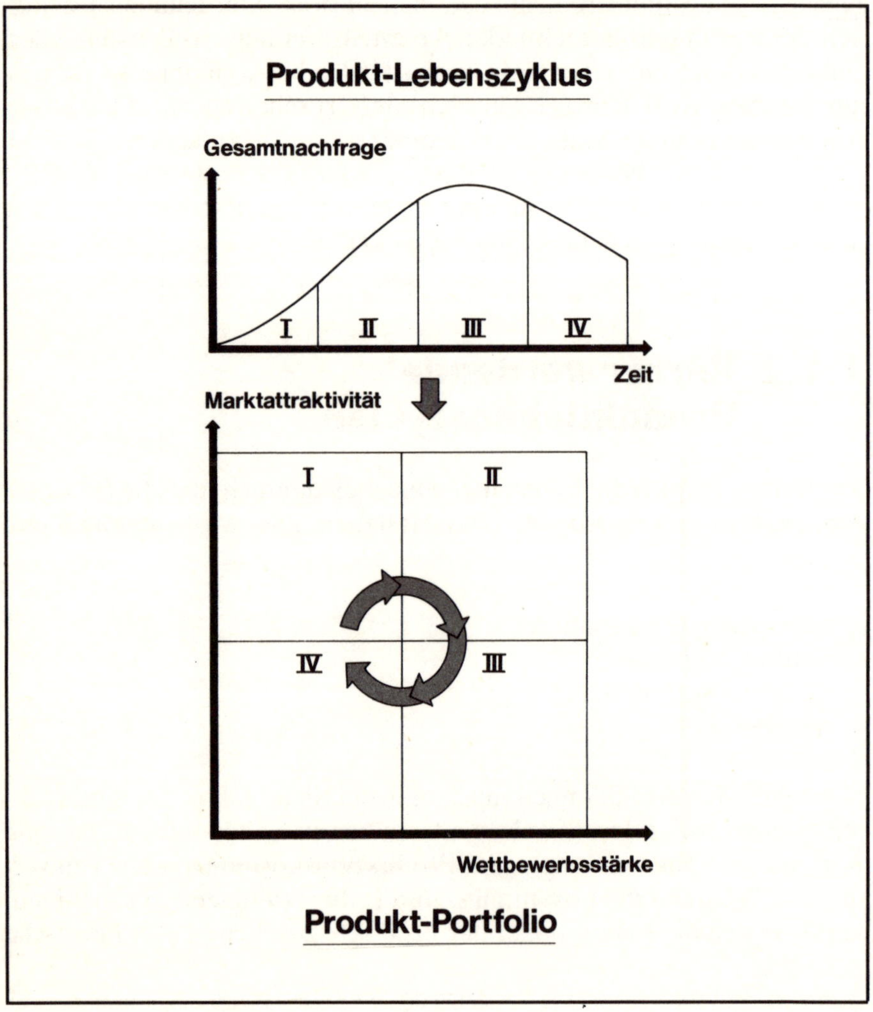

Diesen vier Phasen entsprechen in der Portfolio-Matrix die vier Quadranten:

I.	Question-Marks /Children (Fragezeichen)	III.	Cash Cows (Melkkühe)
II.	Stars (Star-Produkte)	IV.	Dogs (Auslaufprodukte)

Zielsetzung des Portfolio-Managements eines Unternehmens ist, daß sich die vier Quadranten im Gleichgewicht befinden, das heißt, jeder Quadrant durch entsprechende Produkte/Produktgruppen angemessen repräsentiert ist. Über die Repräsentanz der einzelnen Felder werden Aussagen gemacht wie:

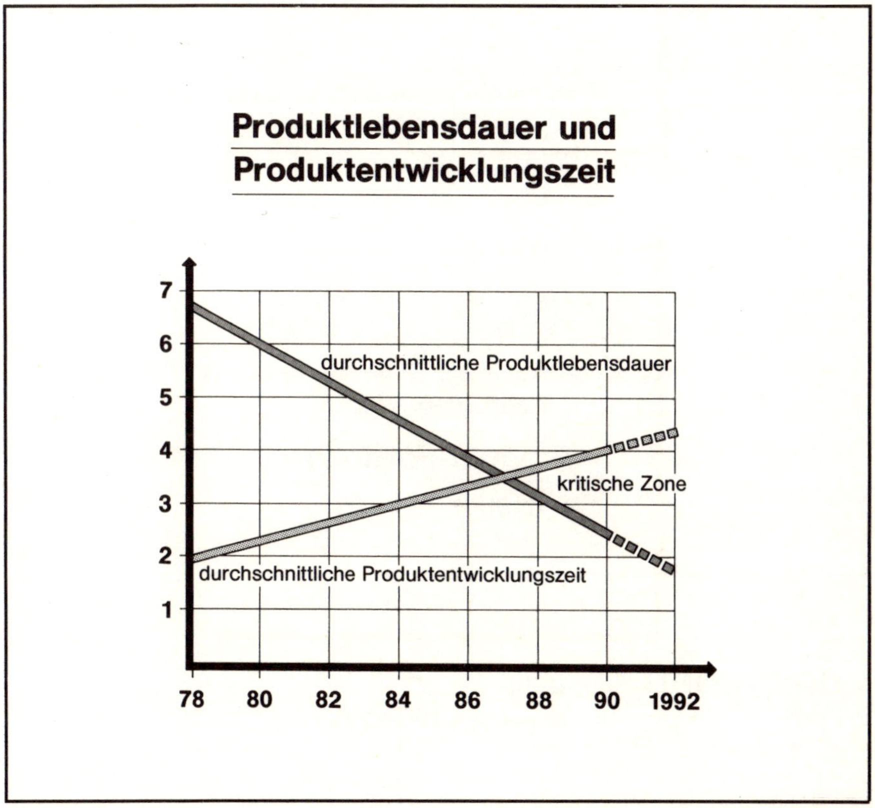

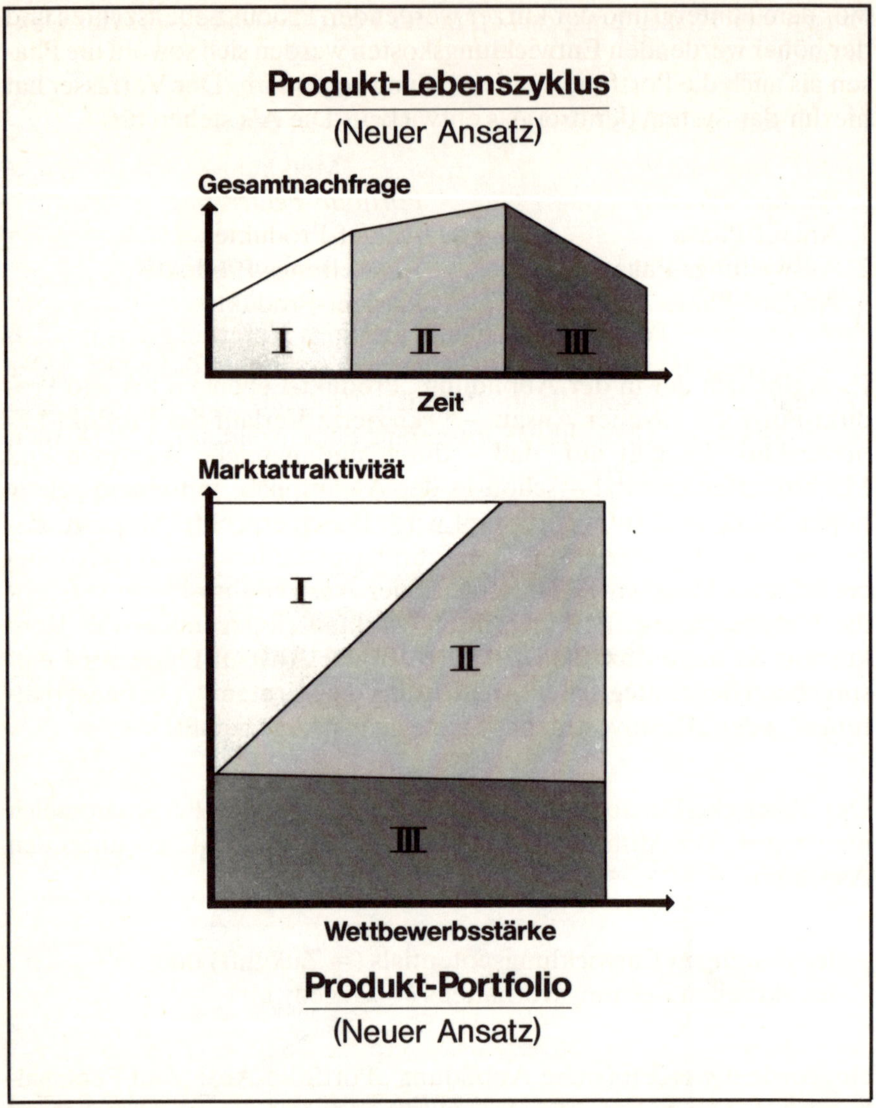

1. Question-Marks / Children	10-20 %
2. Stars	30-40 %
3. Cash Cows	30-40 %
4. Dogs	10-20 %

Vor dem Hintergrund der kürzer werdenden Produktlebenszyklen und der höher werdenden Entwicklungskosten werden sich sowohl die Phasen als auch die Portfolio-Feldeinteilung verändern. Der Verfasser hat hierfür das System der drei A's entwickelt. Die A's stehen für:

Produkt-Phasen	*Portfolio-Felder*
1. Anlauf-Phase	Anlauf-Produkte
2. Ausweitungs-Phase	Ausweitungs-Produkte
3. Auslauf-Phase	Auslauf-Produkte

Es ergibt sich der in der Abbildung „Produkt-Lebenszyklus und Produkt-Portfolio – Neuer Ansatz – " skizzierte Verlauf des Produkt-Lebenszyklus. Es fällt auf, daß – durch umfangreiche Analysen und Markttests unterstützt – schon in der Anlaufphase mit einem relativ hohen Marktwachstum gerechnet wird. Durch erprobte Akquisitionssysteme und erprobte Produkteinführungsprozeduren wird zielstrebig ein höherer Marktanteil erreicht. In der Ausweitungs-Phase versucht die Unternehmung, den erreichten Marktanteil gegenüber der Konkurrenz zu halten bzw. auszubauen. In der Auslauf-Phase wird entsprechend der strategischen Ausrichtung die „Ernten-", „Lebenserhaltungs-" oder „Desinvestment-"Strategie ins Auge gefaßt.

Der klassische Portfolio-Ansatz läßt sich auch in den Personalbereich übertragen. Die Mitarbeiter können in die Portfolio-Matrix unter den Aspekten

– des jeweiligen Entwicklungspotentials (= Zukunft) und
– des aktuellen Leistungsverhaltens (= Gegenwart)

eingeordnet werden (siehe Abbildung „Portfolio-Ansatz im Personalbereich"). Die Führungskräfte sollten auch vor diesem Hintergrund überprüfen, wie die einzelnen Felder belegt sind und welche individuellen Maßnahmen für die einzelnen Mitarbeiter zu ergreifen sind[1].

---

[1] Vgl. Beutel, Klaus und Fischer, Hans-Peter: Fragestellungen für Führungskräfte zur PE-Bedarfserfassung. In: Innovative Personalentwicklung, hrsg. von Sattelberger, Thomas. Wiesbaden 1989, S. 63.

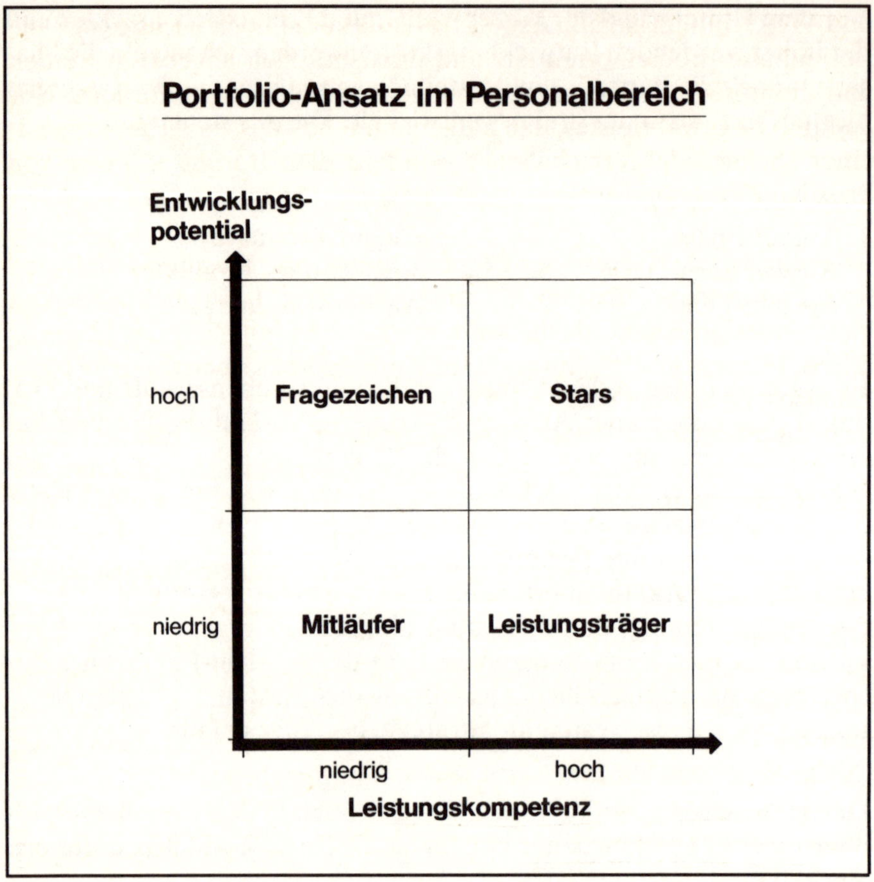

1.1.3 Dramatische Verkürzung der Halbwertzeiten

In der heutigen Zeit sind fast alle Berufszweige einer permanenten Neu- und Weiterentwicklung unterworfen; Wissen halbiert sich oft innerhalb von 3 bis 4 Jahren. Für Menschen, die sich in ihrem Beruf behaupten wollen, bedeutet dies eine ständige Bereitschaft zur fachlichen und persönlichen Weiterbildung. Dabei ist weniger die Vermittlung von rein fachgebundenem Wissen wichtig, sondern die Fähigkeit, kreativ, flexibel und systemübergreifend zu denken. Bei einer betrieblichen Aus-

und Weiterbildungsmaßnahme ist es außerdem noch wichtig, daß die Lerninhalte problemorientiert und praxisbezogen angeboten werden und die unterschiedlichen Begabungen und Neigungen fördern. Nur dadurch ist gewährleistet, daß aufgenommenes Wissen nicht in irgendeiner „Schublade" verschwindet, sondern dem Betrieb in Form von kreativen Verhaltensweisen zugute kommt.

Das ökologische Gesetz des Lernens bringt zum Ausdruck, daß eine Spezies nur dann überleben kann, wenn ihre Lerngeschwindigkeit gleich oder größer ist als die Änderungsgeschwindigkeit des Umweltfeldes. Dieses Gesetz kann auch auf Unternehmen übertragen werden. Zunächst ist hier die Frage nach der Änderungsgeschwindigkeit der externen und internen Faktoren zu analysieren. Auf wesentliche Faktoren wird in den folgenden Ausführungen näher eingegangen. Ohne die spezifischen Aussagen näher zu kennen, wird jedoch deutlich, daß technologische, demographische, strukturelle und marktbezogene Veränderungen so gravierend sind, daß neue Anforderungen an die Qualifizierungsfähigkeit von Unternehmern, Führungskräften und Mitarbeitern zum allgemeinen Selbstverständnis zählen. Damit wird die Weiterbildung zu der entscheidenden Erfolgsposition in Unternehmen, und die Lösung dieser zentralen Herausforderung entscheidet über die Gewinner und Verlierer der 90er Jahre, ja über „Sein" oder „Nicht-Sein" von Unternehmen und deren Mitarbeiter.

Früher war das bis zum Ende der Jugendzeit erworbene Wissen für ein ganzes Leben lang ausreichend. *Heute* wird es immer wichtiger, ein ganzes Leben lang zu lernen, denn

- die Halbwertzeiten des Wissens verringern sich laufend,
- die Wettbewerbsfähigkeit eines Betriebes ist künftig mehr denn je vom Wissensstand seiner Mitarbeiter abhängig,
- der stete Wandel fordert laufend Wissensanpassung und
- umfassendes Wissen ist heute ein wichtiges Kriterium für die berufliche Karriere-Entwicklung.

Daß die Erstausbildung gegenüber der ständigen Weiterbildung wesentlich an Bedeutung verliert, ist heute längst ein allgemein akzeptierter Tatbestand. Daß das lebenslange Lernen unabdingbar wird, wird zwar noch nicht überall akzeptiert, verstärkt aber toleriert. Daß sich die

Halbwertzeiten des Wissens dramatisch verkürzen, wird verstärkt proklamiert, die systematische Ableitung der Aktivitäten und die Umsetzung der Weiterbildungserfordernisse steckt jedoch noch in den Kinderschuhen. Zu den Halbwertzeiten des Wissens gibt es verschiedene Untersuchungen und Erhebungen. Aus der Sicht des Verfassers können die in der folgenden Abbildung „Entwicklung des Wissens (Halbwertzeiten)" skizzierten Verläufe heute angenommen werden.

Entwicklung des Wissens

(Halbwertzeiten)

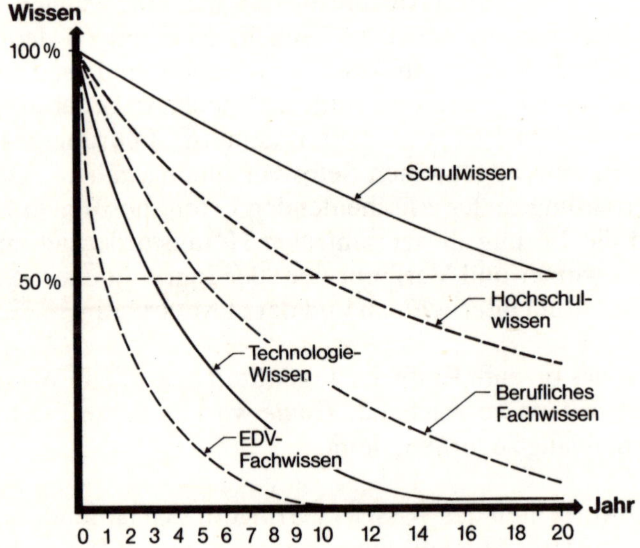

Halbwertzeiten:

Schulwissen	= 20 Jahre
Hochschulwissen	= 10 Jahre
Berufliches Fachwissen	= 5 Jahre
Technologie-Wissen	= 3 Jahre
EDV-Fachwissen	= 1 Jahr

1.1.4 Rascher technologischer Wandel

Noch zu keiner Zeit war für die Menschen der technologische Fortschritt so erkennbar wie derzeit, und er vollzieht sich in nahezu allen Bereichen. Die Auswirkungen auf die Arbeitswelt sind dabei gravierend.

Die drängenden Forderungen nach mehr Qualität, Anpassungsfähigkeit und Produktivität im Informationsbereich erfordern aber eine volle Ausschöpfung der durch die Technik gebotenen Möglichkeiten. Von den steigenden Anforderungen des ständig härter werdenden Wettbewerbs diktiert, müssen durch effektive Informations- und Kommunikationssysteme Vorteile geschaffen werden. Diese Entwicklung zwingt deshalb dazu, die Unternehmensmitglieder mit allen zur Verfügung stehenden technischen Möglichkeiten auszustatten und zu unterstützen. Die Einführung eines Informationssystems ist aber zwangsläufig auch mit einer Veränderung der Arbeitsorganisation verbunden. Dies ist vermutlich mit ein Grund, weshalb Firmenangehörige teilweise beträchtliche Akzeptanz-Probleme haben, sich mit den Vorteilen der Technik vertraut zu machen, obwohl sie großen Nutzen und eine effektive Entlastung daraus ziehen können. Um aber in den ungeteilten Genuß dieser Vorteile zu kommen, müssen vor allem die psychologischen Probleme, die diese Technologien auslösen, abgebaut werden.

Die Einführung neuer Technologien kann deshalb zu erheblichen Problemen führen, weil bei den Arbeitnehmern mitunter negative Reaktionen ausgelöst werden, die durch folgende Beweggründe erklärt werden können:

- Durch den veränderten Arbeitsablauf, der meist mit Rationalisierungsmaßnahmen einhergeht, scheint die Sicherheit des Arbeitsplatzes gefährdet zu sein.
- Die Mitarbeiter fühlen sich den neuen Arbeitsmitteln gegenüber unsicher. Sie wissen nicht, ob sie diese „in den Griff bekommen", was Angstgefühle und Unsicherheit bei ihnen auslöst.
- Mit dem neuen Arbeitsablauf können Statusverluste verbunden sein, die ungern aufgegeben werden.
- Das Verhältnis zwischen Mensch und Maschine ist von zahlreichen Unsicherheitsfaktoren geprägt, da der Arbeitsvorgang wesentlich an Transparenz verloren hat.

– Der Einsatz der neuen Technologie ist primär nach rationellen Gesichtspunkten ausgelegt und berücksichtigt die individuellen Gestaltungsmöglichkeiten nicht. Dadurch entsteht bei der Arbeitskraft das Gefühl, nur nach vorgeschriebenen Richtlinien und nicht nach individuellen Bedürfnissen planen und verfahren zu müssen, da alles scheinbar vorbestimmt ist.

Bei der Einführung von Informationssystemen sind Kriterien zu beachten wie:

1. Die Mitarbeiter dürfen keinen Qualitätsverlust erleiden, d.h., sie müssen auch nach Einführung moderner Technologien auf der Stufe der bisher erworbenen Verantwortlichkeit und Qualifikation beschäftigt werden.
2. Die Sicherheit des Arbeitsplatzes darf nicht gefährdet werden, d.h., bei Arbeitskräften darf nicht das Gefühl aufkommen, der neuen Technologie nicht gewachsen zu sein und aufgrund dessen durch einen kompetenteren Mitarbeiter ersetzt zu werden.
3. Die Einführung sollte in Zusammenarbeit mit den Betroffenen geplant und die Fähigkeiten des Mitarbeiters sollten rechtzeitig durch Weiterbildungsmaßnahmen geschult werden.
4. Die neuen Technologien sollten zu einem job-enrichment führen, d.h., die Arbeit sollte durch ein neues System nicht plötzlich als anspruchslos empfunden werden.

Die Essenz davon ist, daß Informationssysteme dem Menschen angepaßt werden sollten und nicht der Mensch dem System.

War vor allem zu Beginn des Technologieeinzugs in Organisationen die Benutzer-Akzeptanz gegenüber der Maschine im allgemeinen noch recht gering, kann man derzeit beobachten, daß Mensch und Maschine sich zu arrangieren scheinen. Immer stärker setzt sich eine sinnvoll geplante Arbeitsteilung zwischen Mensch und Maschine durch – aus der vermeintlichen Konkurrenz wird eine bewußt gesteuerte Partnerschaft.

Der Mensch benutzt die Maschine in jenen Bereichen, in welchen sie ihm eindeutig überlegen ist:

- bei Routineaufgaben, die einen enormen Kraft- und Zeitaufwand für den Menschen bedeuten würden, und
- bei Aufgaben, die eine hohe Präzision erfordern.

Für den Menschen bleiben jene Arbeitsbereiche reserviert, die Fähigkeiten wie

- Lernbereitschaft
- Innovationskraft
- Kreativität
- Intuition
- situatives Erfassen und
- den Umgang mit den Mitmenschen

voraussetzen.

Mit der Informationstechnik findet demzufolge eine eindeutige Schwerpunktverlagerung statt. Nicht der Mensch wird mehr von der Maschine beherrscht, sondern es besteht vielmehr eine Art Gleichberechtigung. Der Mensch steht im Dialog mit der Maschine, und er ist es, der den Informationsprozeß steuert und Nutzen aus diesen Informationen zieht. Dabei bedeutet nach Scheuten Informationstechnik heute „immer weniger die Automation von standardisierter Massenarbeit und immer mehr die Unterstützung menschlicher Informationsarbeit“[1].

1.1.5 Größte Herausforderungen an kreatives, innovatives und vernetztes Denken

Im Rahmen seiner Unternehmensberatungen konnte der Verfasser mehr und mehr feststellen, daß es Firmen, denen es früher gutging, heute nicht mehr gutgehen muß. Und Organisationen, denen es heute gutgeht, muß es morgen nicht mehr gutgehen. Dies ist vor allem darauf zurückzuführen, daß Wettbewerbsvorteile, die man durch exzellente

---

[1] Vgl. Scheuten, W. K.: Informationstechnik und Mitarbeiterqualifikation. In: Personalführung, Heft 1, 1989, S. 9.

Produkte oder Dienstleistungen hat, heute oft nur in Monaten gemessen werden können. Früher konnte man diese Vorteile über Jahre hinweg genießen. Der verschärfte Wettbewerb verlangt demzufolge kreative und innovative Mitarbeiter. Vieles von dem, was bisher richtig war, ist in Frage zu stellen. Kreativität und Innovationen sind zu einem wichtigen Erfolgsfaktor geworden. Hinzu kommt, daß es mehr und mehr notwendig wird, vernetzt zu denken, d. h. die Dinge von allen Blickwinkeln aus zu betrachten und die gegenseitigen Wechselwirkungen sowie situative Gegebenheiten mit in die Betrachtungen einzubeziehen.

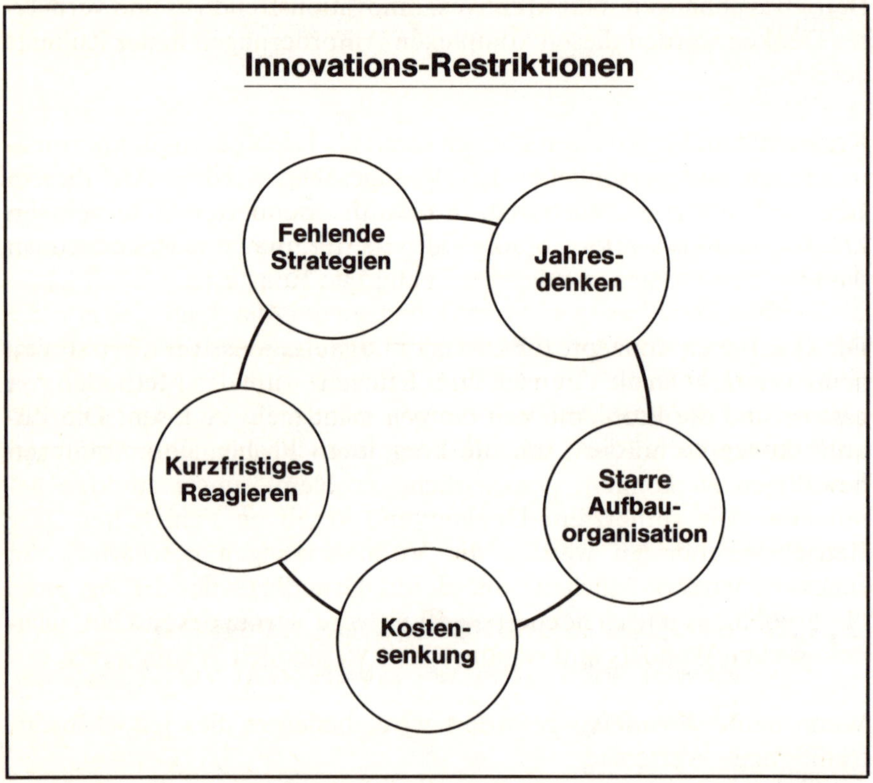

Leider gibt es in der Praxis zahlreiche Innovations-Restriktionen (siehe Abbildung). Viele Organisationen sind durch das Jahresdenken häufig allzusehr auf das Erreichen der kurzfristigen Ziele fokussiert. Dadurch werden oft Chancen, die in der mittleren und längeren Sicht erst zum Tragen kommen würden, nur halbherzig angegangen oder verspielt. Das allzu starre „Kästchendenken“ in der klassischen Aufbauorganisation ist ebenso wie ein rein introvertiertes Denken, das sich vorwiegend an Kostensenkungen orientiert, für innovatives und vernetztes Denken schädlich. Fehlende Strategien und nur kurzfristiges Reagieren sind ebenso sehr starke Innovations-Restriktionen. Die beispielhaft aufgeführten Einschränkungen gilt es mehr und mehr zu überwinden. Der gesellschaftliche Wandel, veränderte Wertvorstellungen, laufende Fortschritte auf dem Gebiet der Technik und ein wechselndes Verbraucherverhalten stellen die meisten Unternehmen heute vor neue Probleme, von deren effizienter Bewältigung Erfolg oder Mißerfolg eines Betriebes abhängen. Nur kreatives, innovationsfreudiges und vernetztes Denken werden diesen komplexen Anforderungen in der Zukunft gerecht.

Kreativität und Innovation können somit als Triebfedern für unternehmerischen und persönlichen Erfolg angesehen werden. Aus diesem Grunde benötigt die Wirtschaft in zukunftsorientierten Unternehmen kreative und innovationsfreudige Mitarbeiter, die diese Ressourcen in die Firma einbringen wie dringend benötigte Rohstoffe.

Die klassischen Konzepte funktionaler Organisationsstrukturen stoßen heute verstärkt an die Grenzen ihrer Effizienz – mit den Methoden von *gestern* sind die Probleme von *morgen* nicht mehr zu lösen! Die Zukunftskonzepte müssen, um die komplexen Problemverknüpfungen bewältigen zu können, ganzheitliche Problemlösungsmethoden beinhalten. Mit vernetztem Denken und kreativen Fähigkeiten *aller* Betriebsangehörigen werden die Voraussetzungen geschaffen, die Innovationen ermöglichen, auf deren Grundlage der Erfolg eines Unternehmens entscheidend beeinflußt wird – trotz des raschen technologischen Wandels und ständig härter werdenden Wettbewerbs.

Wenn heute *Kreativität* gefordert wird, bedeutet dies jedoch nicht, traditionelle Werte wie

- Fleiß,
- Pünktlichkeit und
- Genauigkeit

zu verdammen, aber diese bewährten Tugenden sollen und müssen ergänzt werden durch Kreativität und Eigeninitiative.

Diese Anforderungen an die Qualifikationen der Firmenangehörigen haben zur Folge, daß an die Stelle von manuellen Fähigkeiten geistige Beweglichkeit und ein besseres Verständnis für den gesamten Ablauf der Organisation treten müssen. Außerdem soll der „Mitarbeiter der Zukunft“ neben der fachlichen Qualifikation auch soziale und unternehmerische Fähigkeiten aufweisen.

Zieht man zur Erklärung des Begriffes „Kreativität“ das Lexikon der Psychologie von Arnold/Eysenck/Meile zu Rate, dann bedeutet Kreativität „die Fähigkeit, Gegenstände in neuen Beziehungen und auf originelle Art zu erkennen, sie auf ungewöhnliche Art sinnvoll zu gebrauchen, neue Probleme zu sehen, aus der Norm fallende Ideen zu entwickeln selbst gegen den Widerstand der Umwelt, wenn es gilt, etwas Neues zu finden“.

Unter Kreativität versteht man heute also nichtübliche Denkweisen und eine bestimmte Art, mit dem eigenen Wissen umzugehen, um auf neue Lösungsmöglichkeiten für die komplexen Problemkreise von morgen zu stoßen, die mit logisch-analytischen Methoden nicht mehr erreicht werden können. Im Gegensatz zum logisch-analytischen Denken, das immer von bestimmten Voraussetzungen ausgeht, die Grenzen setzen, vollzieht sich kreatives Denken grenzenlos. Ein kreativer Mensch wird deshalb als autonom und non-konformistisch charakterisiert.

Wer kreativ ist, besitzt die Fähigkeit, ungewöhnlich zu denken und auf diese Weise zu neuen Lösungsmöglichkeiten zu gelangen. Von kreativen Lösungsansätzen werden neue und ungewöhnliche Problemlösungen erwartet, die mit logisch-analytischen Methoden nicht erreicht werden. Kreativität ist auch die Fähigkeit, Gegenstände in neuen Beziehungen und auf originelle Art zu erkennen, sie auf ungewöhnliche Art sinnvoll zu gebrauchen, neue Probleme zu sehen, wo scheinbar keine sind, und nichts als fest zu betrachten und aus der Norm fallende Ideen zu entwickeln, selbst gegen den Widerstand der Umwelt.

Ein Beispiel soll die Kreativität verdeutlichen: Der Lehrer einer einklassigen Volksschule wollte im Jahre 1784 vor den Schülern der ersten Klassen einmal Ruhe haben. Er gab ihnen deshalb eine schwierige Prüfungsaufgabe. Sie sollten die Zahlen von 1 bis 100 addieren. Das ist für

Anfänger mindestens eine Stunde Arbeit. Wie groß aber war das Erstaunen des Lehrers, als sich schon nach wenigen Minuten der siebenjährige Sohn eines Tagelöhners meldete und behauptete, fertig zu sein: das Ergebnis sei „5050“.

Der Lehrer fragte: „Wie hast Du das denn gerechnet?“ Da sagte der kleine Gauß: „Das ist einfach:

1 + 100 = 101
2 + 99 = 101
3 + 98 = 101
usw. bis
50 + 51 = 101.

Man kann also 50 solcher Gleichungen bilden; genau die halbe Anzahl der zu addierenden Glieder. Ich brauche also nur das erste und das letzte Glied zu addieren und mit der halben Anzahl der Glieder zu multiplizieren. Also:

50 x 101 = 5050.“

Um in der Wirtschaftspraxis kreativ zu sein, sollte man verstärkt folgende „Spielregeln“ beachten:

- Die eigene kreative Veranlagung erkennen und aktivieren.
- Sich eine positive Selbstmotivation zu eigen machen.
- Nicht zu vorschnellen Lösungen neigen.
- Verstärkt nach dem „Warum“ fragen.
- Ein positives Umfeld schaffen.

Geistige Hemmnisse für kreatives Denken sind unter anderem Aussagen wie:

- Das gehört nicht zu meinem Arbeitsgebiet!
- Das haben wir immer so gemacht!
- Das ist nicht logisch!
- Die bisherigen Regeln haben sich bewährt!
- Ich bin nicht kreativ!

Der Begriff *Innovation*“ bedeutet in der *Soziologie* die Veränderung bzw. Erneuerung von Prozessen in einer sozialen Organisation. Im *Wirtschaftsbereich* ist eine Innovation vor allem eine außergewöhnliche Idee, die zu einer Neueinführung eines vorwiegend technischen Produktes auf dem Markt führt, d. h. eine Umwandlung von wissenschaftlichen Erkenntnissen in eine marktwirtschaftliche oder technische Realisierung. Innovation ist die Umsetzung eines kreativen Gedankens in ein neues Produktionsverfahren, neue Vertriebsformen, einen neuen Fertigungsprozeß etc. Innovationen sind realisierte kreative Lösungsansätze, Ideen und Erfindungen, die neue Verfahren, Prozesse, Wege und Formen auslösen. Innovation ist angewandte Kreativität, die wiederum wesentlicher Bestandteil zukunftsorientierter Unternehmensführung sein muß.

Zukunftsorientierte Unternehmen sind heute mehr denn je auf Innovationen, auf die Entwicklung neuer Ideen, Techniken und Produkte angewiesen. Sie benötigen dazu aber Mitarbeiter, die durch ihre Fähigkeiten solche Erneuerungsprozesse auslösen, die eine Firma wettbewerbsfähig machen. Dazu ist jedoch die Zusammenarbeit aller Unternehmensmitglieder, eine Kürzung überflüssiger Hierarchieebenen und ein vernetztes, kybernetisches Denken notwendig. Um diese Fähigkeiten aber nutzen zu können, ist es ratsam, die eigenen Gaben und Schwachstellen zu analysieren. Es ist wichtig, sich dabei insbesondere auf die eigenen Stärken zu besinnen. Viele Menschen verfügen über eindrucksvolles Wissen und Können; das meiste bleibt davon jedoch ungenutzt, weil die Einsatzbereitschaft mangels innerer Einstellung zur Aufgabe fehlt – und diese ist es, die Leistung und Ergebnisse schafft.

Ein Innovator zeichnet sich durch folgende vier Elemente aus:

Er ist

- phantasiebegabt oder in Kreativtechnik geschult und denkt Neuerungen aus,
- zur Szenariobildung befähigt, d. h., er setzt die neue Idee für die Industrielandschaft von morgen in die Tat um,
- auch mit entsprechendem Freiraum ausgestattet und muß sich nicht nur im Rahmen vorgegebener Zielvorschriften bewegen, sondern darf auch auf unkonventionelle Weise „probieren“ und

- dazu fähig, eine hohe Übereinstimmung von Aufgabenstellungen und eigener, persönlicher Vorstellung zu erreichen.

Ansätze für Innovationen in der Wirtschaftspraxis können sein[1]:

- Managen Sie kreative, innovative Mitarbeiter.
- Analysieren Sie erfolgreiche Abschlüsse des Vertriebs nach innovativen Umfeldern und Prozessen.
- Bringen Sie Techniker und Marketingleute zusammen.
- Versuchen Sie die Branchenentwicklung und die Entwicklung ihrer Produkte einzuschätzen und auf Innovationsansätze zu überprüfen.
- Denken Sie bei künftigen Aktivitäten nicht nur an Ihre Kunden, sondern auch an die Kunden dieser Kunden. Seien Sie also auch in diesem Bereich innovativ.
- Geben Sie dem Vertrieb verstärkt Hinweise auf Innovationsvorteile, damit diese dem Kunden gegenüber gute Argumentationshilfen haben.
- Setzen Sie Innovationsziele.
- Analysieren Sie Ihre Produktpalette auf neue Innovationsentwicklungen.
- Lehren Sie die Mitarbeiter, laufend zu hinterfragen und das „Warum?" in den Vordergrund zu stellen.
- Werten Sie einschlägige Publikationen für das Gewinnen neuer Ideen systematisch aus.
- Initiieren Sie Innovationssitzungen mit Kunden.

Vernetzt zu denken ist eine Art der Denkweise, die das sogenannte ganzheitliche Denken praktiziert und schon auf zahlreichen Gebieten angewandt wird. Eine alte Volksweisheit besagt, daß das Ganze mehr als nur die Summe seiner Teile ist. Der Verhaltensforscher Konrad Lorenz hat in seinem bemerkenswerten Buch „Rückseite des Spiegels" aufgezeigt, daß durch *Beziehungen* zwischen „Dingen", die zuvor nicht verbunden waren, etwas Neues entsteht. Auf diese Weise können durch das Verknüpfen oder Zusammenfügen bisher unverbundener Fakten aus unterschiedlichen Wissensbereichen ganz neue Erkenntnisse und Problemlösungen entstehen.[2]

---

1 Vgl. hierzu auch: Simon, Hermann: Blockaden. In: manager magazin, Heft 3, 1990 S. 194 ff.

2 Vgl. Lorenz, Konrad: Die Rückseite des Spiegels. 4. Aufl., München 1983.

Der einzelne Mensch, ein Betrieb und der Markt sind überaus komplexe und miteinander verbundene Systeme. Hier finden nicht nur Kapitalvorgänge und ökonomische Abläufe statt, sondern auch emotionale, geistige, soziale, ökologische und politische Prozesse, die untereinander und mit ihrem Umfeld unauflöslich vernetzt sind. Verändert man einen Faktor, verändert sich automatisch auch etwas bei vielen anderen Vorgängen, denn kein Problem, keine Information und keine Idee stehen für sich alleine da. Die wichtigsten Vernetzungen sind immaterieller Art und weder sichtbar noch meßbar. In diesen komplexen Systemen ist das tradierte, materialistisch-lineare Denken und Handeln, wie es lange Zeit von der Wissenschaft praktiziert und in der Schule gelehrt wurde, fehl am Platze – es erzeugt mehr Probleme, als es zu lösen vermag!

Das *vernetzte Denken* wurde durch den Münchener Biokybernetiker Frederic Vester[1] vorangetrieben. Vester ist der Meinung, daß zahlreiche Vorhaben in Industrie und Wirtschaft, obwohl perfekt geplant, dennoch erfolglos enden, da sie auf Einzelabläufe konzentriert wurden, anstatt die fachüberschreitenden Gesamtzusammenhänge zu berücksichtigen. Die Einzelkomponenten eines komplexen Systems müssen deshalb im Zusammenhang mit ihren Interdependenzen, ihrer Rolle im System, betrachtet werden.

Konventionelle Management- und Planungsverfahren reichen heute nach Vesters Meinung nicht mehr aus, den Systemcharakter zu erkennen bzw. die richtigen, das heißt system-relevanten Entscheidungen zu treffen.

Auch Mewes[2] weist in seinem bewährten System über die Energo-Kybernetische Strategie auf diese gefährliche Einseitigkeit in unserem Denken und Handeln hin und auf die folgenschwere Ignorierung der immateriellen Folgen unseres Tuns. Er meint in seiner von ihm begründeten „Kybernetischen Management-Lehre EKS“: „Verändert man einen Vorgang, verändern sich automatisch auch viele andere, und deren Veränderungen wirken auf den ersten Vorgang zurück. Bisher wur-

---

1 Vgl. hierzu Vester, Frederic: Sensitivitätsmodell. Frankfurt 1980; Der Papiercomputer. In: Management Wissen, Heft 10, 1987, S. 44 ff.

2 Mewes, Wolfgang: Energo-Kybernetische Strategie (EKS). Frankfurt/Main; Komplexe Systeme besser managen lernen. In: i. o. Management Zeitschrift, Jg. 57, Heft 9 (Teil 2), 1988, S. 420.

de beispielsweise nur registriert, daß sich bei einer Reduzierung der Löhne der Gewinn erhöht, jetzt entdeckt man, daß sich gleichzeitig auch etwas an den seelischen, geistigen, sozialen und politischen Verhältnissen verändert und daß die Verschlechterung der immateriellen Verhältnisse für die Entwicklung des Unternehmens langfristig sehr viel schädlicher sein kann, als die vorübergehende Verbesserung des Gewinns ihr nutzt." Das bedeutet, daß jede Maßnahme nicht nur eine, sondern viele Folgen hat und daß zum Beispiel bei allen betrieblichen Entscheidungen zusätzlich zu den Wirkungen auf den Gewinn auch die Wirkungen auf die Psyche der Mitarbeiter, Lieferanten, Kunden und auf das gesamte Umfeld berücksichtigt werden müssen, um die volle Tragweite einer Entscheidung und ihre vielfältige Vernetzung zu erkennen.

Vernetzt zu denken kann ebenso wie kreatives Verhalten trainiert werden. Unser Gehirn, dieser gigantische Wissensspeicher, kann durchaus jene neuen Denkweisen übernehmen, sofern es richtig und effizient eingesetzt und benutzt wird. Dieses Netzwerk von nahezu 15 Milliarden verschalteten Nervenzellen hat allein in der Großhirnrinde über hundert Billionen Kontakte zueinander.

Die an sich erfreuliche Tatsache, daß der Mensch trotz aller, bis ins letzte durchdachten Techniken, immer noch die führende Rolle spielt, wird bisweilen durch die Erkenntnis getrübt, daß das Gehirn oft genau in dem Augenblick versagt, in welchem wir es am nötigsten brauchen:

- wir vergessen Termine,
- können uns nicht konzentrieren,
- verlieren den Überblick,
- fühlen uns überlastet und
- vermissen Selbstdisziplin.

Diese Störungen ließen sich bei richtigem Gebrauch des Gehirns vermeiden: unser Gehirn ist durchaus in Ordnung, wir haben nur nicht gelernt, es richtig und effizient einzusetzen und zu benutzen; denn das Gehirn ist wie ein Muskel, der stärker wird, je mehr er trainiert wird! Um seine Leistungsfähigkeit auf vielen Gebieten zu steigern, sollten wir den Aufbau und die Funktionsweise des in zwei Hälften eingeteilten Gehirns kennen:

- die rechte Gehirnhälfte ist für die Funktion und Kontrolle der linken Körperseite zuständig,
- die linke Gehirnhälfte für die rechte Körperseite.

Jede dieser beiden Hemisphären ist auf bestimmte Aufgaben spezialisiert. In dieser Arbeitsteilung ist die linke Seite für die Theorie und die rechte Seite für die Praxis zuständig, das heißt, die linke Hälfte bearbeitet die Eindrücke unter rationalen Gesichtspunkten, zergliedert sie nach den Regeln der Logik und systematisiert sie, und die rechte Hälfte denkt ganzheitlich aus der Erfahrung heraus, arbeitet kreativ und phantasievoll.

Die linke Hälfte wird vorwiegend für logische Tätigkeiten, wie zum Beispiel für das

- Verarbeiten einzelner Informationen,
- Sprechen,
- Steuern von verbalen und mathematischen Informationen,
- Analysieren, Beurteilen und Kritisieren von Tatbeständen

benutzt.

Die rechte Gehirnhälfte

- beschäftigt sich mit Ganzheiten,
- visualisiert, das heißt, denkt in Bildern,
- regelt die Körpersprache,
- ist Gedächtniszentrum für Personen und Erlebnisse,
- ist Sitz der Gefühle und künstlerischer Leistungen und Erlebnisse.

Es ist erwiesen, daß fast alle bedeutenden Leistungen von jenen Menschen erbracht werden, die ein überdurchschnittliches Wissen und eine große Informationsmenge in ihrem Gehirn speichern, welche sie beliebig verknüpfen können und die sich selbst verstärken und gegenseitig beeinflussen. Wer sich aber nur als ein Experte seines Faches versteht, hat einen zu geringen Kenntnisstand, um neue Fragen aufzuwerfen und eine Koppelung von Reaktionen zu bewirken, da sein Wissen nicht fachübergreifend, sein Maßstab begrenzt ist und er dadurch zu wenig andere Perspektiven und Theorien berücksichtigt, was vernetztes Denken aber dringend erfordert. Die Innovationsfunktion der Weiterbildung wird heute in zahlreichen Publikationen angesprochen. Münch und Müller[1] machen zum Beispiel deutlich, daß wegen der zunehmenden Beschleunigung des technologischen und organisatorischen Wandels und auch wegen des gestiegenen Konkurrenzdruckes mit Hilfe der betrieblichen Weiterbildung nicht nur ein „Vorlauf" sichergestellt werden soll, sondern es müssen frühzeitige innovative Impulse ausgelöst werden. Den Unternehmen, die optimale Voraussetzungen für kreatives, innovatives und vernetztes Denken schaffen und deren Umsetzungen gewährleisten, gehört die Zukunft.

1.2 Die Erfolgsfaktoren und ihre Auswirkungen auf die Weiterbildung

1.2.1 Das System der unternehmerischen Erfolgsfaktoren

1.2.1.1 Die 6 generellen Erfolgsfaktoren

In den letzten Jahren wurde durch umfassende empirische Untersuchungen versucht, die wesentlichen Erfolgsfaktoren einer Organisation abzuleiten. Analysiert man die Gemeinsamkeiten dieser und in zahlreichen Ländern durchgeführten Erhebungen, so lassen sich vereinfacht die folgenden Erfolgsfaktoren[2] erkennen:

1. Geschäftsgrundsätze und Ziel-/Kontrollsysteme,
2. strategieorientierte Organisation,
3. marktnahes Informations- und Kommunikationssystem,
4. verstärkte Nutzung des Mitarbeiter-Potentials,

---

[1] Vgl. Münch, Joachim und Müller, Hans Joachim: Evaluation in der betrieblichen Weiterbildung als Aufgabe und Problem. Schriftenreihe Wirtschaftsdidaktik, Band 13, Baltmannsweiler, 1988, S. 24.

[2] Vgl. Nagel, Kurt: Die 6 Erfolgsfaktoren des Unternehmens. 3. Aufl., Landsberg 1989.

5. effizientes Führungssystem,
6. praktizierte Kundennähe.

Um feststellen zu können, wie gut diese Erfolgsfaktoren in einer Unternehmung ausgeprägt sind, hat der Verfasser ein System entwickelt, das es erlaubt, den Reifegrad dieser Erfolgsfaktoren zu bestimmen. Jede Organisation durchläuft verschiedene Phasen. Unterscheidet man die Entwicklungsphasen Start (Phase 1), Ausweitung (Phase 2), Konsolidierung (Phase 3), Wachstum (Phase 4) und Integration (Phase 5), dann läßt sich unschwer ableiten, daß üblicherweise der Reifegrad und die Ausprägung der einzelnen Erfolgsfaktoren von der Phase 1 zur Phase 5 zunimmt. Ordnet man den 6 Erfolgsfaktoren die 5 Phasen in einer Matrix zu und beschreibt die einzelnen Ausprägungen, dann ergibt sich eine erste Gesamteinordnung.[1]

Die folgende Abbildung („Generelle Beschreibung des Reifegrades für die 6 Erfolgsfaktoren") gibt einen generellen Überblick über die in den einzelnen Phasen meist anzutreffenden Aktivitäten und die Schwerpunkte der Orientierung. Diese Darstellung versucht, durch wenige Indikatoren Hinweise für eine mögliche Standortbestimmung zu geben. Der Verfasser läßt in seinen Veranstaltungen mit dem Top-Management die Entscheidungsträger eine erste Einordnung durchführen. Die dabei entstehenden „Fieberkurven" signalisieren die Stärken und Schwächen einer Unternehmung. Die Analyse einer Reihe von mittelständischen Unternehmen ergab den in der Abbildung dargestellten L-Verlauf. In diesen Organisationen sind meist die Erfolgsfaktoren

- Strategie
- Organisation
- Informationssystem
- Mitarbeiter
- Führungssystem

---

[1] Auch für den Personalbereich gibt es eine Reihe von Phasenmodellen. Diese wurden u.a. von Friedrichs (1973), Bothe/Simon (1976), Spie (1981) und Stiefel (1985) entwickelt. Eine ausführliche Darstellung findet sich in Kettgen, Gerhard: Moderne Personalentwicklung in der Wirtschaft. Wien und Ehningen 1989, S. 9 ff. Als höchste Entwicklungsstufe (5 Phasen: A, B, C, D, E) wird in der Phase E davon gesprochen, daß dem Personalbereich die Funktion des Gestalters und Politikers zuwächst.

Erfolgsfaktoren / Phase	I Start	II Ausweitung	III Konsolidierung	IV Wachstum	V Integration
Strategie	Keine strategischen Überlegungen	Kurzfristige Ausrichtung	Mittelfristige Strategie	Harmonisierung der Strategien	Marktorientierte langfristige Strategien
Organisation	Hoher Improvisationsgrad	Streben nach Standards	Hoher Standardisierungsgrad	Verstärkte individuelle Ausrichtung	Innovative Organisation
Info-System	IS bringt Kosteneinsparungen	Verstärkte IS-Anwendungen	Hoher Reifegrad bei stand. Anwendungen	Hohe Benutzerzufriedenheit durch IDV	IS schafft strategische Wettbewerbsvorteile
Mitarbeiter	Aufgabenerfüllung nach Stellenbeschreibung	Geringe Freiräume	Aktionsorientierte Arbeitsgruppen	Hoch motivierte Mitarbeiter	Mitarbeiter ist "Sub-Unternehmer"
Führungssystem	Führungsstil ist naturgegeben	Verstärkte Delegation	Kooperatives Führungssystem	Adäquate Führungsgrundsätze u. -methoden	Führungssyst. gewährleistet opt. Strategieumsetzung
Kundennähe	Kunde ist Geschäftsvorfall	Normale Kundenbeziehungen	Kunde wird beachtet	Problemlösungen werden angeboten	Höchster Grad an Kundenorientierung

Abbildung: Generelle Beschreibung des Reifegrades für die 6 Erfolgsfaktoren wenig ausgeprägt. Strategische Überlegungen sind kaum vorhanden, man hat eine kurzfristige Ausrichtung. Die Organisation ist gekennzeichnet durch einen hohen Improvisationsgrad, den man durch Standards abzulösen versucht. Im Informationssystembereich versucht man die wichtigsten Anwendungen zu installieren. Die Mitarbeiter verfügen über geringe Freiräume, und die Führungsmannschaft bemüht sich um eine verstärkte Delegation. Mittelständische Unternehmen haben häufig eine stärkere Beachtung der Kundenorientierung.

Diese vereinfachte und generalisierende Aussage ergibt in ihrem Verlauf den Buchstaben L. Die Einordnung hat den Verfasser dazu verleitet, bei einem solchen Profil von L = „Losern" zu sprechen. Fraglos dürften Organisationen mit einer derartigen Einordnung zu den Verlierern in den 90er Jahren zählen. Im Gegensatz dazu steht das zweite Diagramm, das den Buchstaben W, von der Kopfseite betrachtet, ergibt. Dieses W steht für „Winner". Die Gewinner der 90er Jahre werden Unternehmen sein, die sich auszeichnen durch

- eine marktorientierte, langfristige Strategie,
- den strategischen Einsatz der Informationsverarbeitung,
- Mitarbeiter in der Rolle des „Sub-Unternehmers",
- den höchsten Grad an Kundenorientierung.

Etwas zurück im Reifegrad ist die Organisation. Hier gilt der Grundsatz: Structure follows strategy, die Organisation folgt der Strategie. Das Führungssystem ist häufig auch mit restriktiven und beharrenden Momenten belastet. Daher ist die Stufe der Integration noch nicht erreicht.

Bei der Ermittlung der Ausprägung der generellen Erfolgsfaktoren für eine Unternehmung und dem Aufsetzen von Aktivitäten ist von den folgenden Überlegungen auszugehen:

1. Ohne die Einbindung des hohen Managements ist die Realisierung dieses Systems nicht zu schaffen!
2. Das System der 6 Erfolgsfaktoren ist ein unternehmensumfassender Ansatz. Es sind daher alle Entscheidungsträger gefordert.
3. Das Management bleibt während der gesamten Analyse der Ansprechpartner.

Der Verfasser hat die Erfahrung gemacht, daß das Top-Management der von ihm untersuchten Organisationen mit großem Interesse und eindrucksvoller Offenheit die Beratungen unterstützte. Die Einschätzung des Standes der generellen Erfolgsfaktoren wird dabei so gehandhabt, daß jedes Mitglied der Geschäftsleitung – nach einer kurzen Einführung – die Ausprägung der einzelnen Faktoren aus seiner Sicht kennzeichnet. Die individuellen Eintragungen werden zu einer gemeinsamen „Fieberkurve" zusammengeführt (mit einer Kommentierung der jeweiligen Bandbreiten).

Das System der 6 Erfolgsfaktoren unterteilt die generellen Faktoren nach weiteren Kriterien. Die Einordnung der Untermengen der generellen Erfolgsfaktoren gibt dann differenzierte Hinweise für den Status der einzelnen Indikatoren. Der Verfasser setzt für diese Standortbestimmung verstärkt das Software-Programm „SUBER" ein, das es erlaubt, in relativ kurzer Zeit die jeweilige Ausprägung zu erfahren. Das Ergebnis ist eine graphische Übersicht. Aus dieser geht hervor:

- die generelle Ausprägung der 6 Erfolgsfaktoren,
- die Ausprägung eines jeden einzelnen Indikators.

Auf dieses Programm wird in Kapitel 3.3.2 näher eingegangen.

Will man eine möglichst hohe Ausprägung der 6 Erfolgsfaktoren im unternehmerischen – wie auch persönlichen Bereich – erreichen, dann sind systematische Weiterbildungsmaßnahmen zu ergreifen. Um den Weiterbildungsbedarf bezüglich dieser Faktoren ermitteln zu können, werden im folgenden die 6 Erfolgsfaktoren kurz beschrieben und anschließend in einer Synopse die Ausprägungen „heute" und „morgen" gegenübergestellt. Aus den wesentlichen Ausprägungen von „morgen" wird der Schwerpunkt der Weiterbildung deutlich (siehe die folgenden synoptischen Darstellungen und die Abbildung „Einfluß der Weiterbildung auf unternehmerischen und persönlichen Erfolg").

Die 6 Erfolgsfaktoren sind als ein strategisches Rahmenkonzept für eine Organisation anzusehen. Daraus könnte man durchaus schlußfolgern, daß auch die Weiterbildung einen wesentlichen Erfolgsfaktor für ein Unternehmen darstellt, d. h., die 6 Erfolgsfaktoren müßten demzufolge um einen zusätzlichen Faktor erweitert werden. Dies würde jedoch dem eigentlichen Stellenwert der Weiterbildung nicht gerecht

Strategie **Ausprägung „heute“**	**Ausprägung „morgen“**
1. Geschäftsgrundsätze fehlen oder bestehen nur formal	*1. Verfassung der Geschäftsgrundsätze steht und wird voll gelebt*
2. Meist nur kurzfristige Ausrichtung strategischer Überlegungen	*2. Eindeutige langfristige Strategie*
3. Punktuelle Ziel- und Kontrollsysteme	*3. Übergreifende, stringente Ziel- und Kontrollsysteme*
4. Ziele für Mitarbeiter fehlen	*4. Mitarbeiter sind Beteiligte beim Erarbeiten der Ziele*

Strategieorientierte Organisation **Ausprägung „heute“**	**Ausprägung „morgen“**
1. Die Strategieumsetzung ist nur in Ansätzen gegeben	*1. Die Organisation folgt der Strategie*
2. Die Aufbauorganisation ist schwerfällig und das Kästchendenken herrscht vor	*2. Die Aufbauorganisation ist prozeß- und kundenorientiert*
3. In der Ablauforganisation bemüht man sich um das Erkennen und Beseitigen der Schwachstellen	*3. Die Ablauforganisation optimiert die internen und externen Prozesse*
4. Streben nach hohem Standardisierungsgrad	*4. Optimales Verhältnis zwischen Standards und individueller Ausrichtung*
5. Stellenbeschreibungen und Kompetenzkataloge	*5. Zielvereinbarungen und Subunternehmer*

Marktnahes Informations- und Kommunikationssystem **Ausprägung „heute“**	**Ausprägung „morgen“**
1. Operationale Anwendungen dominieren	*1. Strategische Problemlösungen stehen im Vordergrund*
2. Daten werden nur in Einzelfällen als Ressource gesehen	*2. Daten und Informationen generieren Wettbewerbsvorteile*
3. Synchrone Erfassung der Daten ist nicht vollständig gegeben	*3. Live-Sendung der Informationen*
4. Mangelhaftes Aufgaben- und Informationsbewußtsein	*4. Optimale Zuordnung der Daten und Informationen*
5. Abläufe sind formular- und papierorientiert	*5. Papierlose interne und externe Prozesse*

Verstärkte Nutzung des Mitarbeiterpotentials **Ausprägung „heute“**	**Ausprägung „morgen“**
1. Mitarbeiter nach Vorschrift	*1. „Mitunternehmer“ mit Eigeninitiative*
2. Reagierende Mitarbeiter	*2. Agierende Mitarbeiter mit Kreativität*
3. Auswahl nach klassischen Einstellungsprozeduren	*3. Verstärkte Übereinstimmung der Mitarbeiter- und Unternehmensforderungen*
4. Qualifikation durch punktuelle Weiterbildungsmaßnahmen	*4. Strategisch orientierte Weiterbildungspolitik*
5. Motivation wird gefordert	*5. Hohe Selbst- und Fremdmotivation*

Effizientes Führungssystem **Ausprägung „heute“**	**Ausprägung „morgen“**
1. Starre Führungsstrukturen	*1. Vernetzte Führungssysteme*
2. Der Führungsstil ist naturgegeben	*2. Der Führungsstil ist mitarbeiterorientiert*
3. Starke Chefbezogenheit	*3. Delegation von Aufgaben, Befugnissen und Verantwortung*
4. Starre Entlohnungssysteme	*4. Individuelle Entlohnungssysteme*

Praktizierte Kundennähe **Ausprägung „heute“**	**Ausprägung „morgen“**
1. Kundenwünsche werden abgearbeitet	*1. Der Kundenkontakt wird gesucht*
2. Optimierung der eigenen Prozesse	*2. Kundenorientierte Aufbauorganisation*
3. Kunden wirken bei Innovationsprozessen kaum mit	*3. Einbindung der Kunden in die Produktentwicklung*
4. Fallweise Berücksichtigung der Umwelteinflüsse	*4. Höchste Akzeptanz in bezug auf Umfeld/Umwelt*

Ausprägung der 6 generellen Erfolgsfaktoren „heute“ und „morgen“ (synoptische Darstellung) werden, denn Weiterbildung muß in bezug zu jedem einzelnen Erfolgsfaktor gesehen werden. Diese Betrachtungsweise ist sehr bedeutungsvoll, da Weiterbildung zu allen 6 Erfolgsfaktoren in Beziehung gesetzt werden muß und den dadurch entstehenden Wechselwirkungen nur durch die vorgenommene Sonderstellung der Weiterbildung voll Rechnung getragen werden kann. Sehr aufschlußreich ist, daß die 6 Erfolgsfaktoren in hohem Umfang identisch sind mit den in zahlreichen Untersuchungen ermittelten wichtigsten Weiterbildungsthemen für die kommenden Jahre. So wurden zum Beispiel in einer Studie von Executive

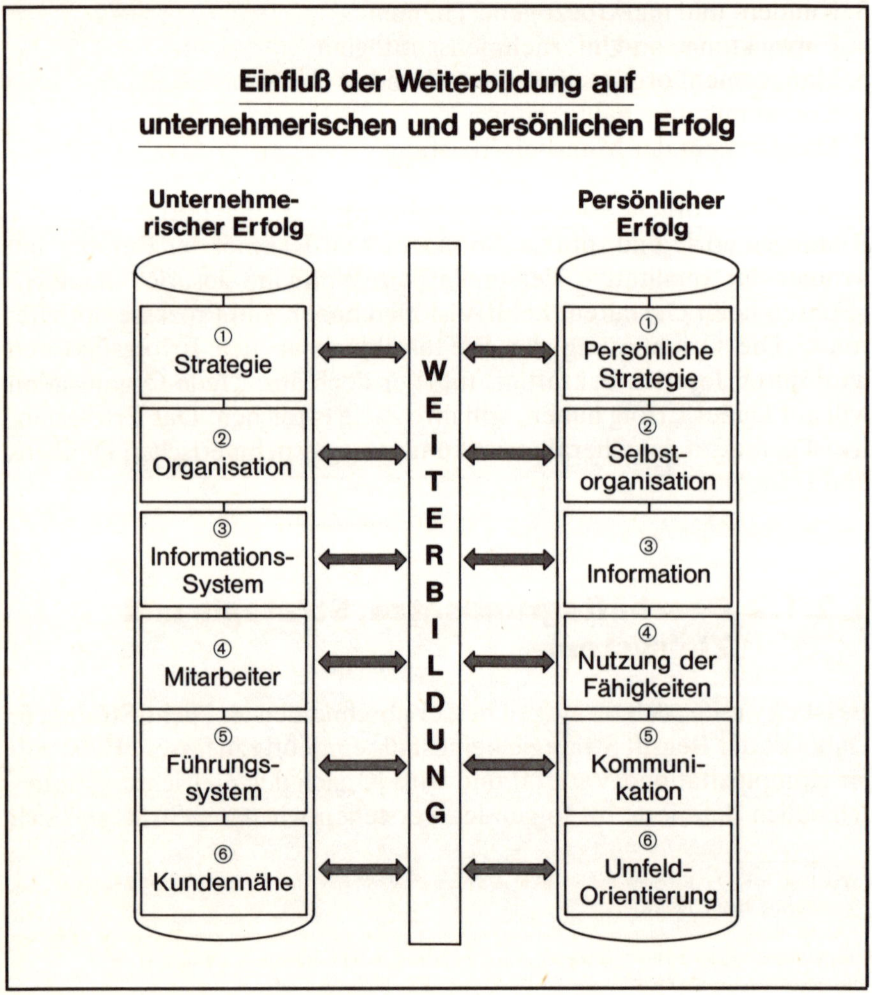

Development Associates 1988 rund 50 der „Fortune 500“ Unternehmungen der USA nach den ihrer Ansicht nach wichtigsten Themen der Führungskräfte-Weiterbildung in den kommenden drei bis fünf Jahren befragt. Dabei hat man 26 einschlägige Themen der Führungskräfte-Weiterbildung vorgegeben.

Das Ergebnis war[1]:

1. Mitarbeiterführung
2. Umsetzung von Unternehmensstrategien
3. Kunden- und marktbezogene Themen
4. Entwicklung von Unternehmensstrategien
5. Management organisatorischen Wandels
6. Kommunikative Fähigkeiten
7. Management der Mitarbeiterleistung

Eine solche Vorgehensweise entspricht sehr stark den Forderungen der Bildungstheorie und -praxis. So macht zum Beispiel der Berater und Trainer für qualitative Personalarbeit Wolfgang Jeserich deutlich: „Führen heißt Gestalten, heißt Visionen haben und Prozesse optimieren.“[2] Die Orientierung der Weiterbildung an den Erfolgsfaktoren wird durch Jeserich bekräftigt, führt er doch aus: „Jede Organisation will auf Dauer Erfolg haben, will ihre Ziele erreichen. Das Erfolgsmotiv ist geradezu das Charakteristikum des unternehmerischen Denkens und Handelns.“[3]

1.2.1.2 Geschäftsgrundsätze, Strategie und Zielsysteme

Es ist erwiesen, daß Strategen besser abschneiden als Nicht-Strategen. Dabei ist der Begriff Strategie keinesfalls eindeutig zu fassen. Er ist voller Komplexität und Varietät und wird je nach der Zielrichtung unterschiedlich definiert. Im folgenden verstehen wir unter Strategie, sich

[1] Vgl. Bolt, James F.. Executive Development as a Competitive Weapon. In: Training and Development Journal, 43. Jahrgang, Heft 7, 1989, S. 71–76.

[2] Jeserich, Wolfgang: Top-Aufgabe. Die Entwicklung von Organisationen und menschlichen Ressourcen. Handbuch der Weiterbildung für die Praxis in Wirtschaft und Verwaltung, Band 8, München und Wien 1988.

[3] Jeserich, Wolfgang: a.a.O., S. 18.

Vorstellungen über zukünftige Gegebenheiten bilden, diese systematisch durchdenken, mit gegebenen Situationen vergleichen und daraus Maßnahmen für die optimale Gestaltung der Zukunft ableiten zu können. Wichtig ist dabei eine systematische und stringente Ableitung der Strategieansätze und die Überlegung, wie langfristig Ziele erreicht werden sollen. Die Analyse der zukünftigen Gegebenheiten umfaßt insbesondere die Risiken und Möglichkeiten des Marktes und Annahmen über die Umwelt.

Im Mittelpunkt stehen dabei die Fragen, wie die gegenwärtige und zukünftige Produktpalette den Anforderungen des Marktes entspricht, welche Ressourcen benötigt werden, und welche Restriktionen beachtet werden müssen. Sehr populär ausgedrückt ist Strategie die Kunst, „sich zu kratzen, bevor es einen juckt".

Sicherlich haben exzellente Unternehmen schon immer strategisch operiert. Bei sich kontinuierlich entwickelnden Märkten und begrenzten Umfeldveränderungen waren jedoch für die meisten Organisationen in der Vergangenheit langfristige Strategien im umfassenden Sinne auch nicht erforderlich. Änderungen in der Branche und in der gesellschaftlichen Umwelt bildeten die Ausnahme. Wurde eine Entscheidung falsch eingeschätzt, so konnte sie durch das stetige Wachstum überdeckt werden.

In den letzten Jahren verändern sich die Tatbestände dramatisch: die Nachfrage verlangsamt sich oder stagniert, das qualitative Anspruchsniveau wächst, die Produktlebenszyklen werden kürzer und Innovationen beschleunigen den Wandel. Dies macht eine strategische Planung im besten Sinne erforderlich. Eine Strategie, die lediglich punktuell ausgerichtet und ausschließlich auf die Mittelzuteilung bedacht ist, reicht nicht mehr aus. Benötigt wird insbesondere eine strategische Rahmen- und Programmplanung.

Die *strategische Rahmenplanung* basiert zunächst auf den Geschäftsgrundsätzen. Sie sind das oberste Gesetz einer Organisation, an dem unter allen Umständen festgehalten werden muß. Die Unternehmenskultur (Corporate Identity) wirkt sowohl nach innen auf ihre Mitglieder als auch nach außen auf das Unternehmensumfeld. In dem Unternehmensleitbild sind die grundsätzlichen Wertvorstellungen und die angestrebte Marktkompetenz eines Unternehmens gleichermaßen festgehalten. Durch einen spürbaren Wertewandel werden die derzeit fast ausschließlich gewinn- und liquiditätsorientierten Geschäftsgrundsätze den veränderten Umfeldbedingungen nicht mehr gerecht. Eine vorwiegend kunden-, mitarbeiter- und umweltorientierte Unternehmenskultur wird unabdingbar werden, um ein Überleben auch in der Zukunft zu sichern. Es steht außer Frage, daß Geschäftsgrundsätze einen Einfluß auf den Unternehmenserfolg haben. Sie geben den Rahmen für das Entscheidungsfeld der Führungskräfte und Mitarbeiter ab. Wesentlich dabei ist, daß die Unternehmensmitglieder sich mit diesen Grundsätzen identifizieren. Es ist mehr und mehr festzustellen, daß erfolgreiche Unternehmen klare Grundsätze haben, auf deren Basis sie ihre Politik und ihr Handeln begründen. Untersuchungen haben deutlich gemacht, daß ein bedeutender Faktor für den Erfolg eines Unternehmens die Konsequenz ist, mit der es – diesen Prinzipien entsprechend – handelt.[1]

Neben den Geschäftsgrundsätzen zählt zur strategischen Rahmenplanung das Erarbeiten der Unternehmensziele. Als Existenzbedingung ist für die Unternehmung eine angemessene Rentabilität auf lange Sicht erforderlich. Daneben können über weitere, sich ergänzende oder miteinander konkurrierende Teilziele, gegebenenfalls auch nichtwirtschaftlicher Art, verfolgt werden. Diese dürfen nur nicht die Rentabilität der Unternehmung in Frage stellen. Für jede Unternehmung ist es wichtig, sich Klarheit über die anzustrebenden Ziele zu verschaffen. Dabei gilt es auch, die Zielinterdependenzen zu beachten.

Die *strategische Programmplanung* hat Szenarien für insbesondere zwei Bereiche zu entwickeln:

1. die Wettbewerbskräfte des Marktes und
2. die Produktpalette.

Das Ziel einer Wettbewerbsstrategie liegt im Finden einer Position, in der sich ein Unternehmen am besten gegen die Wettbewerbskräfte schützen oder diese entsprechend positiv beeinflussen kann. Für die systematische Analyse des Wettbewerbs orientiert sich die Praxis mehr

[1] Vgl. hierzu Freiesleben, Ulrich: Bildung im Strukturwandel von Unternehmen. Frankfurt am Main 1989, S. 101ff.

und mehr an Porters[1] Analyse-Modell für die fünf Triebkräfte des Marktes (siehe Abbildung „Die Wettbewerbskräfte"). Danach sind längerfristige Überlegungen anzustellen bezüglich

- der Bedrohung durch neue Wettbewerber,
- der Bedrohung durch Ersatzprodukte und -dienste,
- der Wettbewerbskraft der Lieferanten,
- der Verhandlungsstärke der Kunden,
- des Wettbewerbs in der Branche.

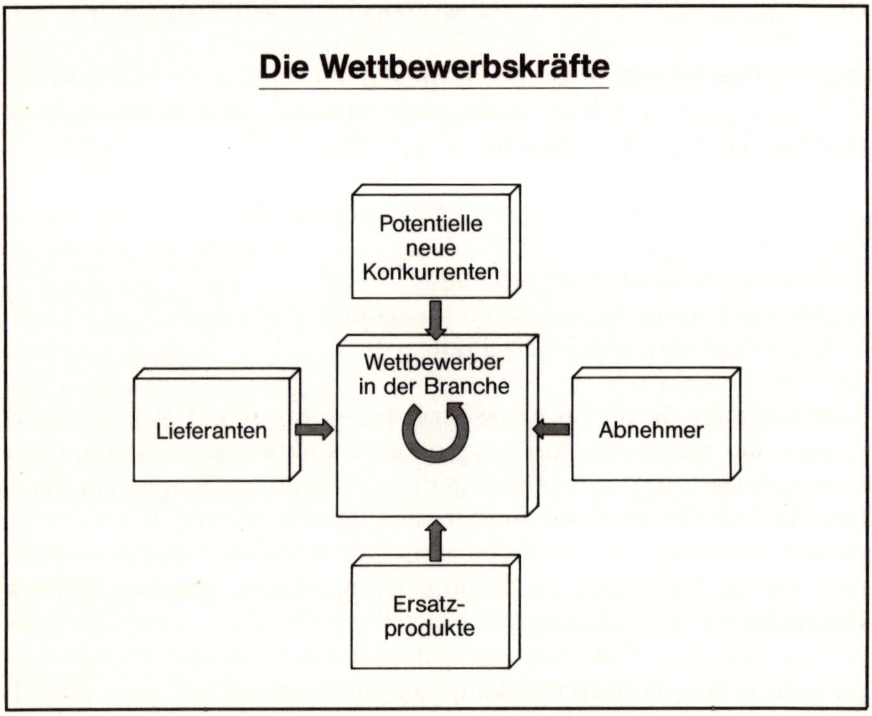

Für die Erarbeitung einer längerfristigen Strategie (5 Jahre) ist es wichtig, die Überlegungen durch differenzierte Analysen zu untermauern.

[1] Porter, Michael E.: Wettbewerbsvorteile – Spitzenleistungen erreichen und behaupten. Frankfurt a. M. 1985; Porter Michael E.: Wettbewerbsstrategie – Methoden zur Analyse von Branchen und Konkurrenten. 3. Aufl., Frankfurt a. M. 1985.

Im Bereich der Produkt-Analyse verwenden die Unternehmen meist eine ihren Zielsetzungen entsprechende Form des Portfolio-Ansatzes. Die Portfolio-Analyse hat die Aufgabe, die Produkte und das Produktprogramm unter Berücksichtigung der Geschäftsgrundsätze und der Unternehmensziele zu optimieren. Es gibt eine Reihe von differenzierten Portfolio-Ansätzen.

Zielsetzung der Portfolio-Analyse ist, daß sich das Portfolio des Unternehmens im Gleichgewicht befindet. Dies ist dann der Fall, wenn jeder Quadrant durch Produkte/Produktgruppen angemessen repräsentiert ist.

Auf der Basis der strategischen Rahmenplanung und der strategischen Programmplanung gilt es heute, sich verstärkt auf eine strategische Ausrichtung zu konzentrieren.

Zur Auswahl kommen drei Strategien in Frage:

1. Umfassende Kostenführerschaft
2. Differenzierung (Schaffen von Mehrwert)
3. Konzentration auf Schwerpunkte

Unternehmen, die die Strategie der Kostenführerschaft verfolgen, versuchen dies durch den Aufbau großer Produktionskapazitäten, einer hohen Auslastung, strengen Kostenkontrollen und einen hohen Technologie- und Organisationsgrad in allen Funktionsbereichen zu erreichen. Die Strategie der Differenzierung verfolgt das Ziel, das Produkt oder die Dienstleistung zu differenzieren. Man will für die Kunden einen „Mehrwert" schaffen durch exzellente Qualität, herausragenden Service und beste Kundenorientierung. Bei der Konzentrationsstrategie geht es um die Beschränkung auf ein Segment, auf eine „Marktnische", wobei sowohl die Differenzierung als auch die Kostenführerschaft zur Anwendung kommen können. Die jeweiligen Strategien haben unterschiedliche Auswirkungen auf die Weiterbildung. So verlangt die Strategie der Kostenführerschaft andere Weiterbildungsmaßnahmen als die Strategie der Differenzierung (siehe Abbildung „Auswirkungen der Unternehmensstrategien auf die Weiterbildung").

Auswirkungen der Unternehmensstrategien auf die Weiterbildung

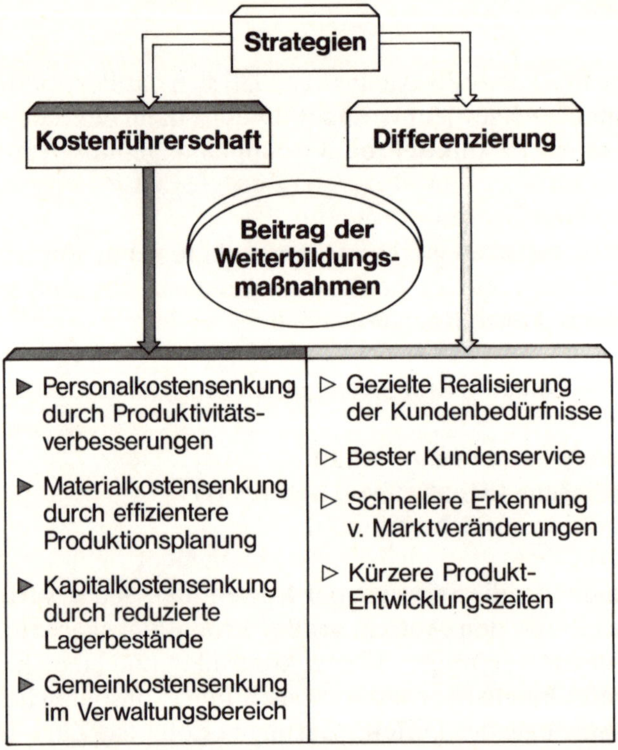

Strategie **Ausprägung „heute“**	**Ausprägung „morgen“**
1. Geschäftsgrundsätze fehlen oder bestehen nur formal	*1. Verfassung der Geschäftsgrundsätze steht und wird voll gelebt*
2. Meist nur kurzfristige Ausrichtung strategischer Überlegungen	*2. Eindeutige langfristige Strategie*
3. Punktuelle Ziel- und Kontrollsysteme	*3. Übergreifende, stringente Ziel- und Kontrollsysteme*
4. Ziele für Mitarbeiter fehlen	*4. Mitarbeiter sind Beteiligte beim Erarbeiten der Ziele*

Was bedeuten diese Entwicklungen in der strategischen Ausrichtung für die Weiterbildung?

Sieht man den Mitarbeiter in der Rolle des Mitunternehmers, dann kommt es in der Weiterbildung mehr und mehr darauf an, Inhalte zu vermitteln wie:

1. Verfassung der Geschäftsgrundsätze steht und wird voll gelebt

Unternehmensgrundsätze schaffen für alle Mitglieder einer Organisation ein „Wir-Gefühl". Führungskräfte und Mitarbeiter haben sich mit den Grundsätzen zu identifizieren. Zunächst ist es notwendig, diese Grundsätze eindeutig zu erarbeiten. Denn für Werte und Aufgaben, die man als erstrebenswert und wertvoll erkannt hat, können Mitarbeiter sich wesentlich effizienter einsetzen als für solche, deren Wert man nur vage ahnen kann oder gar anzweifeln muß.

In zahlreichen Untersuchungen kam zum Ausdruck, welche Bedeutung Geschäftsgrundsätze für den Unternehmenserfolg haben. Unternehmen haben sich in immer stärkerem Umfang Grundsätze anzueignen, auf denen ihre Politik und ihr Handeln begründet wird.

Es ist sicherlich viel über die Notwendigkeit einer zielorientierten Führung gesprochen und geschrieben worden – auffällig ist nur, daß insbesondere in mittelständischen Unternehmen kaum von der Postulierung

- eindeutiger Geschäftsgrundsätze und
- mittel- bis langfristiger Ziele

Gebrauch gemacht wird.

Es kommt nicht von ungefähr – dies haben mehrere Erhebungen gezeigt – daß jene Unternehmen in den letzten Jahren am erfolgreichsten waren, die unter anderem über Geschäftsgrundsätze und ein klares Zielsystem verfügten. Es erscheint notwendig, daß jede effiziente Unternehmung zunächst feste Grundsätze haben muß, auf denen die Unternehmenspolitik aufbaut und die letztendlich das Handeln der Führungskräfte und der Mitarbeiter leiten. Geschäftsgrundsätze bilden den Rahmen für das betriebliche Entscheidungsfeld. Sie sind oberstes Gesetz einer Organisation, an dem festgehalten werden muß. Erfolgreiche und herausragende Unternehmen können dadurch charakterisiert werden, daß sie ihr Handeln und ihre Verhaltensweisen an bestimmten, klar definierten Grundwerten und Überzeugungen ausrichten. Sie zeichnen sich durch eine gelebte Wertorientierung aus – von gemeinsam getragenen Wertvorstellungen. Die Gesamtheit der vorherrschenden Normen, Denkhaltungen und Wertvorstellungen einer Firma wird als Unternehmenskultur bezeichnet.

Eine starke Unternehmenskultur bildet das Fundament für die Handlungsweisen ihrer Mitglieder, während bei einer schwach ausgeprägten Unternehmenskultur der gemeinsame Grundkonsens fehlt. Unter dem Begriff Unternehmenskultur werden im wesentlichen die spezifischen *Wertvorstellungen* und die daraus abgeleiteten *Verhaltensweisen* als Konkretisierung dieser Werte verstanden. Diese prägen die Unternehmensprozesse und die damit verbundenen Aktivitäten in charakteristischer Weise. Die Wertvorstellungen beziehen sich auf die Einstellung der Individuen zur Gesellschaft, zur Umwelt, zu den Mitmenschen und zu dem Firmenkonzept, d.h., daß sie Rahmenbedingungen für organisatorisches Handeln sind.

Zahlreiche Autoren von einschlägigen Arbeiten messen einem sichtbar gelebten Wertesystem in bezug auf eine erfolgreiche Unternehmensführung eine zentrale Bedeutung zu. Sie sehen in einer gelebten Unternehmenskultur ein effizientes Instrument zur Erzielung positiver Wirkungen. Pümpin[1] sieht in der Unternehmenskultur aber auch ein Werkzeug der Mitarbeiterführung, die das gesamte gewachsene Meinungs-, Norm- und Wertgefüge, welches das Verhalten der Führungskräfte und Mitarbeiter prägt, umfaßt.

Individuen verfügen bereits vor Eintritt in eine Organisation über grundlegende Wertvorstellungen. Diese frühzeitig erworbene Wertehierarchie steht gewöhnlich in gewisser Distanz zu den Werten und Normen einer Unternehmung. Um diese Diskrepanz in den Wertvorstellungen so gering wie möglich zu halten, müssen die unternehmenskulturellen Werte verstärkt den individuellen Normvorstellungen und jenen der Gesellschaft entsprechen oder ausgeglichen werden.

---

[1] Vgl. Pümpin, Cuno: Management strategischer Erfolgspositionen. 3. Aufl., Bern und Stuttgart 1986.

Durch das Vorhandensein eines gelebten Wertgefüges existiert für die Betriebsmitglieder ein verläßlicher sozialer Bezugsrahmen, der ihnen ein Zusammengehörigkeitsgefühl, d.h. ein „Wir-Bewußtsein", vermittelt.

2. Eindeutige langfristige Strategie

Aus Untersuchungen geht hervor, daß das Top-Management als seine wichtigste Aufgabe die strategische Planung ansieht. Nach einer Studie der Hochschule St. Gallen und der Personalberatung Heidrick and Struggles bezeichneten Entscheidungsträger als ihre wichtigste Aufgabe die Strategische Planung (57 % der Nennungen). Die Frage, wieviel Zeit sie für diese Aufgabe wahrnehmen, wurde in der Untersuchung mit 8,6 % beantwortet.

In der Praxis verfügen die wenigsten Unternehmen über klare Strategien. Es ist meist nicht zu erkennen, welche der Strategien – Kostenführerschaft, Differenzierung oder Konzentration – konkret verfolgt wird.

Seit rund zwei Dekaden wird die *Kostenführerschaft* von einzelnen Organisationen verstärkt angestrebt. Die Unternehmen versuchen, diese Strategie unter anderem zu erreichen durch:

- Aufbau großer Produktionskapazitäten,
- Streben nach einer möglichst hohen Auslastung dieser Kapazitäten,
- strenge Kostenkontrollen,
- Reduzierung der Verwaltungskosten auf das nur unbedingt erforderliche Maß,
- konsequente Überwachung der Vertriebskosten,
- hohen Technologie- und Organisationsgrad in allen Funktionsbereichen.

Ist die Situation bezüglich der Kosten für eine Unternehmung günstig, dann schützt diese Position gegenüber starker Konkurrenz. Auch werden dadurch die Eintrittsbarrieren für neue Wettbewerber erheblich höher gesetzt als bei einer nur durchschnittlichen oder gar schlechten Kostensituation. Die Strategie der Kostenführerschaft bedingt üblicherweise immer eine bestimmte Unternehmensgröße und einen entsprechenden Marktanteil. Für mittelständische Unternehmen eignet sich daher diese Wettbewerbsstrategie in ihrer stärksten Ausprägung nur bedingt.

Für kleine und mittlere Unternehmen kommt es mehr und mehr darauf an, das Produkt oder die Dienstleistung zu differenzieren, d.h. die Strategie der *Differenzierung* konsequent zu verfolgen. Bei dieser Strategie besteht das Ziel, sich von den anderen Unternehmen abzuheben. Dies geschieht vor allem dadurch, daß man für die Kunden einen „Mehrwert" schafft. Dies ist unter anderem möglich durch:

- Geschäftsgrundsätze
- Markennamen
- Kundendienst
- Technologie
- Qualität
- Servicenetz

Bei dieser Strategie wird versucht, überdurchschnittliche Erträge zu erwirtschaften. Die Ertragsspannen sind damit gesichert und machen einen Kostenvorsprung überflüssig. Der aus der Sicht des Kunden geschaffene Mehrwert ist das Entscheidungskriterium für das Produkt oder die Dienstleistung.

Die *Konzentrationsstrategie* zielt nicht auf die branchenweite Umsetzung ab. Hier geht es um die Beschränkung auf ein Segment, auf eine „Marktnische", wobei sowohl die Differenzierung als auch die Kostenführerschaft angewendet werden können.

3. Übergreifende stringente Ziel- und Kontrollsysteme

Man ist sich heute in den meisten Unternehmen und Verwaltungseinheiten darüber im klaren, daß die Fragen der Kostenanalyse sehr stark von den Ziel- und Kontrollsystemen abhängig sind. Haben zum Beispiel die Entscheidungsträger klare Zielsysteme aufgebaut, dann sind bereits wesentliche Voraussetzungen für die Kostenbeobachtung und Kostenverantwortung erfüllt.

Zuständig für die Zielsetzung, operationale Zieldefinition, Zielauflösung und Zielkontrolle ist die Unternehmensführung. Wenn, wie es heute meistens noch der Fall ist, nicht einmal die Gesamtziele einwandfrei definiert sind, sind sowohl optimale Aufgabenzuweisungen als auch eine optimale Informationsausstattung nicht erreichbar. Zur Definition der Ziele sollte auch die Bekanntgabe der zukünftigen Unternehmenspolitik gehören.

Hinsichtlich des Ziel- und Kontrollsystems gilt es, folgende Anforderungen zu berücksichtigen:

- *Präzise Formulierung der Ziele*

  Jeder Mitarbeiter sollte ein klar umrissenes Ziel von seiner Führungskraft erhalten, die dieses aus ihrer eigenen Zielvorgabe ableitet. Alle Ziele – insbesondere auch die Kostenvorgaben – sind eindeutig abzugrenzen. Wichtig ist auch der Zeitbezug. Ohne Zeitbezug ist jede Zielsetzung sinnlos. Es muß festgelegt werden, bis zu welchem Zeitpunkt oder innerhalb welcher Zeitspanne ein bestimmtes Realisationsniveau erreicht werden soll. Die Ziele müssen wert- und/ oder mengenmäßig fixiert werden (absolute Zahlen, Verhältniszahlen, Minimal-Maximal, Änderungsraten).

- *Eindeutige Fixierung der Verantwortung*

  Jeder Mitarbeiter hat die mit der Zielerreichung verbundene Durchführungsverantwortung zu tragen. Der Vorgesetzte hat die Ergebnisverantwortung. Daraus resultiert seine Verpflichtung, die Zielerreichung zu kontrollieren. Aus der Kontrolle werden zweierlei Konsequenzen abgeleitet:

– sachbezogene Konsequenzen zur Bereinigung von Abweichungen oder notfalls zur Zielkorrektur.
– personenbezogene Konsequenzen, die sich auf die Motivation, Leistungsmöglichkeiten und Entwicklungsfähigkeit des Mitarbeiters beziehen.

- *Laufende und systematische Kontrolle*

  Die Kontrolle soll sicherstellen, daß die Ziele mit möglichst geringen Störungen und zeitgerecht möglichst optimal erreicht werden können. Die Kontrolle ist systemimmanent zu organisieren, also ein Internum des Systems, das laufend in der Organisation wirkt.

4. Mitarbeiter sind Beteiligte beim Erarbeiten der Ziele

Nur was ein Individuum sich für sein Leben als Erfolg erwartet, ist für ihn auch Erfolg – nicht das, was *andere* von ihm erwarten, denn nur für *persönliche* Ziele kann ein Mensch sich einsetzen und begeistern. Um dies zu erreichen, müssen klare Ziele formuliert und wirksame Pläne zur Realisierung der angestrebten Ziele geschaffen werden, um diesen Erfolg zwingend zu verursachen. Gleichzeitig ist es notwendig, alle weiteren Entscheidungen nur im Hinblick auf diese einmal aufgestellten Ziele zu treffen, um eine wirksame und erfolgversprechende Realisation zu gewährleisten. Christian Morgenstern sagte dazu: „Wer vom Ziel nicht weiß, kann den Weg nicht haben!" Nur wer ganz genau weiß, was er will, kann optimale Zielpläne erstellen! Klare Ziele sind eine Voraussetzung für die persönliche Zielplanung und die Grundlage für effiziente Entscheidungsfindung.

Wichtig für die Mitarbeiter ist diesbezüglich, sich mit den Zielen vollständig zu identifizieren. Für Mitarbeiter in der Rolle des Subunternehmers bedeutet dies unter anderem:

- Nehmen Sie sich Großes vor, und planen Sie dies exakt und detailliert!
- Arbeiten Sie auf Teilziele hin, die Sie Ihrem Fernziel näher bringen!
- Reißen Sie systematisch alle Hindernisse ein, die sich Ihrem Endziel in den Weg stellen!
- Erschließen Sie alle Ihre inneren Reserven, und konzentrieren Sie all Ihre Kraft auf die bevorstehende Aufgabe!
- Gewinnen Sie andere dazu, sich mit Ihren Zielen zu identifizieren, und setzen Sie deren Fähigkeiten für Ihre Aufgabenstellung ein!

Wir wissen heute, daß die Mitwirkung der Mitarbeiter beim Erarbeiten der Ziele einen starken Einfluß auf die Produktivität ausübt. So können Abteilungen eine *hohe Produktivität* und überdurchschnittliche Leistungen unter anderem erzielen durch

- konkrete Zielsetzungen
- Mitarbeiter, die an der Zielsetzung und Planung mitwirken durften,

- Mitarbeiter, die ein hohes Maß an Mitspracherecht genießen,
- ein begrenztes Maß an Anweisungen bezüglich der Durchführung der Arbeit,
- eine hohe Eigenverantwortlichkeit und Entscheidungsfreiheit der Mitarbeiter,
- einen hohen Freiheitsgrad der Mitarbeiter.

Niedrige Produktivität und unbefriedigende Arbeitsergebnisse führen darauf zurück, daß

- Mitarbeiter durch detaillierte Vorgaben in ihrem Arbeitsverhalten eingeschränkt sind,
- die Führungskraft in Kontrolle und Autorität ein Mittel zur Leistungssteigerung sieht,
- zahlreiche Normen gesetzt werden, die den Entscheidungsspielraum einengen und
- die Durchsetzung von Leistung mit überholten Führungsinstrumenten verfolgt wird.

Im folgenden wird am Schluß jedes einzelnen Erfolgsfaktors ein Auswertungsbogen erstellt, der Ansätze zur Verbesserung des jeweiligen Faktors aufzeigt. Die Fragestellungen sind dabei sehr generell. Im Einzelfall können diese Fragen natürlich weiter differenziert werden. Dies soll stellvertretend am Beispiel des Erfolgsfaktors „Strategie" verdeutlicht werden. Die Fragen zum strategischen Denken der Mitarbeiter machen deutlich, wie differenziert die Überlegungen sein können.

Auswertungsbogen zum Erfolgsfaktor "Strategie"

1. Welche Stärken sehe ich bei diesem Erfolgsfaktor?

   a)
   b)
   c)

2. Welche Schwachstellen/Defizite sehe ich bei diesem Erfolgsfaktor?

   a)
   b)
   c)

3. Was sollte an Weiterbildungsmaßnahmen in die Wege geleitet werden?

   a)
   b)
   c)
   d)
   e)

4. Welche Unterstützung benötige ich für die umzusetzenden Maßnahmen?

   Intern: Extern:

   a)
   b)
   c)
   d)
   e)

Fragen zum strategischen Denken der Mitarbeiter

Wie kann **ich** dazu beitragen, daß

1. die Struktur in der Branche verändert wird durch

   - Schaffen von Eintrittsbarrieren wie ____
   - Erhöhung der Austrittsbarrieren wie ____
   - verstärkte Einbindung von Lieferanten wie ____
   - eine völlig neue Basis des Wettbewerbs wie ____

2. die Wettbewerbsposition verbessert wird durch

   - Kostenreduzierungen wie ____
   - Differenzierung der Produkte/Dienste wie ____
   - Erweiterung der Angebote wie ____

3. neue Geschäftsfelder erschlossen werden durch

- den Verkauf von Informationen — wie/was _____
- den Verkauf überschüssiger Kapazitäten — was _____
- neue Produkte — welche _____
- neue Dienstleistungen — welche _____

4. zusätzlicher Umsatz erwirtschaftet wird durch

- wirksame absatzpolitische Instrumente — wieviel _____
- den Absatz höherer Stückzahlen — wieviel _____
- besseren Lieferservice — wieviel _____

5. die Aufwendungen für Roh-, Hilfs- und Betriebsstoffe vermindert werden

   wie _____ wieviel _____

6. die Herstellkosten gesenkt werden

   wie _____ wieviel _____

7. die Vertriebs- und/oder Verwaltungskosten gesenkt werden

   wie _____ wieviel _____

8. die Außenstände verringert werden

   wie _____ wieviel _____

9. die Lagerhaltung reduziert wird

   wie _____ wieviel _____

10. die Nutzung des Anlagevermögens verbessert wird

    wie _____ wieviel _____

11. die unternehmerischen Erfolgsfaktoren verstärkt unterstützt werden

    welche _____ wie _____

12. die Produktentwicklungszeit verringert wird

    wie _____ wieviel _____

13. die Lagerhaltung reduziert wird

    wie _____ wieviel _____

Aus den skizzierten Fragestellungen werden Hinweise auf den Weiterbildungsbedarf deutlich.

Am Beispiel der Strategie soll auf ein *Weiterbildungsprogramm* des Verfassers kurz eingegangen werden. Die Systematik der Lehrinhalte geht aus der folgenden Abbildung „Entwicklung und Umsetzung von Strategien" hervor. Die wesentlichen Inhalte der fünf Module sind:

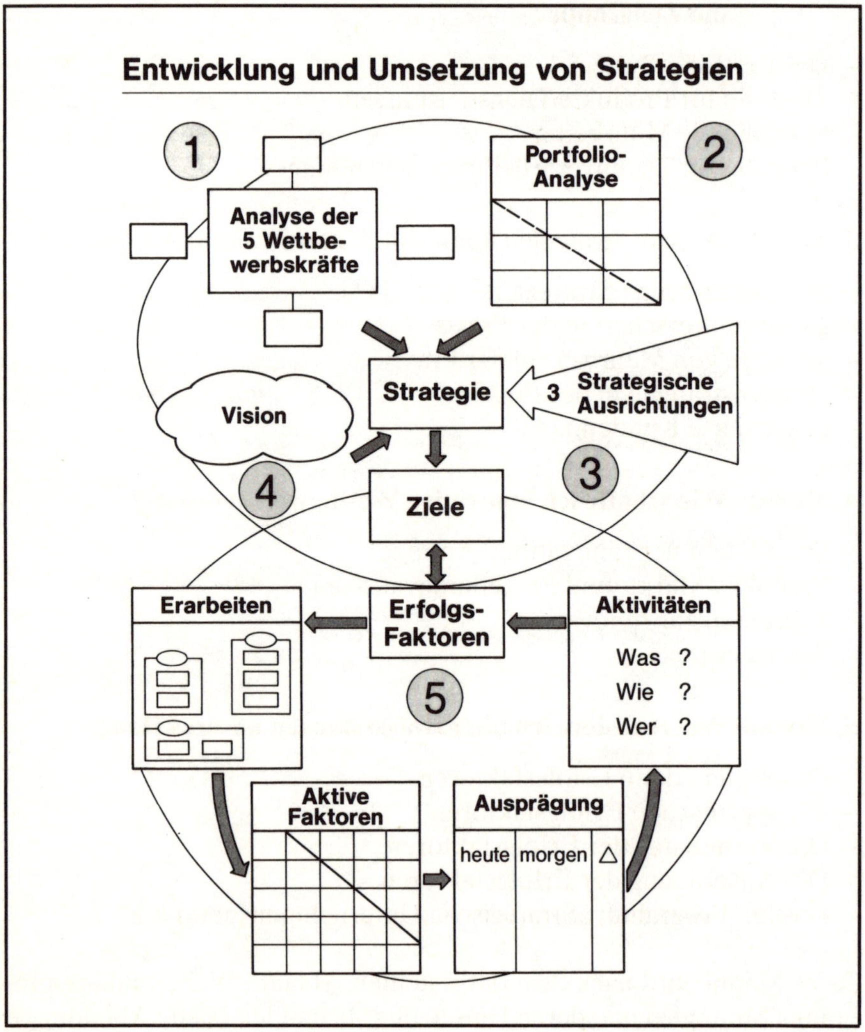

1. Modul: Wie analysiere ich die wesentlichen Wettbewerbskräfte?

- Vorstellung des Programms und Zielsetzung
- Einordnung der Module
- Das System der 5 Wettbewerbskräfte
- Praxisbeispiele
- Hilfsmittel für die Wettbewerbsanalyse

2. Modul: Wie analysiere ich meine Produkte/Dienstleistungen und die Zielgruppe?

- Das Portfolio-System
- Portfolio für Produkte/Dienstleistungen
- Portfolio für Mitarbeiter
- Portfolio für Datenverarbeitungsanwendungen

3. Modul: Welche Strategien kann eine Unternehmung verfolgen?

- Das System der 3 Strategien
- Kostenführerschaft in der Praxis
- Schaffen von Mehrwert in der Praxis
- Nischenstrategie in der Praxis
- Praktizierte Kundennähe

4. Modul: Wie schaffe ich innovative Wettbewerbsvorteile?

- Das System der Innovations-Ansätze
- Produkt-, Markt- und Prozeßinnovationen
- Methoden zur Innovation
- Praxisbeispiele

5. Modul: Wie realisiere ich die Erfolgsfaktoren unseres Hauses?

- Das System der 6 Erfolgsfaktoren
- Die spezifischen Erfolgsfaktoren
- Die Vernetzung der Erfolgsfaktoren
- Die Ausprägung der Erfolgsfaktoren
- Das PC-Programm „Strategische Unternehmensberatung“

Jedes Modul wird nach dem dargestellten Ablauf „Weiterbildungsprogramm Strategien und deren Umsetzung“ behandelt (siehe Abbildung).

Aus diesem geht deutlich der Schwerpunkt der Realisierung durch die Teilnehmer hervor.

Aktive Rolle	Ablauf
Teilnehmer	**Fragen an den Dozenten**
Dozent	**Lehrmodul** 1. Die Zielsetzung 2. Das Problem 3. Die Methode 4. Die Anwendung 5. Praxisbeispiele
Teilnehmer	**Umsetzungsphase I** 1. Übertragung auf die spezifische Organisation 2. Stärken- und Schwächenprofil 3. Anwendungsmöglichkeiten 4. Vorgehensweise 5. Hindernisse/Unterstützungen
Gruppe	**Umsetzungsphase II** 1. Feedback im Trio 2. Projektvorschläge
Teilnehmer Dozent Gruppe	**Umsetzungsphase III** 1. Bearbeitung des Projektes vor Ort 2. Einbindung des Dozenten 3. Reflexion im Trio
Teilnehmer Plenum	**Umsetzungsphase IV** 1. Abfassen der Untersuchungsberichte 2. Projektpräsentation im Plenum 3. Umsetzung in der Organisation

Abbildung: Ausschnitt aus einem Weiterbildungsprogramm des Verfassers zu „Strategien und deren Umsetzung“

1.2.1.3 Strategieorientierte Organisation

Entscheidungen über die Organisation eines Unternehmens sind langfristig wirksam. Sie bestimmen sowohl die Struktur, in deren Rahmen die betrieblichen Prozesse abgewickelt werden (Aufbauorganisation), als auch die Struktur dieser Prozesse selbst (Ablauforganisation). Einmal eingefahrene Strukturen lassen sich aber nur schwer verändern. Falsche oder unzweckmäßige organisatorische Entscheidungen führen deshalb zu Fehlerquellen, die sich langfristig auswirken. Im Ablauf der Zeit verändern sich jedoch die Bedingungen, unter denen ein Unternehmen arbeiten muß; einerseits die internen Gegebenheiten, andererseits die externe Situation. Die Organisation muß dem Rechnung tragen, das heißt, laufend an diese Veränderungen angepaßt werden (Organisationsentwicklung). Eine ursprünglich zweckmäßige Organisation kann daher unzweckmäßig werden und immer mehr Fehlerquellen offenbaren. Zahlreiche Unternehmen geben dafür heute ein Beispiel ab. Die Organisation eines Unternehmens bedarf der laufenden Überprüfung, um rechtzeitig die auftretenden Schwachstellen erkennen und Maßnahmen zu ihrer Beseitigung ergreifen zu können. Diese Überlegungen gelten auch vor dem Hintergrund der Weiterbildungsstrategien.

Den Beitrag der Organisationsentwicklung zur Unternehmensentwicklung beschreibt Hölterhoff[1] in einem 3-Phasen-Modell:

1. Phase (Reaktive Phase):

- Reaktive Problemlösungen in inselartigen Projekten durch
  - Schwachstellenanalysen
  - Teamentwicklung
  - Organisationsdiagnosen
  - Problemanalysen

2. Phase (Übergangsphase reaktive und proaktive):

- Aktionsmodelle im Zusammenhang mit der Einführung neuer Technologien

[1] Vgl. Hölterhoff, Herbert: Strategische Personalentwicklung. In: Personal Führung, Heft 1, 1989, S. 32.

– Neue Organisationskonzepte
  - Area-Management-Konzept
  - Qualitätszirkel

3. Phase (proaktive, strategische Phase):

– Identifikation künftiger Anforderungen
– Initiierung strategischer Personalsysteme und Verknüpfung mit Unternehmenszielen/-strategien
– Verstärkung der sozialen Kompetenz
– Teamkonzepte
– Dynamischer Impulsgeber

Strategieorientierte Organisation Ausprägung „heute"	**Ausprägung „morgen"**
1. Die Strategieumsetzung ist nur in Ansätzen gegeben	*1. Die Organisation folgt der Strategie*
2. Die Aufbauorganisation ist schwerfällig und das Kästchendenken herrscht vor	*2. Die Aufbauorganisation ist prozeß- und kundenorientiert*
3. In der Ablauforganisation bemüht man sich um das Erkennen und Beseitigen der Schwachstellen	*3. Die Ablauforganisation optimiert die internen und externen Prozesse*
4. Streben nach hohem Standardisierungsgrad	*4. Optimales Verhältnis zwischen Standards und individueller Ausrichtung*
5. Stellenbeschreibungen und Kompetenzkataloge	*5. Zielvereinbarungen und Subunternehmer*

Was bedeuten diese Entwicklungen in der organisatorischen Ausrichtung für die Weiterbildung?

1. Die Organisation folgt der Strategie

Die Organisation hat im wesentlichen der Strategie zu folgen. Sie sollte im Grundsatz ein Spiegelbild der Strategie sein. Dies bedeutet in der heutigen Zeit, daß die Organisationsstruktur innovationsfördernden Charakter haben muß. Dies kann unter anderem bewirkt werden durch

- möglichst wenig Hierarchie-Stufen,
- ein adäquates Verhältnis von standardisierter und individualisierter Organisation
- enges Zusammenwirken von Forschung/Entwicklung und Marketing,
- starke Kundenorientierung,
- Marktorientierung.

Beispiele für Strategien, die sich in der Organisation widerspiegeln, können zum Beispiel sein:

- weltweit verwendbare Produkte zu entwickeln,
- maximale Kundennähe durch stärkste Dezentralisierung der Produkte,
- Zentralisierung der Produktion,
- die Realisierung von Profitcenters, wo immer sich dies anbietet,
- Delegation von Verantwortung, soweit wie möglich.

2. Die Aufbauorganisation ist prozeß- und kundenorientiert

Die *Aufbauorganisation* geht von der Gesamtaufgabe aus und gliedert diese in Einzelaufgaben, die von den Aufgabenträgern zu übernehmen sind. Es handelt sich bei der Aufbauorganisation zwar um eine statische Strukturierung, dennoch sollte auch hier eine gewisse Flexibilität von vornherein mitorganisiert werden.

Wesentliche Maximen für die Aufbauorganisation sind:

- möglichst einfache Organisation
  (zum Beispiel keine zu starke Detaillierung der Aufgabengliederung),
- möglichst flexible Organisation
  (zum Beispiel durch Austauschbarkeit der Personen, verstärktes Arbeiten mit kleinen Arbeitsgruppen),
- Grundsatz des kürzesten Befehlsweges
  (zum Beispiel wenig hierarchische Ebenen),
- arbeitsgerechte Kontrollspanne
  (der Führungskraft sind entsprechend der Art der Tätigkeiten, der Notwendigkeit von Führung, Planung, Koordinierung und Kontrolle die angemessene Anzahl von Mitarbeitern zu unterstellen),

- Förderung von Delegation und Kommunikation (jeder Mitarbeiter sollte ein „Sub-Unternehmer" sein),
- eindeutige fachliche und disziplinarische Weisungsbefugnisse (zum Beispiel durch Handbücher, Richtlinien und Führungsprinzipien).

Von besonderer Wichtigkeit ist die kundenorientierte Ausrichtung der Aufbauorganisation.

3. Die Ablauforganisation optimiert die internen und externen Prozesse

Die *Ablauforganisation* ist die Ordnung von Arbeitsprozessen.

Wesentliche Maximen für die Ablauforganisation sind:

- die Organisation sollte nach Regelfällen ausgerichtet sein (zum Beispiel konkrete Festlegung des Wochenablaufes, eindeutiger Produktionsplan, Bearbeitung nach „Standards"),
- die Zahl der Arbeitsstationen ist zu minimieren (zum Beispiel sinnvolle Stellung der Maschinen entsprechend dem Ablaufprozeß),
- ablaufmäßig zusammengehörende Tätigkeiten sollten von *einer* Person wahrgenommen werden (zum Beispiel Tendenz zur Gesamtbearbeitung eines Falles),
- die Arbeitsmittel müssen optimal eingesetzt werden (zum Beispiel Maschinen effizient nutzen, Fuhrpark wirtschaftlich einsetzen),
- die richtige Information gehört zur rechten Zeit an die richtige Stelle (zum Beispiel durch verstärkten Einsatz der modernen Informations- und Kommunikationstechniken).

Will man zu optimalen Abläufen gelangen, genügt es heute nicht mehr, nur die im Hause ablaufenden Prozesse effizient zu gestalten. Es kommt mehr und mehr darauf an, die Abwicklung der Zusammenarbeit mit Kunden und Lieferanten optimal zu lösen.

Die Abstimmung der *Prozesse mit den Lieferanten* wird durch Just-in-time-Systeme verdeutlicht. Sie erlauben im Zusammenspiel zwischen Lieferanten und Hersteller eine Optimierung des Fertigungsprozesses. Die Vorteile dieser Ansätze liegen beim Hersteller unter anderem in der Integration von Wareneingang und Fertigung. Damit werden Kosten, Zeit und Qualität optimiert. Die Vorteile des Lieferanten seinerseits liegen häufig in der Lieferung der richtigen Produkte zur richtigen Zeit. Er ist in der Lage, seine Prozesse besser zu planen, zu steuern und zu kontrollieren.

Ansätze zur Optimierung können in diesem Fall gefunden werden über die Beantwortung von Fragen wie:

- Wie läßt sich die Koordination derzeit konkret verbessern?
- Welche Prozesse spielen sich im einzelnen zwischen Lieferanten und unserer Firma ab?
- Wie kann konkret jeder einzelne Prozeß durch Informationstechnik optimiert werden?
- Wie läßt sich die Koordination in der Aufbau- und Ablauforganisation verbessern?

Vor dem Hintergrund der neuen *Prozesse mit Kunden* ist die gegenwärtige Situation zu analysieren und anschließend ein Szenario für die nächsten Jahre zu entwickeln. Aus diesem muß hervorgehen, wo die Schwerpunkte in der Zusammenarbeit liegen und mit welchen Strategien die Unternehmung diese Prozesse beeinflussen will. Im Vordergrund haben Überlegungen zur Gewinnung strategischer Wettbewerbsvorteile und Kostensenkungen zu stehen. Hier ist insbesondere an eine Optimierung der eigenen Unternehmensprozesse mit denen der Kunden zu denken. Gerade die Kundenorientierung läßt sich in zahlreichen Fällen wesentlich verbessern. Um zu Einsparungen zu kommen, ist es zunächst notwendig, innovative Lösungsansätze zu finden. Dies setzt voraus, daß man verstärkt in den Gehirnstrukturen der Kunden und den Kunden dieser Kunden zu denken hat. Bei der Abstimmung dieser Prozesse sollte man immer davon ausgehen, daß Vorteile für alle Beteiligten gegeben sind. Es muß zu einem Gewinner-Gewinner-Spiel kommen.

Um dies zu erreichen, muß das innovative Unternehmen selbst eine ausgeprägte Kreativität für alle Kundenprozesse entfalten. Es ist dabei notwendig, die Geschäftsprozesse des Kunden im einzelnen zu analysieren und die Fragen nach Optimierung zu beantworten versuchen.

4. Optimales Verhältnis zwischen Standards und individueller Ausrichtung

Ein kurzer Einblick in den Büro-Alltag soll die Problematik verdeutlichen:

„Hier hat jemand DM 6,80 unberechtigt von der Rechnung abgezogen" – Was soll ich tun, Chef. Dort will ein Kunde, der für DM 50.000,– Investment-Zertifikate kauft, 1% Nachlaß. „Können wir den Kunden Meyer noch beliefern, obwohl das Kreditlimit überschritten wurde?" Sie alle kennen diese und ähnliche Fragen. Jedesmal muß eine neue Entscheidung herbeigeführt werden; häufig begleitet mit viel Aufwand und Auseinandersetzungen – von Optimierung ganz zu schweigen.

Ein Mindestmaß an Regeln ist deshalb für jede Organisation notwendig. Eindeutig festgelegte Regeln machen den Organisationsprozeß strukturierbar, programmierbar und rationalisierungsfähig. Dies gilt nicht nur für die durch Datenverarbeitung zu lösenden Probleme, sondern für jeden Organisationsprozeß. Aus diesem Grunde empfiehlt es sich für Manager und Mitarbeiter, sich über die Regeln im klaren zu sein, nach denen sie selbst Aktivitäten durchführen.

Die Formalisierung dieser Regeln führt zu einer

- Objektivierung (zum Beispiel bei Entscheidungsprozessen),
- Arbeitserleichterung,
- Zeiteinsparung und
- Optimierung der zu lösenden Probleme.

Nicht zu vergessen ist, daß mit Hilfe von Regeln eine größere Organisationssicherheit erreicht wird. Mit Hilfe von Regeln sind Mitarbeiter in der Lage, Entscheidungssituationen besser in den Griff zu bekommen.

An Regeln sollten dabei folgende Anforderungen gestellt werden:

- sie dürfen den Grundsätzen und Richtlinien eines Hauses nicht widersprechen;
- sie sollten kurz und bündig sein;
- sie müssen logisch sein;
- sie sollten schnell zu ergänzen oder zu ändern sein.

Was sollte aus der Sicht des Weiterbildungsbereiches analysiert werden?

- Prüfen, auf welchen Gebieten und für welche Fälle Regeln erstellt werden sollten.
- Sicherstellen, daß verabschiedete Regeln ein Grundgerüst bilden, aber dennoch ein Höchstmaß an Handlungs- und Entscheidungsfreiraum gewährleistet bleibt.
- Umfangreiche Schulung in der Darstellung von flexiblen Regelsystemen.

Auf eine dieser Methoden sei kurz hingewiesen. Bewährt haben sich in der Praxis zum Beispiel Klassifizierungssysteme. Beschreiben Sie zum Beispiel Ihre Kunden und Lieferanten nach verschiedenen Kriterien, und bewerten Sie diese, Sie werden überrascht sein, welche Aussagen solche Systeme zulassen. Seien Sie bewußt erfinderisch, wenn es gilt, die für eine bestimmte Anwendung geltenden Regeln zu erarbeiten. Damit Sie vielleicht deutlicher den Inhalt eines solchen Systems erkennen, lassen Sie mich kurz auf ein Beispiel eingehen:

In einer mittelständischen Druckerei gab es laufend Ärger bei der Abwicklung der Aufträge. Die Außendienst-Mitarbeiter versprachen – ohne Ausnahme – den Kunden die kürzesten Liefertermine. Alles sei möglich, argumentierten sie. Nach der Erteilung des Auftrags machte jeder dem Produktionsleiter deutlich, wie wichtig gerade dieser Auftrag für den Kunden ist und daß eine pünktliche Auslieferung sicherzustellen sei. Der Produktionsleiter kam aus dem kurzfristigen Reagieren nicht mehr heraus. Im Hause galt der Grundsatz: „Wer am lautesten schreit, kommt zuerst dran." Der Chef des Hauses hielt dieses konzeptionslose Handeln nicht mehr aus. Gemeinsam mit den Betroffenen wurde ein Regelsystem entwickelt, in das unter anderem der Umsatz, der Gewinn/Deckungsbetrag und der Termin des Auftrages eingingen sowie einige Kenngrößen über den Kunden und die zur Verfügung stehenden Ressourcen. Jedes Kriterium wurde unterteilt und mit einem Wertgerüst versehen, d. h., die einzelnen Wertangaben erhielten Punkte. Nun konnte für jeden Auftrag die Punktzahl ermittelt werden, und diesen entsprechend wurde der Auftrag in die Warteschlange eingeordnet. Alle Beteiligten haben das Regelsystem nicht nur toleriert, sondern auch akzeptiert. Das Auswahlkriterium der Lautstärke gehört heute der Vergangenheit an.

5. Zielvereinbarungen und Subunternehmer

Je mehr Möglichkeiten eine Unternehmung ihren Mitarbeitern bietet, die Unternehmensziele mit den eigenen Zielen zu vereinbaren, desto wahrscheinlicher wird sie überleben und erfolgreich arbeiten. Wenn die Unternehmensleitung der Ansicht ist, daß die Menschen, die in ihrer Organisation arbeiten, ihre wertvollste Ressource sind, ist es nicht mehr weit, Übereinstimmung zwischen den Zielen und Aufgaben eines Individuums und jenen der Firma herzustellen. Das bedeutet, daß die wissenschaftlichen Erkenntnisse auf dem Gebiet der menschlichen Verhaltenspsychologie bei der innerbetrieblichen „Menschenführung" berücksichtigt werden müssen, denn der Führungsstil eines Unternehmens kann nur dann erfolgreich sein, wenn er die primären Interessen der Firmenmitglieder angemessen berücksichtigt und sie mit den Zielen und Interessen des Unternehmens verknüpft. Es ist die Rolle der Unternehmensleitung, Ziele festzusetzen und das Umfeld so zu gestalten, daß die Mitarbeiter diese Ziele mit eigener Initiative erreichen können.

Die Ziele einer Unternehmung und jene der Mitarbeiter können aber mitunter sehr verschiedenartig gestaltet sein. Um die Diskrepanz zwischen diesen zu überwinden, ist eine einfühlsame Führungskraft als Vermittler zwischen der Betriebsleitung und den Arbeitskräften notwendig. Durch kooperatives Führungsverhalten wird zwischen Mitarbeitern und Vorgesetzten ein Treueverhältnis aufgebaut, das es erlaubt, die Ziele der Geschäftsleitung den Arbeitnehmern nahezubringen. Durch erfolgreiche Fürsprache beim oberen Management wird erreicht, daß der Vorgesetzte als Fürsprecher seiner Untergebenen und deren Zielsetzungen anerkannt ist. Aufgrund dieser Haltung und seiner Loyalität gegenüber seinen Untergebenen kann er seine Erwartungen in bezug auf die Leistungen, die von ihnen zu erbringen sind, besser durchsetzen.

Auswertungsbogen zum Erfolgsfaktor "Organisation"

1. Welche Stärken sehe ich bei diesem Erfolgsfaktor?

   a)
   b)
   c)

2. Welche Schwachstellen/Defizite sehe ich bei diesem Erfolgsfaktor?

   a)
   b)
   c)

3. Was sollte an Weiterbildungsmaßnahmen in die Wege geleitet werden?

   a)
   b)
   c)
   d)
   e)

4. Welche Unterstützung benötige ich für die umzusetzenden Maßnahmen?

   Intern: Extern:

   a)
   b)
   c)
   d)
   e)

Weiterbildungsthemen zur strategie-orientierten Organisation

- Flexible Aufbauorganisation
- Erkennen und Beseitigen von Schwachstellen in der Aufbauorganisation
- Innovative Organisationsansätze
- Anforderungen an die Arbeitsplätze von heute und morgen
- Organisationsentwicklung
- Prozeßorganisation
- Erkennen und Beseitigen von Schwachstellen in der Ablauforganisation
- Neue Methoden in der Ablauforganisation
- Mission und Ziele von Abteilungen in der Organisation
- Vom Abteilungsdenken zum unternehmerischen Denken
- Von der Stellenbeschreibung zum Zielsystem

1.2.1.4 Marktnahes Informations- und Kommunikationssystem

Die wachsende Rolle der Information und die zunehmende Fähigkeit, sie auf allen Gebieten optimal einzusetzen und auszuwerten, verändert in hohem Maße alle Aktivitäten unserer Gesellschaft. Informationen auf allen Wissensgebieten sind heute wesentlich schneller und leichter verfügbar als je zuvor. Wegen des einfachen und leichten Zugangs zu gespeicherten Informationen und wissenschaftlichen Daten erleben wir auch einen bemerkenswerten Wandel in der Unternehmensstruktur. Einen entscheidenden Verstärker erfährt die Speicherung und Verarbeitung von Informationen durch die zur Verfügung stehenden Technologien. Diese ermöglichen es, Informationen zu speichern, miteinander zu verknüpfen und jederzeit abzurufen. Sie bieten eine völlig neue Art der Handhabung, Bewahrung und Sichtbarmachung von Daten und Informationen. Sie geben den Menschen daher die Möglichkeit, eine größere Produktivität zu erzielen und ihre Fähigkeiten gezielter und nutzbringender für die Firma einzusetzen.

Neben den herkömmlichen Produktionsfaktoren – Boden, Arbeit, Kapital – ist die *Information* die vierte wesentliche Ressource. Dies macht John Naisbitt[1] besonders deutlich: „Obwohl wir weiterhin fest davon überzeugt sind, in einer Industriegesellschaft zu leben, sind wir in Wirklichkeit auf dem Weg zu einer Gesellschaft, die auf Erstellung von Informationen und deren Verbreitung basiert." Wer heute die Information richtig nutzt, hat einen erheblichen Wettbewerbsvorteil. Es ist unbestritten, daß effiziente Informationssysteme ein wesentlicher Erfolgsfaktor sind. Informationsverarbeitung darf heute keine technische Spezialdisziplin mehr sein. Informationen müssen als Unternehmensressourcen betrachtet werden. Damit wird das Managen der Informationen eine wichtige Unternehmensaufgabe.

Nur durch eine langfristige Strategie werden Informations- und Kommunikationssysteme zu einem Erfolgsfaktor und wesentlichen Wettbewerbsvorteil. Die Unternehmensleitung muß beim Aufbau und der Einführung von neuen Informations- und Kommunikationskonzepten in der Verantwortung bleiben. Sie kann jedoch nur dann in der Verantwortung bleiben, wenn sie in der Lage ist, die Arbeit der Fachleute zu

[1] Naisbitt, John: Megatrends: 10 Perspektiven, die unser Leben verändern werden. Bayreuth 1983.

verstehen und zu kritisieren. Dabei ist mit Nachdruck zu empfehlen, daß das Management in die Grundlagen der Datenverarbeitung eindringt. Für Datenverarbeitung, Büroautomation und Telekommunikation ist bei größeren Organisationen ein gemeinsames Strategiekonzept zu erarbeiten. Informationssysteme sind daher als lernfähige offene Systeme zu organisieren. Diese müssen den Führungskräften für ihre Planungs- und Zielsetzungsentscheidungen aus den verfügbaren Informationen alle für ihren Bedarf relevanten zuliefern. Die Informationen sollen dem Management helfen, bessere Entscheidungen zu treffen. Die Komplexität dieser Informationen muß dabei nach den verschiedenen hierarchischen Stufen der Unternehmung gestaffelt werden. Sie wird um so größer sein, je höher die Führungskraft in der Unternehmenshierarchie steht.

Marktnahes Informations- und Kommunikationssystem Ausprägung „heute“	Ausprägung „morgen“
1. Operationale Anwendungen dominieren	*1. Strategische Problemlösungen stehen im Vordergrund*
2. Daten werden nur in Einzelfällen als Ressource gesehen	*2. Daten und Informationen generieren Wettbewerbsvorteile*
3. Synchrone Erfassung der Daten ist nicht vollständig gegeben	*3. Live-Sendung der Informationen*
4. Mangelhaftes Aufgaben- und Informationsbewußtsein	*4. Optimale Zuordnung der Daten und Informationen*
5. Abläufe sind formular- und papierorientiert	*5. Papierlose interne und externe Prozesse*

Was bedeuten diese Entwicklungen in der informativen und kommunikativen Ausrichtung für die Weiterbildung?

1. Strategische Problemlösungen stehen im Vordergrund

Die Datenverarbeitung hatte über viele Jahre hinweg die Aufgabe, ein potentes Hilfsmittel zur Bewältigung von Massenarbeiten zu sein. Strategische Vorteile aus Informationssystemen wurden von einzelnen Organisationen erst in den 70er Jahren ins Auge gefaßt. Diese Anwendungen beschränkten sich jedoch ausschließlich auf einzelne Funktionen. Unternehmensweite Informationssysteme und organisationsübergreifende Steuersysteme bilden heute und morgen aber mehr und mehr die Basis für Informationssysteme als „strategische Waffe“. Um dies zu erhellen, seien im folgenden einige Beispiele zum strategischen Einsatz der Informationsverarbeitung wiedergegeben.

- Ein Speditionsunternehmen bietet seinen Kunden ein effizientes Distributionssystem. Dieses macht es möglich, daß das Unternehmen heute der General-Logistik-Unternehmer für viele Firmen ist. Die Logistik wird professionell gehandhabt und als ein Dienstleistungspaket, gestützt auf Informationstechnologie, angeboten.
- Einem Textilmaschinenhersteller ist es durch ein differenziertes Angebotssystem gelungen, die Wettbewerbsposition wesentlich zu verbessern. Die Unternehmung kann über eine sehr detaillierte Datenbank (Stromtarife für die einzelnen Länder, Produktivitätsdaten für die Arbeitskräfte) bereits bei der Angebotserstellung die laufenden Betriebskosten im Kundenbetrieb ermitteln.
- Ein Hersteller von Reinigungsgeräten hat ein computergestütztes Informationssystem aufgebaut, mit dem es möglich ist, den billigsten, sichersten oder schnellsten Lieferanten auszuwählen.
- Durch eine computergestützte Lagerhaltung garantiert eine Handelsorganisation die Auslieferung der Ersatzteile in 24 Stunden.
- Ein Großunternehmen hat derzeit 150 „künstliche Intelligenz-Anwendungen". Jede dieser Anwendungen kostet rund 40 000 DM. Der Nutzen für jede Applikation wird mit dem etwa 10- bis 20fachen Wert beziffert.

Der Begriff der Informationssysteme erfährt in jüngster Zeit durch die strategische Ausrichtung einen neuen Schwerpunkt (siehe Abbildung „Weg zur nutzen-orientierten IS-Investition"). Strategische Anwendungen beschränken sich häufig nicht nur auf die Verbesserung der eigenen Organisation, sondern beziehen auch die Kunden und Lieferantenorganisation mit ein. Dies setzt in Einzelfällen voraus, daß die Geschäftsprozesse der eigenen Organisation mit den Geschäftsprozessen der Kunden und Lieferanten analysiert, abgestimmt und optimiert werden.

Sieht man Informationssysteme als strategische Waffe, dann bedeutet dies auch, daß eine Organisation innerhalb angemessener Frist in der Lage ist, den Herausforderungen durch

– Mitbewerber,
– neue Konkurrenten,
– neue Produkte,

falls notwendig, aufgrund eines hohen Reifegrades des Informationssystems adäquat begegnen zu können. Dies setzt voraus, daß die Funktionen des Daten- und Anwendungsmanagements sehr weit vorangetrieben sind. Auch wird es mehr und mehr notwendig, daß die informationstechnischen Grundlagen (wie Netzsysteme, Benutzer-Service, relationale Datenbanken, individuelle Datenverarbeitung) für das Realisieren von Wettbewerbsvorteilen geschaffen werden. Vor dem Hintergrund eines solchen Reifegrades im Informationssystem-Bereich lassen sich fortschrittliche Anwendungen relativ rasch entwickeln.

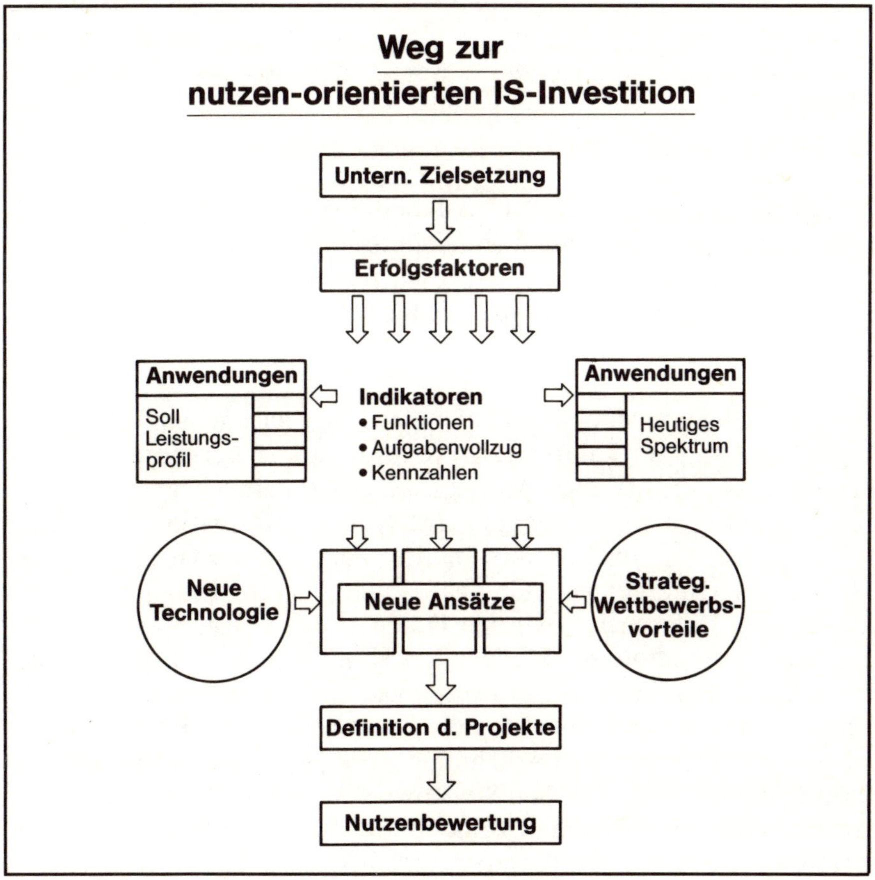

Die Entscheidungsträger müssen sich darüber im klaren sein, daß bei strategischen Informationssystemen meistens nicht nur die Prozesse der eigenen Organisation zur Diskussion gestellt werden, sondern eine Abstimmung mit den Lieferanten- und Kundenprozessen notwendig wird.

2. Daten und Informationen generieren Wettbewerbsvorteile

Ein Informationssystem muß die Komplexität und Varietät des realen Systems in genügender Übereinstimmung wiedergeben. Gerade die vollständige Erfassung aller relevanten Daten ist für die Informationsgewinnung von großer Bedeutung. Man muß sich darüber im klaren sein, daß die aus dem Informationssystem fließenden Informationen – auch unter Einsatz aller mathematischen und technischen Hilfsmittel – nur so gut sein können, wie die erfaßten Daten es zulassen. Im Rahmen der Vollständigkeit muß dabei besonders Wert auf die Fixierung von Plandaten gelegt werden. Nur dadurch lassen sich Steuerungs- und Regelungssysteme aufbauen.

Welche Möglichkeiten durch eine detaillierte Datenerfassung gegeben sind, sollte ein Schwerpunkt in Weiterbildungsveranstaltungen sein. Wir kümmern uns heute viel zu sehr um die technischen Probleme beim Datenmanagement. Viel zu wenig sehen wir auf die strategischen Komponenten.

Ein Hersteller von Möbeln hat auf meine Frage nach seinen Erfolgsfaktoren besonders den Faktor „Bessere Information" hervorgehoben. Er erzählte, daß er in seiner Anfangszeit gleich damit begonnen habe, über jeden Kunden ein umfangreiches Kundeninformationsblatt anzulegen. Es war für ihn selbstverständlich, Angaben wie Geburtstag und Hobby des Unternehmers/Geschäftsführers seines Kunden zu speichern. Sehr differenziert wurden Daten über das Kaufverhalten, die Konkurrenzsituation, die Kunden des Kunden und die Ergebnisrechnung erfaßt. Für diesen Unternehmer war und ist es selbstverständlich, seinen Kunden zum Geburtstag die persönlichen Glückwünsche auszusprechen, Geschenke in Anlehnung an ihr Hobby zu machen usw. Er machte mir deutlich, welchen Stellenwert für ihn das persönliche Vertrauensverhältnis mit seinen Kunden hat. Basis seiner geschäftlichen Erfolge ist heute ein gutes computergestütztes Informationssystem.

Es können eine Vielzahl von Beispielen angeführt werden. Sicherlich wurde Ihnen aber auch so klar, welchen Stellenwert heute gute Informationssysteme haben. Bei dem Streben nach Vollständigkeit der Informationen ist zu ermitteln, welche Informationen für den persönlichen und unternehmerischen Erfolg überhaupt wichtig sind. Selbstverständlich hängen die aufzunehmenden Informationen vom gewünschten Informationsbedarf ab. Es muß also die Frage gestellt werden, was ist für mich wichtig bezüglich

- meiner Kollegen,
- meiner Freunde,
- meiner Geschäftspartner usw.

Bei den Geschäftspartnern geht es dabei nicht um die reine Erfassung der buchhalterischen Daten. Wer heute den Kunden und Lieferanten nur nach Soll und Haben erfaßt, hat seit der Zeit eines Lucca Paccioli, dem Dominikanermönch, der angeblich die doppelte Buchhaltung erfunden hat, nichts dazugelernt. Es gilt, verstärkt darüber nachzudenken, welche Informationen besonders wichtig sind.

Im Falle von Aufträgen an einen Lieferanten sollten wir deshalb erfassen,

- wie er sie terminlich ausführt,
- wie seine Qualitätstreue ist,
- wie er sich bei berechtigten Reklamationen verhält,
- wie wir gemeinsam unsere Stärken verbessern können usw.

Auf diese Weise müßten wir die Bilder von allen unseren Partnern vervollständigen und diese Informationen auch nutzen – nur dann werden sich die gewünschten Erfolge einstellen.

3. Live-Sendung der Informationen

Hinsichtlich dieses Problems muß es das Ziel sein, daß das Datenmaterial die Tatbestände des Unternehmens zu jedem Zeitpunkt widerspiegelt. Haben wir im Rechnungswesen das Geschehen erst mit erheblichem zeitlichen Abstand erfaßt und verarbeitet, dann gleicht es einer überholten Datenaufbewahrungsinstitution. Derartige Datenbestände sind zu Steuerungsmaßnahmen weitgehend ungeeignet. Sie besagen bestenfalls hinterher, was man vorher hätte tun müssen, wenn man rechtzeitig informiert gewesen wäre.

Informationssysteme geben die Möglichkeit, das Zeitproblem völlig neu zu definieren und auf einer anderen Ebene zu lösen. Sie ermöglichen uns, viele Daten synchron mit dem Geschehen zu erfassen. Dies ist insbesondere durch die schnelle Entwicklung auf dem Sektor der Datenstationen möglich geworden. Die direkte Verbindung des Benutzers mit dem EDV-System ist für die Aktualität der Daten von großer Bedeutung (siehe Abbildung „Ausbildungserfordernisse für die Fachbereiche").

4. Optimale Zuordnung der Daten und Informationen

Hier wird die Forderung nach der optimalen Informationsmenge sowohl in quantitativer als auch in qualitativer Hinsicht gestellt. Das Informationssystem hat zu jedem Zeitpunkt alle relevanten Informationen an die Stellen und Personen zu leiten, die sie zur optimalen Steuereinwirkung auf das System benötigen. Hier muß festgestellt werden, daß es um das Aufgaben- und Informationsbewußtsein des Managements nicht sonderlich gut bestellt ist. Bei aller Fähigkeit, ihre Aufgaben zu begreifen und sich schnell zu informieren, sind Führungskräfte sehr oft nicht in der Lage, ihr Aufgabenprofil und ihren Informationsbedarf für einen Dritten verständlich zu formulieren.

Es dürfte sehr lohnend sein, die in Wirtschaft und Verwaltung bestehenden Informationsstrukturen einmal durch intensive Erfassung sichtbar zu machen. Man wird feststellen, daß das meiste von dem, was man organisieren muß, bereits vorhanden ist. Man wird aber auch feststellen, wie weit die bestehenden Strukturen von einer Optimalität entfernt sind. Wichtig bei der Zuordnung der Daten und Informationen ist mehr und mehr der Aufbau von Meldesystemen.

Meldesysteme liefern die wesentlichen Informationen zur Realisierung eines Management by Exception. In einem reinen Meldesystem erfolgt jedoch lediglich der Hinweis auf zu entscheidende Ausnahmesituationen. Die Entscheidung, was jetzt zu tun ist, bleibt in vollem Umfang beim Menschen. Er hat sich die zur Entscheidung notwendigen Informationen zu beschaffen, Entscheidungsalternativen zu bilden, diese zu bewerten und die Finalentscheidung zu treffen. Die meisten Melde-

systeme sind aber heute schon so organisiert, daß sie mit der Meldung bereits die zur Entscheidung relevante Datenbasis liefern und eventuell auch schon auf Lösungsmöglichkeiten hinweisen.

Damit befindet man sich dann aber schon auf dem Wege zur nächsthöheren Stufe von Steuerungssystemen, den Entscheidungssystemen. Hier wird das Meldesystem durch die Einbeziehung programmierter Entscheidungslogarithmen zum Entscheidungssystem ausgebaut. Als

Entscheidungssystem wird die interne Verarbeitung von Vorgängen verstanden, ohne daß der Mensch einen direkten Anstoß dazu geben muß und ohne daß sein Eingreifen erforderlich ist. Der Computer ist jetzt in der Lage, aufgetretene Abweichungen vom Soll-Wert nicht nur zu melden, sondern innerhalb eines vorgegebenen Rahmens nach ebenfalls vorgegebenen Verfahren Planabweichungen zu bewerten und Korrekturmaßnahmen zu initialisieren. Damit besteht die Möglichkeit, bereits vorher festlegbare Entscheidungen vom System automatisch durchführen zu lassen und Routineentscheidungen aus dem individuellen Bereich herauszulösen. Die Anzahl der verbleibenden exzeptionellen Entscheidungen wird wesentlich verringert, wodurch die Qualität dieser Entscheidungen steigt. Das Entscheidungssystem liefert nicht nur die Datenbasis für den Entscheidungsprozeß, sondern nimmt einen Teil dieses Prozesses bereits vorweg. Es bietet Alternativentscheidungen einschließlich der Vor- und Nachteile, welche sich aus der Wahl einer dieser Alternativen ergeben. Letztlich liegt auch für den größten Teil der noch verbliebenen exzeptionellen Entscheidungen nur noch die Finalentscheidung beim Menschen. Alternativenbildung und Bewertung leistet das Modell.

5. Papierlose interne und externe Prozesse

Die seit 1986 wirksam gewordenen Änderungen der Buchführungsvorschriften des HGB und der AO versuchen, das Buchführungsrecht an die neueren Buchführungstechniken anzupassen. Die Gesetzesneuregelung betrifft insbesondere die im kaufmännischen Rechnungswesen eingesetzten automatisierten Datenverarbeitungsanlagen, um gegenwärtigen und künftigen Rationalisierungsforderungen der Praxis soweit wie möglich Rechnung zu tragen. Die Gesetzesänderungen lassen die materiell-rechtlichen Vorschriften unberührt. Formalrechtliche Vorschriften, welche in der Gesetzesneufassung an anderer Stelle als bisher geregelt sind, haben zur Aufhebung einzelner Vorschriften alter Fassung geführt.

Der Gesetzgeber hat es zum großen Teil verstanden, die neuen Vorschriften technisch neutral zu fixieren. Die Aussagen sind meist so umfassend, daß sie für alle Formen der Behandlung des Buchführungsstoffes gleichermaßen zutreffend sind. Man hat klar erkannt, daß bei der Setzung von Normen keine Kasuistik betrieben werden darf. Dies würde nämlich in Spezialfällen unweigerlich zur Rechtsunklarheit führen und erforderte in der Zukunft eine ständige Anpassung gesetzter Normen an die sich ändernden Gegebenheiten.

Für die Praxis bedeutet dies:

1. einen verstärkten Verzicht auf Ausdrucke,
2. einen verstärkten Verzicht auf die Abwicklung von Geschäftsvorfällen mit Belegen,
3. einen verstärkten Verzicht auf die Aufbewahrung von „körperlichen“ Unterlagen in Form von Belegen und Büchern.

Die Realisierung dieser Chancen kann für eine Unternehmung zu erheblichen Kosteneinsparungen führen. Es gibt Aussagen, wonach die Einsparungen durch eine buch- und beleglose Verarbeitung ca. 5 % der Gesamtkosten einer Organisation ausmachen.

Die neuen Rollen des IS-Bereiches und der Fachabteilungen

heute	morgen
Operative Anwendungen	Strategische Anwendungen
Klassische Lösungen	Innovationen
Kostenorientierung	Nutzenorientierung
Abteilungs/ Bereichs - Denken	Unternehmerisches Denken
Schwachstellen-Analyse	Erfolgsfaktoren-Analyse
Reagieren	Agieren

Auswertungsbogen zum Erfolgsfaktor "Informationssysteme"

1. Welche Stärken sehe ich bei diesem Erfolgsfaktor?

   a)
   b)
   c)

2. Welche Schwachstellen/Defizite sehe ich bei diesem Erfolgsfaktor?

   a)
   b)
   c)

3. Was sollte an Weiterbildungsmaßnahmen in die Wege geleitet werden?

   a)
   b)
   c)
   d)
   e)

4. Welche Unterstützung benötige ich für die umzusetzenden Maßnahmen?

   Intern: Extern:

   a)
   b)
   c)
   d)
   e)

Weiterbildungsthemen zu marktnahen Informations- und Kommunikationssystemen

- Strategische Informationsverarbeitung
- Chancen und Nutzen der Bürokommunikation
- Optimale Zusammenarbeit zwischen Fachabteilung und DV
- Die neuen Rollen des IS-Bereiches und der Fachabteilungen (siehe Abbildung)
- Neue Zielrichtungen der Informationsverarbeitung
- Erfolgreiches Daten- und Anwendungsmanagement
- Informationsmanagement
- Nutzen der Informationsverarbeitung
- Priorisierung von Investitionen im Informationssystem-Bereich
- Gewinnen innovativer Datenverarbeitungsanwendungen
- Individuelle Datenverarbeitung und Benutzerservice
- Trends in der Informationsverarbeitung
- Unterstützung der Erfolgsfaktoren durch Informationsverarbeitung
- Ausbildungserfordernisse für das Management (siehe Abbildung)

Ausbildungserfordernisse für das Management

- Strategische Bedeutung der Informationsverarbeitung
- Trends in der Informationsverarbeitung
- Perspektiven im Einsatz der Informationsverarbeitung
- Innovative Anwendungen der Informationsverarbeitung

- Aufbau von Simulationsmodellen
- Vernetzung von Kunden und Lieferanten
- Einsatz der Bürokommunikation

- Kommunikation und Führungstechniken

1.2.1.5 Verstärkte Nutzung des Mitarbeiterpotentials

Heute sehen sich zahlreiche Unternehmen – vom Erfolg vergangener Jahrzehnte verwöhnt – einem harten Verdrängungs-Wettbewerb ausgesetzt, bei dem sie nicht selten die Verlierer sind. Dies macht deutlich, daß heute mit den Konzepten der Vergangenheit kaum noch Gewinne erzielt und erst recht nicht die Probleme der Zukunft gelöst werden können. Es sind nur die herausragenden Unternehmen, die heute bereits die menschlichen Fähigkeiten als ihre zukünftigen Ressourcen betrachten, die bewußt und aktiv kultiviert werden müssen. In Zukunft werden Finanzen und Maschinenpark passive Handelsgüter sein, während das Humankapital – als Investment betrachtet – eine aktiv sprudelnde Quelle ist, die durch das Einbeziehen hochmotivierter Menschen in das Firmengeschehen ausgeschöpft wird. Dieses menschliche Potential ist es, das eine Brücke schlägt vom ausklingenden Industriezeitalter zum beginnenden Informationszeitalter.

Das menschliche Humankapital gilt aufgrund seiner fachlichen Qualifikation, enormen Leistungsfähigkeit und Loyalität gegenüber der Firma als tragender Bestandteil des Unternehmenserfolgs. Es ist zu einem entscheidenden Überlebensfaktor für einen Betrieb geworden. Dieses „menschliche Kapital" hat die gleiche Wertigkeit wie einst die Finanzkraft gewonnen und wird in Zukunft deshalb auch zunehmend wettbewerbsentscheidend sein. Ihm gegenüber muß die Firmenleitung ein neues Verhältnis aufbauen – denn im Gegensatz zum vorhandenen Sachkapital kann das Humankapital jederzeit den Betrieb verlassen, wenn es keine befriedigenden Arbeitsverhältnisse vorfindet.

Fachleute sind der übereinstimmenden Meinung, daß die Menschen selbst die eigentlichen natürlichen Ressourcen einer Unternehmung darstellen und daß sie zu wesentlich mehr fähig sind, als sie selbst für möglich halten. Man hat in Wirtschaft und Verwaltung erkannt, daß in jedem Menschen ein Potential für massive Leistungssteigerung steckt und daß seine positive innere Einstellung zur Unternehmung Ausgangspunkt für herausragende Arbeit ist; denn wer Aufgaben und Ziele als wertvoll erkannt hat, wird sich auch wesentlich erfolgreicher dafür einsetzen. Es ist für jede Organisation deshalb gleichermaßen eine Notwendigkeit, diese vorhandenen Energien und Fähigkeiten zu erkennen und zu nutzen. Die hohen Anforderungen an einen vom Markt und Kostendruck her bestimmten Betrieb zwingen geradezu zur Nutzung dieses vorhandenen Mitarbeiter-Potentials. Ein wesentlicher Einflußfaktor für Produktivitätssteigerung ist die volle Nutzung der menschlichen Kapazität und Leistungsfähigkeit.

Um dies zu erreichen, sind unter anderem folgende Erkenntnisse zu berücksichtigen:

- Leistungsbereitschaft wird vornehmlich durch Identifikation, Motivation und hohen Verantwortungsgrad erreicht.
- Verstärkte Selbststeuerung und weniger Fremdsteuerung erhöht die Leistungsfähigkeit.
- Das Streben nach Selbstverwirklichung nimmt zu.
- Der Mitarbeiter hat als „Sub-Unternehmer“ den höchsten Grad an Motivation.
- Die Nutzung des Mitarbeiter-Potentials bedingt eine verstärkte Delegation von Aufgaben, Befugnissen und Verantwortung.
- Die meisten Mitarbeiter sind eine „Quelle von Ideen“, die es zu nutzen gilt.
- Die Auswahl der Mitarbeiter ist von größter Bedeutung für eine Organisation.
- Investitionen in die Aus- und Weiterbildung sind nicht nur als Kostenfaktor, sondern als Wettbewerbsfaktor wirksam.

Verstärkte Nutzung des Mitarbeiterpotentials **Ausprägung „heute“**	**Ausprägung „morgen“**
1. Mitarbeiter nach Vorschrift	*1. „Mitunternehmer“ mit Eigeninitiative*
2. Reagierende Mitarbeiter	*2. Agierende Mitarbeiter mit Kreativität*
3. Auswahl nach klassischen Einstellungsprozeduren	*3. Verstärkte Übereinstimmung der Mitarbeiter- und Unternehmensforderungen*
4. Qualifikation durch punktuelle Weiterbildungsmaßnahmen	*4. Strategisch orientierte Weiterbildungspolitik*
5. Motivation wird gefordert	*5. Hohe Selbst- und Fremdmotivation*

Was bedeuten diese Entwicklungen für die mitarbeiterorientierte Ausrichtung in der Weiterbildung?

1. „Mitunternehmer“ mit Eigeninitiative

Eigeninitiative entwickeln bedeutet, den Dingen nicht ihren Lauf zu lassen, sondern sie bewußt und im eigenen Sinne zu steuern. Denn nur wer für sein Leben und die damit verbundenen Handlungen eine positive Eigenregie anstrebt, wird auch sein Leben nach den eigenen Vorstellungen leben können. Ohne einen ausgeprägten Unternehmensgeist aber bleiben unsere Ziele „Wunschvorstellungen"; persönliches und berufliches Vorwärtskommen kann nur durch eine entsprechende Eigeninitiative gewährleistet werden. Der einzelne zum Beispiel hat die Möglichkeit, sich mit Problemen, die ihn persönlich oder seine Umwelt betreffen, abzufinden oder sich ständig darüber wortreich zu ärgern; er kann aber auch die Initiative ergreifen und sich aktiv dafür einsetzen, daß diese Probleme aus der Welt geschafft oder verkleinert werden – was sicher die bessere Alternative ist.

Für die Mitarbeiter könnten diesbezüglich Überlegungen angestellt werden wie:

Finden Sie heraus, ob Ihre Fähigkeit zur Entwicklung von Eigeninitiative ausreichend ausgeprägt ist! Dabei kann von folgenden Überlegungen ausgegangen werden:

- Bin ich von der Notwendigkeit einer gezielten Eigeninitiative überzeugt?
- Besitze ich eine ausreichende persönliche Entschlußkraft?
- Welche Chancen sehe ich für mich durch Entwickeln von Eigeninitiative?
- Auf welche Weise kann ich durch Eigeninitiative etwas Sinnvolles bewirken?

Was können Mitarbeiter zur Entwicklung von Eigeninitiative tun:

- Nehmen Sie gegenwärtige Zustände nicht als unabänderlich hin, sondern setzen Sie sich für deren positive Veränderung ein!
- Kommen Sie durch Ihr Handeln anderen zuvor, indem Sie schneller die Initiative ergreifen!
- Scheuen Sie nicht das Risiko, sondern hüten Sie sich vor unzureichendem persönlichen Einsatz und mangelnder Entschlußkraft!
- Sehen Sie Eigeninitiative als einen wichtigen Erfolgsfaktor für eine optimale persönliche und berufliche Lebensbewältigung an!

2. Agierende Mitarbeiter mit Kreativität

Die Erwartungshaltung der Mitarbeiter tendiert dabei mehr und mehr zur Selbstverwirklichung in der Arbeitswelt. Durch die Änderung der

Wertvorstellungen hat sich ein Wertewandel vollzogen; der Mensch und seine Erwartungshaltung haben sich verändert. Eine Intensivierung der Ansprüche auf Lebensqualität und Selbstverwirklichung der eigenen Persönlichkeit ist zum allgemein erklärten Ziel geworden – das Anerkennungsbedürfnis wurde noch vor dem Besitzbedürfnis die stärkste Antriebskraft für menschliche Leistungen.

Menschen suchen daneben auch nach einem erkennbaren Sinn ihrer Arbeit und wollen nicht nur „Einrichtungsgegenstände" eines ihnen sonst fremden Unternehmens sein. Durch die nach ökonomischen Prinzipien erforderlich gewordene Spezialisierung der Tätigkeitsfelder, die mit den vorhandenen Mitteln ein maximales Ergebnis zu erzielen hatten, wurde der Mensch in diesem Prozeß zu einem „kleinen Rädchen in einer großen Maschine" degradiert.

Im Zuge einer technischen Neuorientierung ist dieser Prozeß jedoch umkehrbar: während Schwer- und Routinearbeiten von Maschinen übernommen werden, kann die Arbeit des Menschen zu einer sinngebenden Beschäftigung werden. Durch eine Dezentralisierung der Entscheidungen und die Schaffung von überschaubaren, teilautonomen Einheiten kann man Lösungen zu dem Themenkreis finden.

Durch verstärkte Selbststeuerung des einzelnen kraft eigener Einsicht und weniger Fremdsteuerung durch Macht- und Hierarchiestrukturen führt der Wunsch nach Selbstverwirklichung am Arbeitsplatz und Beschäftigungsvielfalt zu einem Anwachsen der Leistungsfähigkeit. Da Produktivitätssteigerungen nicht länger durch Arbeitsteilung, sondern vorwiegend durch Integration unterschiedlicher Tätigkeitsfelder erzielt werden können, muß zunehmend der Bedürfnisbefriedigung der Firmenmitglieder und ihrem Streben nach Selbstverwirklichung Rechnung getragen werden.

3. Verstärkte Übereinstimmung der Mitarbeiter- und Unternehmensforderungen

Bei diesem Problemkreis geht es insbesondere um die Frage der „Sozialisation", d. h. um das Hineinwachsen eines Individuums in eine Kultur – hier in das Unternehmen – durch Übernahme deren Normen und Wertvorstellungen. Inwieweit sich ein Mitarbeiter aufgrund dieses

Sozialisierungsprozesses in die Betriebsgemeinschaft einfügen sollte, hat Pascale[1] anhand einer Prüfliste entwickelt und festgehalten. Nachstehend sind einige der wesentlichsten und interessantesten Aussagen aufgeführt:

1. Mit Neueinstellungen befaßte Personal-Mitarbeiter werden wenigstens eine Woche lang intensiv geschult.
2. In den Bewerbungsbogen sind einige für den Unternehmenserfolg wichtige (persönliche) Eigenschaften eindeutig herausgestellt. Im Einstellungsgespräch wird ausdrücklich darauf eingegangen und das Verhalten des Bewerbers festgehalten.
3. Personal-Einstellungen erfolgen nach wenigstens vier ernsthaften Einstellgesprächen mit jedem Bewerber.
4. Das Unternehmen erleichtert das Abspringen von Bewerbern durch Offenlegung von positiven und negativen Beurteilungsmomenten während des Einstellungsvorganges.
5 Neueingestellte arbeiten länger oder durchlaufen eine anspruchsvolle Ausbildungszeit und/oder sind mit Aufgaben durchschnittlicher Schwierigkeit während der ersten Monate betraut.
6. Der Gruppenzusammenhalt wird gestärkt durch gemeinsame Erfahrungen und Erlebnisse während der ersten Einarbeitungs-(Ausbildungs-)Zeit im Unternehmen.
7. Alle Fachkräfte beginnen nach ihrer Einstellung im Unternehmen neu – ganz gleich, welche Berufserfahrung oder Stellung (welche Titel) sie mitbringen.
8. Sowohl die Gehaltsfindung als auch die Beförderungskriterien setzen bei einer Anhebung das Beherrschen eines speziellen Fachgebietes voraus.
9. Die fachliche Laufbahn ist relativ konsistent während der ersten sechs bis zehn Jahre im Unternehmen.
10. Prämiensysteme, Leistungszulagen, Aufstiegskriterien und andere Erfolgsindikatoren sind in hohem Grade aufeinander abgestimmt.

---

[1] Vgl. Pascale, Richard: The Paradox of „Corporate Culture“: Reconciling Ourselves to Socialization. In: California Management Review, Vol. 27, No. 2, 1985, S. 26 ff.

4. Strategisch orientierte Weiterbildungspolitik

Die Investitionen in die Aus- und Weiterbildung der Mitarbeiter und Führungskräfte sind systematisch zu planen und durchzuführen. Dabei muß die betriebliche Ausbildungspolitik als ein Teilbereich der allgemeinen Unternehmenspolitik aus dem Ziel der ganzen Unternehmung abgeleitet werden. Eine erfolgreiche Ausbildungspolitik basiert unter anderem auf:

- Der Ermittlung des quantitativen und qualitativen Aus- und Weiterbildungsbedarfs (der Planungshorizont umfaßt häufig 5 Jahre).
- Der Ermittlung des vorhandenen Wissensstandes der Mitarbeiter.
- Der Feststellung der notwendigen Aus- und Weiterbildung.
- Erprobten Stoffprogrammen (sowohl standardisiert als auch individuell).
- Dem Einsatz der adäquaten Aus- und Weiterbildungsmethoden (wobei die aktiven Lehrmethoden verstärkt einzusetzen sind).
- Dem richtigen Zeitprogramm.
- Dem Einsatz von subjektiven und objektiven Kontrollmethoden, mit denen sich der Ausbildungserfolg feststellen läßt.

5. Hohe Selbst- und Fremdmotivation

Es ist unerklärlich, warum so häufig Motivation und Kommunikation als „modischer Sozialklimbim" abgetan werden. Erfolgreiche Unternehmen wissen um die Bedeutung der Motivation. Sie setzen nach Heismann[1] folgende Maßnahmen zur Mitarbeitermotivation ein:

1. Hohe Löhne und ein komplettes Anreizsystem.
2. Der Vorrang von internen Beförderungen vor externen Stellenbesetzungen.
3. Förderung eines gewissen Stolzes, zur Firma zu gehören.
4. Kapital- und Gewinnbeteiligungsmodelle.
5. Regelmäßige, ausführliche Besprechungen mit den Mitarbeitern, die vorwiegend auch der Information über die Unternehmenssituation dienen.

---

[1] Vgl. Heismann, Günter: Eine Frage des Stils. Über die Untersuchung von David Clutterbuck und Walter Goldsmith. In: Manager Magazin, Heft 9, 1985, S. 202 ff.

6. Betriebsinterne Aus- und Fortbildung, die nicht nur der Steigerung der Arbeitsproduktivität dienten, sondern auch die Unternehmensziele verdeutlichten.
7. Anerkennung der Arbeit, ständige Verbesserung der Arbeitsbedingungen.
8. Gesellige Veranstaltungen nach Feierabend.
9. Die Achtung vor dem einzelnen.

Aus der Abbildung „Der Motivationsprozeß“ werden die Steuerungselemente „Eigensteuerung“ und „Fremdsteuerung“ deutlich. Die Motivation wird dabei heute vornehmlich interpretiert als gemeinsame Sinnfindung. Das Wort Karl Jaspers „Was der Mensch ist, das ist er durch die Sache, die er zur seinen macht“ hat fraglos höchste Gültigkeit. Die Zeiten einer manipulierten Motivation – wie dies zum Beispiel auch noch von Dwight D. Eisenhower propagiert wurde – haben gegenwärtig keine Hochkonjunktur. Fraglos müßte Eisenhower heute sein Zitat korrigieren:

„Führung ist die Fähigkeit, einen Menschen dazu zu bringen, das zu tun, was man will, wann man will und wie man will – weil er selbst es will.“ Viel eher deutet der Autor des kleinen Prinzen die notwendige innere Einstellung an. Antoine de Saint-Exupery: „Wenn Du ein Schiff bauen willst, dann trommle nicht Männer zusammen, um Holz zu beschaffen, Aufgaben zu vergeben und die Arbeit einzuteilen, sondern lehre die Männer die Sehnsucht nach dem weiten, endlosen Meer.“ Mit anderen Worten ausgedrückt, bedeutet diese Feststellung, daß tief im Innern eines Menschen die Freude an der Sache, die Hinwendung zu einem festgesetzten Ziel und die Bereitschaft zur Erbringung einer Leistung wachsen und gefördert werden muß. Diese Aussage pragmatisch in das Umfeld der Organisation zu übertragen ist *die* Herausforderung. Dabei gilt es verstärkt, Sinnbezüge zu den Produkten und Dienstleistungen, zum Unternehmen, zum Umfeld und zur eigenen Persönlichkeit herzustellen.

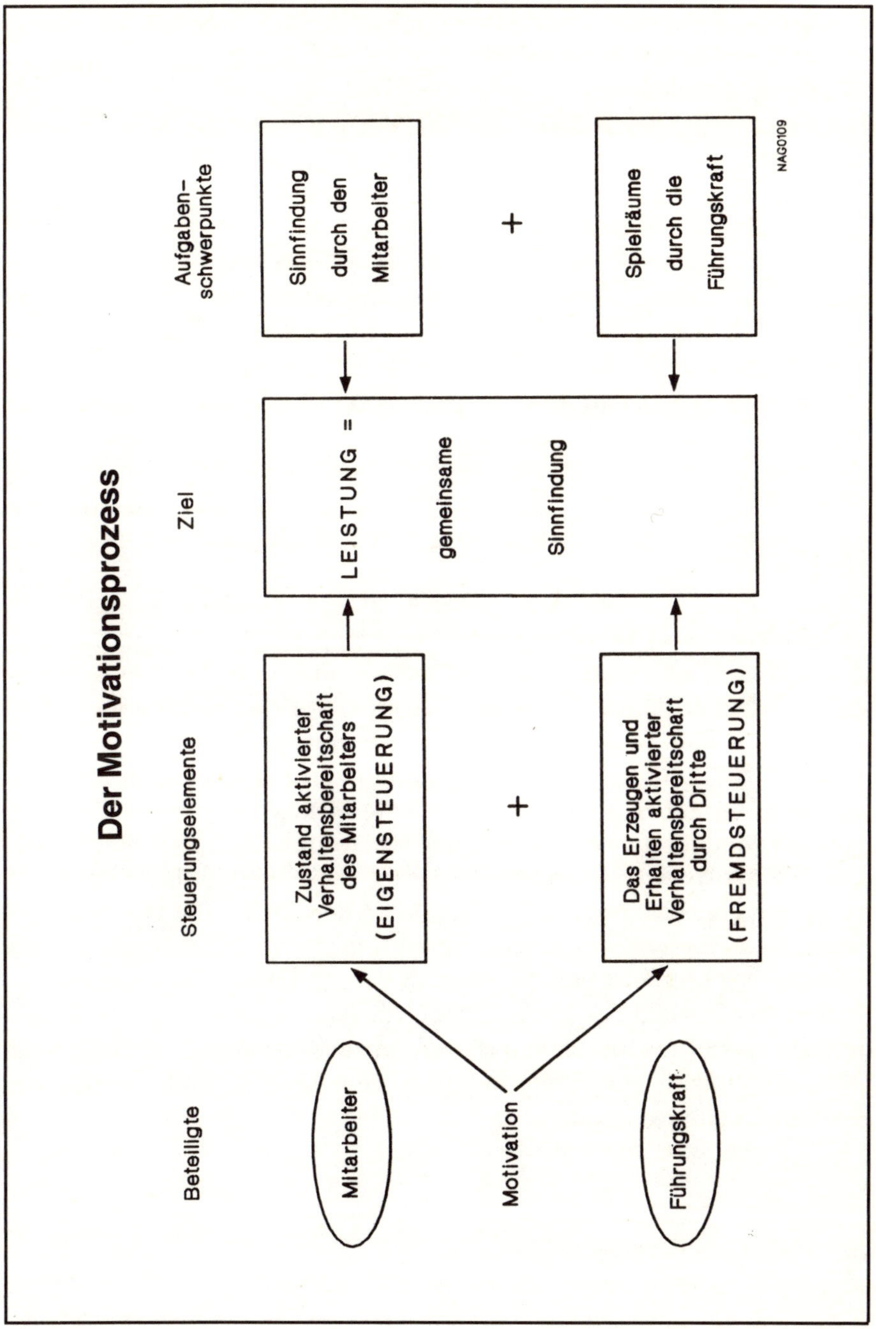

Der Motivationsprozess
Beteiligte
Steuerungselemente
Ziel
Aufgaben-
schwerpunkte
Mitarbeiter
Motivation
Führungskraft
Zustand aktivierter Verhaltensbereitschaft des Mitarbeiters
(EIGENSTEUERUNG)
+
Das Erzeugen und Erhalten aktivierter Verhaltensbereitschaft durch Dritte
(FREMDSTEUERUNG)
LEISTUNG =
gemeinsame
Sinnfindung
Sinnfindung durch den Mitarbeiter
+
Spielräume durch die Führungskraft
NAG0109

Auswertungsbogen zum Erfolgsfaktor "Mitarbeiter"

1. Welche Stärken sehe ich bei diesem Erfolgsfaktor?

   a)
   b)
   c)

2. Welche Schwachstellen/Defizite sehe ich bei diesem Erfolgsfaktor?

   a)
   b)
   c)

3. Was sollte an Weiterbildungsmaßnahmen in die Wege geleitet werden?

   a)
   b)
   c)
   d)
   e)

4. Welche Unterstützung benötige ich für die umzusetzenden Maßnahmen?

   Intern: Extern:

   a)
   b)
   c)
   d)
   e)

Weiterbildungsthemen zur verstärkten Nutzung des Mitarbeiterpotentials

- Der Mitarbeiter als Mitunternehmer
- Zielsysteme und Delegation
- Führungsgrundsätze und Freiräume
- Neue Wege zu Spitzenleistungen
- Die wichtigsten Motivatoren und ihre Realisierung
- Identifikation mit den Unternehmens- und Abteilungszielen
- Die fachliche Führung
- Zwischenmenschliche Kommunikation
- Effiziente Gesprächsführung
- Be- und Entlohnungssysteme
- Innovatives, kreatives und vernetztes Denken

1.2.1.6 Effizientes Führungssystem

Führungskräfte haben entscheidenden Einfluß bezüglich der Nutzung des Mitarbeiterpotentials. Der Erfolg einer Unternehmung hängt im wesentlichen vom Wollen und Können der Führungskräfte und Mitarbeiter ab. Dies ist heute ein allgemein anerkannter Tatbestand. Genauso bekannt ist auch, daß zu den Fähigkeiten, die heute alle Führungskräfte haben müssen, in ganz besonderem Maße die Kunst der Menschenführung und Menschenbehandlung gehört. Je mehr Mitarbeiter einem Vorgesetzten unterstellt sind, um so höher sind die Anforderungen an seine Fähigkeit, sie richtig führen und behandeln zu können. Man vertritt heute die Ansicht, daß bei Führungskräften die Fähigkeit zur Menschenführung und Menschenbehandlung bereits über 50 Prozent ihrer notwendigen Eigenschaften ausmachen muß.

Mit zu den wesentlichsten Aufgaben von Führungskräften zählt heute, die ihnen unterstellten Mitarbeiter dahingehend zu beeinflussen, daß sie für gemeinsame Ziele streben und arbeiten und daß vor allem das vorhandene Mitarbeiterpotential möglichst verstärkt genutzt wird. Die Integration des Menschen mit allen seinen Fähigkeiten in das soziale System der Organisation ist sicherlich eine ganz entscheidende Herausforderung der Gegenwart.

Erfolgreiche Unternehmen setzen aktionsorientierte Arbeitsgruppen ein, um das Potential der Mitarbeiter systematisch zu nutzen. Dies bewirkt eine sinnvolle Aufteilung komplexer Aufgaben in überschaubare Aufgabeeinheiten, eine starke Mitarbeiterorientierung durch das Problemlösen vor Ort und die Nutzung der Fähigkeiten der jeweiligen Ausführenden. Die Nutzung des Mitarbeiterpotentials bedingt eine verstärkte Delegation von Aufgaben, Befugnissen und Verantwortung.

Vor dem Hintergrund der sich allgemein gewandelten sozialpolitischen Einstellungen und einer damit verbundenen Forderung nach größerer Wertschätzung des arbeitenden Individuums muß auch die Menschenführung durch die Vorgesetzten eines Unternehmens gesehen werden. Die Herstellung guter menschlicher Beziehungen gehört zu den Grundvoraussetzungen für eine erfolgreiche Unternehmensführung. Die Mitarbeiter werden eine Führungskraft nur dann anerkennen und ihr die für ihre Aufgabe notwendige Autorität einräumen, wenn sie den hohen menschlichen Anforderungen ihres Berufes gerecht wird. In diesem Zusammenhang kann man Führung nicht nur als eine Technik betrachten, sondern in erster Linie als eine geistige Haltung. Führung bedeutet sowohl "Unternehmensführung" als auch „Menschenführung". Während ersteres die betriebswirtschaftliche Definition für die erfolgreiche Bewältigung der organisatorischen Prozesse Zielsetzung, Planung, Durchführung und Kontrolle ist, bedeutet letzteres, eine soziale Beziehung zu den Mitarbeitern herzustellen, ihre Interessen, Bedürfnisse und Motive angemessen zu berücksichtigen und gleichzeitig mit den Unternehmenszielen zu verknüpfen, d.h., Firmenmitglieder so erfolgreich führen, daß sie gleichsam schon von sich aus in genau jene Richtung streben, die eine Führungskraft ihnen aufzeigt.

Hier geht es im wesentlichen darum, innerhalb der Pflege menschlicher Beziehungen die zwischenmenschlichen Bereiche zu verbessern und den Zugang zur Gefühlswelt der Mitarbeiter zu erhalten. Denn erhöhte Leistungsbereitschaft und die Identifikation mit den Unternehmenszielen kann nur dann erreicht werden, wenn eine Führungskraft sich mit den besonderen Denk- und Verhaltensweisen ihrer Mitarbeiter befaßt. Deshalb ist es für erfolgreiches Management wichtig, die wissenschaftlichen Erkenntnisse auf dem Gebiet der menschlichen Verhaltenspsychologie bei der innerbetrieblichen „Menschenführung" zu kennen und zu berücksichtigen. Diese Kenntnis hilft Führungskräften, etwas zu bewirken, indem sie auf andere einwirken – Führung ist daher der auf ein Ziel bezogene soziale Prozeß der Beeinflussung. Managementwissen besteht aus diesem Grunde vorwiegend aus Führungsfähigkeiten und weniger aus Fachkenntnissen.

Zu einem effizienten Führungssystem werden künftig verstärkt gehören:

- Der Vorrang des „Machens" wird deutlich, d.h. kein zu langes Verweilen beim Analysieren.
- Der Manager wird mehr und mehr zum Entwickler und Förderer menschlicher Leistungsfähigkeit.
- Der kooperative Führungsstil, der situative Gegebenheiten berücksichtigt, ist heute und morgen unabdingbar.

- Stellenbeschreibungen gehören verstärkt der Vergangenheit an – Zielsysteme mit Einbindung der Mitarbeiter sind notwendig.
- Die Anwendung der Management-by-Methoden lassen sich auf die drei wichtigsten reduzieren:

  – Management by objectives,
  – Management by delegation,
  – Management by exception.

- Die jeweilige Situation hat wesentlichen Einfluß auf das

  – Führungsverhalten und auf die
  – strategische Positionierung wichtiger Typen von Managern.

Effizientes Führungssystem **Ausprägung „heute"**	**Ausprägung „morgen"**
1. Starre Führungsstrukturen	*1. Vernetzte Führungssysteme*
2. Der Führungsstil ist naturgegeben	*2. Der Führungsstil ist mitarbeiterorientiert*
3. Starke Chefbezogenheit	*3. Delegation von Aufgaben, Befugnissen und Verantwortung*
4. Starre Entlohnungssysteme	*4. Individuelle Entlohnungssysteme*

Was bedeuten diese Entwicklungen für die führungsorientierte Ausrichtung in der Weiterbildung?

1. Vernetzte Führungssysteme

Das alte Pyramidenmodell, bei dem alle Macht von der Spitze ausgeht, wird ersetzt durch eine transparente Unternehmenshierarchie. Der flexible Führungsstil im partnerschaftlichen Sinne wird den autoritären Machtbereich ablösen. Neue Formen der Mitverantwortung und der Identifikation mit dem Unternehmen werden die Qualität der zukünftigen Arbeitsplätze bestimmen. Erfolgreich bestehen werden diesen Wandel nur diejenigen, die sich den Gegebenheiten stellen, anstatt sich diesen Veränderungen zu widersetzen.

Die Zwänge zur Reduzierung der Unternehmenshierarchie sind:

1. Die zunehmende Kundenorientierung.

- Stärkere Transparenz der Kundenbeziehungen.
- Aufbau von direkten Beziehungen der Betroffenen.
- Verbindung von Kunden- und Unternehmensprozessen.
- Einbindung der Aktivitäten in Grundsätze und Missions.
- Just-in-time-Abwicklungen benötigen Mitarbeiter in der Rolle des Sub-Unternehmers.

2. Der verstärkte Einfluß von Informationssystemen

- Alle Mitarbeiter können direkt mit Hilfe der Bürokommunikation informiert werden.
- Im Datenverbund kann man zu Kunden- und Lieferantenanliegen sofort agieren.
- Die Möglichkeit einer technologischen Live-Sendung und der Aufbau von Frühwarnsystemen macht jeden Mitarbeiter zum Entscheider.
- Das Wissen und die Entscheidungsgrundlagen werden durch IS systematisch „nach unten" verlagert.

3. Das Streben nach Flexibilität

- Unternehmen können sich heute keine langwierigen Entscheidungsprozesse mehr erlauben.
- Vernetzte Organisationsformen und neue, bereichsübergreifende Organisationsmethoden sorgen für die notwendige Flexibilität.
- Die Verwirklichung der unternehmensübergreifenden Prozeßorganisation verbietet von selbst schwerfällige Hierarchien.

4. Der Aufbau von Zielsystemen

- Das wichtigste Mittel zur Motivation von Mitarbeitern ist das Übertragen von Verantwortung.
- Dies wird am effizientesten durch die Einbeziehung der Mitarbeiter in die Zielvereinbarung erreicht.
- Die verstärkte Delegation von Aufgaben, Verantwortung und Befugnis erübrigt ein differenziertes Hierarchie-System.
- Wesentlich zum Abbau von Hierarchie-Stufen tragen die Missions auf Bereichs- und Abteilungsebene sowie der Verzicht auf Stellenbeschreibungen bei.

2. Der Führungsstil ist mitarbeiterorientiert

Führungsstile müssen verstärkt die Interessen, Bedürfnisse und Motive der Mitarbeiter berücksichtigen. Es muß erreicht werden, daß den Firmenmitgliedern in ihrem Arbeitsbereich eine weitgehende Möglichkeit zur Selbstverwirklichung verschafft wird und daß sie ihre Arbeit als allseits anerkannte und sinnvolle Tätigkeit erleben dürfen. Die innere Harmonie eines Unternehmens entsteht dadurch, daß ihnen auch Gelegenheit zu Erfolgserlebnissen geboten wird. Die Kreativität einer Firma setzt sich aus den vielen Ideen der Menschen zusammen, die in ihr arbeiten. Wenn man in einer mitarbeiterorientierten Firma eine gute Idee oder einen Verbesserungsvorschlag hat, wird es immer jemanden geben, der zuhört. Das animiert dazu, etwas weiter nachzudenken – auch außerhalb des gewohnten eigenen Wirkungsbereiches – um die Dinge noch besser zu machen.

Wie Chefs und ihre Mitarbeiter ihr berufliches Engagement einschätzen

	Zustimmung in Prozent bei:	
	Mitarbeitern ohne Führungsaufgabe	Führungskräften
Ich setze mich in meinem Beruf ganz ein und tue oft mehr, als von mir verlangt wird. Der Beruf ist mir so wichtig, daß ich ihm vieles opfere.	44	90
Ich tue bei meiner Arbeit das, was von mir verlangt wird. Da kann mir niemand etwas vorwerfen. Aber daß ich mich darüber hinaus noch besonders anstrengen soll, sehe ich nicht ein. So wichtig ist mir der Beruf nun auch wieder nicht.	54	8

Quelle: Institut für Wirtschaft und Gesellschaft (IWG), Bonn

Was Chefs und ihren Mitarbeitern im Beruf wichtig ist

	Nennung in Prozent bei*:	
	Mitarbeitern ohne Führungsaufgabe	Führungskräften
Interessante Tätigkeit, Möglichkeit zur Identifikation mit der Aufgabe	75	88
Aufgabe, deren Bewältigung hohe persönliche Anforderungen stellt	56	82
Selbständigkeit und Unabhängigkeit	73	90
Einfluß, Entscheidungsbefugnisse	55	87
Möglichkeit, eigene Ideen durchzusetzen	64	83
Aufstiegs- und Karrierechancen	58	67
Hohes Einkommen	76	60
Gesicherte Altersversorgung	83	71
Vereinbarkeit mit privaten Interessenten	70	42
Genügend Freizeit	71	34

*Mehrfachnennungen möglich
Quelle: Institut für Wirtschaft und Gesellschaft (IWG), Bonn

Aber auch die unterschiedliche Sicht der Arbeitsverhältnisse „von oben“ und „von unten“ muß Berücksichtigung im Führungsstil finden. Diese Verhältnisse umfassen die Beziehungsbereiche

- Arbeitssituation (Bezug zur Arbeit und zum Arbeitsablauf).
- Vorgesetzte und Kollegen (Bezug zu beiden Gruppen).
- Stellung innerhalb der Organisation.

Führungskräfte haben verstärkt den Mitarbeitern die notwendigen Freiräume für Selbstverwirklichung einzuräumen. Es gilt, Führungsaufgaben mehr und mehr zu delegieren. Nur dadurch läßt sich auch das berufliche Engagement verbessern, wie aus einer Befragung des Instituts für Wirtschaft und Gesellschaft (IWG) hervorgeht (siehe Abbildungen).

3. Delegation von Aufgaben, Befugnissen und Verantwortung

Wie bereits ausgeführt, bedingt die Nutzung des Mitarbeiter-Potentials eine verstärkte Delegation von Aufgaben, Befugnissen und Verantwortung. Dabei ist eine Deckungsgleichheit von

- Aufgaben,
- Kompetenzen und
- Verantwortung anzustreben

Dies bedeutet

- Entscheidungsdelegation im Rahmen des Aufgabenfeldes,
- klare Abgrenzung der Kompetenz und
- alleinige Handlungsverantwortung.

Bei Anwendung des Delegationsprinzips haben Vorgesetzte folgende wichtige Aufgaben:

1. Abgrenzung des Aufgabenbereiches, der Kompetenzen und Verantwortungen im Rahmen der Aufgabenstellung einer bestimmten Position.
2. Auswahl der Mitarbeiter des ihm unterstellten Delegationsbereichs unter Beachtung von fachlichen und führungsmäßigen Anforderungen.
3. Vorgabe von Teilzielen für den Delegationsbereich unter Beachtung der für das Unternehmen geltenden Gesamtzielsetzungen.
4. Erstellung von Leistungsanforderungen zur Meßbarkeit des Erfüllungsgrades der gesetzten Ziele.
5. Wahrung der Handlungs- und Entscheidungsfreiheit der Mitarbeiter in den ihnen unterstellten Delegationsbereichen.
6. Koordination aller Mitarbeiter innerhalb des Führungsbereiches.
7. Weitergabe von Informationen an die Mitarbeiter, die zur Erfüllung der ihnen obliegenden Aufgaben notwendig sind.

8. Permanente Abstimmung und Beratung mit den Mitarbeitern eines Führungsbereiches.
9. Durchführung von Kontrollmaßnahmen in den einzelnen Delegationsbereichen.
10. Korrektur von festgelegten Fehlhandlungen oder Fehlentscheidungen.
11. Förderung und Ausbildung der unterstellten Mitarbeiter.
12. Anerkennung der Leistung der Mitarbeiter.

4. Individuelle Entlohnungssysteme

Zukunftsorientierte Firmen gehen verstärkt dazu über, für ihre Mitglieder ein leistungsbezogenes Entlohnungssystem zu schaffen. Nicht mehr nur die langjährige Betriebszugehörigkeit oder die hierarchische Stufe sollen über eine Entlohnung entscheiden, sondern maßgeblich

- die persönliche Leistungsbereitschaft des einzelnen,
- eine Identifikation mit dem Unternehmen,
- die Bereitschaft, innovative Lösungsansätze zu suchen und zu finden sowie
- die freiwillige Teilnahme an Aus- und Weiterbildungsmaßnahmen, die auch unter Umständen in der persönlichen Freizeit stattfinden sollten.

Ein Entlohnungssystem auf der Grundlage der oben aufgeführten Kriterien läßt bei den Firmenmitgliedern ein Gefühl der Gerechtigkeit entstehen und ist gleichzeitig auch ein enormer Anreiz für mehr Leistungsbereitschaft und optimalen Einsatz im Betrieb. Durch die *leistungsbezogene* Entlohnung wird bei den Mitarbeitern eine hohe intrinsische Motivation ausgelöst, d. h., sie sind aus *eigenem* Antrieb bereit, Leistung für das Unternehmen zu erbringen. Außerdem bewirkt dieses Entlohnungssystem durch die weitgehende Bedürfnisbefriedigung nach gerechter Behandlung bei den Betroffenen einen zusätzlichen Anreiz, ihrerseits dem Betrieb durch erhöhte Innovationsbereitschaft Nutzen bieten zu wollen.

Dies macht deutlich, daß ein Unternehmen – auf lange Sicht gesehen – nur gewinnen kann, wenn es Leistung und kreatives Verhalten seiner Mitarbeiter durch eine gerechte Be- und Entlohnung honoriert.

Auswertungsbogen zum Erfolgsfaktor "Führungskräfte"

1. Welche Stärken sehe ich bei diesem Erfolgsfaktor?

   a)
   b)
   c)

2. Welche Schwachstellen/Defizite sehe ich bei diesem Erfolgsfaktor?

   a)
   b)
   c)

3. Was sollte an Weiterbildungsmaßnahmen in die Wege geleitet werden?

   a)
   b)
   c)
   d)
   e)

4. Welche Unterstützung benötige ich für die umzusetzenden Maßnahmen?

	Intern:	Extern:
a)		
b)		
c)		
d)		
e)		

Weiterbildungsthemen zum effizienten Führungssystem

- Die neuen Rollen der Führung
- Erfolgsfaktoren der Abteilung/Bereiche und des Unternehmens
- Führungsverhalten
- Unternehmensführung in den 90er Jahren
- Die Führungskraft als Innovator
- Neue Techniken in der Unternehmensführung
- Entwicklungsperspektiven in
  - Handel
  - Industrie
  - Banken
  - Versicherungen etc.
- Vernetztes Denken
- Weiterbildung als strategische Waffe
- Szenario 2000

1.2.1.7 Praktizierte Kundennähe

Die Kundenorientierung wird zwar seit rund zwei Dekaden verstärkt propagiert und gefordert, dennoch spricht die Unternehmenspraxis häufig eine andere Sprache. In der heutigen Zeit wird verstärkt vorgeschlagen, daß es wesentlich sinnvoller ist, den Kunden im Mittelpunkt des Denkens zu sehen und die Kosten im Rahmen des betriebswirtschaftlich Notwendigen zu optimieren, als ein absolutes Kostendenken dem Kundeninteresse überzuordnen (siehe Abbildung „Zielrichtungen der Erfolgsfaktoren").

Zielrichtungen der Erfolgsfaktoren

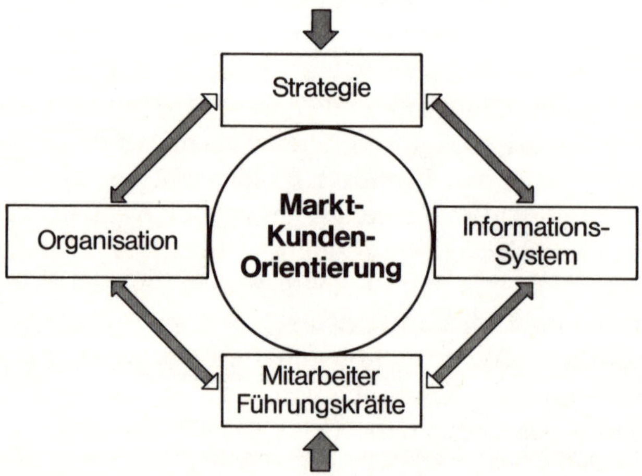

Zur Kundennähe können folgende Thesen aufgestellt werden:

- Erfolgreiche Unternehmen praktizieren eine große Kunden- und Marktnähe.
- Es wird mehr und mehr notwendig, in den Gehirnwindungen der Kunden (und auch deren Kunden) „spazieren zu gehen".
- Exzellente Kundenorientierung funktioniert nicht ohne organisatorische Maßnahmen in der Aufbau- und Ablauforganisation.

- In der Zukunft werden die Organisationen erfolgreicher sein, denen es gelingt, die eigenen Prozesse mit den Kunden- und Lieferantenprozessen optimal zu verknüpfen.
- Unternehmer und Führungskräfte haben eine besondere Verantwortung bei der Realisierung der Kundenorientierung.
- Kunden sind mehr und mehr in die Innovationsprozesse mit einzubeziehen.
- Das bisherige Beziehungsdreieck Produkt – Verkäufer – Kunde erfährt eine entscheidende Erweiterung durch die Einbeziehung der Achse „Umwelt".

Exzellente Unternehmen praktizieren eine sehr große Marktnähe und konzentrieren sich dabei auf ihre Stärken. Unternehmer und Entscheidungsträger haben eine besondere Verantwortung bei der Realisierung des kundenorientierten Ansatzes. Neben den sozialen Aufgaben und Pflichten gegenüber den Mitarbeitern haben die Führungskräfte auch eine soziale Verantwortung im überbetrieblichen Bereich. Da die Unternehmung kein isoliertes wirtschaftliches Gebilde ist und somit von ihrem Umfeld stark beeinflußt und geprägt wird, müssen vor allem die Führungskräfte versuchen, die von den verschiedenen Kreisen der Öffentlichkeit ausgehenden Einflüsse für die Unternehmung möglichst günstig zu gestalten. Ihr Verhalten gegenüber Kunden, Lieferanten, Aktionären, Gewerkschaften, Regierungsstellen und verstärkt gegenüber der Umwelt bestimmen zu einem großen Teil den Erfolg. Ein enger Kontakt der Führungskräfte zu den Kunden wird sowohl von erfolgreichen Praktikern als auch von namhaften Autoren befürwortet. Bei kleineren und mittleren Unternehmen wird auch für wichtig erachtet, daß die Kunden die eigene Unternehmung näher kennen.

Praktizierte Kundennähe **Ausprägung „heute"**	**Ausprägung „morgen"**
1. Kundenwünsche werden abgearbeitet 2. Optimierung der eigenen Prozesse 3. Kunden wirken bei Innovationsprozessen kaum mit 4. Fallweise Berücksichtigung der Umwelteinflüsse	*1. Der Kundenkontakt wird gesucht* *2. Kundenorientierte Aufbauorganisation* *3. Einbindung der Kunden in die Produktentwicklung* *4. Höchste Akzeptanz in bezug auf Umfeld/Umwelt*

Was bedeuten diese Entwicklungen für die kundenorientierte Ausrichtung in der Weiterbildung?

1. Der Kundenkontakt wird gesucht

Ein erfolgreicher Unternehmer legt Wert darauf, daß man die Zufriedenheit der Kundschaft nicht in kurzen Zeiträumen messen kann. „Sie muß Dauer und Bestand haben. Sie reicht von der Vergangenheit ... bis in die Gegenwart und muß auch für das Morgen erhalten bleiben. Eine zufriedene Kundschaft sollte für ein Unternehmen das erstrebenswerteste Ziel sein."

Hier ist unter anderem wichtig:

- Ein positives Klima mit Kunden im täglichen Geschäft schaffen. Beispiele hierfür könnten sein:

  • Die Art, wie Führungskräfte und Mitarbeiter mit Kunden und Lieferanten umgehen und verhandeln.
  • Die Art, wie die Mitarbeiter einer Organisation am Telefon antworten.
  • Die persönliche Erscheinung eines jeden Mitarbeiters.
  • Die Art, wie Fehler in Ordnung gebracht und Reklamationen behandelt werden.
  • Die Art, wie man über das eigene Geschäft spricht.

- Kundenbeiräte gründen. Entsprechend der Struktur der Produkte sind Kundenbeiräte, denen sechs bis zehn Kunden angehören, zu schaffen. Die Fragestellungen könnten hier sein:

  • Wie sehen Sie unser Geschäft?
  • Was haben Sie für Vorschläge bezüglich des Service zu machen?
  • Welche Schwachstellen sehen Sie bei uns?
  • Was können wir wie verbessern?
  • Wie sehen Sie unsere Angebotspalette?
  • Unterscheiden wir uns genügend von der Konkurrenz?

2. Kundenorientierte Aufbauorganisation

Verschiedene Firmen, die ihre größten Erfolge vorwiegend auf die bestmögliche Praktizierung einer exzellenten Kundennähe zurückführen, haben für die Realisierung dieses Erfolgsfaktors unter anderem folgende organisatorische Vorkehrungen getroffen:

1. Forschung und Entwicklung ist ein Teil des Vertriebs-Bereiches.
2. Der Vertriebs-Bereich hat eine überragende Bedeutung in der Gesamtorganisation.
3. Die Anzahl der Hierarchie-Stufen ist auf ein Minimum reduziert.
4. Dezentrale Vertriebsorganisation.

Eine Reihe von Wirtschaftsunternehmen hat, um Kundenwünsche spezieller Art noch besser erfüllen zu können, einen eigenen Bereich bzw. größere Sonderabteilungen geschaffen. Die Aufgabe dieser Organisationseinheiten ist die Entwicklung und Realisierung von Lösungen für spezifische Kundenaufträge. Im Sinne einer praktizierten Kundennähe reicht es vielfach auch, in diesen Abteilungen kostendeckend zu arbeiten.

3. Einbindung der Kunden in die Produktentwicklung

- Ideen von Kunden insbesondere im Bereich der Entwicklung aufzugreifen und eingehend zu prüfen.
- Kunden erhalten mehr und mehr eine wichtige Funktion bei der Produktentwicklung.
- Exzellente Unternehmen lassen oftmals die neuentwickelten Produkte und Dienstleistungen bei Stammkunden testen.
- Gemeinsame Entwicklung von Lösungskonzepten und Aufzeigen von spezifischen Problemlösungen tragen verstärkt zu einem vollen Vertrauen in die Leistungsfähigkeit der Organisation bei.
- Die Unternehmung muß unter Umständen auch auf Kundenwünsche eingehen, die, streng betriebswirtschaftlich gesehen, häufig nur Deckungsbeiträge erbringen. Die langfristige Auswirkung einer solchen Leistung kann jedoch eine Rechtfertigung zulassen.

4. Höchste Akzeptanz in bezug auf Umfeld/Umwelt

In den 90er Jahren wird von den Produkten eine bestmögliche Akzeptanz auf das Umfeld und die Umwelt erwartet. Die vom Kunden an ein umweltfreundliches Produkt gestellten Kriterien müssen voll erfüllt werden.

Die Integration ökologischer Aspekte in die Unternehmensphilosophie und die Neuorientierung im Öko-Marketing gewinnen zunehmend an Bedeutung. Die Wechselwirkungen von Innovationsmaßnahmen auf die Umwelt und die marktwirtschaftlichen Konsequenzen durch die Berücksichtigung der Umweltschutzbedürfnisse stellen hohe Anforderungen an innovationsfreudige Unternehmen. Für zukunftsorientierte Firmen stellt deshalb die Umweltorientierung von Produkten und Prozessen eine ernstzunehmende Herausforderung, aber gleichzeitig auch einen Wettbewerbsfaktor dar.

Durch die strengen Umweltschutzauflagen erhält der ökologische Faktor eine Wertigkeit, die mit ein Grund dafür ist, daß die ökologischen Umweltbedingungen heute die übrigen Faktoren wesentlich stärker beeinflussen als in früheren Jahren; das ökologisch Unabwendbare muß mit dem ökonomisch Notwendigen verbunden werden, um am Markt bestehen zu können. Dabei sind Flexibilität und Innovationsfreudigkeit als Voraussetzungen für erfolgreiches Umweltmanagement gefordert.

Auswertungsbogen zum Erfolgsfaktor "Kundennähe"

1. Welche Stärken sehe ich bei diesem Erfolgsfaktor?

   a)
   b)
   c)

2. Welche Schwachstellen/Defizite sehe ich bei diesem Erfolgsfaktor?

   a)
   b)
   c)

3. Was sollte an Weiterbildungsmaßnahmen in die Wege geleitet werden?

   a)
   b)
   c)
   d)
   e)

4. Welche Unterstützung benötige ich für die umzusetzenden Maßnahmen?

   Intern: Extern:

   a)
   b)
   c)
   d)
   e)

Weiterbildungsthemen zur praktizierten Kundennähe

- Der Kunde in den 90er Jahren
- Gesamtwirtschaftliche Entwicklungen
- Veränderungen der Märkte
- Das Gewinner-Gewinner-Spiel
- Innovationen
- Produkt-, Prozeß- und Marktinnovationen
- Erfolgsfaktoren aus Kundensicht
- Wettbewerb und Kundenorientierung
- Umwelt und wir
- Die absatzpolitischen Instrumente und mein Beitrag

1.2.2 Die Branchen-Erfolgsfaktoren und ihre Auswirkungen auf die Weiterbildung

Nach der Analyse der generellen Erfolgsfaktoren und ihrer Indikatoren empfiehlt es sich, dieses System auf die spezifischen Unternehmungen anzuwenden. Dabei besteht die Möglichkeit, die Erfolgsfaktoren auf Unternehmens-, Bereichs-, Abteilungs- oder persönlicher Ebene zu bestimmen.

Die folgenden Beispiele haben insbesondere den Blickwinkel aus der Sicht des Top-Managements im Auge. Die nachstehend beschriebene Vorgehensweise ist jedoch analog auf die Bereichs- oder Abteilungsebene übertragbar.

Vor dem Erarbeiten der unternehmensspezifischen Erfolgsfaktoren empfiehlt es sich, von den Branchen-Erfolgsfaktoren auszugehen. Diese werden nachstehend für einzelne Branchen beispielhaft dargestellt. Die Ermittlung dieser Faktoren ist dann eine wesentliche Grundlage für die Erarbeitung der spezifischen Faktoren (siehe Abbildung „Das System der Erfolgsfaktoren").

Erfolgsfaktoren für Kreditinstitute
- Aktive Kundenbearbeitung
- Aktive Serviceberatung
- Kundennähe
- Automation des „Tagesgeschäftes"
- Globalisierung der Märkte
- Ertragsorientiertes Verkaufen
- Stabilisieren der Kundentreue
- Qualifizierte und motivierte Mitarbeiter
- Hohe Produktivität

Erfolgsfaktoren für Fertigungsunternehmen
- Preis-/Leistungsverhältnis
- Maßgeschneiderte Lösungen
- Hoher Servicegrad
- Betriebssicherheit (Produkthaftung)
- Pünktliche Lieferung
- Innovative Lösungsansätze
- Flexibilität
- Nutzung der Konstruktionserfahrung
- Kurze Durchlaufzeiten
- Optimale Lagerhaltung

Erfolgsfaktoren für Kfz-Reparaturwerkstätten
- Hoher Servicegrad
- Lieferschnelligkeit
- Kurze Durchlaufzeiten

- Optimale Lagerhaltung
- Qualifizierte Mitarbeiter
- Motivation der Mitarbeiter
- Sicherung der regelmäßigen Werkstattauslastung

Erfolgsfaktoren für Verkehrsunternehmen
- Auslastung des Fuhrparks
- Einhaltung des Qualitätsstandards
- Verkehrserträge
- Kapazitätsanpassung
- Adäquate Preisgestaltung

Im Rahmen der Ermittlung der Erfolgsfaktoren ist es natürlich auch notwendig, die Trends und Entwicklungen sorgfältig im Auge zu behalten. Diese Tendenzen machen deutlich, wie sich die Erfolgsfaktoren künftig verändern können und welche Weiterbildungsmaßnahmen verstärkt zu initiieren sind.

So sind zum Beispiel in der *Fertigungsindustrie* unter anderem folgende Entwicklungen zu beobachten:

1. Anforderungen des Marktes
   - Höhere Produkt-/Teilevielfalt
   - Erweiterung des Funktionsumfanges
   - Kürzere Produktlebensdauer
   - Kürzere Durchlaufzeiten
   - Höhere Terminsicherheit
   - Höhere Flexibilität/Lieferbereitschaft
   - Verbesserung der Kostensituation
   - Bessere Produktqualität

2. Anforderungen an die Technologien
   - Integration von Logistik und Produktion
   - Niedrigere Fertigungstiefe
   - Höhere Fertigungsbreite
   - Komplexere Fertigungssysteme
   - Höherer Automatisierungsgrad
   - Erwartungen aus Benutzersicht:

- Geringe Projektrisiken
- Relativ kurze Implementierungszeiten
- Integrationsfähigkeit
- Erweiterungs- und Wartungsfreundlichkeit
- Bedienerfreundlichkeit
- Produktivitätsverbesserungen/Kosteneinsparungen
- Strategische Wettbewerbsvorteile

Präzisiert man diese Anforderungen auf Sub-Branchen, dann werden die Entwicklungen noch deutlicher. So zeichnen sich z.B. im *Maschinenbau* folgende generelle Entwicklungen ab:

- Von der Maschinenproduktion zur Systemlösung
- Das Einzelprodukt wird in ein Paket eingebunden
- Die Elektronik verdrängt die Mechanik
- Produktion in kostengünstigen Standorten nimmt zu
- Schwellenländer werden verstärkt zu Mitwettbewerbern
- Die Wachstumsaussichten sind als moderat zu sehen
- Hoher Qualitätsstand ist die Basis des Wettbewerbs
- Die Produktivität wird zu einem wichtigen Erfolgsfaktor
- Die Strategie der Spezialisierung (Nischen-Strategie) hat für die meisten Anbieter höchsten Stellenwert
- Neben der Spezialisierung gewinnt bei größeren Organisationen die Diversifikation an Bedeutung
- Das richtige Investitionsverhalten ist ein dominanter Erfolgsfaktor

Von besonderer Bedeutung bei der Analyse der Entwicklungen sind mehr und mehr die Innovationsansätze. So liegen zum Beispiel bei Fertigungsunternehmen die Innovationsschwerpunkte in den folgenden Bereichen (siehe Abbildung „Innovationen bei Fertigungsunternehmen“):

- Produkt-Innovation,
- Markt-Innovation,
- Prozeß-Innovation.

Diese innovativen Ansätze gilt es bei den künftigen Anforderungen verstärkt zu überprüfen. Geht man zum Beispiel in der Autoindustrie unter anderem von den folgenden Tendenzen aus:

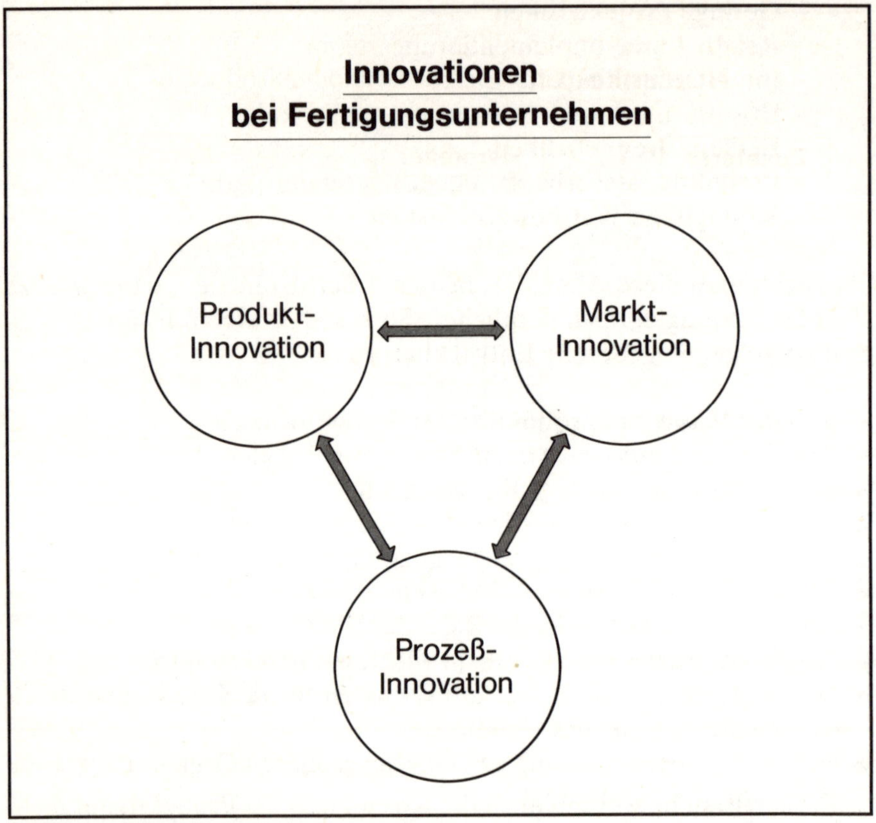

- Beweglichkeit in der Modellpolitik,
- Umweltverträglichkeit,
- Fähigkeit, das Auto auf individuelle Wünsche zuzuschneiden,
- preiswerte Produktion durch:

  - Verringerung der Fertigungstiefe
  - Einbindung der Zulieferer und Kunden
  - Globale Ausweitung des Zuliefernetzes

- höchste Anforderungen an Fertigungsqualität und Verarbeitung,

dann könnten insbesondere bei der Einbindung der Zulieferer und Kunden sehr wirkungsvolle Prozeß-Innovationen gefunden werden (siehe Abbildung „Nutzenketten“).

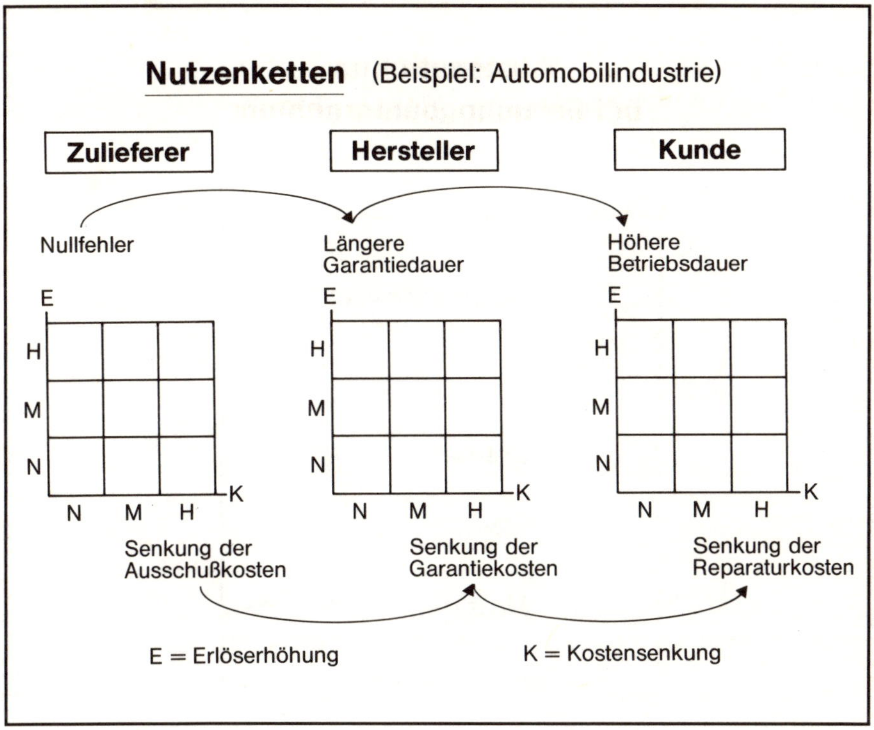

In dieser Branche werden auch die Kosten und die Produktivität mehr und mehr zum Gradmesser. Hier gilt es dann insbesondere die Kostenstrukturen zu analysieren (siehe Abbildung) und Ansätze für Kostensenkung zu finden.

Bei der Ermittlung des Weiterbildungsbedarfs der Branchen-Erfolgsfaktoren ist es auch wichtig, an die *Wertvorstellungen der Verbraucher* zu denken.

Nach den Untersuchungen von Tietze entwickeln sich die Wertvorstellungen der Konsumenten wie folgt:

1. Vom Warenstreben zum Erlebnisstreben durch Warensättigung.
2. Rückgang des Vertrauens und Zunahme des Informationsflusses bei der Wahl von Waren und Einkaufsquellen durch den veränderten Bildungs- und Informationsstand.

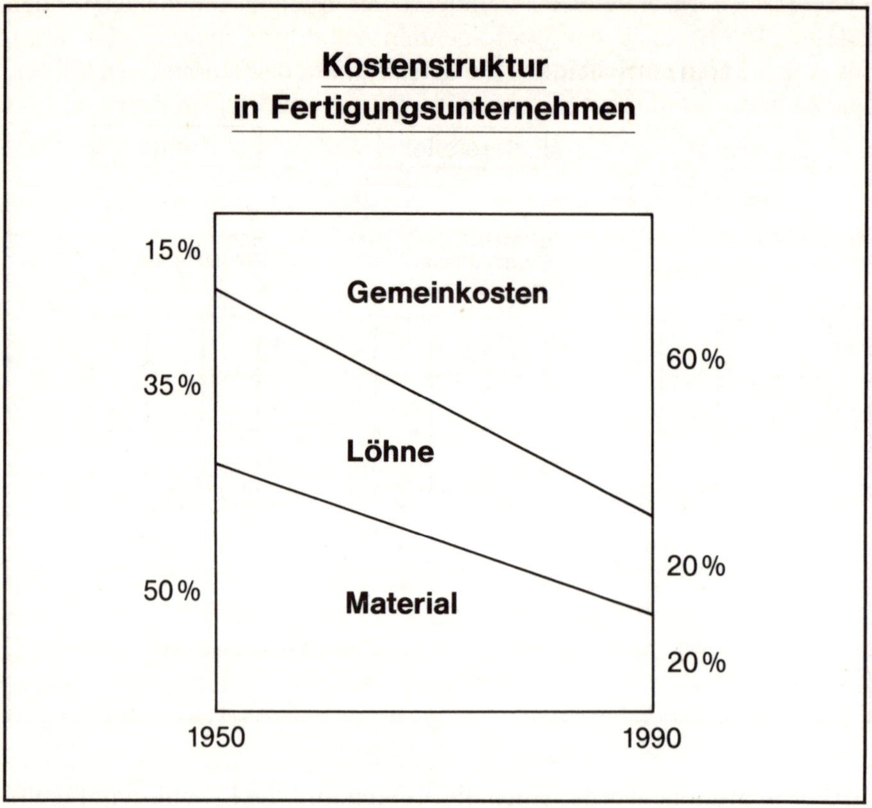

3. Mehr Qualitätsanforderungen durch mehr Erfahrungen mit Waren.
4. Neue Nachfrageproblematisierungen der Grundbedürfnisse.
5. Mehr Substitutionsdenken durch das Empfinden einer Stabilität des realen Einkommens auf höherem Niveau.
6. Polarisiertes Prestige- und Individualstreben durch Egalitätszunahme des Wohlstandes.
7. Polarisiertes Zeitverhalten und Preis-Leistungs-Verhalten bei der Nachfrage.
8. Mehr Gesundheitsbewußtsein durch Öko- und Bio-Information und durch Freizeitorientierung.
9. Mehr Lebensstilpluralismus.
10. Mehr Bequemlichkeitsanforderungen.

Die für die Wirtschaft anzustellenden Überlegungen gelten auch für den öffentlichen Bereich. Aus der folgenden Abbildung gehen die Kriterien für eine Standortentscheidung der Wirtschaft in den Kommunen hervor. Die Matrix geht dabei von folgenden Entscheidungskriterien aus:

1. Relevanz der Standortkriterien:
   hoch – niedrig
2. Beeinflußbarkeit durch Kommunen:
   gegeben – nicht gegeben

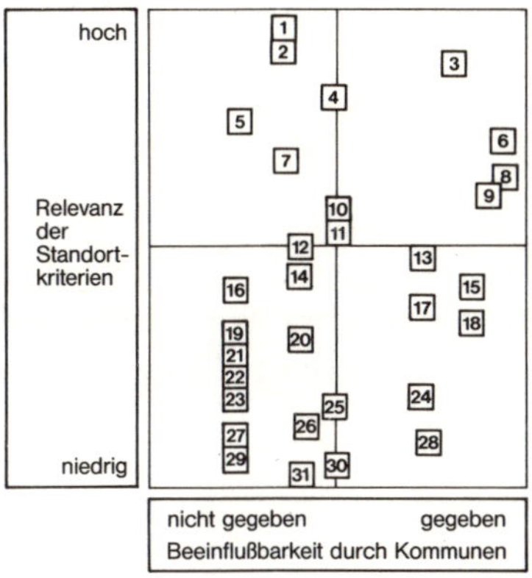

1. Gute Verkehrsanbindung-Autobahn
2. Hohe Verfügbarkeit von qualifizierten Arbeitskräften
3. Geringe Höhe der Gewerbesteuer
4. Geringe behördliche Auflagen
5. Positive Grundeinstellung der Bevölkerung zu Wirtschaft
6. Kurze Entscheidungswege der Behörden
7. Gute Qualität der Banken/Sparkassen
8. Hohe Servicefreundlichkeit der Behörden
9. Kurze Bearbeitungszeit von Bauvorhaben
10. Qualität der Arbeitsämter/Arbeitsvermittlung
11. Hohe Entscheidungskompetenz der Gemeinde/Stadt
12. Hoher Freizeitwert/Gesunde Umwelt
13. Hohe Planungssicherheit bei behördlichen Entscheidungen
14. Hohe IHK-HWK-Qualität
15. Geringe Kosten der Gewerbeflächen
16. Effektivlohnniveau gering
17. Gute soziale Einrichtungen
18. Geringe Kosten/Gebühren kommunaler Leistungen
19. Große Nähe zu den Absatzmärkten
20. Gute Sozialstruktur der Bevölkerung
21. Niedrige Kosten der Stromversorgung
22. Gute Verkehrsanbindung – Flughafen
23. Qualität der Arbeitsgerichte
24. Herausragendes kulturelles Angebot
25. Hohe Verfügbarkeit von Gewerbeflächen
26. Hohe Kaufkraft der Bevölkerung
27. Lieferantennähe
28. Geringe kommunale Verschuldung
29. Universitätsstadt/Nähe zur Wissenschaft
30. Großzügige Gewährung von öffentlichen Finanzhilfen
31. Gute Verkehrsanbindung – Hafen

Abbildung: Einordnung von Entscheidungskriterien im kommunalen Bereich (IHK-Angaben)

Von besonderer Bedeutung für die Kommunen sind die Kriterien, die durch Behörden beeinflußt werden können und die für die Standortbestimmung wichtig sind. Im vorliegenden Beispiel sind dies insbesondere:

- Geringe Höhe der Gewerbesteuer (3)
- Kurze Entscheidungswege der Behörden (6)
- Hohe Servicefreundlichkeit der Behörden (8)
- Kurze Bearbeitungszeit von Bauvorhaben (9)

Diese Kriterien sind für Weiterbildungsmaßnahmen vorrangig zu sehen.

1.2.3 Die spezifischen Erfolgsfaktoren und ihre Auswirkungen auf die Weiterbildung

Die spezifischen Faktoren sind die Faktoren, die über Erfolg und Mißerfolg einer Organisation entscheiden. Nach der Gewinnung dieser Faktoren (zum Beispiel mit Hilfe der Meta-Plan-Technik)[1] sollte deren gegenseitige Wirkung näher untersucht werden.

Die wechselseitige Beeinflussung der einzelnen Erfolgsfaktoren läßt sich in Anlehnung an Vester[2] mit einer Vernetzungsmatrix (siehe Abbildung) darstellen. Die Einflußstärken können zum Beispiel sein:

0 = kein Einfluß
1 = geringer Einfluß
2 = starker Einfluß

Trägt man in eine Matrix die Erfolgsfaktoren ein, dann besteht die Möglichkeit, ihren gegenseitigen Einfluß zu ermitteln. Unser Beispiel (siehe Abbildung) geht von den vier Erfolgsfaktoren

1. Produktqualität
2. Liefertreue
3. Durchlaufzeiten
4. Mitarbeiter-Motivation

aus.

Für jeden Faktor ist seine Wirkung auf die anderen Faktoren zu ermitteln. So beeinflußt in unserem Beispiel die Mitarbeiter-Motivation die Produktqualität und die Liefertreue stark (jeweils mit 2 angegeben), die Durchlaufzeiten mittelmäßig (mit 1 gekennzeichnet). Aus der Ma-

---

[1] Zur Ermittlung der Erfolgsfaktoren setzt der Verfasser in der Beratungspraxis verstärkt die Meta-Plan-Technik ein. Die Vorgehensweise ist ausführlich dargestellt in Nagel, Kurt: Die 6 Erfolgsfaktoren ..., a.a.O., S. 83 ff.

[2] Vgl. Vester, Frederic: Der Papiercomputer. In: a.a.O., S. 48 ff.

Vernetzung der Erfolgsfaktoren

Erfolgsfaktoren Wirkung von↓ auf→	(1)	(2)	(3)	(4)	Aktiv-Summe
(1) Produktqualität		2	1	0	3
(2) Liefertreue	1		2	1	4
(3) Durchlaufzeiten	1	1		0	2
(4) MA-Motivation	2	2	1		5
Passiv-Summe	**4**	**5**	**4**	**1**	**14**

Einflußstärke: 0 = kein, 1 = gering, 2 = starker Einfluß

Vernetzungs-Matrix

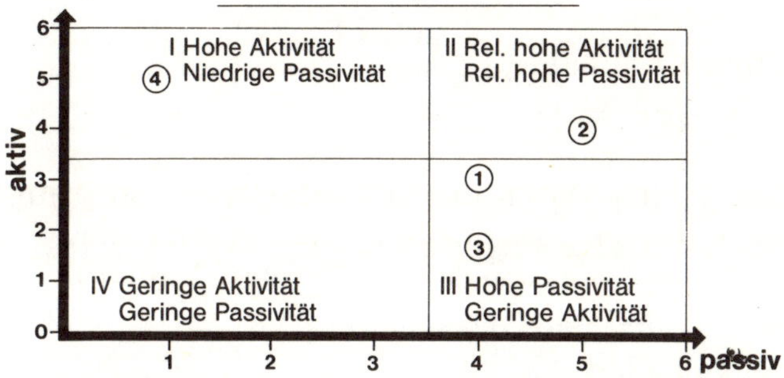

Berechnungen:
Begrenzung der Aktiv- und Passiv-Achsen
Anzahl der Elemente ((n) - 1) x 2
Beispiel: (4 - 1) x 2 = 6

Schnittpunkt der Aktiv-/Passiv-Achse
Addition der Aktiv-/Passiv-Summe: Anzahl der Elemente
Beispiel: 14 : 4 = 3,5

trix wird zum Beispiel deutlich, daß die Mitarbeiter-Motivation die anderen Faktoren stark beeinflußt (Aktivsumme 5), während die Wirkungen auf diesen Erfolgsfaktor selbst gering sind (Passivsumme 1).

Addiert man die Aktivwerte aller Erfolgsfaktoren und teilt diese Summe durch die Anzahl der Faktoren, dann erhält man den Mittelwert 3,5 (14:4). Mit Hilfe dieses Wertes und der Begrenzung der Aktiv- und Passivachsen ergibt sich das in der Abbildung dargestellte Diagramm. Die

Begrenzungswerte erhält man durch die Multiplikation der Anzahl der Faktoren minus 1 und dem Wert für starken Einfluß.

In unserem Beispiel ergibt die Begrenzung der Aktiv- und Passiv-Achsen:

$$(4-1) \times 2 = 6$$

In die Felder sind dann auf der Basis der ermittelten Koordinaten die einzelnen Faktoren zu positionieren. Die vier Felder können wie folgt charakterisiert werden:

Feld I: Erfolgsfaktoren mit hoher Aktivität und geringer Passivität.
Feld II: Erfolgsfaktoren mit relativ hoher Aktivität und relativ hoher Passivität.
Feld III: Erfolgsfaktoren mit hoher Passivität und geringer Aktivität.
Feld IV: Indifferente Erfolgsfaktoren, d. h. geringe Aktivität und Passivität.

Die Rangfolge der einzelnen Erfolgsfaktoren kann auf der Basis der vier Felder wie folgt angegeben werden.

- Rang 1: 4) Mitarbeiter-Motivation
- Rang 2: 2) Liefertreue
- Rang 4: 1) Produktqualität
- Rang 4: 3) Durchlaufzeiten

Die Folgerung aus der Vernetzungsmatrix ist, mit *den* Erfolgsfaktoren zu beginnen, die eine „Hebelwirkung“ haben. Sie beeinflussen als aktive Faktoren verstärkt die anderen Faktoren. Da diese sich durch eine hohe Aktivität und eine geringe Passivität auszeichnen, erreicht man im Sinne des vernetzten Systemdenkens entscheidende Vorteile.

Nachdem die Erfolgsfaktoren ermittelt und priorisiert wurden, ist für jeden Faktor zu analysieren, wie dieser auf einer Skala von 0 bis 10 (0 keine, 10 sehr starke Ausprägung) heute ausgeprägt ist, wie dieser morgen (zum Beispiel in zwei Jahren) aussehen müßte, welche Differenz sich zwischen dem Soll und Ist ergibt und mit welchen Weiterbildungsmaßnahmen der Erfolgsfaktor unterstützt werden kann. Diese

Vorgehensweise geht aus der folgenden Abbildung hervor (siehe Abbildung „Das Erfolgssystem").

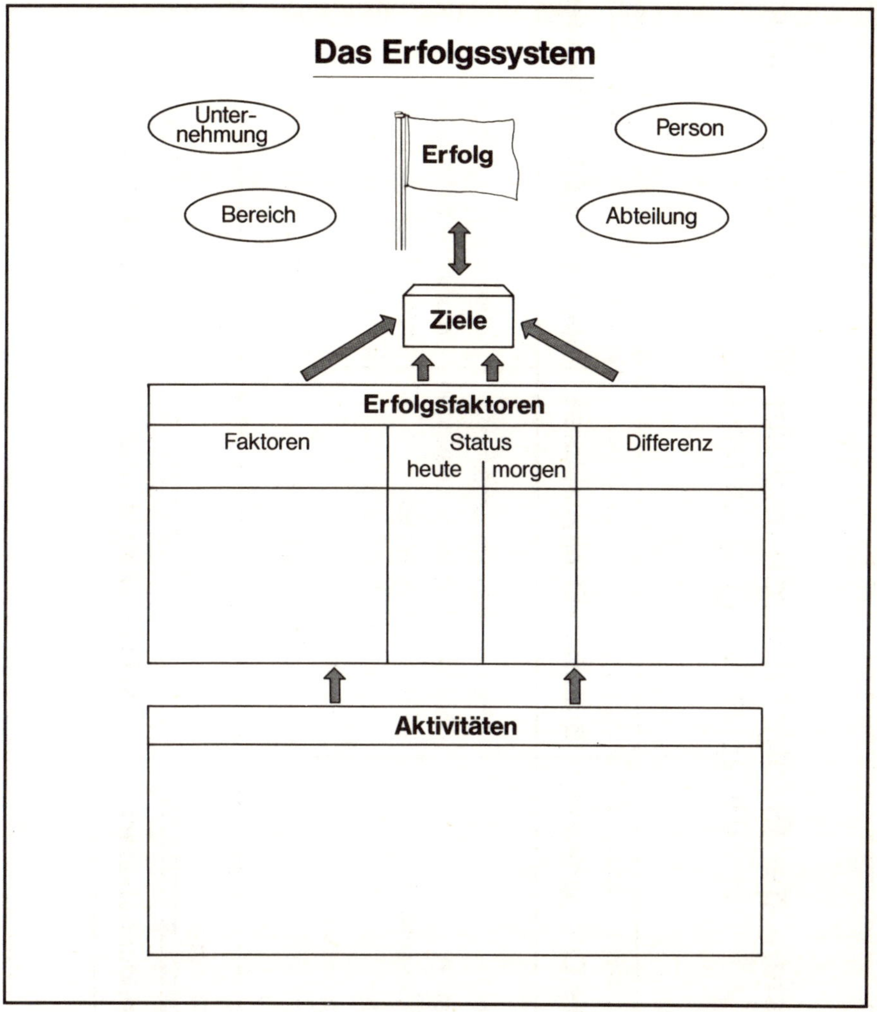

Der Zusammenhang zwischen den 6 generellen Erfolgsfaktoren, den Branchen-Erfolgsfaktoren und den spezifischen Erfolgsfaktoren wird aus der folgenden Abbildung deutlich. Eine Möglichkeit zur Ableitung des Weiterbildungsbedarfs aus den spezifischen Erfolgsfaktoren zeigt die Übersicht „Spezifische Erfolgsfaktoren und Weiterbildungsbedarf nach Funktionen."

Das System der Erfolgsfaktoren und der Weiterbildungsbedarf

(Beispiel: Fertigungsunternehmen)

6 generelle Erfolgsfaktoren	Branchen-Erfolgsfaktoren	Spezifische Erfolgsfaktoren
1. Strategie	- Preis-/Leistungsverhältnis	- Liefertreue verbessern
2. Organisation	- Maßgeschneiderte Lösungen	- Motivierte Mitarbeiter
3. Informationssysteme	- Hoher Servicegrad	- Klare Strategien/Ziele
4. Mitarbeiter	- Pünktliche Lieferung	- Prozeß-Innovationen
5. Führungssystem	- Flexibilität	- Kurze Durchlaufzeiten.
6. Kundennähe	- Kurze Durchlaufzeiten	- Verbesserte Produktqualität
⇩	⇩	⇩
Weiterbildungsbedarf	**Weiterbildungsbedarf**	**Weiterbildungsbedarf**

Spezifische Erfolgsfaktoren und Weiterbildungsbedarf nach Funktionen

Kritische Erfolgs-faktoren	Stand (0 – 10) heute	Stand (0 – 10) morgen	Δ	Forschung/ Entwicklung	Einkauf	Fertigung	Vertrieb	Rechnungs-wesen	Organi-sation Information
- Liefertreue verbessern	6	8	2			■	□		■
- Motivierte Mitarbeiter	5	7	2	□	□	■	■	□	■
- Klare Strategien/ Ziele	3	6	3	■	▒	▒	■		□
- Prozeß-Innovationen	4	8	4			■	□		■
- Kurze Durchlaufzeiten	4	7	3			■			■
- Verbesserte Produktqualität	6	8	2	■	□	■			□

■ = Starke Bedeutung
□ = mittlere Bedeutung
▒ = geringe Bedeutung

0 = keine Erfüllung
5 = mittlere Erfüllung
10 = höchste Erfüllung

1.2.4 Das System der persönlichen Erfolgsfaktoren

Der persönliche Erfolg kann viele Ursachen haben. Es gibt mit Sicherheit nicht *das* Patentrezept für Erfolg – weder im unternehmerischen noch im persönlichen Bereich – und das für jede Problemstellung zutreffende Erfolgskonzept.

Jeder einzelne muß das auf seine speziellen Bedürfnisse abgestimmte Erfolgssystem selbst entwickeln. Neue Systeme, Prinzipien und Methoden – wie hervorragend sie auch sein mögen – können nicht schematisiert angewendet werden.

Es ist jedoch unbestritten, daß es eine Reihe von Eigenschaften und Fähigkeiten gibt, die bei Erfolgsmenschen stärker ausgeprägt sind. Als Kronzeugen lassen sich namhafte Wissenschaftler, Management-Trainer und Persönlichkeiten aus den verschiedensten Bereichen heranziehen. Auch zahlreiche empirische Untersuchungen geben konkrete Hinweise auf solche Erfolgskriterien.

Der Verfasser hat in seinem Buch „200 Strategien, Prinzipien und Systeme für persönlichen und unternehmerischen Erfolg“[1] die wichtigsten persönlichen Erfolgskonzepte beschrieben. Die Analyse dieser Systeme, weitere umfangreiche Literatur-Recherchen, Gespräche mit zahlreichen Management- und Personalberatern und die Auswertung aus einer Vielzahl von Seminaren lassen den Schluß zu, daß es analog zu den 6 generellen unternehmerischen Erfolgsfaktoren auch 6 generelle persönliche Erfolgsfaktoren gibt. Selbstverständlich müssen diese Faktoren auf die persönliche Sphäre zugeschnitten werden. So entspricht beispielsweise der unternehmerischen Strategie die persönliche Strategie und dem Erfolgsfaktor Organisation im unternehmerischen Bereich der Faktor Selbstorganisation im privaten Bereich. Aus der Abbildung „Einfluß der Weiterbildung auf unternehmerischen und persönlichen Erfolg“ (siehe Abschnitt 1.2.1.1) wird diese Zuordnung deutlich.

---

[1] Vgl. Nagel, Kurt: 200 Strategien, Prinzipien und Systeme für persönlichen und unternehmerischen Erfolg, 3. Aufl., Landsberg 1990, S. 357 ff.

In den folgenden Ausführungen wird kurz auf die 6 generellen persönlichen Erfolgsfaktoren eingegangen.

1. Persönliche Strategien

Die Notwendigkeit einer persönlichen Strategie muß nicht mehr neu begründet werden. Seit vielen Jahren machen Literaten, Persönlichkeiten aus dem öffentlichen Bereich, Manager, Management-Trainer und namhafte Wissenschaftler dies deutlich. Denis Waitley, ein erfolgreicher Unternehmensberater und Trainer in den USA, hat im Rahmen seiner Befragungen von Führungskräften und Spitzenleuten aus der Wirtschaft herausgefunden, daß Menschen mit persönlichen Zielen und Strategien erfolgreicher sind. Verlierer lassen sich lenken, Gewinner nehmen das Steuer selbst in die Hand. Sieger sind zielorientiert, für sie ist das Ziel der Motor, der ihrem Leben Schwung gibt. Alle bekannten Erfolgsstrategien betonen die Bedeutung der Zielsetzung. Sie machen den Stellenwert von Lebenszielen, Periodenzielen und Jahreszielen deutlich. Die Energo-Kybernetische Strategie von Mewes (EKS) ist letztlich nichts anderes als eine eindrucksvolle und bewährte Strategie-Lehre. Nach der Großmann-Methode ist Planlosigkeit eine der Hauptursachen, weshalb viele Menschen ihre Ziele nicht erreichen. Auch die Hirt-Methode erläutert, daß sowohl die Arbeit im engeren Sinne als auch das Leben als Ganzes harmonisch und erfolgreich zu gestalten sind. Der gemeinsame Nenner dieser und weiterer Erfolgssysteme, der Aussagen in Literatur und Praxis ist: Der Erfolgreiche hält sich an das, was ihn seinem Ziel näherbringt. Dabei ist wichtig, daß erfolgreiche Menschen nicht nur die nächste Runde gewinnen wollen, sie sehen bereits den ganzen Weg bis zur Meisterschaft im Geiste vor sich.

2. Effiziente Selbstorganisation

Erfolgsmenschen sind meist auch erfolgreiche Manager ihrer Zeit. Sie haben es geschafft, ihre Aktivitäten so in den Griff zu bekommen, daß sie Zeit für das Wesentliche haben und nicht über Zeitnot und Arbeitsüberlastung klagen müssen. Da die vorhandene Zeit ein wichtiges Gut ist, von dem man nicht beliebig viel erstehen kann, und sie die absolute Grenze der menschlichen Möglichkeiten darstellt, sollte man meinen, daß mit diesem wertvollen Rohstoff besonders sorgsam umgegangen wird – das Gegenteil ist aber häufig der Fall!

In diesem Zusammenhang darf man jedoch nicht ungeachtet lassen, daß es den meisten Menschen nicht möglich ist, ihre Zeit so zu verwenden, wie sie es gerne sehen würden. Vor allem wirtschaftliche und soziale Zwänge setzen uns klare Rahmenbedingungen. Hinzu kommt in vielen Fällen ein hoher Grad an Fremdbestimmung; sei es durch Vorgaben von Chefs, Kunden, Lieferanten, Mitarbeitern oder Familienangehörigen. Die Ausprägung der Außenbestimmung ist je nach der jeweiligen Situation und den ausgewählten Tätigkeiten unterschiedlich. Dennoch haben wir alle die Möglichkeit, unsere Zeitprobleme innerhalb der Rahmenbedingungen besser zu bewältigen. Erinnert sei hier an einen Ausspruch des römischen Philosophen L.A. Seneca: „Es ist nicht wenig Zeit, was wir haben, sondern es ist viel, was wir nicht nützen."

Das Bewußtsein, die Zeit richtig zu nutzen, beeinflußt unser Leben positiv. Diese Aussage gewinnt dann an Bedeutung, wenn man bei der Betrachtungsweise nicht nur die Zeit in der kurzen Sicht, sondern in der langen Sicht bedenkt. Vor diesem Hintergrund ist es verständlich, wenn Alan Lakein, einer der profilierten Fachleute auf dem Gebiet des Zeitmanagements in den USA, ausführt: „Wer seine Zeit aus der Hand gleiten läßt, läßt sein Leben aus der Hand gleiten; wer seine Zeit in der Hand hat, hat sein Leben in der Hand." Dies bringt Lakein dann zu der Aussage: „Vergeudete Zeit ist vergeudetes Leben – genutzte Zeit ist erfülltes Leben."

3. Optimale Nutzung der Information

Längst ist bekannt, daß Informationen zu den wesentlichen Ressourcen unserer Gesellschaft gehören. Im Gegensatz zu den klassischen Ressourcen der Natur – die sehr begrenzt sind – haben Informationen den Vorteil, sich nicht zu verbrauchen, das heißt unbegrenzt zu sein.

Die wachsende Rolle der Information und die zunehmende Fähigkeit, sie auf allen Gebieten optimal einzusetzen und auszuwerten, verändern in hohem Maße alle Aktivitäten unserer Gesellschaft. Informationen auf allen Wissensgebieten sind heute wesentlich schneller und leichter verfügbar als je zuvor. Wegen des einfachen und leichten Zugangs zu gespeicherten Informationen und wissenschaftlichen Daten erleben wir auch einen bemerkenswerten Wandel der Lernaktivitäten. Der Computer, mit seiner enormen Kapazität und einer immer effizienter werdenden Software, eröffnet uns ungeahnte Dimensionen von neuen Lernmöglichkeiten, die es zu nutzen gilt. Von besonderer Bedeutung ist dabei die menschliche Lernfähigkeit. Untersuchungen zeigen, daß das Lernen auf keine bestimmte Altersstufe begrenzt ist und das Gehirn mit einem Muskel vergleichbar ist, der ständig trainiert werden muß. Der Verfasser bekam immer wieder bestätigt, daß es diesbezüglich in Unternehmen sowohl 30jährige Großmütter und Großväter, aber auch junggebliebene 60jährige gibt. Es ist erwiesen, daß bei älteren Menschen, die ihr Gehirn fit gehalten haben, dieses besser funktioniert als bei verhältnismäßig jungen Menschen, die nach einer abgelegten Prüfung und einem Diplom in der Tasche aufgehört haben, Gehirngymnastik zu betreiben. Die Schulung des Denkvermögens gewinnt eine immer größere Bedeutung. Aus einer Ausgabe von John Naisbitts Megatrends aktuell geht hervor, daß in einer sich rasch wandelnden Arbeitswelt keine anderen Fertigkeiten so wichtig sind wie Denkvermögen und Dialogfähigkeit. „Das Wissen, *wie* man lernt, nutzt Arbeitnehmern in Zukunft weit mehr als alle Spezialkenntnisse. Viele werden im Laufe ihres Arbeitslebens ein halbes Dutzend Stellen bekleiden und die Branchen zwei- oder dreimal wechseln – mit jeweils neuen Anforderungen."

4. Positive Selbstmotivation und Konzentration der Kräfte

Schon Einstein wies uns darauf hin, daß wir lediglich einen geringen Prozentsatz unserer geistigen Kapazitäten nutzen. Wissen liegt aber so lange brach, bis jemand eine Voraussetzung schafft, es der Allgemeinheit nutzbar zu machen. Hier gilt es, daß jeder einzelne verstärkt den Wunsch unternimmt, seine vorhandenen Fähigkeiten zu erkennen und zu nutzen. Um die eigenen Fähigkeiten auch nutzen zu können, muß man dies zunächst einmal wollen. Der Senior-Chef des Hauses Bizerba hat diese Einstellung über Jahrzehnte hinweg in eindrucksvoller Weise vorgelebt: „Man muß nur wollen", lautet seine Maxime. Diese Aussage läßt sich auf 90 % der uns begegnenden Herausforderungen anwenden.

Um die eigenen Fähigkeiten nutzen zu können, ist es notwendig, die persönlichen Gaben und Schwachstellen zu analysieren. Es ist wichtig, sich dabei insbesondere auf die eigenen Stärken zu besinnen. Viele Menschen verfügen über eindrucksvolles Wissen und Können. Das meiste davon bleibt jedoch ungenutzt, weil die Einsatzbereitschaft mangels menschlich fundierter Motivation fehlt – denn die innere Einstellung zur Aufgabe ist es, die Leistung und Ergebnisse schafft, weniger die Kenntnisse.

Als ein zentrales Motiv und generellen Arbeits-Antrieb kann das jedem Menschen eigene Leistungsbedürfnis betrachtet werden. Dabei ist das Verhältnis zwischen Arbeitseinsatz und daraus resultierender Belohnung wichtig, denn Wert und Wahrscheinlichkeit der Belohnung sind wesentliche Bestimmungsfaktoren für das Leistungsbedürfnis. Die eigentliche Leistung hängt von der jeweiligen Person, ihren Fähigkeiten und der Arbeitssituation, in der sie sich befindet, ab. Leistung als Ergebnis von Anstrengung mit dem Ziel der gerechten Entlohnung ist eine wesentliche Determinante der Zufriedenheit.

Nur wenn diese Wertvorstellungen in ausgewogenem Maße vorhanden sind, ist ein überdurchschnittlicher Leistungswille und eine effiziente Nutzung der menschlichen Fähigkeiten gegeben.

5. Wirksames Kommunikationssystem

Erfolgsmenschen sind Spezialisten in wirksamer Kommunikation. Sie suchen den Kontakt, gehen auf andere zu, motivieren sich selbst und andere. Wirksame Kommunikation läßt sich nicht erreichen, wenn sich alles nur um die eigene Achse dreht. Eine positive Selbstachtung ist dagegen eine wesentliche Grundlage für die Basis von Beziehungen. Es gilt häufig, sich und anderen Mut zuzusprechen. Eine ermutigende, bejahende Sprache ist daher ein wesentlicher Bestandteil einer positiven Selbstachtung.

Kommunikation vollzieht sich sowohl im verbalen als auch im non-verbalen Bereich, das heißt, sie wird über die Sprache des gesprochenen Wortes und über die Sprache des Körpers wie Gestik, Mimik, Blicke etc. ausgedrückt. Dabei ist es besonders wichtig, bei Gesprächen und Begegnungen die Signale der Körpersprache unseres Gesprächspartners zu beachten, denn die Art und Weise, wie sich jemand verhält, ist entscheidend für das Bild, das wir uns von ihm machen. Es ist aber sehr schwierig, Körpersprache objektiv zu erkennen und zu analysieren, und erst durch längere Beobachtungen ist eine relativ gute Beurteilung möglich. Körpersignale sind als Ganzheit zu bewerten und immer auf die jeweilige Situation zu beziehen. Dennoch ist es heute notwendig, gewisse Grundbegriffe der Körpersprache zu kennen, um Kommunikation mit einem Partner besser beherrschen zu lernen, da die Körpersprache grundsätzlich wahrheitsgemäßer als die wörtliche Sprache ist. Körpersprache verrät mehr über die eigentliche Meinung eines Menschen als all seine Worte! Gefühlsmäßige Grundelemente der zwischenmenschlichen Beziehungen wie zum Beispiel Vertrauen oder Mißtrauen, Zufriedenheit oder Unzufriedenheit und dergleichen wirken als Signale des non-verbalen Bereichs sehr deutlich, auch wenn sie nicht direkt ausgesprochen werden. Um diese Körpersignale anderer zu verstehen und deuten zu können, ist es notwendig, auf die Mitmenschen einzugehen, sie bewußt und aufmerksam zu beobachten und mehr Verständnis für ihre Lage aufzubringen.

6. Umfeldorientierung

Hier geht es in erster Linie darum, durch eigene Leistung zum Wohle seiner Mitmenschen beizutragen – denn bedeutende menschliche Leistungen lassen sich immer nur für andere erbringen. Bestmögliche Leistungen für die Gemeinschaft zu bieten setzt jedoch einen optimalen eigenen Leistungsstand voraus. Gemeint sind hier die Erfolgsfaktoren Kontaktfreudigkeit, sicheres Auftreten, Verhandlungskunst und Selbstbewußtsein. Erfolgreiches Verhalten ergibt sich dann fast von selbst, wenn wir stets darauf bedacht sind, unserem Umfeld einen größtmöglichen Nutzen zu bieten. Steigern wir diesen Nutzen laufend, so steigern wir automatisch auch unsere gewünschten Persönlichkeitswerte.

Ebenfalls zum Bereich der Umfeld-Orientierung gehört die Variable „menschliches Verhalten", die man verstärkt seit Ende der 60er Jahre zu steuern und zu analysieren bemüht ist. Das menschliche Verhalten ist Optimierung seiner Lebensmöglichkeiten in einem vorgegebenen Umfeld. Eric Berne, Thomas A. Harris, Dudley Bennet und zahlreiche andere Anhänger dieser Bewegung haben versucht, die Transaktions-Analyse, die auf der Erkenntnis von Sigmund Freuds Persönlichkeitsmodell beruht, für die Wirtschaft anwendbar zu machen. Durch eine genaue Untersuchung sozialer Transaktionen haben sie das Allgemeingültige an scheinbar willkürlichen Verhaltensweisen entdeckt und damit eine eindeutige und brauchbare Beschreibung der Analyse des menschlichen Verhaltens den Mitmenschen gegenüber geschaffen. Das Kennenlernen der eigenen Persönlichkeit und das gleichzeitige Eingehen auf die Gefühle und Empfindungen anderer können anhand der Kenntnisse menschlicher Verhaltensweisen durch die Transaktions-Analyse erleichtert werden. Sie kann wesentliche Veränderungen im Sinne eines bewußten Umgehens mit sich selbst und seinem Umfeld bewirken.

Zur Beurteilung der persönlichen Situation und zu einem optimalen Erfolgsstreben ist es auch notwendig, den eigenen Wert und Nutzen, den man der Umwelt bietet, zu erkennen und festzustellen. Denn nur dort wird man mit Schaffenskraft und Elan an die Arbeit gehen, wo man Nutzen bietet und als Gegenleistung Nutzen erhält, das heißt: Je höher der Nutzen ist, den man der Umwelt bietet, desto höher ist auch der Wert, den man persönlich in der Gesellschaft darstellt und nach dem man eingeschätzt und beurteilt wird.

Erfolgreiche Persönlichkeiten besitzen die Tendenz, herauszuragen mit ihren Leistungen, die ihnen tief im Innern von Bedeutung sind, und gleichzeitig nützlich zu sein, indem sie etwas tun, was auch für andere wichtig ist. Sie stellen aber stets ihre innere Überzeugung über den Wert ihrer Aufgaben und über ihre eigenen Fähigkeiten. Begeisterungsfähigkeit für Aufgabenfelder, die ihnen liegen, Optimismus auch bei schwierigen Problemen und eine imponierende innere Einsatzbereitschaft, die eng verbunden ist mit einer sozialen Komponente und ethischem Empfinden, zeichnen den Erfolgsmenschen aus.

Eine adäquate *persönliche Situationsanalyse* ist eine wesentliche Voraussetzung für erfolgreiche Menschen. Im folgenden werden fünf Stufen dieses Erkennungsprozesses, der das Wissen um die eigenen Möglichkeiten und Grenzen, Stärken und Schwächen, Einsatz- und Abwehrstrategien beinhaltet und die Kurt Heller von der Ludwig-Maximilians-Universität in München zusammenstellte, aufgezeigt.[1]

---

[1] Heller, Kurt und Facaoaru, Cornelia: Selbst- und Systemerkenntnis. In: DABEI-Handbuch für Erfinder und Unternehmer. VDI Verlag Düsseldorf 1987, S. 45 ff., Hrsg. von der DABEI Deutsche Aktionsgemeinschaft Bildung – Erfindung – Innovation e.V.

- *Wissen über eigene Kompetenzen*

  Es ist notwendig, sich seine eigenen kognitiven Fähigkeiten, seine Stärken und Schwächen bewußt zu machen. Für den Erfolg auf allen Gebieten ist es wichtig, daß man weiß, ob man eher analytisch, mathematisch-abstrakt denkt, technische Vorgänge gut visualisieren kann, Verständnis für physikalisch- technische Zusammenhänge und ein gutes räumliches Vorstellungsvermögen hat oder ob man eher Stärken in der Rhetorik, im Darstellen von komplexen Sachverhalten und im logischen Denken besitzt.
  Da jedoch zahlreiche Tätigkeitsgebiete die Ausbildung beider Fähigkeitskomplexe erfordern, die von den beiden Gehirnhälften gesteuert werden, ist es wichtig, seine Schwachstellen einzugestehen und zu erkennen, auf welchen Gebieten zusätzliches Training notwendig wäre. Diese Erkenntnis ist gerade für die gewünschte Selbstkorrektur und die Weiterentwicklung jedes Menschen wichtig.

- *Wissen um die Art der Aufgaben, die dem Leistungsprofil entsprechen*

  Durch ständige Konfrontation mit Problemen lernt man laufend etwas über die eigenen Fähigkeiten und Grenzen, daß heißt, man ist sich bewußt, welchen Aufgabenanforderungen man gewachsen ist und bei welchen man Schwierigkeiten hat. Während manchen Menschen gut strukturierte Aufgaben eher liegen, kommen andere wieder hervorragend mit komplexeren, schlecht strukturierten Problemkreisen zurecht. Diese Erkenntnis ist gerade bei innovativen Tätigkeiten wesentlich, wo nur ein konsequentes Hineinversetzen in die Problemstellung Erfolg verspricht. Das Wissen um die mit den jeweils gestellten Aufgaben verknüpften Anforderungen an die eigenen geistigen Möglichkeiten und Grenzen ist eine lebensnotwendige Voraussetzung zur Ausübung einer kreativ-schöpferischen Tätigkeit.

- *Kenntnis der eigenen Denkabläufe*

  Das Kernstück der Selbsterkenntnis ist die Erforschung der eigenen Denkabläufe und Problemlösungsstrategien. Bei Informationen, die im Laufe der Zeit gesammelt werden, ist es oft erforderlich, daß sie sorgfältig, genau und langsam verarbeitet werden, um sie optimal zu verstehen. Wir lernen auch, uns mit verschiedenen Anforderungen unterschiedlich auseinanderzusetzen. Außerdem erkennt man bald, daß bei gleicher Informationsmenge die jeweils verlangte Aufgabenstellung unterschiedliche Anforderungen an die geistige Tätigkeit stellt.

- *Wissen um Schemata, Handlungspläne, Muster und Regeln*

  Eine kreativitätsförderliche Bedingung ist das Wissen über das eigene Wissen. Im Laufe der Auseinandersetzung mit beruflichen Problemen entwickeln kreative Menschen gefestigte geistige Strukturen, die ihnen erlauben, kreativ und zugleich effektiv wahrzunehmen, zu denken und zu handeln. Sie können die einzelnen Schritte der Lösungsfindung trotz zahlreicher Revisionen, Umkehrungen und Änderungen im großen und ganzen richtig festlegen, die Organisation ihres Handelns sinnvoll planen. Man kann daraus erkennen, daß ein großes Repertoire an Schemata, vorgegebenen Mustern und Plänen einer Person von enormem Vorteil auf ihrem Arbeitsgebiet ist. Neue Lösungsansätze werden dann relevant, wenn man den Sprung vom reproduktiven Gedächtnis im Sinne des bloßen Aneignens von Wissen, Fakten, Eindrücken und Vorstellungen zu einem kreativen Gedächtnis schafft.

- *Wissen um die eigenen Haltungen, Neigungen, Ziele, Strebungen*

  Es ist wichtig, seine Ziele und Erwartungen, die man an die eigene Tätigkeit stellt, rechtzeitig zu erkennen und genau zu definieren. Dies erspart Enttäuschungen, die mit zu hochgesteckten Zielen und einer ungerechtfertigten Erwartungshaltung verbunden sind. Die Selbsterkenntnis eigener Absichten, Vorstellungen und Erwartungen ist gerade deshalb so wichtig, weil schöpferische Leistungen weniger auf speziellen geistigen Prozessen als eher auf den speziellen Absichten beruhen. Das Wesen der schöpferischen Leistung ist demzufolge nicht der Prozeß als solcher, sondern die besondere Absicht, welche die diversen Mittel des Geistes zum Zwecke eines kreativen Ziels organisiert.

  Weitere Bestandteile der Selbsterkenntnis, die eine enge Beziehung zur kreativen Leistung aufzeigen, sind die Beurteilung der Aufgabenschwierigkeit in Abhängigkeit von der eigenen Kompetenz, die offene Aufdeckung eigener Leistungserwartungen, die situationsabhängige Anspruchsniveausetzung und eine angemessene Anstrengungskalkulation.

Die Aussagen Hellers machen die Themen-Schwerpunkte der persönlichen Weiterbildung auf dem Gebiet des Wissens und Könnens deutlich. Gleichzeitig deuten diese Aussagen auf weiterführende Weiterbildungskategorien hin. Diese werden im folgenden Abschnitt verdeutlicht.

1.3 Die neuen Dimensionen der Weiterbildung

1.3.1 Die 3 Kategorien der Weiterbildung

Zahllos sind die Ansätze, die Weiterbildungsziele zu klassifizieren. Meist bestimmte der Zweck der jeweiligen Aufgabenstellung die Klassifikationskriterien.

Geht man von den Schwerpunkten der Weiterbildung aus und versucht, diese mit den Zielen der Unternehmensführung in Einklang zu bringen, dann läßt sich zunächst eine Unterteilung nach den Zielen

- der Effektivität und
- der Effizienz

vornehmen.[1]

Die *Effektivität* hat dabei aus der Sicht der Unternehmensführung die optimale Lösung der Sachaufgaben zum Inhalt. Ihr Ziel ist die bestmögliche Realisierung der Produktivität. Sie basiert auf dem Gerüst

---

[1] Die Termini Effektivität und Effizienz werden in der Literatur nicht einheitlich definiert. Eine Reihe von Autoren verwenden die Begriffe synonym, andere belegen diese mit einem unterschiedlichen Inhalt. Eine ausführliche Darstellung findet sich bei Diedrich, Andreas: Effizienz betrieblicher Weiterbildung. Diss., Köln 1988. Die in dieser Ausarbeitung vorgenommene inhaltliche Zuordnung basiert unter anderem auf: Nieder, Peter: Die Unternehmens-Führung. In: Der Betriebswirt, Heft 4, 1987, S. 7 ff.

Ertrag zu Aufwand. Alle Weiterbildungsaktivitäten tragen in dieser Kategorie dazu bei, das Wissen und die Fertigkeiten der Mitarbeiter zu verbessern, um die Sachaufgaben besser zu lösen. Häufig unterteilen die Organisationen die diesbezüglichen Lernzielstufen nach

- Lernzielstufe 1: Kennen
- Lernzielstufe 2: Verstehen
- Lernzielstufe 3: Können
- Lernzielstufe 4: Beherrschen

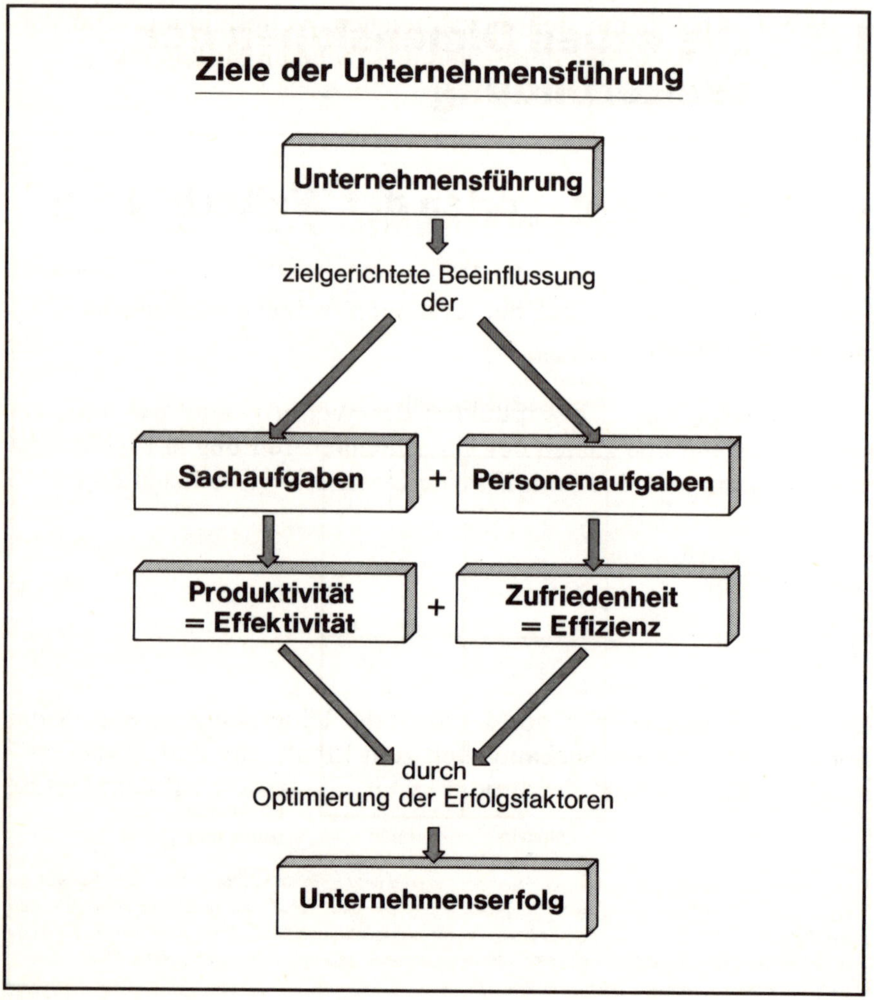

Bei dem Weiterbildungsziel *Effizienz* geht es um die optimale Lösung der Personenaufgabe, der menschlichen Zufriedenheit (siehe Abbildung „Ziele der Unternehmensführung").

Zahlreiche Führungsmodelle machen deutlich, daß die Führungsaufgabe darin besteht, die Kombination von Aufgabe und Person bestmöglich zu lösen (siehe Abbildung „Das Zusammenspiel von Effizienz und Effektivität"). In der Führungsforschung war die Analyse der Aufgabenorientierung der erste Schwerpunkt. In der zweiten Stufe wurde die Mitarbeiterorientierung verstärkt untersucht und Lösungsvorschläge erarbeitet. Auch heute steht in zahlreichen Weiterbildungsveranstaltungen die Verbesserung der Beziehungsebene im Mittelpunkt.

Das Zusammenspiel von Effizienz und Effektivität

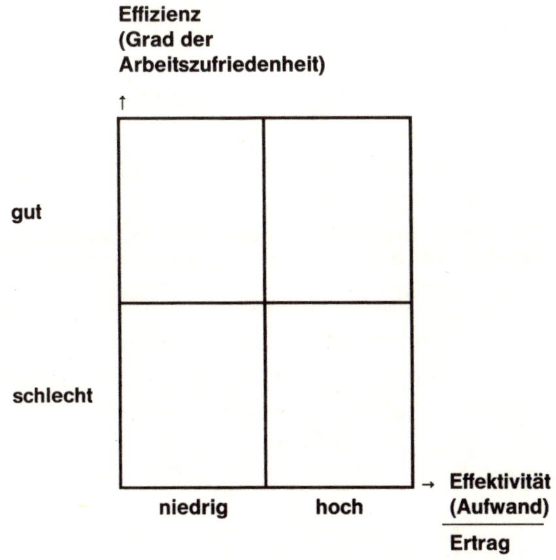

Die dritte Kategorie der Weiterbildung ist dadurch gekennzeichnet, daß sie entscheidend zum Erlangen strategischer Wettbewerbsvorteile beiträgt. Die Basis für diese Weiterbildungsmaßnahmen sind die *strategischen Überlegungen* der Unternehmensleitung und die *konsequente Unterstützung* dieser Strategien durch Weiterbildungsaktivitäten. Werden die Erfolgsfaktoren einer Organisation wie zum Beispiel

- schnellere Reaktionsmöglichkeiten auf Marktveränderungen,
- besseren Lieferservice,
- rasche Produkteinführung

planmäßig und systematisch durch Weiterbildungsinvestitionen unterstützt, dann gelingt es, Wettbewerbsvorteile zu generieren.

Wird diese Zielrichtung verstärkt verfolgt, dann wird deutlich, daß der Nutzen einer Weiterbildungsinvestition sich nicht mehr nur auf *eine* Funktion, *ein* Projekt oder *eine* Zielgruppe bezieht, sondern systemübergreifend gesehen werden muß.

Der strategische Charakter der Weiterbildung wird unter anderem an den folgenden Punkten erkennbar:

- Die Weiterbildungs-Strategie ist voll in die Unternehmens-Strategie integriert. Ein Planungshorizont von mindestens fünf Jahren ist unabdingbar. Insofern wirken strategische Weiterbildungsmaßnahmen in hohem Umfang erst langfristig.
- Strategische Weiterbildung fällt in den Verantwortungsbereich der Geschäftsleitung.
- Strategische Weiterbildungsaktivitäten sind vornehmlich auf den Markt und die Kunden orientiert. Rein introvertierte Maßnahmen (also auf das Innere einer Organisation fixiert) reichen zur Verbesserung der strategischen Position eines Unternehmens meist nicht aus.
- Strategische Weiterbildung sieht den Mitarbeiter als Sub-Unternehmer.

Im folgenden werden die drei Weiterbildungskategorien durch einige Beispiele verdeutlicht. Dabei ist klar, daß sich die drei Kategorien nicht immer eindeutig abgrenzen lassen. Häufig sind die Grenzen fließend. Trotz dieser Überschneidungen sind aber die originären Zielsetzungen der Weiterbildungsaktivitäten unterschiedlich und ermöglichen somit eine Unterteilung in die vorgestellten Weiterbildungskategorien.

Beispiele für die Verbesserung der Effektivität können sein:

- Höhere Leistung bei gleichen Kosten
- Bessere Ausnutzung der Kapazität
- Raschere Durchlaufzeiten
- Verkürzung der Vorgangsbearbeitung
- Zeiteinsparung durch effektive Konferenzen und Besprechungen

Beispiele für die Verbesserung der Effizienz

- Bessere Zusammenarbeit
- Synergie-Effekte durch Integration
- Aktivierung des Humankapitals
- Verbesserter Führungsstil
- Höhere Identifikation
- Größere Motivation

Beispiele für die Unterstützung der Erfolgsfaktoren

- Neue innovative Produkte
- Neue innovative Prozesse
- Neue innovative Märkte
- Verbessertes Qualitätsbewußtsein

Standen in der Vergangenheit die Verbesserung der Effektivität und der Effizienz im Vordergrund der Weiterbildungsaktivitäten, so werden in den kommenden Jahren mehr und mehr die Vorteile durch die Unterstützung der Erfolgsfaktoren dominieren. Dies wird zu einer neuen Rangfolge der Weiterbildungskategorien führen:

1. Erfolgsfaktorenunterstützung
2. Effizienz
3. Effektivität

Bezüglich der Bewertbarkeit dieser Kategorien muß aber festgestellt werden, daß die Vorteile bei der Unterstützung der Erfolgsfaktoren durch Weiterbildung nur entscheidbar sind, die Effizienzverbesserungen kalkuliert werden können und die Einsparungen in der Effektivität meist konkret gerechnet werden können (siehe Abbildung „Bewertbarkeit und Bedeutung des Nutzens von Weiterbildungsmaßnahmen"). Auf die einzelnen Bewertungsansätze wird in Abschnitt 2.5 ausführlich eingegangen.

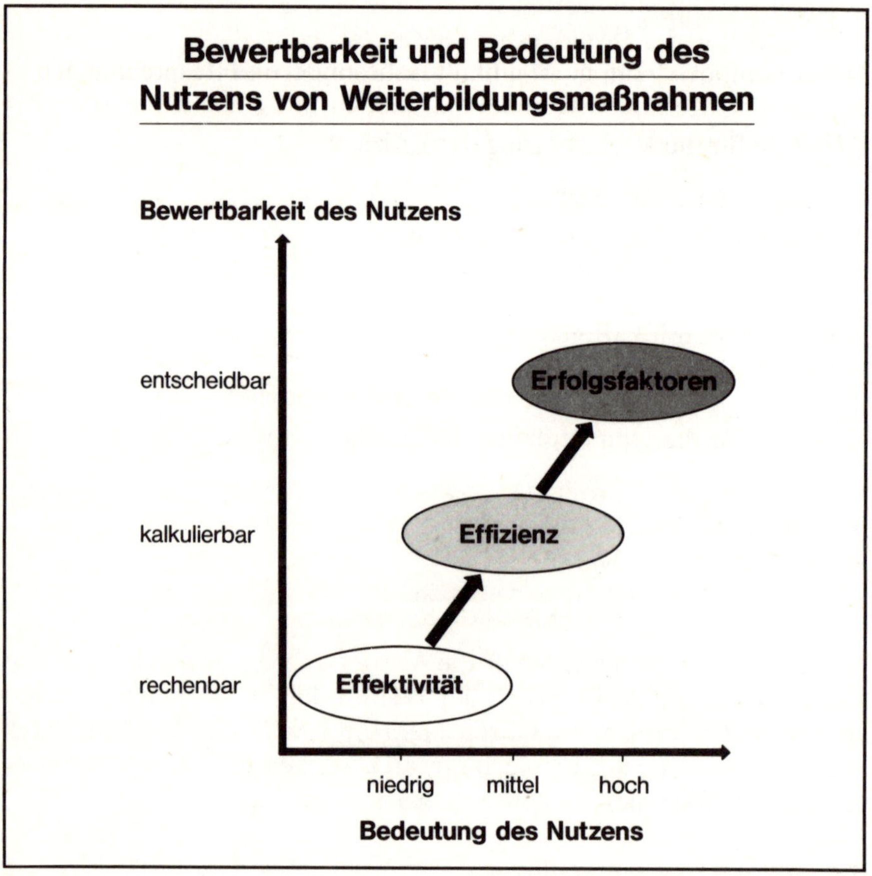

Alle drei Weiterbildungskategorien gilt es künftig zu beachten. Nur dann lassen sich die notwendigen Kompetenzen für die Mitarbeiter und Führungskräfte aufbauen. Den genannten drei Weiterbildungskategorien entsprechen die drei Kompetenzkategorien:

1. Effektivitäts-Kompetenz

Diese wird üblicherweise als Fach- oder Wissenskompetenz bezeichnet.

2. Effizienz-Kompetenz

Diese bezeichnet man auch als kommunikative oder Sozialkompetenz.

3. Erfolgs-Kompetenz

Diese Kompetenzkategorie umfaßt insbesondere die Handlungs-Kompetenz und Methoden-Kompetenz, jedoch mit einer stringenten Erfolgsorientierung.

Die Abbildung „Die 3-Kompetenz-Kategorien“ macht das Zusammenwirken der Kompetenzbereiche deutlich.

Versteht man Weiterbildung als strategisches Instrument, dann ist insbesondere angesprochen die Erfolgs-Kompetenz. Sie muß künftig verstärkt bei allen Mitarbeitern erreicht werden. Die Effizienz-Kompetenz stellt in erster Linie auf die Beziehungsebene ab. Sie wird insbesondere durch Verhaltenstrainings verbessert. Bei der Effektivitäts-Kompetenz steht, von der Weiterbildungsaufgabe her gesehen, die Wissensvermittlung im Vordergrund.

Weiterbildungskategorien und hierarchische Position

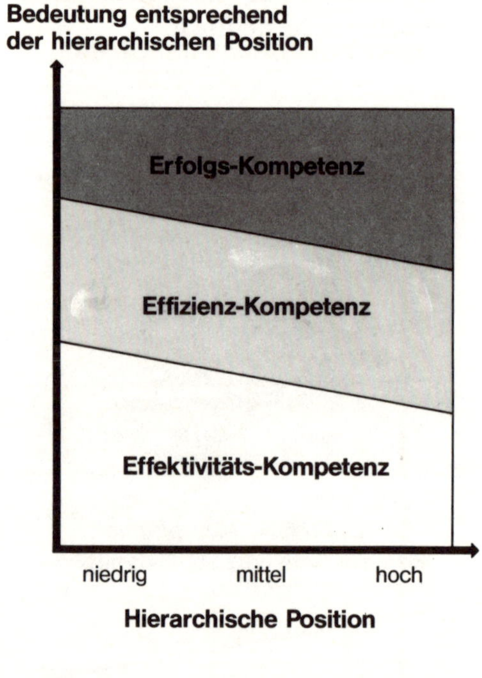

Die Abbildung „Weiterbildungskategorien und hierarchische Position" verdeutlicht aber auch, daß bei dem einzelnen Mitarbeiter die jeweiligen Teile an Effektivitäts-Kompetenz und Effizienz-Kompetenz unterschiedlich ausgeprägt sein können. Es wird immer Mitarbeiter geben, bei denen von der Aufgabenstellung her die fachliche Ausprägung gegenüber der sozialen Ausprägung überwiegen sollte, und umgekehrt. Sieht man die Mitarbeiter aber verstärkt als Sub-Unternehmer, so wird es entscheidend darauf ankommen, die Ausprägung der Kreativität und Innovationsfähigkeit im Zusammenspiel mit methodischer Kompetenz und insbesondere der Handlungs-Kompetenz zu verbessern. Dies gilt für alle Mitarbeitergruppen gleichermaßen.

Die drei Kompetenz-Kategorien kann man nach unterschiedlichen Gesichtspunkten analysieren und bewerten. Im folgenden wird der Versuch unternommen, einmal diese drei Kategorien in Beziehung zu den

Weiterbildungskategorien und Wettbewerbsvorteile

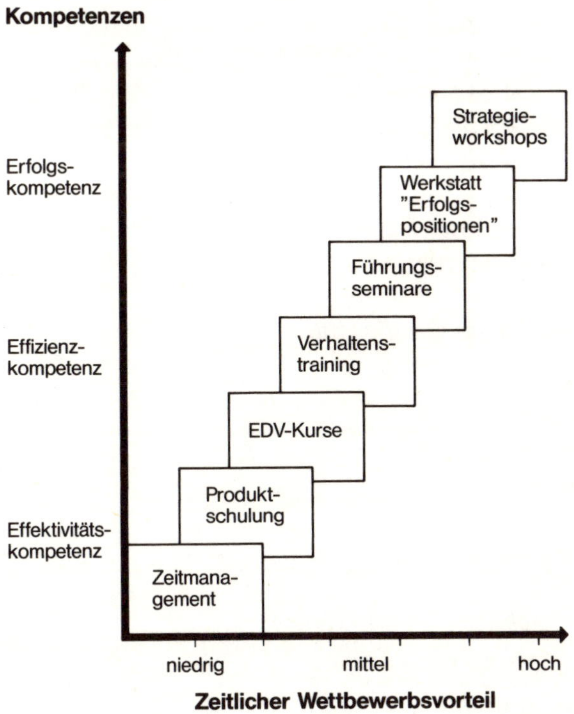

Wettbewerbsvorteilen zu sehen, und zum anderen wird ein Lösungsvorschlag auf der Basis einer Portfolio-Analyse im Personalbereich unterbreitet.

Die Abbildung „Weiterbildungskategorien und Wettbewerbsvorteile" macht deutlich, daß der zeitliche Vorsprung gegenüber Mitwettbewerbern von der Effektivitäts-, über die Effizienz- zur Erfolgs-Kompetenz ansteigt. Die Beispiele veranschaulichen, daß Vorteile, die ein Seminar über Zeitmanagement gegenüber der Konkurrenz erbringen, von dieser rasch aufgeholt werden können. Führt man dagegen eine Werkstatt über „Erfolgspositionen" oder einen „Strategie-Workshop" durch und setzt dabei die erarbeiteten Maßnahmen in konkrete Aktionspläne um, dann werden üblicherweise zeitliche Wettbewerbsvorteile erreicht, die von der Konkurrenz nicht mehr oder nur schwer eingeholt werden können.

Verwendet man die drei Kompetenz-Kategorien zur Bewertung von Mitarbeitern und danach zu einer Einordnung in die Portfolio-Matrix, dann ergeben sich die in den Abbildungen „Portfolio-Analyse im Personalbereich", „Strategische Ausrichtung nach dem Portfolio-Management" und „Beispiel: Einordnung der Mitarbeiter in die Portfolio-Matrix" dargestellten Sachverhalte.

In der ersten Abbildung werden zunächst die Kriterien für Effektivität und Effizienz der Mitarbeiter erarbeitet. Diese seien in unserem Falle:

Effektivität (Fachliche Qualifikation)

- Fachwissen
- Fachkönnen
- Weiterbildung
- Identifikation
- Selbstmotivation
- Selbstorganisation

Effizienz (Menschliche Qualifikation)

- Information
- Kommunikation
- Ethisches Verhalten

- Umfeldorientierung
- Fremdmotivation

Anschließend werden diese Kriterien gewichtet. Im nächsten Schritt sind für die einzelnen Kriterien Erfüllungsgrade zu definieren. Dies könnte zum Beispiel wie folgt sein:

Portfolio-Analyse im Personalbereich

Fachliche Qualifikation

Faktoren	Gewichtung	Mitarbeiter				
		①	②	③	④	⑤
Fachwissen	30	3	9	9	9	6
Fachkönnen	30	3	9	9	9	3
Weiterbildung	10	0	3	1	3	2
Identifikation	10	1	2	1	3	2
Selbstmotivation	10	1	2	0	3	3
Selbstorganisation	10	1	1	2	1	1
	100	0,9	2,6	2,2	2,8	1,7

Menschliche Qualifikation

Information	20	2	6	2	4	4
Kommunikation	30	3	9	3	6	6
Eth. Verhalten	10	2	3	1	2	1
Umfeldorientierung	30	0	9	3	9	3
Fremdmotivation	10	1	1	0	2	3
	100	0,8	2,8	0,9	2,3	1,7

Fachwissen:

0 = fehlt
1 = niedrig
2 = mittelmäßig
3 = hoch

Selbstverständlich sollte die Benotung der Kriterien auf einer eindeutigen Beschreibung basieren. Die Auswahl der Kriterien, die Gewich-

Strategische Ausrichtung nach dem Portfolio-Management

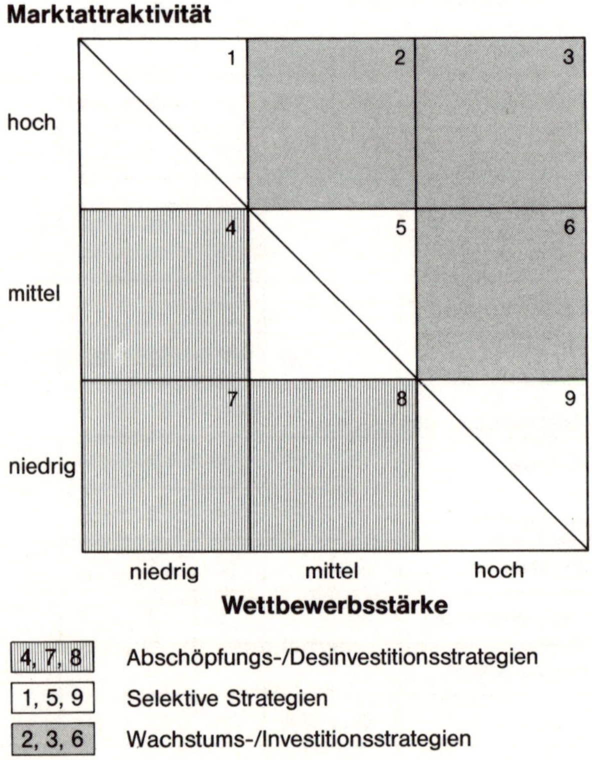

tung der Kriterien und die Aufstellung des Bewertungsschlüssels hat betriebsindividuell zu erfolgen.

Multipliziert man die Wertigkeit mit der Gewichtung, dann erhält man für jeden Mitarbeiter eine Gesamtbewertung bezüglich der fachlichen und der menschlichen Qualifikation. Diese Werte lassen sich in eine Portfolio-Matrix übertragen. Für die klassische Portfolio-Matrix gelten dabei die Koordination Marktattraktivität und Wettbewerbsstärke.

Beispiel: Einordnung der Mitarbeiter in die Portfolio-Matrix

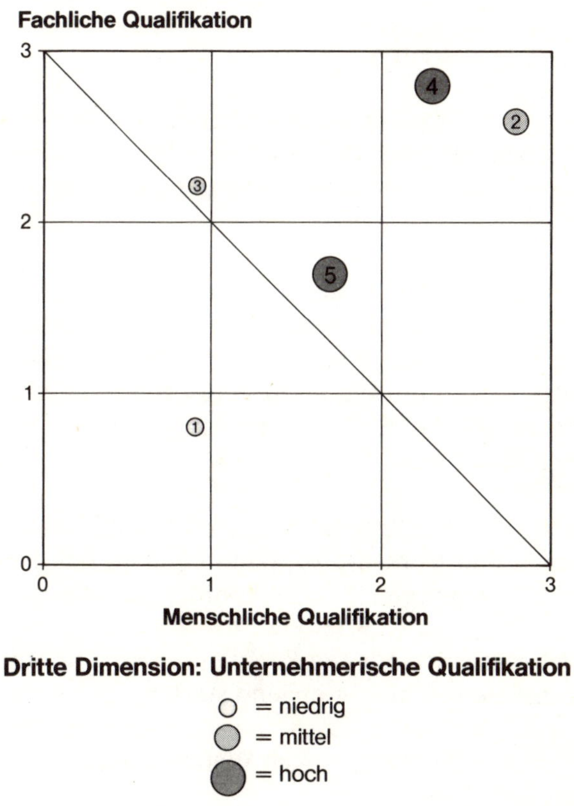

Aus der Abbildung „Strategische Ausrichtung nach dem Portfolio-Management" geht hervor, daß die neun Felder der Matrix üblicherweise in drei Gruppen unterteilt werden:

Gruppe 1 mit den Feldern 2, 3 und 6:

Produkte und Kunden in diesen Gruppen zählen zu den Stars und den Cash-Cows (siehe Kapitel 1.1.2).

Gruppe 2 mit den Feldern 4, 7 und 8:

Produkte und Kunden in diesen Gruppen sind für die jeweilige Organisation relativ ungünstig.

Gruppe 3 mit den Feldern 1, 5 und 9:

Für Produkte und Kunden, die in dieser Gruppe liegen, gilt es, selektive Strategien zu erarbeiten.

Versucht man, diese Überlegungen in den Personalbereich zu übertragen, dann ergeben sich, auf die Mitarbeiter bezogen, die Koordinaten fachliche Qualifikation und menschliche Qualifikation. Unterteilt man diese Koordinaten in 0, 1, 2 und 3, dann lassen sich die Wertungen der Mitarbeiter in diese Matrix eintragen. Da diese Matrix nur zwei Dimensionen abdeckt (in unserem Falle die Effektivitäts- und Effizienz-Kompetenz), wird die dritte Dimension, die Erfolgs-Kompetenz, durch eine unterschiedliche Größe des Kreises dargestellt. So weist zum Beispiel der Mitarbeiter 4 nicht nur eine sehr gute Effektivitäts- und eine gute Effizienzbewertung auf (2,8 / 2,3), sondern auch eine sehr gute Erfolgskompetenz (größter Kreis).

Ordnet man die drei Kompetenz-Kategorien den Mitarbeitern einzelner Abteilungen und Bereiche zu, dann ergeben sich eine Reihe von strategischen Überlegungen. Fragen könnten zum Beispiel sein:

- Sind wir mit dem vorhandenen Profil insgesamt zufrieden?
- Welche Kompetenz-Kategorien sind stärker bzw. schwächer ausgeprägt?
- Welche Defizite müssen wir durch Weiterbildung kurz-, mittel- und längerfristig beheben?
- Ist die Struktur innerhalb einzelner Abteilungen zufriedenstellend?

1.3.2 Entscheidungshilfen zur Bestimmung des Standortes der Weiterbildung

1.3.2.1 Wesentliche Weiterbildungskriterien im Phasenkonzept

Die folgende Matrix erlaubt eine erste Bewertung der Weiterbildung nach folgenden Kriterien:

1. Weiterbildungsziele
2. Abstimmung der Weiterbildungsziele mit den Unternehmenszielen und Grundsätzen
3. Kenntnis der unternehmerischen Erfolgsfaktoren von heute und morgen
4. Unterstützung der Erfolgsfaktoren durch Weiterbildung
5. Organisatorische Einordnung der Weiterbildung
6. Beurteilung der Weiterbildungsinvestition
7. Nutzen-Nachweis der Weiterbildungsinvestition
8. Weiterbildungsbedarfs-Ermittlung
9. Beteiligte bei der Bedarfs-Ermittlung
10. Lernziel-Orientierung
11. Schwerpunkte des Stoffprogrammes
12. Wesentliches Erfolgskriterium bei den Weiterbildungsmaßnahmen

Dabei wurden alle Kriterien in das in Kapitel 1.2 beschriebene dynamische Entwicklungssystem eingeordnet. Es empfiehlt sich, die einzelnen Kriterien kritisch zu überprüfen und den jeweiligen Standort zu bestimmen.

Eine ähnliche Vorgehensweise, jedoch auf Zeiträume bezogen, haben Stiefel und Partner[1] mit der Darstellung „Entwicklungsstufen der Weiterbildung" ausgearbeitet. Die 4 Entwicklungsstufen werden unterteilt in:

[1] Vgl. Stiefel, Rolf T. u.a. (Hrsg.): Management-Andragogik und Organisationsentwicklung (MAO). Filderstadt Heft 1 (1981) ff. insbesondere Hefte 1985.

1. Lehrorientierte Weiterbildung (50er Jahre)
2. Lernorientierte Weiterbildung (60er Jahre)
3. Transferorientierte Weiterbildung (70er Jahre)
4. Problemlösungsorientierte Weiterbildung (seit Ende der 70er Jahre)

Stiefel, der die Weiterbildungsszene seit gut zwei Dekaden entscheidend mit vorangetrieben und eine Vielzahl von neuen Impulsen gesetzt hat, geht in dieser Matrix allerdings von einem recht hohen Weiterbildungsgrad aus. Dieser kann durchaus einer Reihe von zukunftsorientierten Unternehmen zugeordnet werden, steht aber sicherlich nicht für die Vielzahl der Organisationen. Wären wir nicht schon darüber erfreut, wenn die lernorientierte Weiterbildung bei allen Aus- und Weiterbildungsmaßnahmen Anwendung finden würde? Ist die in der Matrix vorgegebene Rolle des Vorgesetzten für die transfer-/problemlösungsorientierte Weiterbildung tatsächlich schon erreicht? Es ist jedoch ohne Frage, daß die Entwicklungsstufen der Weiterbildung in der dargestellten Form gerechtfertigt sind und die Praxis gut daran täte, diese Erkenntnisse zu verinnerlichen.

Der Verfasser hat den Versuch unternommen, seine Schlußfolgerungen diesem Modell anzufügen. Als 5. Phase schließt sich demzufolge die für die 90er Jahre geforderte „Strategisch-orientierte Weiterbildung“ an.[1]

[1] Eine weitere Darstellung über die Entwicklungsschritte der Weiterbildung findet sich in Heidack, Clemens (Hrsg.): Lernen der Zukunft. München 1989, S. 19.

Die Weiterbildung im Phasenmodell (1)

Indikatoren / Phase	Start	Ausweitung	Konsolidierung	Wachstum	Integration
1. Weiterbildungsziele	Fehlen	Nur in den Köpfen Einzelner vorhanden	Kurzfristige Ausrichtung	Mittelfristige Ausrichtung	Langfristige Ausrichtung
2. Abstimmung der Ziele mit Unternehmenszielen	Nicht gegeben	Nur in Ansätzen vorhanden	Harmonisierungsbemühungen	Verstärkte Einbindung	Volle Integration der Weiterbildungsziele
3. Kenntnis der Erfolgsfaktoren	Nicht vorhanden	Nur in den Köpfen Einzelner	Dem Top-Management bekannt	Den Führungskräften bekannt	Den Mitarbeitern bekannt
4. Unterstützung der Erfolgsfaktoren durch Weiterbildg.	Fehlt	Nur in Einzelfällen	Sporadische Vorgaben werden erfüllt	Verstärkte Orientierung	Systematische Unterstützung
5. Organisatorische Einordnung der Weiterbildung	Sachbearbeiter-Ebene	Abteilungsleiter-Ebene	Bereichsleiter-Ebene	Direktions-Ebene	Vorstands-Ebene
6. Beurteilung der Weiterbildungsinvestition	Ausgaben, die nicht sein müssen	Ausgaben, die kontrolliert werden müssen	Ausgaben, die notwendig sind	Investitionen, die erforderlich sind	Investitionen mit Priorität

Die Weiterbildung im Phasenmodell (2)

Phase / Indikatoren	Start	Ausweitung	Konsolidierung	Wachstum	Integration
7. Nutzen-Nachweis d. Weiterbildungs-investition	Fehlt	In Einzelfällen Kostennachweis	In Einzelfällen Nutzennachweis	Anwendung klassischer und neuerer Verfahr.	Priorisierung über Muß-Investitionen
8. Weiterbildungs-bedarfs-Ermittlung	"Alibi"-Funktion durch routine-mäßige Einladg.	Kurzfristige Maßnahmen	Mittelfristige Orientierung	Längerfristige Bedarfs-entwicklungen	Marktorientierte langfristige Ableitung
9. Beteiligte bei der Bedarfs-Ermittlung	Weiterbildungs-funktion	Weiterbildungs-funktion und Vorgesetzter	Weiterbildungs-funktion, Vorgesetzter, Mitarbeiter	Weiterbildungs-funktion, Vorgesetzter, Mitarbeiter, Bereichsleitung	Weiterbild.funkt., Vorgesetzter, Mitarbeiter, Bereichs-, Geschäftsleitung
10. Lernziel-Orientierung	Weiterbildungs-funktionssicht	Vorgesetzten-sicht	Vorgesetzten- und Mitarbeiter-sicht	Bereichssicht	Unternehmens-sicht
11. Schwerpunkte des Stoff-programms	Was gerade "in" ist	"Reparatur"-wissen ist gefragt	Verbesserung der Fach-kompetenz	Verbesserung der Sozial-kompetenz	Verbesserung der Erfolgs-kompetenz
12. Wesentl. Erfolgs-kriterium bei Wei-terbildungsmaßn.	Ein "schönes" Seminar	Detailwissen	Effektivität	Effizienz	Erfolg durch Umsetzung

Entwicklungsstufen der Weiterbildung nach Stiefel u.a. **Ergänzung der 5. Phase durch den Verfasser**

Entwicklungsstufen / Beschreibungsmerkmale	Lehrorientierte Weiterbildung	Lernorientierte Weiterbildung	Transferorientierte Weiterbildung	Problemlösungsorientierte Weiterbildung	Strategisch orientierte Weiterbildung
Literarhistorischer Zeitraum	50er Jahre	60er Jahre	Bis Mitte / Ende der 70er Jahre	Seit Ende der 70er Jahre	90er Jahre
Dominante Fragestellung	Was sind die richtigen Lehrinhalte, die in der Weiterbildung unterrichtet werden sollen?	Welche Effizienz haben einzelne aktivitätspädagogische Lehrmethoden in der Weiterbildung?	Wie kann der Teilnehmer bei der Übertragung des Gelernten an den Arbeitsplatz unterstützt werden?	Welcher Teil des als echt und valide erkannten Problems kann mit Weiterbildung in Angriff genommen werden, und wo müssen andere Änderungsmaßnahmen vorgeschaltet, flankierend und / oder nachgeschaltet werden?	Wie unterstützt die Weiterbildung die Erfolgsfaktoren der Organisation?
Typische Aktionsfelder der Weiterbildungsbemühungen	Aneinanderreihung von Themenblöcken in durchstrukturierten Seminaren.	Aktivitätspädagogischer Lehrmethoden-Mix in Seminaren	Durchführung von Unterrichtseinheiten für den teilnehmerindividuellen Erwerb von Einführungsfähigkeiten einschließlich unterstützender Transferberatung	Durchführung von Problemklärungsseminaren und Kontrahierung des Veränderungsauftrags mit den am Problem Beteiligten	Ableitung der Weiterbildungsmaßnahmen aus den generellen, branchen- und organisationsspezifischen Erfolgsfaktoren
Rolle des Vorgesetzten des Seminarteilnehmers	Keine	Keine	Durchführung von Vor- und Nachbereitungsgesprächen mit den Teilnehmern	Zentrale Rolle des Vorgesetzten in der Weiterbildung	Spielmacher und Erfolgskoordinator
Rolle(n) des Trainers	Experte von Lehrinhalten	Experte von Lehrinhalten und Experte im Methoden-Einsatz	Experte von Lehrinhalten, Experte im Methoden-Einsatz und Experte in der Vorbereitung von Innovationsprozessen	Experte von Lehrinhalten, Experte im Methoden-Einsatz, Experte in der Vorbereitung von Innovationsprozessen und Lern- und Problemlösungsprozessen	Experte in der Umsetzung
Typisches Auswahlverhalten	Auswahl von „interessanten" Trainings mit bekannten klangvollen Namen der Referenten	Auswahl von Trainings, die sich durch einen hohen Grad an Aktivitätspädagogik auszeichnen	Auswahl von Trainings anhand des eingeschätzten Transferpotentials	Auswahl von Trainings anhand des eingeschätzten Problemlösungspotentials	Auswahl von Trainings anhand des unternehmerischen und persönlichen Erfolgspotentials

1.3.2.2 Fragen zur Einordnung der Weiterbildung als strategische Erfolgsposition

Mit den folgenden Aussagen wird den Unternehmen die Möglichkeit gegeben, auf der Basis von Checklisten eine Überprüfung ihrer eigenen Situation vorzunehmen. Die Checklisten sprechen den Inhalt des Buches im weitesten Sinne an, erheben dabei jedoch keinen Anspruch auf Vollständigkeit. Sie sollen vielmehr den Blick für wesentliche Probleme schärfen und dazu anregen, in Einzelfällen Verbesserungen herbeizuführen.

Die Einordnung der Antworten kann nach fünf Positionen erfolgen:

1 = nicht, kein(e), nein
2 = etwas
3 = teilweise, mittelmäßig
4 = im wesentlichen
5 = ja, voll

Strategische Bedeutung der Weiterbildung

	1	2	3	4	5
1. Ist die Zuständigkeit für die Weiterbildung in der Unternehmensorganisation entsprechend der strategischen Bedeutung auf höchster Ebene angesiedelt?	o	o	o	o	o
2. Erkennt das Management den Erfolgsfaktor „Weiterbildung“?	o	o	o	o	o
3. Ist der Weiterbildungsplan voll in den Unternehmensplan integriert?	o	o	o	o	o
4. Werden Investitionen in Weiterbildung vorrangig betrieben?	o	o	o	o	o
5. Sind die Weiterbildungsmaßnahmen verstärkt marktorientiert?	o	o	o	o	o
6. Identifiziert sich das Management voll mit der Weiterbildungsstrategie?	o	o	o	o	o

Unterstützung der Erfolgsfaktoren durch Weiterbildung

	1	2	3	4	5
1. Kennen Sie die Erfolgsfaktoren der Unternehmensleitung?	○	○	○	○	○
2. Sind die Voraussetzungen in der Institution „Weiterbildung“ für die Unterstützung der Erfolgsfaktoren optimal?	○	○	○	○	○
3. Unterstützen Sie systematisch durch Weiterbildung die Erfolgsfaktoren?	○	○	○	○	○
4. Fließen in die Priorisierung der Weiterbildungsmaßnahmen auch die Erfolgsfaktoren mit ein?	○	○	○	○	○
5. Kennt das Management den Nutzenbeitrag der Weiterbildung?	○	○	○	○	○
6. Hat das Management Kenntnisse über die wesentlichen Beiträge der einzelnen Weiterbildungsmaßnahmen zum Unternehmenserfolg?	○	○	○	○	○

Innovative Weiterbildung

	1	2	3	4	5
1. Haben die bestehenden Weiterbildungsprogramme innovativen Charakter?	○	○	○	○	○
2. Sind die in der Entwicklung befindlichen Weiterbildungsmaßnahmen verstärkt strategisch orientiert?	○	○	○	○	○
3. Bemühen Sie sich intensiv um das Gewinnen strategischer Weiterbildungsmaßnahmen?	○	○	○	○	○
4. Kennen Sie die innovativen Weiterbildungsmaßnahmen in Ihrer Branche?	○	○	○	○	○
5. Wissen Sie, welche innovativen Weiterbildungsprogramme Ihre direkten Mitbewerber haben bzw. angehen?	○	○	○	○	○
6. Unterstützt das Management verstärkt innovative Weiterbildungsprojekte?	○	○	○	○	○

Nutzenbewertung

	1	2	3	4	5
1. Verfügen Sie über eine einheitliche Methode zur Bewertung von Weiterbildungsaktivitäten?	○	○	○	○	○
2. Wird der Nutzen konkret in mehrere Kategorien unterteilt?	○	○	○	○	○
3. Sind Ihnen die Ansätze zur Quantifizierung des Nutzens bekannt?	○	○	○	○	○
4. Sind die Betroffenen gehalten, die Nutzenkategorien konkret zu ermitteln?	○	○	○	○	○
5. Besteht ein klares Verfahren zur Bestimmung von „Muß-Investitionen?“	○	○	○	○	○
6. Werden die Nutzenansätze nach der Projektrealisierung überprüft?	○	○	○	○	○

Priorisierung der Weiterbildungsaktivitäten

	1	2	3	4	5
1. Verfügen Sie über einheitliche Verfahren zur Priorisierung von Weiterbildungsmaßnahmen?	○	○	○	○	○
2. Werden bei der Priorisierung sowohl die Kritierien der Wirtschaftlichkeit als auch der strategischen Ausrichtung berücksichtigt?	○	○	○	○	○
3. Erstellen Sie ein Weiterbildungs-Portfolio?	○	○	○	○	○
4. Kennen Sie das Weiterbildungs-Portfolio der Konkurrenz?	○	○	○	○	○
5. Werden die Projekte nach der Priorisierung auch konkret eingeplant und umgesetzt?	○	○	○	○	○
6. Kennen die Entscheidungsträger die Kriterien zur Priorisierung?	○	○	○	○	○

1.4 Forderungen an die Weiterbildung der 90er Jahre

Aus den bisherigen Ausführungen lassen sich eine Reihe von Thesen ableiten. Diese werden nachstehend kurz fixiert und in den Kapiteln 2 und 3 einer näheren Analyse unterworfen. Für wesentliche Thesen werden in diesen Kapiteln auch Lösungsvorschläge erarbeitet.

1.4.1 Weiterbildung ist Chefsache

In zahlreichen empirischen Untersuchungen kommt es zum Ausdruck, daß Führungskräfte ganz entscheidend zum Erfolg eines Unternehmens beitragen. Im Rahmen ihrer Aufgabenprofile gewinnt die strategische Personalentwicklung immer stärkere Bedeutung. Daher kann die Aus- und Weiterbildung nicht mehr nur auf Bereichs- oder Abteilungsebene angesiedelt werden. Die strategische Komponente macht sie zur Chefsache! Es muß verstärkt die Frage diskutiert werden, ob die strategische Dimension nicht ein eigenes Ressort auf höchster Unternehmensebene verlangt. In zahlreichen Organisationen geht die Aus- und Weiterbildung in der Funktion „Personal" einfach unter. Sie ist meist eine derivative Aufgabe und wird als abgeleitetes Aufgabenfeld viel zu kurzfristig und „brav" gesehen; oft ist nur ein Reagieren festzustellen. Daß die Aus- und Weiterbildung in einer Organisation neue Geschäftschancen ermöglicht und völlig neue Potentiale erschließen kann, wird nur begrenzt erkannt (siehe Abbildung „Thesen zur Weiterbildung" auf Seite 15).

1.4.2 Weiterbildung ist eine Muß-Investition

Die Weiterbildung wird mehr und mehr zu einer „Muß-Investition", die das Überleben des Unternehmens in der Zukunft sicherstellt. Es ist ohne Frage, daß die Aus- und Weiterbildung ein wesentlicher Kostenfaktor ist. Er darf jedoch als solcher, wie es in der Praxis nur allzu häufig noch geschieht, nicht isoliert betrachtet werden, sondern unterliegt einer komplexen und vernetzten Betrachtungsweise. Der Nutzenaspekt ist von entscheidender Bedeutung bei der Investitionsbetrachtung. Leider ist es Wissenschaft und Praxis in den vergangenen zwei Dekaden kaum gelungen, mehr Licht in die Quantifizierung des Nutzens zu bringen. Dabei muß jedoch betont werden, daß sich die qualitativen Merkmale auch häufig einer konkreten Quantifizierung entziehen. Es wird demzufolge auch noch im Jahre 2000 so sein, daß, wer die absolute Nutzenermittlung in Mark und Pfennig sucht, Verzweiflung finden wird.

Der Verfasser hat sich in den letzten Jahren unter anderem intensiv mit den Methoden der Nutzenermittlung bei Informationssystemen befaßt.[1] In einem der folgenden Abschnitte wird der Versuch gemacht, einige der hierfür entwickelten Methoden auf die Weiterbildungsproblematik zu übertragen.

1.4.3 Weiterbildung setzt eine Integration aller voraus

Die Weiterbildung ist keine ausschließliche Angelegenheit einer Unternehmung oder Verwaltungseinheit mehr – eine vernetzte Integration aller Beteiligten wird notwendig.

Die kürzer werdenden Arbeitszeiten erlauben es einer Organisation nicht mehr, die Schulung ausschließlich während der Arbeitszeit durchzuführen. Gefordert ist zunächst jeder einzelne Mitarbeiter. Er wird davon auszugehen haben, daß er während seines Berufslebens 8 bis 12 neue Qualifikationsprofile zu erfüllen hat. Dies macht die ständige Lernbereitschaft eines jeden einzelnen deutlich. Der Verfasser hat im Rahmen seiner Beratungstätigkeit 30jährige Großmütter und 30jährige Großväter kennenlernen müssen. Diese Damen und Herren meinten, mit einer einmaligen Qualifikation und einem Testat in der Tasche, die Zukunft bewältigen zu wollen. Dies wird aber nicht der Fall sein – eher dürften Mitarbeiter mit einer solchen Einstellung zu den „Sozialfällen“ von morgen gehören!

[1] Vgl. hierzu Nagel, Kurt: Nutzen der Informationsverarbeitung, 2. Aufl., München und Wien 1990.

Eindrucksvoll war es für den Autor, immer wieder Fälle geistig junggebliebener 60jähriger kennenlernen zu dürfen, die sich schwierigsten Herausforderungen stellten und diese auch oft herausragend meisterten. Die ständige Lernbereitschaft und die Bereitschaft, auch dafür die Freizeit zu verwenden, muß in den Gehirnwindungen der Mitarbeiter und Führungskräfte Platz ergreifen.

1.4.4 Weiterbildung bedeutet mehr und mehr die Lösung von Problemen und die Umsetzung des Gelernten

Es ist heute leider noch kein Selbstverständnis, daß Erwachsene in den Lernprozeß einbezogen werden und eigene Probleme einbringen können. Nach den bisherigen Erfahrungen wecken aber gerade die *aktiven* Lehrmethoden in weit höherem Maße das Interesse der auszubildenden Teilnehmer, und sie haben vielfach einen größeren Wirkungsgrad als die *passiven* Methoden, bei denen der Schwerpunkt des Lernprozesses beim Ausbilder liegt. Die Teilnehmer verhalten sich hier im wesentlichen passiv. Die aktiven Methoden – angefangen von Diskussionen, über Rollenspiele und die verschiedenen Arten der Fallmethode und Planspiele bis hin zu Kartenabfragen (Meta-Plan-Technik) und den unterschiedlichen Formen der Lernwerkstätten, mit den Möglichkeiten der Problembehandlung und Problemlösung durch die Teilnehmer selbst – bringen für die Erwachsenen eine viel größere Lern-Motivation, da ihre eigenen Probleme bei solchen Lehrmethoden berücksichtigt werden.

Obwohl heute allenthalben darauf hingewiesen wird, daß das Vortragswesen in der Aus- und Weiterbildung von Erwachsenen zum Teil überholt sei, bleibt die Praxis stark hinter den Forderungen dieser Bildungstheorie zurück. Da die reine Vortragsmethode nur eine einseitige Kommunikation zuläßt, ist ihre Anwendung in der Erwachsenenbildung begrenzt. Es ist deshalb verstärkt notwendig, die Vorträge in der Form eines „Lehrgesprächs“ abzuhalten. Erwachsene müssen das Gelernte sofort anwenden und in die Praxis umsetzen und dadurch vertiefen können. Auf diese Weise werden sie leichter von der Notwendigkeit eines Lernprozesses überzeugt. Das schafft bei ihnen die

Voraussetzungen, sich weiteres, sinnvoll anzuwendendes Wissen aneignen zu wollen. Aus diesem Grunde muß dem Erwachsenen die Möglichkeit gegeben werden,

- neu erworbene Fähigkeiten und Kenntnisse innerhalb eines Lehrganges sofort anwenden zu dürfen und dadurch
- Problemstellungen und schwierige Situationen selbständig und eigenverantwortlich lösen zu lernen.

1.4.5 Weiterbildung ist nicht mehr an einer spezifischen Finalisierung orientiert

Was dem Autor in seiner Dozententätigkeit sehr bewußt wurde, ist die überaus starke Betonung des Lernens auf das Erreichen eines vordergründigen Zieles: das Bestehen einer Klausur oder eines Lehrgangs, das Erreichen einer guten Note oder das Schaffen eines Examens. Die Lernenden bringen sich bis zur Prüfung in Hochform, versuchen, das Gepaukte oder eingetrichterte Wissen loszuwerden und hoffen, ihr Ziel erreicht zu haben. Die Frage nach der Umsetzung ist nachgeordnet – sicherlich gibt es auch hier die erstrebenswerten Ausnahmefälle. Wir wissen heute auf der Basis gesicherter Erkenntnisse von Lerntheorien, wie mühsam es ist, Lerninhalte vom Kurz- ins Langzeitgedächtnis zu überführen (siehe hierzu Kapitel 3.1).

Bei den hervorragend ausgearbeiteten Unterlagen, um die sich die meisten Dozenten bemühen, muß man fragen, warum ist dieser mühsame Weg der Wissensaufnahme und Wissensspeicherung in unserem menschlichen „Eiweißspeicher“ überhaupt notwendig? Wir verfügen in der heutigen Zeit über Personalcomputer und Großrechner, die in der Lage sind, einige Millionen, ja Hunderte von Millionen Informationen pro Sekunde zu verarbeiten. Wenn jemand weiß, wo er aus einer Datenbank die gewünschten Informationen in Sekundenschnelle abfragen kann, oder wenn jemand weiß, wo er in einer Schulungsunterlage oder in einem Lehrbuch diese Information findet, dann ist dies der erste Schritt zur Lösung des Problems. Der zweite Schritt besteht dann darin, mit diesen Informationen richtig umgehen zu können, d.h. sie in eine Problemlösung einzubringen. Warum lassen wir die Aus- und Weiterzubildenden in einer Examensarbeit nicht alle Lehrgangsunterlagen einfach mitnehmen oder stellen ihnen diese sonstwie zur Verfügung? Für die Weiterbildungsarbeit in Wirtschaft und Verwaltung sollte verstärkt die Frage nach der sinnvollen Symbiose zwischen klassischem Lernen und dem Einsatz moderner Technologien gestellt werden.

1.4.6 Alle Ausbildungsaktivitäten erfahren einen Wandel von der introvertierten zur extrovertierten Betrachtungsweise

Schon immer hatte der Faktor „Nähe zum Kunden" eine große Bedeutung. Bei enger werdenden Märkten rückt aber die Kundenorientierung mehr und mehr in den Vordergrund unternehmerischer Aktivitäten. Jeder Unternehmer muß heute regelrecht besessen sein, dem Kunden gute Qualität und besten Service, d.h. einen Mehrwert, zu liefern. Enge Kundenbeziehungen sind die Basis für künftige geschäftliche Erfolge, und wer heute den Kunden nur als Geschäftsvorfall betrachtet, hat nichts dazugelernt. Heute geht es mehr und mehr darum, dem Kunden Problemlösungen anzubieten und den höchsten Grad an Kundenorientierung zu realisieren. Es gilt, in den Gehirnstrukturen der Kunden, ja sogar in den Gehirnwindungen der Kunden unserer Kunden „zu denken". Denn richtet sich ein Unternehmen vorwiegend nach den Bedürfnissen und Vorstellungen seiner Kunden und macht es sie zu Verbündeten und nicht zu Gegnern, bedeutet dies eine beiderseitige Gewinnsteigerung. Sich in die Lage des anderen zu versetzen, seinen Nutzen, seine Interessen und sein Gedeihen bei allen Auseinandersetzungen im Auge zu behalten ist ein wesentlicher Erfolgsfaktor für Kundenorientierung.

Auf dem Wege einer partnerschaftlichen Zusammenarbeit – sowohl mit Lieferanten als auch mit Kunden – wird es möglich sein, zu besseren Lösungsansätzen und zu einem reibungsloseren Miteinander zu gelangen. Die Suche nach Problemlösungen sollte unter Beteiligung *aller* Betroffenen stattfinden und nicht an Unternehmensgrenzen gebunden sein.

Ein ständiger Kontakt mit Markt- und Absatzpartnern bringt auch ein enormes Erfahrungspotential ein und wichtige Informationen, die bei der Entwicklung und Verbesserung von Produkten, Verfahren und Dienstleistungen von großer Bedeutung sein können. Die systematische Auswertung solcher Kenntnisse ermöglicht es, diese in einer noch frühen Phase der Entwicklung in den Entstehungsprozeß einer Innovation mit einfließen zu lassen.

Eine Zusammenarbeit mit unterschiedlichen Geschäftspartnern bringt demzufolge Vorteile für *alle* Seiten – oft wirkt sich aber ein solches Unternehmensverhalten mitunter erst langfristig gesehen aus.

1.4.7 Weiterbildung ist zu sehen vor dem Hintergrund des neuen Rollenbildes der Mitarbeiter

Das ursprüngliche Rollenbild eines Mitarbeiters, das sich auf den sehr eng begrenzten Bereich einer Arbeitskraft bezog und fachübergreifendes Denken und Handeln nicht mit einschloß, muß endgültig der Vergangenheit angehören. Das gesamte Leistungs- und Kreativitätspotential eines Unternehmens soll künftig im wesentlichen zur Entdeckung von Marktlücken und Kundenbedürfnissen eingesetzt werden, denen eine Innovation einen spürbaren Vorteil bringt und dem Betrieb eine Nische im Marktgeschehen bietet.

Die Mitarbeiter eines Unternehmens verfügen auch über eine große Anzahl von unterschiedlichen Kenntnissen, Fähigkeiten und Fertigkeiten. Diese nur auf den jeweiligen kleinen Arbeitsbereich eines Mitarbeiters angewandt – wie dies bisher meist geschehen ist – bedeutet eine enorme Verschwendung von menschlichen Ressourcen und bringt nur einen Bruchteil des Nutzens, den eine fach- und bereichsübergreifende gegenseitige Anregung der Unternehmensmitglieder untereinander bedeuten würde. Deshalb ist es von strategischer Bedeutung, wenn die Mitarbeiter ihr künftiges Rollenbild auch darin sehen, daß sie sich der Komplexität, d.h. der multifaktoriellen Bedingtheit der *gegenseitigen* Lernmöglichkeit und Lernfähigkeit, bewußt werden.

Die neue Rolle des Mitarbeiters

Heute	Morgen
▶ Arbeitsplatz-orientiertes Denken	▷ Übergreifendes, unternehmerisches Denken
▶ Aufgaben nach Stellenbeschreibung	▷ Ziele bestimmen die Aufgaben
▶ Mitarbeiter	▷ Subunternehmertum u. Verantwortlichkeit bis zur niedrigsten Ebene
▶ Wenig Rechte	▷ Erweiterte Rechte
▶ Reagieren	▷ Agieren
▶ Kostenorientierung	▷ Nutzenorientierung
▶ Unsere Firma	▷ Meine Firma
▶ Fehler vermeiden	▷ Suche nach Herausforderungen/Chancen
▶ Was wir denken	▷ Was unsere Kunden denken

Der Wille zur Öffnung gegenüber neuen Denkweisen darf jedoch nicht nur ein verbales Bekenntnis bleiben, sondern muß zu einem persönlichen Bedürfnis werden, um jenen Nutzen zu erreichen, der mit diesen enormen Möglichkeiten verbunden ist.

Die obenstehende synoptische Darstellung macht deutlich, daß der Mitarbeiter der 90er Jahre mehr und mehr in die Rolle des Mitunternehmers hineinwächst. Aus diesem künftigen Rollenbild ergeben sich die Schwerpunkte für die Weiterbildungsmaßnahmen.

1.4.8 Weiterbildung ist zu sehen vor dem Hintergrund des neuen Rollenbildes der Führungskräfte

Der Beitrag zum unternehmerischen Erfolg wird künftig *die* Meßlatte für Führungskräfte sein. Einen solchen Beitrag zu leisten bedingt, die Antennen für Unternehmenserfolg auszufahren, global und vernetzt zu denken, Herausforderungen zu suchen und Chancen wahrzunehmen.

Eine erfolgreiche Firma wird in den kommenden Jahren in erster Linie an ihren besser ausgebildeten – und damit auch fähigeren – Führungskräften zu erkennen sein, denn bessere, d.h. umfassendere, Ausbil-

Die neue Rolle der Führungskraft

Heute	Morgen
▶ Autorität durch Status	▷ Autorität durch Erfolg
▶ Eingeengtes Denken	▷ Globales, vernetztes Denken
▶ Risikoablehnend	▷ Risikofreudig
▶ Relativ begrenzte Kontrollspannen	▷ Größere Kontrollspannen
▶ Starke Überwachung	▷ Freiräume schaffen
▶ Dinge richtig tun	▷ Die richtigen Dinge tun
▶ Naturgegebener Führungsstil	▷ Kooperativer und situativer Führungsstil
▶ "Gottesgnadentum" bestimmt Mitarbeiterverhältnis	▷ Partnerschaft begründet Mitarbeiterverhältnis
▶ Verteidiger	▷ Spielmacher und visionärer Fahnenträger
▶ Bewußtsein um Handlungsbedarf	▷ Tatsächliche Handlungsweise

dung bedeutet eine positive Auswirkung auf den Unternehmenserfolg. Herausragende Unternehmen verfügen deshalb über Führungskräfte mit ausgeprägter Lern- und Innovationsbereitschaft, die sich durch Experimentierfreudigkeit, Eigeninitiative und Flexibilität auszeichnen. Diese Betriebe reagieren demzufolge auch schneller und effizienter als andere auf sich ändernde Marktsituationen und auf neue Trends und verschaffen sich somit erhebliche Wettbewerbsvorteile. Ein Unternehmen mit Innovationsmanagement zeichnet sich vor allem dadurch aus, daß es sich von den anderen Wettbewerbern seiner Branche deutlich wahrnehmbar abhebt und auch lernfähiger als die Konkurrenzunternehmen ist. Diese schnelle Lernfähigkeit wird künftig einen der wesentlichsten Erfolgsfaktoren darstellen. Die optimale Gestaltung eines Unternehmens und die Erkenntnis der strategischen Bedeutung von Erfolgsfaktoren werden sicher zahlreiche Firmen realisieren und berücksichtigen. Der einzige Unterschied zwischen ihnen wird dann nur noch die Fähigkeit sein, schneller als die anderen – und dies in allen Bereichen – aus Fehlern und sich ändernden Märkten zu lernen. Diese Fähigkeit, die im wesentlichen von den Führungskräften der Zukunft mitgetragen werden wird, kann dann zu einer Überlebensstrategie gegenüber der Konkurrenz werden und über Sein oder Nichtsein entscheiden. Aus dem neuen Rollenbild der Führungskräfte ergeben sich die Schwerpunkte für die Weiterbildungsaktivitäten.

2. Lösungsvorschläge zur Realisierung der strategischen Wettbewerbsvorteile durch Weiterbildung

2.1 Organisatorische Voraussetzungen zur Realisierung von Wettbewerbsvorteilen

Im Rahmen der organisatorischen Voraussetzungen geht es insbesondere um die folgenden Fragenkomplexe

1. Die hierarchische Einordnung der Weiterbildung
2. Das Vorhandensein und die Einordnung strategischer Überlegungen
3. Die Beurteilung der Aufwendungen für die Weiterbildung
4. Die Ablösung der Stellenbeschreibungen

Die Bedeutung langfristiger Bildungs-Investitionen muß sich nach Hülshoff „auf die Wertigkeit und die hierarchische Ansiedlung der Weiterbildung im organisatorischen Aufbau des Unternehmens auswirken."[1] Es versteht sich von selbst, daß in einem Hause der strategische Wert der Weiterbildung um so größer ist, je höherwertiger diese Funk-

[1] Hülshoff, Theo: Markierung einer neuen Betriebs- und Führungspädagogik. In: Weiterbildung, Heft 3, 1989, S. 16.

tion im Unternehmen angesiedelt ist. Es bedeutet einen wesentlichen Unterschied, ob die Verantwortung vom Abteilungsleiter, vom Bereichsleiter oder auf Direktions- bzw. Vorstandsebene wahrgenommen wird. Damit wird bereits auch die Einschätzung dieser Funktion durch das Top-Management angesprochen. Bedeutsam ist auch die strategische Komponente der Planung. Es ist von entscheidender Bedeutung, ob dieser Funktion lediglich ein Budget vorgegeben wird oder ob der strategische Aus- und Weiterbildungsplan voll in den strategischen Unternehmensplan integriert ist. Werden in einer Organisation die Aufwendungen für die Aus- und Weiterbildung nur als Kosten betrachtet, dann kann von einer strategischen Orientierung nicht gesprochen werden. Sieht man dagegen diese Aufwendungen als notwendige Investitionen mit Prioritätencharakter an, dann liegt eine grundsätzlich andere Einstellung vor (siehe Abbildung „Wesentliche Indikatoren für die strategische Ausrichtung der Weiterbildung“).

Um das komplexe Aufgabensystem einer Unternehmung adäquat erfüllen zu können, bedarf es einer hohen Kooperationsbereitschaft zwischen der Geschäftsleitung und ihrer Belegschaft. Kooperation steht hier im Zusammenhang mit Zusammenarbeit als innerbetrieblicher Aktivität, wie sie in allen zeitgemäßen Unternehmen unabdingbar geworden ist. Angesprochen sind in besonderem Maße alle Mitarbeiter und Führungskräfte eines Betriebes, die den Willen und die Bereitschaft zur Zusammenarbeit aufbringen, persönlich unterstützen und bei anderen fördern sollten. Aufgaben können nicht aus ihrem sozialen, finanziellen, kulturellen und kollektiven Gesamtzusammenhang, in dem sie verwirklicht werden sollen, herausgelöst werden. Menschen in einer „Firma mit Gewissen“ erkennen neben der Grundlinie auch andere für die Firma fundamentale Werte. Korrelation zwischen sozialem Einsatz und finanziellem Wachstum bedeutet auch, daß eine Übereinstimmung zwischen den Aufgaben des einzelnen und der Firma hergestellt werden muß. Zwischen einer Unternehmung und ihrer Belegschaft muß eine Solidarität geschaffen werden, die für die Lösung zukünftiger Wettbewerbsprobleme erforderlich ist.

Dies ist in erster Linie nur möglich, wenn in einer Organisation klare Ziele vorhanden sind, diese Ziele für alle Teilbereiche heruntergebrochen werden und jeder Mitarbeiter klare Ziele erhält. Ziele können nur erreicht werden, wenn diese auch den an der Zielerreichung Beteiligten

Wesentliche Indikatoren für die strategische Ausrichtung der Weiterbildung

Kriterien	**niedrig ← Strategischer Wert → hoch**				
Beurteilung der Investition	Kosten	Notwendige Kosten	Roi Roi-Betrachtung	Investitionen mit Priorität	Muß-Investition
Weiterbildungs-Strategie	Keine strategischen Überlegungen	Kurzfristige Ausrichtung	Mittelfristige Strategie	Punktuelle Verknüpfung mit Unternehmensstrategie	Integration in langfristigen strategischen Unternehmensplan
Weiterbildungs-Organisation	Keine Zuordnung	Abteilungsleiter	Bereichsleiter	Direktor für Personalentwicklung	Vorstand für Personalentwicklung
Phasen	**Start**	**Ausweitung**	**Konsolidierung**	**Wachstum**	**Integration**

bekannt sind. Dies entspricht den Bedürfnissen nach Wertschätzung und Selbstverwirklichung.[1]

Die klassischen Stellenbeschreibungen gehören mehr und mehr der Vergangenheit an, zumal diese viel zu statisch und sachbezogen sind und daher nur eine geringe Mitwirkung der Betroffenen zulassen, ganz zu schweigen von der Einengung ihres vorhandenen Potentials. Stattdessen wird es mehr und mehr notwendig sein, die Stellenbeschreibungen durch eine klare Mission der Abteilung (Bereiche) und eindeutige Ziele für die Mitarbeiter zu ersetzen. Ein solches Zielsystem, das in das Unternehmenskonzept eingebettet ist, macht Betroffene zu Beteiligten, nutzt ihre Fähigkeiten und läßt die Mitarbeiter agieren statt reagieren (siehe Abbildung „Stellenbeschreibung und Arbeitsziele"). Solch eine Zielvorgabe kann nur vom Mitarbeiter und der Führungskraft gemeinsam erarbeitet werden. Dazu empfiehlt es sich, ein Formular wie das in der Abbildung dargestellte Formblatt zu verwenden. Mitarbeiter werden ein wichtiger Bestandteil in einer Organisation nur dann, wenn man ihnen eine *Mission* gibt, etwas zu erfüllen, was für sie von Bedeutung ist, etwas, das für alle in einer Abteilung und in einem Bereich bedeutsam ist. Mitarbeiter können sich nur dann mit einer Organisation identifizieren, wenn man mit ihnen Ziele erarbeitet, die ihnen zeigen, daß sie einen wichtigen Platz in einer Organisation einnehmen. Beim Erarbeiten von Zielen sollten folgende Grundsätze gelten:

- Jeder Mitarbeiter hat klar umrissene Ziele gemeinsam mit seiner Führungskraft zu fixieren.
- Die Führungskraft sollte dieses Ziel vornehmlich aus der eigenen Zielvorgabe ableiten.
- Die Ziele sind in einem gemeinsamen Gespräch mit den Mitarbeitern festzulegen.
- Die Ziele dürfen den Grundsätzen, Richtlinien und Programmen der Firma nicht widersprechen.
- Die Ziele sind in ihrer Bedeutung zu quantifizieren bzw. in eine Rangreihe zu bringen.
- Die Ziele sind klar abzugrenzen.
- Die Ziele sind in einem Formblatt festzuhalten; dem Mitarbeiter ist eine Kopie auszuhändigen.

---

[1] Vgl. Hammer, Richard, Bauer, Wolfgang, Gartlacher, Hansjörg, Lind, Rudolf und Wörz, Richard: Aus- und Weiterbildung von Führungskräften in der Unternehmenspraxis. Wien und Ehningen 1984, S. 20.

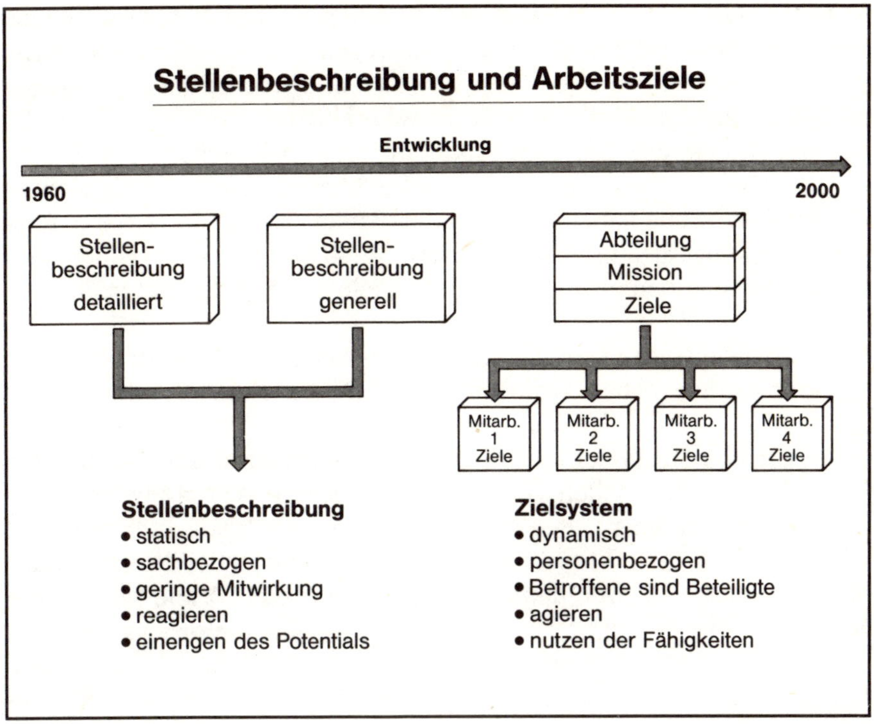

- Die Ziele müssen realistisch und erreichbar sein und klar formuliert werden.[1]

Für Unternehmen wird es immer wichtiger, daß die Mitarbeiter nicht nur Kenntnis über

- die Geschäftsgrundsätze
- die Strategien
- die Ziele und
- die Erfolgsfaktoren

haben, sondern daß diese auch im Sinne der Entscheidungsträger gelebt werden. Dies ist aber nur möglich, wenn man die aus unternehmerischer

[1] Es gibt fraglos eine Reihe von Situationen, in denen aus Stellenbeschreibungen die Konsequenzen für Bildungsmaßnahmen abgeleitet werden können. Dennoch darf nicht verkannt werden, daß Stellenbeschreibungen üblicherweise kaum eine Orientierung an den Unternehmenszielen und den Erfolgsfaktoren ermöglichen. Über die Ableitung des Weiterbildungsbedarfs aus Stellenbeschreibungen siehe Leitner, Reinhard, Runge, Thomas, Burschik, Robert und Grausam, Gerhard: Der Weiterbildungsbedarf im Unternehmen. Methoden zur Ermittlung. Handbuch der Weiterbildung für die Praxis in Wirtschaft und Verwaltung. Band 2. München und Wien 1982, S. 56 ff.

Sicht wichtigen Komponenten auf Abteilungs- und Mitarbeiterebene überträgt. Was nützten die besten Aussagen über Corporate Identity, wenn diese nicht von allen Abteilungen – entsprechend der jeweiligen Aufgabe – interpretiert, übertragen und praktiziert werden. Es wäre daher wünschenswert, daß jede Abteilung sich entsprechend den Unternehmensgrundsätzen, die eine generelle, übergreifende, häufig aber zu abstrakte Wirkung haben, ein Missions-Papier erstellt, das diese Grundsätze abteilungsspezifisch interpretiert. Diese Überlegungen gelten auch für die Aussagen über die Strategien, Ziele und Erfolgsfaktoren.

Die Synchronisierung von Unternehmens- und Abteilungsdenken wird zu einer vordringlichen Weiterbildungsaufgabe (siehe Abbildung).

Es ist für den Verfasser enttäuschend, in Seminaren und Beratungen immer wieder feststellen zu müssen, wie selten Abteilungsziele und Mitarbeiterziele vorhanden sind. Es wird in der Praxis auch deutlich, wie schwer es einem Mitarbeiter fällt, seine Ziele zu beschreiben und – wenn möglich – in ein Quantengefüge einzuordnen. Viele Mitarbeiter bekunden, daß es nicht einfach sei, eine Aufgabe, die sie zwar mit dem „kleinen Finger" beherrschen und täglich durchführen, klar zu formulieren. Auch wenn das Beschäftigen mit den Zielen schwer fällt – es führt auf dem Weg zum unternehmerisch denkenden Mitarbeiter nichts an einer schriftlichen Fixierung der Ziele vorbei: Es empfiehlt sich auch für Abteilungsleiter bei der Festlegung der Abteilungsziele, die Mitarbeiter voll einzubinden. Nur wer die Ziele gemeinsam erarbeitet, schafft auch die Voraussetzung für eine Zielerreichung. Solche Mitarbeiter haben einen höheren Grad an Identifikation mit dem Unternehmen. Es ist dann nicht mehr „unsere Firma", sondern „meine Firma".

Analysiert man die Abbildung „Synchronisierung von Unternehmens- und Abteilungsdenken" näher, dann gilt es, folgende Voraussetzungen zu erarbeiten.

Auf Unternehmens-Ebene:

1. Geschäftsgrundsätze des Unternehmens
2. Strategien des Unternehmens
3. Ziele des Unternehmens
4. Erfolgsfaktoren des Unternehmens

Auf Abteilungs-Ebene:

1. Mission der Abteilung
2. Ziele der Abteilung
3. Ziele der Mitarbeiter
4. Erfolgsfaktoren der Abteilung

Synchronisierung von Unternehmens- und Abteilungsdenken

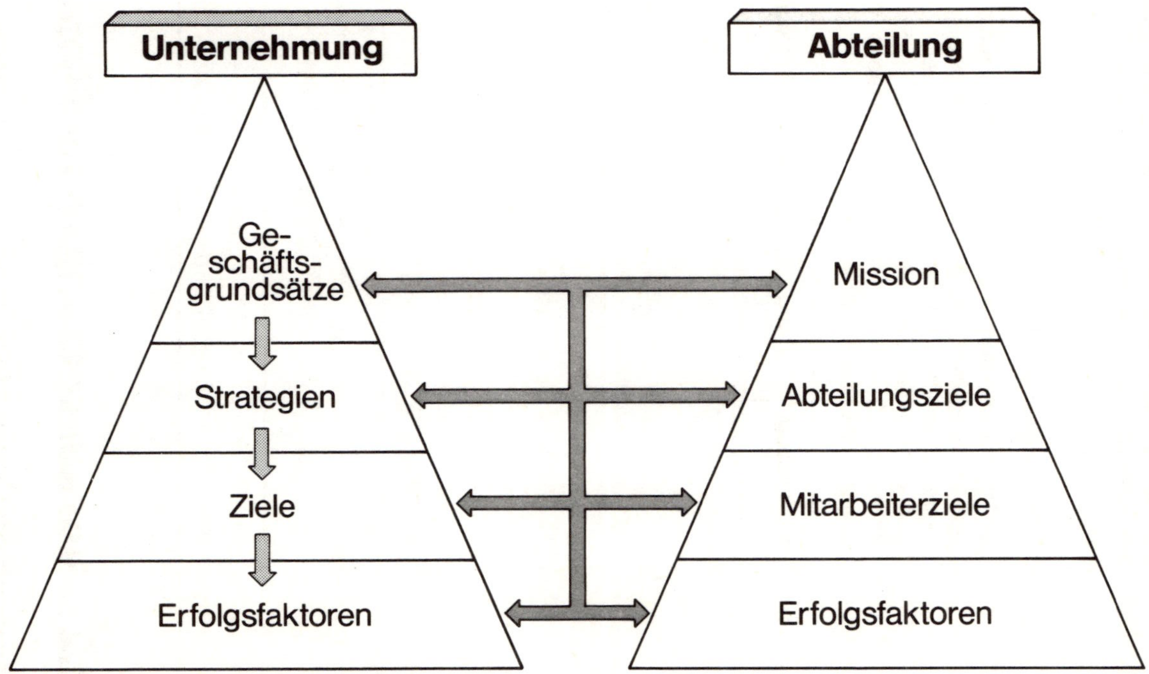

Muster eines Formblattes zur Ziel~~vorgabe~~

Name: Abteilung:

Arbeitsziele und Aufgaben:

Im Rahmen der Aufgabenstellung für 19__ haben wir vereinbart, daß Sie im Verlauf dieses Jahres folgende Ziele verwirklichen. Wir werden im nächsten Beurteilungs-Gespräch die Erfüllung der Ziele und Lösungen der Aufgaben besprechen und bewerten.

Zielsetzung	Rang (A/B/C)	Termin bzw. Indikator für Erfüllung

Datum

Unterschrift des Mitarbeiters

Unterschrift des Vorgesetzten

2.2 Voraussetzungen im Firmengeist

Arbeitszufriedenheit und Motivation der Mitarbeiter haben heute entscheidenden Einfluß auf den Unternehmenserfolg. Ein Betrieb, der allein am Gewinn orientiert ist, d.h., nur der in Geld bewertbare und meßbare Erfolg zählt, handelt vielleicht, aus kurzfristiger Sicht gesehen, ökonomisch, wird aber auf die lange Sicht hin unweigerlich scheitern. Denn nur wer die gesellschaftlichen Veränderungen und den Wertewandel bei den Mitarbeitern in seiner Unternehmensstrategie mit berücksichtigt, hat eine wirkliche Chance zum langfristigen Erfolg. Denn nicht der Maschinenpark, nicht das Aktienpaket und nicht einmal das technische Know-how sind das zukünftige Kapital einer Organisation, sondern ganz allein die dazugehörenden Arbeitskräfte sind es, die den Erfolg oder Mißerfolg der Unternehmung in der Hand haben.

Die Zukunft gehört deshalb jenen Betrieben, die *heute schon* ihr kreatives Mitarbeiter-Potential in ihre Unternehmensstrategie mit einbeziehen und ihre Wertschöpfung aus diesem Netzwerk von Informationsquellen und innovativer Leistungsfähigkeit erhalten. Wenn also der Mensch als das zukünftige Kapital einer Unternehmung angesehen werden muß, so empfiehlt es sich für die Firmenleitung, dieses für sie so lebensnotwendige Reservoir an verborgenen Ressourcen zu nutzen.

Dies ist aber nur dann gegeben, wenn ein solches Firmenklima geschaffen wird, das Anreiz für alle Mitglieder ist, die angebotenen Aus- und Weiterbildungsmaßnahmen als sinnvoll zu erkennen, und welches gleichzeitig das Bedürfnis fördert, „Weiterbildung“ an der eigenen Persönlichkeit zu betreiben. Nur auf dieser Basis können strategische Wettbewerbsvorteile durch Weiterbildung realisiert werden.

Die Unternehmung hat demzufolge

- einen ausreichenden Spielraum für Eigeninitiative bereitzustellen (2.2.1),
- ein positives Weiterbildungsklima zu schaffen (2.2.2),
- das geistige Potential der Mitarbeiter richtig zu nutzen (2.2.3),
- den Mitarbeitern ein persönliches Umfeld zu ermöglichen (2.2.4) und
- sich anhand der neuesten wissenschaftlichen Erkenntnisse um die richtigen Mitarbeiter zu bemühen (2.2.5).

Auf diese speziellen Punkte wird im folgenden noch besonders detailliert eingegangen.

2.2.1 Spielräume für Eigeninitiative

Die Praxis zeigt, daß die Bereitschaft zu Eigeninitiative und persönlichem Einsatz bei einem großen Teil der Mitarbeiter vorhanden ist oder durch entsprechende Maßnahmen gefördert werden könnte. Sie zeigt aber auch, daß kreatives und eigenständiges Verhalten von Firmenmitgliedern nicht einfach durch Anordnung von oben erreicht werden kann, sondern nur durch ein entsprechendes Umfeld, das die geeigneten Bedingungen für diese Fähigkeit bietet.

Mitarbeiter, von welchen ein Unternehmen Ideen und Eigeninitiative sowie eine positive Einstellung gegenüber Weiterbildungsmaßnahmen erwartet, benötigen ein aufgeschlossenes Arbeitsklima, in dem ihr kreatives Potential optimal zur Geltung kommen kann und nicht von vornherein durch vorhandene Barrieren eingeengt wird. Vor allem ist es ein größerer Verantwortungsbereich, der diesen Firmenmitgliedern übertragen werden sollte, da dies verstärkt dazu beiträgt, aus ihnen verantwortungsbewußte und mitdenkende Persönlichkeiten zu machen und nicht angepaßte, gleichgültige Untergebene.

Eingefahrene und herkömmliche Organisationsstrukturen mit Bürokraten als Führungskräfte sorgen aber häufig dafür, daß Mitarbeiter eine abhängige und passive Haltung einnehmen. Sie reagieren nur auf Befehle und Anweisungen, da von ihnen Gehorsam und Konformität erwartet wird. Dieses Führungsverhalten verhindert selbständig agierende Firmenmitglieder.

Da mit einer optimalen Nutzung des Ideenpotentials der Mitarbeiter und ihrer Eigeninitiative Wettbewerbsvorteile erzielt werden können, gilt es vorrangig, die entsprechenden Voraussetzungen für innovatives Verhalten zu schaffen und ausreichend Spielräume für Eigeninitiative zu gewährleisten.

Das Bedürfnis eines Mitarbeiters nach einer Tätigkeit mit Gelegenheit zur Selbstentfaltung muß in Einklang gebracht werden mit den Vorstellungen des Unternehmens von Leistung und Gewinn. Erfordert eine Aufgabenstellung ein bestimmtes Maß an Urteilsvermögen und Kreativität, so sollte dem Mitarbeiter ein großzügiger Spielraum gewährt werden, damit er sich mit dem Problemkreis auseinandersetzen und eigene

Lösungsmöglichkeiten erarbeiten kann. Ist ein Aufgabenbereich jedoch weitgehend analysiert und auf bestimmte Vorgehensweisen abgestimmt, sollte der vorgeschriebene Ablauf eingehalten werden, um den Unternehmenserfolg nicht zu gefährden. Dieser Tatbestand zeigt, daß Organisationen nicht als einziger Gesamtkomplex betrachtet werden sollten, sondern daß *unterschiedliche Strategien* gelten können – auf den jeweiligen Bereich abgestimmt. Dabei müssen allerdings die Aufgabenstellung berücksichtigt und die technischen Gegebenheiten mit in Betracht gezogen werden.

2.2.2 Schaffen eines positiven Weiterbildungsklimas

So wie es in jedem erfolgreichen Unternehmen ein Wartungsprogramm gibt, daß die maschinellen Anlagen funktionstüchtig bleiben, benötigen auch die personellen Ressourcen Pflege. Neue Aufgabenfelder, Job Rotation und Versetzungen ermöglichen eine berufliche Weiterentwicklung und verhindern, daß Arbeitskräfte ein Plateau erreichen, auf dem ihre Entwicklung endet. Werden z.B. technologische Neuerungen eingeführt, so ist es notwendig, auch die mit ihnen betrauten Mitarbeiter zu schulen und weiterzubilden, damit nicht althergebrachte Verfahrensweisen bestehenbleiben und die personelle Organisation mit veralteten Strukturen die Vorteile der Technologie verlorengehen läßt. So wie ein Betrieb regelmäßig seinen Maschinenpark den neuesten technologischen Erfordernissen anpaßt, müssen auch derartige Vorkehrungen mit den personellen Ressourcen getroffen werden. Wird dies jedoch vom Unternehmen versäumt, kann es im Laufe der Zeit die Wettbewerbsfähigkeit und Marktanteile kosten. Bekannte Prognostiker sind deshalb fast einhellig der Meinung, daß Investitionen von seiten eines Betriebes in die Aus- und Weiterbildung von Mitarbeitern in Zukunft die Sachanlagen noch übersteigen werden – auch wenn viele Unternehmensleitungen diese notwendigen Maßnahmen heute noch nicht einsehen.

Für Unternehmen ist die Qualifikation ihrer Arbeitskräfte aber nicht nur eine Kostenfrage, sondern vor allem eine Überlebensnotwendigkeit. Für eine Firma ist es eine strategische Herausforderung, den Qualifikationsbedarf der kommenden Jahre richtig einzuschätzen und zu bewältigen, d.h., Maßnahmen zu ergreifen, die eine Verfügbarkeit von Qualifikationen zum optimalen Zeitpunkt sicherstellen und garantieren.

Die betriebliche Weiterbildungspolitik ist als Teilbereich der allgemeinen Unternehmenspolitik aus den Zielen der ganzen Unternehmung abzuleiten. Weitere erfolgreiche Weiterbildungsstrategien basieren unter anderem auf:

- der Ermittlung des quantitativen und qualitativen Aus- und Weiterbildungsbedarfs (der Planungshorizont umfaßt häufig fünf Jahre),
- der Ermittlung des vorhandenen Ausbildungsstandes der Mitarbeiter,
- der Feststellung der notwendigen Aus- und Weiterbildung,
- erprobten Stoffprogrammen (sowohl standardisiert als auch individuell),
- dem Einsatz der adäquaten Aus- und Weiterbildungsmethoden (wobei die aktiven Lehrmethoden verstärkt einzusetzen sind),
- dem richtigen Zeitprogramm,
- dem Einsatz von subjektiven und objektiven Kontrollmethoden, mit denen sich der Ausbildungserfolg feststellen läßt.

Übt ein Unternehmen personalpolitische Gerechtigkeit aus, so bedeutet dies, daß alle Mitarbeiter ihre Anlagen ungehindert entwickeln und ihre Fähigkeiten entfalten können. Das in jedem Individuum schlummernde Kreativitätspotential muß über eine zielorientierte Aus- und Weiterbildung gefördert werden. Dabei sind jedoch auch die persönlichen Bedürfnisse der Arbeitnehmer zu berücksichtigen.

Beherrscht ein Mitarbeiter sein Aufgabengebiet, wird ihm dieses Bewußtsein ein Gefühl der Macht und vor allem Selbstwertgefühl vermitteln. Daneben wird dieser Tatbestand aber auch den Wunsch nach weiteren Entfaltungsmöglichkeiten in ihm wecken. Diese Voraussetzung ist notwendig, um eine Arbeitskraft für eine persönliche Fortbildung zu aktivieren und damit die nicht unerheblichen Ausbildungsinvestitionen überhaupt erst lohnenswert zu machen. Es muß das Bedürfnis eines Mitarbeiters sein, Kenntnisse zu erwerben und diese anschließend auch zu nutzen. Je mehr Fähigkeiten man hat, desto interessanter ist eine Aufgabenstellung. Wissen fördert das Selbstwertgefühl und erweckt Selbstvertrauen. Fähigkeiten sind eine Quelle für

- Kompetenz,
- Selbstvertrauen,
- Selbstwertgefühl,
- persönliche Macht.

Damit wächst auch die Bereitschaft auf seiten der Arbeitnehmer, zur Sicherung der eigenen beruflichen Zukunft einen größeren Eigenanteil zu übernehmen, d.h., eine selbstverantwortliche berufliche Vorsorge wie zum Beispiel Aus- und Weiterbildungsmaßnahmen in der eigenen Freizeit zu übernehmen. Dies hilft den Firmen, die auf sie zukommenden Lasten bezüglich einer erstklassigen Qualifikation ihrer Mitarbeiter in vertretbaren Grenzen zu halten.

2.2.3 Nutzen des geistigen Potentials

In Wirtschaftsunternehmen werden sofort Klagelieder angestimmt, wenn die maschinellen Kapazitäten nicht voll ausgelastet sind. Dies ist, vom Standpunkt der Rentabilität aus betrachtet, sicherlich ein gravierender Mißstand. Doch wer setzt sich eigentlich für eine 100prozentige Nutzung der Fähigkeiten der Mitarbeiter ein? Meist werden die geistigen Kapazitäten von Menschen nur zu einem relativ geringen Prozentsatz genutzt. Wissen liegt aber so lange brach, bis jemand eine Voraussetzung schafft, es der Allgemeinheit nutzbar zu machen. Es ist vor allem ein gravierender Fehler der Führungskraft, daß sie die Fähigkeiten ihrer Mitarbeiter nicht effizient nutzt. Oft kann man beobachten, daß in bestimmten Arbeitsgebieten versierte Vorgesetzte diese Aufgaben lieber persönlich verrichten, weil sie der Meinung sind, daß

- niemand außer sie selbst dazu fähig sind,
- sie sich dadurch Korrekturen oder Nacharbeit ersparen,
- sie sich durch Selbermachen Ärger ersparen,
- die Arbeitsergebnisse dann der Geschäftsleitung eher zusagen.

Was sie aber nicht bedenken, ist, daß sie

- damit Aufgabenbereiche übernehmen, die nicht zu ihren Führungsaufgaben zählen,

- mehr arbeiten müssen als andere, wenn sie ihrem komplexen Aufgabengebiet gerecht werden wollen,
- durch Übernehmen solcher Routinearbeiten von ihren eigentlichen Führungsaufgaben wie Problemlösungen finden und Entscheidungen treffen abgehalten werden,
- dadurch effiziente Arbeitskräfte verlieren, weil sie diesen keine Eigenverantwortung zutrauen und deren Leistungsbereitschaft nicht anerkennen,
- eine Gruppe oder Abteilung nicht erfolgreich führen können, wenn sie den Mitgliedern und deren Arbeitsleistung kein Vertrauen schenken.

Außerdem sind die bewußt aus dem Mitdenken und der Mitverantwortung entlassenen Arbeitskräfte für zahlreiche Vorgesetzte die wesentlich bequemeren Zeitgenossen als solche Mitarbeiter, die sich eigene Gedanken machen, Fragen stellen – und diese auch beantwortet haben wollen – und Informationen zu ihrem Tätigkeitsbereich verlangen.

Um das Mitarbeiter-Potential für eine Firma voll nutzbar zu machen, müssen auch die „kreativen Spinner“ ermutigt werden, unübliche Versuche zu unternehmen, unkonventionelle Vorschläge zu machen und unangefochten auch aus Fehlern bzw. Fehlschlägen lernen zu dürfen.

Wird ihnen dieser Lernprozeß jedoch verwehrt, resignieren die meisten von ihnen oder suchen sich eine Firma, in der sie eine größere Chance haben, ihre persönlichen Vorstellungen und Ideen zu verwirklichen; wertvolles Mitarbeiter-Potential geht auf diese Weise dem Unternehmen für immer verloren. Auch andersdenkende Mitarbeiter sollten vom Unternehmen als eine zusätzliche Informationsquelle und nicht als ein „Störfaktor“ betrachtet werden. Diese Menschen werden ihren Tatendrang – wie dies heute zunehmend die Folge solch innovationsfeindlicher Unternehmenspolitik ist – sonst in andere Bahnen lenken und vor allem in ihrer Freizeit oder in der Hinwendung zu sozialem Engagement befriedigen. In diesen Bereichen haben sie alle Chancen, daß ihr unternehmerisches Potential – das in fast allen Menschen angelegt ist – zum Tragen kommt und ihnen die Anerkennung, Erfolgserlebnisse und Bedürfnisbefriedigung gewährleistet, die ihnen Betriebe mit autoritärem Führungspersonal verweigern.

Das Leistungs-Potential der Mitarbeiter ist oft auch deshalb verkümmert, weil es von den Vorgesetzten zu wenig in Anspruch genommen wird oder die Erwartungshaltung an die Mitarbeiter zu niedrig ist. Eine autoritäre Führungskraft bekommt außerdem wenig persönlichen Kontakt zu ihren „Untergebenen“, da diese auf Distanz gehen und damit ihre Vorschläge – und oft genug auch ihre Leistungsbereitschaft – verweigern.

Kein Unternehmen kann es sich künftig jedoch leisten, auf diese Arbeitskräfte und ihr gesamtes Leistungspotential zu verzichten. Sie müssen – zum Vorteil der Firma und aufgrund ihres eigenen Leistungs-Bedürfnisses – planvoll eingesetzt werden, damit sie an der optimalen Stelle ihre vorhandenen Anlagen optimal einbringen können.

2.2.4 Schaffen des richtigen persönlichen Umfeldes

Das Verhalten eines Menschen ist abhängig von seinen

- typischen Persönlichkeitsmerkmalen,
- Bedürfniszuständen,
- Erwartungen,
- Motivausprägungen,
- Wahrnehmungen,
- Wertvorstellungen,
- inneren Wesenszügen.

Diese Prozesse laufen in einem Individuum ab und bewirken ein bestimmtes Entscheidungsverhalten. Dabei wird bei einer rational ausgerichteten Persönlichkeit jene Verhaltensalternative vorausgesetzt, die ihr vermutlich den höchsten erwarteten Nutzen bringt.

Welche Erwartungen ein Individuum an sich persönlich stellt und welche Leistungen es tatsächlich erbringt, hängt im Bereich seiner Person von den Fähigkeiten ab.

Fähigkeiten können in folgende Kategorien eingeordnet werden:

- Sensomotorische Fähigkeiten (zum Beispiel Geschicklichkeit),
- Kognitive Fähigkeiten (zum Beispiel Wahrnehmung, Sensibilität),
- Problemlösungsfähigkeiten (zum Beispiel analytische, soziale, technische).

Welches Leistungsverhalten ein Individuum erbringt, hängt im Bereich der Situation von seinem persönlichen Umfeld ab.

Man unterscheidet

- technologische,
- organisatorische,
- zwischenmenschliche,
- ergonomische

Umfeldbedingungen.

- Ist das *technologische* Umfeld auf dem neuesten Stand und wird es vom Benutzer auch akzeptiert, kann dies ein Multiplikator für vorhandene Fähigkeiten sein.

- Ist das *organisatorische* Umfeld so eingerichtet, daß ein effizientes Arbeiten gewährleistet ist, verhindert dies unnötigen Aufwand bei der Umsetzung.

- Gute *zwischenmenschliche* Beziehungen sind eine wesentliche Voraussetzung für adäquate Leistungsfähigkeit.

- Ist das persönliche Umfeld nach den neuesten *ergonomischen* Erkenntnissen ausgestattet und auf eine arbeitserleichternde Weise gestaltet, bedeutet dies ebenfalls eine weitere Leistungssteigerung.

Nach diesen Aussagen kommt man zu der Schlußfolgerung:

Wer technologisch auf dem neuesten Stand ist, hat durch Verknüpfen von Daten ungeahnte Möglichkeiten und braucht sich auch nicht mit Routinearbeiten abzugeben, da diese die Maschinen erledigen. Wer auf arbeitsgerechte Einrichtung achtet und rationelle Arbeitsmethoden anwendet, wird ebenfalls leistungsfähiger sein. Wer außerdem noch ein harmonisches Umfeld schafft und gute zwischenmenschliche Beziehungen unterhält, kann optimale Leistungen aufgrund seiner Fähigkeiten und seines persönlichen Umfeldes erbringen.

Daß entsprechende Fähigkeiten eine unabdingbare Voraussetzung für Leistungsfähigkeit sind, wird kaum jemand anzweifeln. Oft wird jedoch die Tatsache vernachlässigt, daß auch das persönliche Umfeld eine wesentliche Voraussetzung für die Umsetzung von Fähigkeiten in Leistung ist.

Von besonderer Bedeutung ist heute, die notwendigen Voraussetzungen für ein gutes Kreativitäts- und Innovationsklima zu schaffen. Denn Innovationen sind in zukunftsorientierten Unternehmen eine unabdingbare Forderung geworden, um im ständig härter werdenden Konkurrenzkampf bestehen zu können und wettbewerbsfähig zu bleiben. Um eine Steigerung der erforderlichen Kreativität zu erreichen, ist ein allgemein praktiziertes Management by Delegation notwendig, um die nötigen Freiräume zu schaffen, in welchen Kreativität gedeihen kann. Das kreative Potential der Mitarbeiter ist aber häufig auch verkümmert, weil es zu wenig in Anspruch genommen wird, da die unternehmerischen Entscheidungsträger den neuen Ideen ihrer Mitarbeiter meist ablehnend gegenüberstehen.

Die nötigen Freiräume für Kreativität entstehen im wesentlichen durch Entlasten der Arbeitnehmer von Routinearbeiten. Dies geschieht vorwiegend durch eine sinnvolle Arbeitsteilung zwischen Mensch und Maschine. Dabei bedeutet *sinnvoll* das Benutzen der Maschine, wo sie der menschlichen Arbeitskraft überlegen ist. Das ist vor allem bei jenen Arbeitsabläufen der Fall, die

- in großen, gleichförmigen Mengen bewältigt,
- mit hoher Präzision ausgeführt und
- mit relativ hohem Kraftaufwand durchgeführt

werden müssen. Dadurch wird der Mensch frei für Aufgaben, die seiner

- analytischen Fähigkeiten,
- Kombinationsgabe und
- situativen Erfassung komplexer Bewegungsabläufe

bedürfen. Ist diese organisatorische Aufgabe gelöst und der benötigte Freiraum vorhanden, sind noch zahlreiche weitere Voraussetzungen notwendig, um den Boden zu bereiten, auf dem Kreativität gedeihen kann.

Eingefahrene und herkömmliche Organisationsstrukturen mit Bürokraten als Führungskräften und eine willkürliche Kompetenzverteilung sorgen aber häufig dafür, daß Mitarbeiter eine unkreative, abhängige und passive Haltung einnehmen. Sie reagieren nur auf Befehle und Anweisungen, da ihre Vorgesetzten Gehorsam und Konformität erwarten statt selbständig agierender Mitarbeiter. Kreativitätshemmend kann sich aber auch eine einzelne Führungskraft verhalten, denn Kreativität läßt sich nur über ein angewandtes kooperatives Führungsverhalten erreichen.

Kreativität und Innovationsfreudigkeit sind aber ein beachtliches Unternehmenskapital, das nicht ungenutzt brachliegen darf – für das der Boden entsprechend vorbereitet werden muß, damit die Saat kreativer Innovationen zum Nutzen der Organisation aufgehen kann. Wichtigste Voraussetzung dafür ist jedoch, daß die Führung die ökonomische Relevanz der Innovationsfähigkeit erkennt und positiv bewertet.

2.2.5 Bemühen um die richtigen Mitarbeiter

Eine wichtige Voraussetzung für Unternehmenserfolg ist, die richtigen Mitarbeiter am richtigen Platz zu haben. Dabei genügt es aber nicht, sich allein auf das Glück zu verlassen oder dem Fingerspitzengefühl des Personalchefs zu vertrauen – wichtig ist hier vor allem, bereits bei der Einstellung Sorge dafür zu tragen, daß man die geeigneten Mitarbeiter findet. Die Aussage „1 g Auswahl wiegt mehr als 1 kg Weiterbildung“, ist fraglos sehr simplifiziert, aber nicht unbedingt falsch. Ich meine, daß die klassischen Einstellungsprozeduren verstärkt zu überdenken sind, denn längst gehören die Zeiten der Vergangenheit an, in welchen sich Betriebe nur auf ein Abschlußzeugnis, Referenzen des vorhergehenden Arbeitgebers oder auf den persönlichen Eindruck des Personalchefs verließen – obwohl gerade hier psychologische Faktoren wie Sympathie und das Gefühl, auf der gleichen Wellenlänge zu liegen, eine nicht zu unterschätzende Rolle spielen. Dennoch haben die klassischen Kriterien der Mitarbeiterauswahl künftig nur noch eine untergeordnete Bedeutung, denn den mit der Einstellung des Personals Beauftragten ist es kaum möglich, in einer oft weniger als eine halbe Stunde dauernden Befragung die Qualifikation eines Bewerbers und dessen persönliche Stärken zu ermitteln. Persönlichkeitstests, strukturierte Interviews und die unterschiedlichsten Eignungstests gehören deshalb heute längst zum Rüstzeug eines jeden für Personaleinstellung Verantwortlichen.

Die Erfolge dieser diagnostischen Testpsychologie sind zweifellos unbestritten. Dennoch zeigen sich häufig deutliche Mängel bei der Handhabung solcher Auswahltests. So schätzt der Berufsverband deutscher Psychologen, daß etwa 70 Prozent der Industriebetriebe mit unzulänglich ausgebildetem Personal und demzufolge mit aussagelosen Persönlichkeitstests arbeiten. Der Grund dafür ist, daß selten Betriebspsychologen die Tests durchführen, weil vor allem die mittleren und Kleinunternehmen die Kosten für eine befähigte Testperson scheuen – einen Schnellkurs für diagnostische Testpsychologie gibt es aber nicht! Wenn man diese Kosten jedoch mit jenen einer personellen Fehlbesetzung vergleicht, könnten sich die Ausgaben für einen qualifizierten Fachmann längerfristig durchaus lohnen.

In diesem Zusammenhang sei nochmals angemerkt, daß die zahlreichen klassischen Möglichkeiten zur Auswahl von Mitarbeitern nicht immer zu den gewünschten Ergebnissen führen, wie aus einer Analyse hervorgeht.[1] Auf die Frage: „Besteht ein Zusammenhang zwischen dem Abschneiden der Kandidaten und ihrer weiteren Karriere?“ ergab die Analyse folgende Aussagen:

– Assessment-Center	20%
– Intelligenztests	9%
– Leistungstests	4%
– Persönlichkeitstests	4%
– Einstellungsgespräche	0%
– Abitur-/Diplomnoten	0%

[1] Vgl. o.V.: Manager Magazin 06/88

Fazit:

- Alle klassischen Verfahren geben keine verläßlichen Aussagen über den künftigen Werdegang eines Menschen.
- Die wesentlichen Einflußgrößen liegen außerhalb der Person der Nachwuchs-/Führungskraft im organisatorischen Umfeld, an den Organisations-Strukturen, ihren Normen sowie an ihren Interaktionen mit anderen Menschen.
- Das Assessment-Center bietet die größtmögliche Chance für die Auswahl der geeignetsten Mitarbeiter.

Fraglos dürfte das Assessment-Center (AC), ein System zur Auswahl und Potentialermittlung von Führungskräften, auch künftig verstärkt zu beachten sein. Bei dieser Methode absolvieren 6 bis 12 Kandidaten mehrere Tage verschiedene Aufgabenstellungen – häufig unter Zeitdruck. Die Aufgaben sind unter anderem:

- Durchführung von Rollenspielen,
- Intelligenztests,
- Leistungstests,
- Interessentest,
- Mitwirkung in Planspielen,
- Interviews,
- Vorträge und Präsentationen,
- Bearbeitung eines Posteingangskorbes,
- Fallmethoden,
- Entscheidungstrainings.

Psychologen, Soziologen und Top-Manager beobachten dabei die Kandidaten und erfassen auf speziellen Formblättern die Situationen. Die Eindrücke werden systematisch aufgezeichnet, ausgewertet und zu einem Gesamturteil verdichtet.

Auch das strukturierte Interview ist ein wirksames Instrument der Personalauslese, bei dem sowohl ein Psychologe als auch ein Soziologe zugegen sind und abwechselnd die Bewerber mit konstruierten Fallbeispielen und Situationen aus dem Firmenalltag konfrontieren. Der Einsatz dieses psychologischen Tests in Einstellungs- und Bewerbungssituationen geht von den Annahmen aus, daß

- Merkmale wie Intelligenz, fachliches Können, bestimmte Fertigkeiten und die Arbeitsmotivation unter Bewerbern in recht unterschiedlichem Maße vorhanden sind,
- zwischen dem Grad, zu dem ein Bewerber bestimmte Eigenschaften und Fähigkeiten besitzt, und dem späteren Arbeitsverhalten eine bedeutende direkte Beziehung besteht,
- diese Beziehung es ermöglicht, die künftige Arbeitsleistung des Bewerbers vorherzubestimmen und
- die Unternehmung durch das praktische Messen ausgewählter Eigenschaften ein Meßinstrument und Vergleichskriterium besitzt, mit dem es diese Beziehung zwischen Testergebnis und Arbeitsleistung evaluieren kann.

Die Vorteile von psychologischen Tests bei der Einstellung von Bewerbern für ein Unternehmen:

- Tests konzentrieren sich lediglich auf die Erfassung der möglichen Fähigkeiten eines Bewerbers und nicht auf die ganze Person. Damit schützen sie die Betroffenen vor möglichen Vorurteilen durch andere, wie dies bei Einstellungsgesprächen oftmals geschehen kann.

- Die Testresultate ergeben ein standardisiertes und vor allem objektives Bild des Arbeitsverhaltens, der persönlichen Merkmale des Bewerbers und von seinem fachlichen Können.

- Häufig erlauben psychologische Tests Fähigkeiten, Qualifikationen und Persönlichkeitsmerkmale aufzufinden und zu identifizieren, die im normalen Einstellungsgespräch oder mit anderen Selektionsinstrumenten möglicherweise nicht erkannt werden.

Mehr und mehr dürfte es in diesem Bereich darauf ankommen, neue Formen und Methoden für die Auswahl von Mitarbeitern einzuführen. Vor allem bei der Auswahl von Nachwuchskräften ist es empfehlenswert, potentielle Mitarbeiter über einen längeren Zeitraum (zum Beispiel die letzten zwei Jahre an der Universität) zu beobachten, um ein realistisches Bild von den Eigenschaften und Fähigkeiten dieser Person zu erhalten.

2.3 Voraussetzungen bei den Vorgesetzten

Wenn es bei der Realisierung der strategischen Wettbewerbsvorteile durch Weiterbildung um die hierfür notwendigen Voraussetzungen bei den Führungskräften und Vorgesetzten geht, dann ist diesbezüglich im wesentlichen die Aus- und Weiterbildung der eigenen Persönlichkeit – mit all ihren widersprüchlichen Verhaltensweisen – angesprochen. Diese auf die eigene Person bezogenen Verhaltensänderungen, die oft erst durch bittere Lernprozesse erreicht werden können, sind die unabdingbare Grundlage für eine optimale Umsetzung der Lösungsvorschläge.

Wesentliche Voraussetzungen hierfür sind

- Motivation der Mitarbeiter durch Schaffen von Anreizen (2.3.1),
- Analyse der Mitmenschen bei der ersten Eindrucksbildung (2.3.2),
- Beachten der vierdimensionalen Angelegenheit bei der zwischenmenschlichen Kommunikation (2.3.3),
- Nutzen der psychologischen Erkenntnisse beim Umgang mit anderen (2.3.4),
- Beachten von Erwartungshaltungen der Mitmenschen (2.3.5),
- Geben von ausreichendem Feedback (2.3.6),
- Beachtung des beiderseitigen Nutzens bei Verhandlungen (2.3.7),
- positives Aufnehmen von Hinweisen anderer zum eigenen Verhalten (2.3.8).

Auf diese Punkte wird in den folgenden Ausführungen näher eingegangen.

2.3.1 Motivieren Sie Ihre Mitarbeiter durch das Schaffen von Anreizen

Die Verhaltensbereitschaft eines Menschen wird von unterschiedlichen Gegebenheiten und seinen Umfeldbedingungen beeinflußt. Das Wahrnehmen von Anreizen ist subjektiv, da alle Individuen in konkreten Situationen mit verschiedenen Verhaltensweisen reagieren. Die verborgenen Kräfte des einzelnen können durch Schaffen von entsprechenden Anreizen aktiviert und für Arbeitsleistung genutzt werden. Je motivierender ein Anreiz für einen Menschen erscheint, desto eher wird er seine Kräfte mobilisieren, um durch Leistungsbereitschaft in den Vorteil des Anreizes zu gelangen. Generell kann man die folgenden Anreize als starke Motivatoren für Leistungsbereitschaft ansehen:

- *Finanzielle Anreize*

  Das Geld kann hier ebenso als Selbstzweck, aber auch als Statussymbol zur Befriedigung des Macht- und Geltungsbedürfnisses oder zur Bedürfnisbefriedigung der Grund- und Sicherheitsbedürfnisse angesehen werden.

- *Soziale Anreize*

  Sie beziehen sich auf das Verhältnis eines Individuums zum gesamten Umfeld. Soziale Kontakte dienen dazu, das Kontaktbedürfnis und das Bedürfnis nach guten zwischenmenschlichen Beziehungen zu befriedigen.

- *Anreize durch Arbeitsinhalte*

  Hier geht es im wesentlichen um die Bedeutung, die einer Aufgabenstellung beigemessen wird. Sie kann den natürlichen Tatendrang, das Bedürfnis nach einer sinnvollen Tätigkeit und das Leistungsbedürfnis befriedigen, da sie Anforderungen an die persönlichen Fähigkeiten stellt.

- *Anreize durch Entfaltungsmöglichkeiten*

  Dabei handelt es sich zum Beispiel um Aufstiegschancen oder Aus- und Weiterbildungsmöglichkeiten, die eine Aktivierung von Selbstentfaltungsmotiven bewirken können. Auf diese Weise kann dem Bedürfnis nach Selbstverwirklichung Rechnung getragen werden.

Da Arbeitszufriedenheit und Motivationsfähigkeit entscheidenden Einfluß auf den persönlichen Erfolg haben und eine positive Selbstmotivation die stärkste Antriebskraft für menschliche Leistung ist, sollten Führungskräfte Anreize schaffen, bei welchen Mitarbeiter ihre Kräfte optimal nutzen können.

Die Befriedigung der Bedürfnisse nach

- Anerkennung und Wertschätzung in der Gesellschaft,
- guten zwischenmenschlichen Beziehungen und
- Selbstverwirklichung in der Arbeitswelt

sind eine wesentliche Voraussetzung für Leistungsfähigkeit, was Sie bei der Schaffung von Anreizen berücksichtigen sollten.

Die Leistungsbereitschaft eines Mitarbeiters hängt weniger vom Ausprägungsgrad seiner Fähigkeiten bzw. Fertigkeiten ab als von seiner Leistungsmotivation. Deshalb muß ein ansporhendes äußeres System durch Schaffung bestimmter Voraussetzungen und Rahmenbedingungen erstellt werden, das alle oben erwähnten Bedürfnisse einer Arbeitskraft berücksichtigt. Die Arbeitsbedingungen und die Führungsbeziehungen sind so zu gestalten, daß sowohl die Ziele der Organisation als auch jene der Mitarbeiter verwirklicht werden. Das bedeutet, daß ein Individuum sich anerkannt fühlen muß, um dadurch bereit zu sein, sich für das Unternehmen einzusetzen, indem es optimale Leistung bringt.

Neben einem leistungsgerechten Be- und Entlohnungssystem und einem guten Betriebsklima, das ein kollegiales Miteinander und nicht ein energie- und zeitraubendes Gegeneinander gewährleistet, bilden Arbeitsinhalte und Entfaltungsmöglichkeiten einen wesentlichen Motivationsfaktor für Leistungsbereitschaft. Gerade in diesen Bereichen sollten Führungskräfte darauf hinwirken, daß die Aufgabenstellung als solche bereits einen bedeutenden Anreiz darstellt und die folgenden Voraussetzungen aufweist:

- die Selbständigkeit im eigenen Arbeitsbereich muß gewährleistet sein,
- eine Delegation von Aufgaben muß gleichzeitig auch Verantwortung und Kompetenz beinhalten,
- eine erbrachte Leistung soll auch die verdiente Anerkennung finden,
- Informationen dürfen nicht zugeteilt, sondern müssen in vollem Umfang jederzeit verfügbar sein,
- ausreichende Erfolgserlebnisse müssen gegeben sein, da sie eine Selbstbestätigung sind und Anreize für neue Leistungsmotivation bilden.

Arbeitsinhalte, die solchen Voraussetzungen entsprechen und gleichzeitig den nötigen Spielraum für persönliche Entfaltungsmöglichkeiten zulassen, wirken als positive Verstärker und lösen automatisch neue Leistungsbereitschaft aus.

Anhand dieser Ausführungen ist deutlich erkennbar, daß die Planung und Realisierung eines mitarbeiterorientierten Anreizsystems gute Kenntnisse der Führungskräfte über die Einstellung der Arbeitnehmer besonders zu deren Tätigkeitsbereich und zu deren Wertvorstellungen im allgemeinen erfordert.

2.3.2 Verlassen Sie sich beim Kennenlernen Ihrer Mitmenschen nicht nur auf den ersten Eindruck

Die Problematik des ersten Eindrucks für die Beurteilung eines Mitmenschen dürfte den meisten bekannt sein. Dennoch wird sie aber häufig in konkreten Fällen einfach bewußt negiert oder gedankenlos übersehen. Zahlreiche Fehlentscheidungen bezüglich unserer Mitmenschen beruhen auf der Unkenntnis der Mechanismen der ersten Eindrucksbildung, weil oft ein Minimum an Informationen ausreichen muß, um ein Maximum an Schlußfolgerungen daraus ziehen zu können.

Beispiel:

Der Inhaber einer kleinen Firma sucht eine neue Sekretärin und vereinbart ein Vorstellungsgespräch mit einer Anwärterin für die Stelle. Als beide sich gegenübersitzen, wirkt die Dame mittleren Alters auf ihn zwar kompetent, aber gleichzeitig auch etwas unkonzentriert und nervös. Aufgrund ihrer Kenntnisse und Fähigkeiten würde der Firmenchef sie gerne einstellen, aufgrund seines ersten Eindrucks von ihr entscheidet er sich jedoch gegen sie. Was er nicht wußte: der Sohn der Frau hatte zur gleichen Zeit, als ihr Vorstellungsgespräch stattfand, ein schwieriges Examen zu bestehen, von dessen Ausgang seine weitere berufliche Zukunft wesentlich abhing. Die sonst sehr ausgeglichene und ruhige Frau empfand innerlich mit dem Sohn und konnte dies nicht ausreichend verbergen, was den Firmeninhaber zu der Schlußfolgerung veranlaßte, daß sie nicht qualifiziert für seine Zwecke war.

Das Erscheinungsbild eines Menschen ist stets von den *subjektiven* Kriterien eines Betrachters abhängig. Fehlbesetzungen im Unternehmensbereich sind oft die Folge von Fehlentscheidungen bei der ersten Eindrucksbildung. Nur wer die psychologisch bedingten Zusammenhänge der ersten Eindrucksbildung kennt, kann Fehlinterpretationen vermeiden.

Aufgrund von bestimmten, erlernten Verhaltensweisen werden fremde Personen zunächst einmal nach Sympathie und Antipathie eingeordnet. Die Kriterien für eine solche Zuordnung basieren auf den Erfahrungen, die in der Vergangenheit diesbezüglich gemacht wurden. Dabei werden jedoch wesentlich stärker Gefühle als konkrete Tatsachen als Informationsbasis herangezogen.

Beispiel:

Ein Schüler wechselt zum wiederholten Male die Schule. Ein Nebensitzer macht auf ihn zwar einen sympathischen Eindruck; weil er aber schon einmal von einem Mitschüler, der in der vorhergehenden Schule neben ihm saß, enttäuscht wurde, dem er zu Beginn auch Sympathie entgegenbrachte, macht er das Gefühl dieses Enttäuschtseins jetzt zur Grundlage seines Verhaltens und begegnet dem neuen Mitschüler mit Skepsis.

Begegnet man einem Menschen zum ersten Mal, dann sind die wenigsten in ihrer ersten Eindrucksbildung zurückhaltend, sondern bilden aufgrund eines Minimums an Informationen bereits ein Urteil über die Person. Aufgrund bestimmter Merkmale und äußerlicher Hinweise nehmen sie sich das Recht, ein Maximum an Schlußfolgerungen (wie zum Beispiel Rückschlüsse auf Charakter und Verhalten) daraus zu ziehen; d.h., man klassifiziert einen Menschen anhand seiner äußeren Erscheinung, ohne mit weiteren Fakten und Sachverhalten vertraut zu sein.

Beispiele:

Eine stark geschminkte, herausgeputzte Frau wird sofort von allen in eine bestimmte Schublade gesteckt – obwohl sie mit ihrer Aufmachung vielleicht nur ein mangelndes Selbstbewußtsein oder sonstige körperliche Mängel verdecken möchte.

Ein vorlauter, progressiver Jugendlicher, wird ablehnend behandelt, obwohl er mit seinem Verhalten nur Aufmerksamkeit erregen möchte, da es ihm an menschlicher Zuwendung und am Verständnis der Umwelt mangelt.

Einem korrekt gekleideten, höflichen und zuvorkommenden Menschen bringt man automatisch gleich Sympathie entgegen, obwohl niemand wissen kann, ob seine innere Gesinnung der äußeren Haltung entspricht.

Ein weiteres Kriterium bei der Bewertung eines anderen Menschen ist auch die Vorab-Information, die durch positive oder negative Aussagen anderer bereits im voraus Werturteile fällen läßt, die dann bei der persönlichen Begegnung dominieren und nur schwer und durch enorme innere Disziplin wieder auszulöschen sind.

Eine wesentliche Rolle bei der ersten Beurteilung eines anderen Menschen spielt auch das eigene Bild und die Selbstakzeptanz. Wer von sich selbst eine negative Meinung hat, wird andere ebenfalls negativ beurteilen. Entdeckt man jedoch Ähnlichkeiten mit dem Gegenüber – auf welcher Ebene auch immer – wird dies automatisch den Sympathiewert des anderen anheben. Zusammengefaßt kann man folgende sechs Fehlerquellen bei der ersten Eindrucksbildung von unseren Mitmenschen anführen:

1. Fremde Personen werden von uns zunächst aufgrund der *eigenen* Wertvorstellungen nach Sympathie und Antipathie eingeordnet.
2. Wir machen uns auf der Grundlage von bestimmten Merkmalen Vorstellungen von einer Person, die zu Rückschlüssen auf Charakter und Verhalten führen.
3. Andere werden von uns oft nur anhand der äußeren Erscheinung und ohne Kenntnis von weiteren Sachverhalten beurteilt.
4. Unser eigenes Weltbild (Selbstakzeptanz) ist eine wesentliche Basis zur Bewertung anderer Personen.
5. Ähnlichkeiten bei anderen in bezug auf die eigene Person bewirken eine automatische Anhebung des Sympathiewertes.
6. Positive/negative Vorab-Informationen über ein Individuum prägen Werturteile, die auch im persönlichen Gespräch nicht mehr vollständig auszulöschen sind.

Daraus könnten für Vorgesetzte folgende Empfehlungen abgeleitet werden:

- Halten Sie sich bei einem ersten Zusammentreffen mit anderen noch mit einer Beurteilung zurück, und warten Sie zusätzliche Informationen ab.
- Bei der Begegnung mit einem anderen Menschen sollten Sie nicht durch persönliche Wertvorstellungen voreingenommen sein.
- Ordnen Sie einen Menschen nicht aufgrund bestimmter Merkmale und äußerlicher Hinweise in eine bestimmte Schublade ein.
- Projizieren Sie nicht die eigene Erwartungshaltung automatisch auf einen anderen.
- Nehmen Sie nicht ihre Selbstakzeptanz und Ihr eigenes Weltbild als Grundlage für Ihre Bewertung eines anderen.
- Verlassen Sie sich bei der Beurteilung eines Menschen nicht auf die Informationen anderer, sondern bilden Sie sich ein eigenes Urteil.

2.3.3 Beachten Sie, daß zwischenmenschliche Kommunikation eine vierdimensionale Angelegenheit ist

Die zwischenmenschliche Kommunikation ist nach Schulz von Thun eine vierdimensionale Angelegenheit, weil ein und dieselbe Nachricht mehrere Botschaften gleichzeitig enthält und auf mehrere Möglichkeiten entschlüsselt werden kann. Alle vier Seiten einer Nachricht sind gleichrangig anzusehen, auch wenn in den einzelnen Situationen die verschiedenen Aspekte unterschiedliche Wertigkeit haben. Da jede Nachricht stets mehrere Botschaften gleichzeitig enthält und auf unterschiedliche Weise empfangen werden kann, ist die zwischenmenschliche Kommunikation sehr kompliziert und störanfällig.

Beispiel:

Wenn jemand zu einem anderen sagt: „Ich finde, daß Du schlecht aussiehst!“, dann ist für jeden zwar der Sachverhalt klar und verständlich (Sachebene), weniger klar mag dem Empfänger aber sein, was der Sender von sich selbst mit dieser Aussage mitteilen möchte (Offenbarungsebene). Vielleicht ist er besorgt um ihn oder will auf seinen eigenen, viel größeren Streß hinweisen. Unklar ist dem Empfänger auch, was der Sender von ihm hält und wie er zu ihm steht (Beziehungsebene). Möchte er damit sagen: Du bist mir wichtig, Du solltest Dich mehr schonen, oder aber er ist überrascht, daß der andere bei dem schönen Leben, das er führt, nicht besser aussieht. Ebensowenig wird für den Empfänger deutlich, was der Sender mit seiner Aussage erreichen möchte (Appell). „Schon Dich doch mehr, du hast den Streß nicht nötig" oder

Psychologisches Modell der zwischenmenschlichen Kommunikation

(Schulz von Thun)

Die Mitteilung einer Person enthält 4 psychisch bedeutsame Seiten:

1. Sachaspekt
2. Beziehungsaspekt
3. Selbstoffenbarungsaspekt
4. Appellaspekt

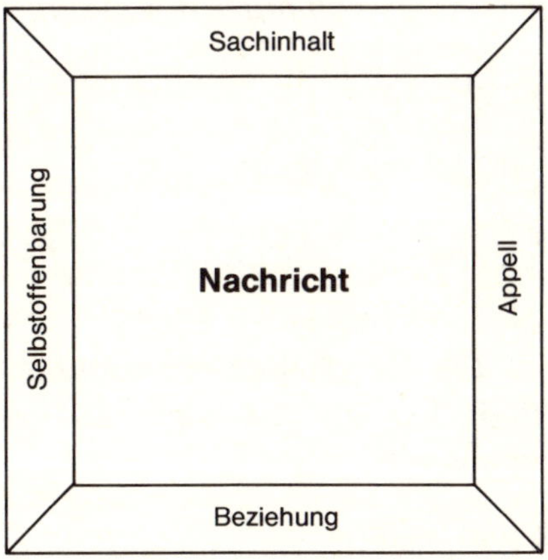

„bei Deinen finanziellen Verhältnissen würde ich mir öfters Urlaub gönnen."

Nach dieser Aussage mag beim Empfänger der Eindruck entstehen, daß er zwar jedes Wort davon verstanden hat, aber nicht weiß, was der Sender damit *wirklich* sagen wollte.

Eine Aussage kann viele Botschaften gleichzeitig beinhalten und auf mehrere Weisen aufgefaßt werden. Oft kann ein Empfänger auf eine Nachricht auf drei Ebenen zustimmen, auf einer hingegen nicht. (*Was* ein Sender sagt, mag auf der Sach-, Offenbarungs- und Appellebene durchaus richtig und stichhaltig sein, aber *wie* er es sagt, kann auf der Beziehungsebene vom Empfänger oft nicht ohne Konflikt hingenommen werden.)

Um eine stimmige Kommunikation mit anderen zu ermöglichen, ist es wichtig, die psychologischen Zusammenhänge zu verstehen (siehe Abbildung: „Psychologisches Modell der zwischenmenschlichen Kommunikation" nach Schulz von Thun).

1. Sachinhalt (worüber ich mich informiere)

Jede Nachricht enthält eine Sachinformation. Wenn es also um eine *Sache* geht, sollte diese Seite der Nachricht Vorrang haben.

2. Selbstoffenbarung (was ich von mir selbst kundgebe)

In jeder Botschaft steckt auch Information über die Persönlichkeit des Senders. Sie schließt sowohl die gewollte Selbstdarstellung als auch die unfreiwillige Selbstenthüllung mit ein.

3. Beziehung (was ich von Dir halte und wie wir zueinander stehen)

Eine Nachricht besagt auch immer, in welchem Verhältnis der Sender zum Empfänger steht. Für diese Seite der Nachricht hat der Empfänger ein besonders empfindliches Ohr, da er hier auf bestimmte Weise behandelt bzw. mißhandelt wird.

4. Appell (wozu ich Dich veranlassen möchte)

Fast alle Nachrichten haben die Funktion, auf den Empfänger Einfluß zu nehmen. Der Sender veranlaßt den Empfänger, bestimmte Verhaltensweisen auszuüben.

Eine Nachricht aus der Sicht des Empfängers

Um eine Nachricht zu entschlüsseln, sollte der Empfänger *vier* Ohren haben (siehe Abbildung: „Der ‚vierohrige' Empfänger“ nach Schulz von Thun).

1. Sach-Ohr

Hier wird der Sachverhalt einer Nachricht aufgenommen. Viele Empfänger sind Spezialisten auf diesem Ohr – Probleme auf der zwischenmenschlichen Ebene können aber nicht mit Sachargumenten gelöst werden.

2. Beziehungs-Ohr

Bei einem großen Teil der Empfänger ist das auf die Beziehungsseite ausgerichtete Ohr besonders empfindsam ausgeprägt. Sie interpretieren Stellungnahmen zur eigenen Person in beziehungsneutrale Nachrichten. Solche Menschen nehmen deshalb alles persönlich und fühlen sich oft angegriffen, indem sie alles von der Beziehungsseite sehen.

3. Selbstoffenbarungs-Ohr

Eine Nachricht unter diesem Aspekt aufzunehmen bedeutet, eine Aussage über die *Person* des anderen zu erhalten. Ein gut ausgebildetes Offenbarungs-Ohr kann sich in die Gedanken- und Gefühlswelt des Senders wertfrei einfühlen.

4. Appell-Ohr

Ein besonders ausgeprägtes Appell-Ohr haben jene Menschen, die es allen anderen recht machen und auch die unausgesprochenen Erwartungen ihrer Mitmenschen erfüllen wollen.

Anhand dieser Erkenntnisse kann man versuchen, dem Gesprächspartner eine *klare* Aussage zu übermitteln, die er so verstehen kann, wie sie auch gemeint ist. Er kann auch von der Möglichkeit Gebrauch machen, bei anderen sein Verständnis (auf welcher Ebene er die Aussage empfangen hat) zu überprüfen (reflektieren). Durch Rückmeldung (Feedback) kann der Sender überprüfen, ob seine Sende-Absicht mit dem Empfangs-Resultat übereinstimmt.

Welche Schlüsse sollten Vorgesetzte daraus ziehen?

- Teilen Sie Sachverhalte verständlich und klar mit, ohne versteckte Botschaften mit einzubauen.
- Geben Sie mit Ihren Aussagen echte (authentische) Selbstoffenbarung und verstecken Sie sich nicht hinter einer „Fassade“ – das geht auf Kosten der seelischen Gesundheit.
- Führen Sie sich ständig vor Augen, *wie* Sie einen Menschen durch Ihre Aussage behandeln.
- Wollen Sie mit einer Aussage etwas beeinflussen oder bewirken, dann manipulieren Sie Ihre Nachricht nicht, sondern sagen deutlich und erkennbar, was Sie möchten.

- Versuchen Sie, Ihre zwischenmenschliche Kommunikation so zu führen, daß Ihr Gesprächspartner in Ihre Aussage keine falsche Bedeutung hineininterpretieren kann.

2.3.4 Nutzen Sie beim Umgang mit Ihren Mitarbeitern die psychologischen Erkenntnisse

Menschliche Verhaltensweisen sind geprägt von persönlichen Bedürfnissen und deren Befriedigung. Die Wünsche und Ansprüche eines Individuums sind sowohl im Bewußtsein als auch im Unterbewußtsein angesiedelt. Über ein psychologisches Know-how zu verfügen bedeutet

- andere Menschen besser zu erkennen,
- sich in sie hineinzuversetzen,
- ihre Verhaltensweisen zu verstehen und
- das eigene Verhalten zu begreifen und zu reflektieren.

Tradierte Normen und übernommene Wertvorstellungen von Individuen machen ihre Verhaltensweisen für zahlreiche Mitmenschen unbegreiflich. Durch Erkenntnisse der Verhaltenspsychologie ist eine Person in der Lage, die Handlungsweisen anderer besser zu verstehen und Konflikte zu vermeiden. Das persönliche Weltbild, Wunschvorstellungen und ein erhöhtes Selbstwertgefühl lassen Menschen oft Verhaltensweisen annehmen, die von anderen nicht verstanden und oft nicht gebilligt werden. Ist man sich über die Ursachen eines Verhaltens im klaren, bringt man für einen Menschen eher Verständnis auf und verhält sich persönlich kontrollierter, fairer und für den einzelnen demzufolge auch hilfreicher. Für Außenstehende ist das menschliche Verhalten oft nur die sichtbare Spitze eines Eisberges – aber der unter der Oberfläche verborgene Teil eines Menschen ist mindestens ebenso bedeutsam und wert, näher erforscht zu werden.

Bei einem Menschen, bei dem die Vorstellungen seiner Umwelt über seine eigenen Vorstellungen herrschen, wird eine Anpassung seiner persönlichen Wünsche an die seines Umfeldes erfolgen. Eine Persönlichkeit kann aber nur dann unter einer dominanten Umwelt existieren, wenn sie folgende Abwehrmechanismen entwickelt, die dann ihre menschlichen Handlungen prägen:

- *Rationalisierung*
  Eine Situation wird in der Weise dargestellt, daß der betreffende Mensch für andere im bestmöglichen Licht erscheint.

- *Verdrängung*
  Hier wird ein Tatbestand, der als unangenehm, ungerecht und schmerzlich empfunden wird, ins Unterbewußtsein verdrängt.

- *Projektion*
  Hier handelt es sich um eine unvollständige Verdrängung. Impulse aus dem eigenen Inneren werden bei anderen wahrgenommen, d.h., eigene Aggressionen und negative Haltungen werden auf *andere* projiziert statt verdrängt.

- *Reaktionsbildung*
  Triebe aus dem Unterbewußtsein lösen oft Angstzustände aus, weil das Gewissen diese Impulse blockiert. Dies führt zu genau entgegengesetztem Verhalten (zum Beispiel Galgenhumor).

- *Sublimierung*
  Hier werden Impulse verdrängt und zu Impulsen geistiger Leistungen umgewandelt, d.h., die Befriedigung elementarer Bedürfnisse wird zugunsten höherer Ziele (zum Beispiel in Wissenschaft oder Kunst) verdrängt.

- *Verschiebung*
  Das bedeutet, ein Mensch läßt (aus Mangel an Zivilcourage) seinen Ärger (zum Beispiel über den Chef oder den Partner) an einem schwächeren Glied der Gesellschaft (zum Beispiel Untergebenen oder Menschen, die anpassungsfähig sind) aus.

- *Regression*
  Bei diesem Verhalten greift ein Mensch aus augenblicklicher Enttäuschung und Frustration auf frühere erfolgreiche Verhaltensweisen und Lebensbewältigungen zurück (Nichtakzeptanz der gegenwärtigen Situation durch bewußtes Beschönigen der vergangenen Werte).

Ein entsprechendes psychologisches Know-how gibt jedem erfolgreichen Menschen ein Werkzeug in die Hand, das hilft, die Denkweisen anderer und das gesamte Umfeld besser verstehen zu lernen. Daher gilt es, aus der Sicht der Vorgesetzten zu beachten:

- Versuchen Sie, einen Mitmenschen nicht nur vordergründig zu beurteilen, sondern machen Sie sich auch Gedanken über die Hintergründe seiner Handlungsweisen.
- Finden Sie heraus, welche Abwehrmechanismen Ihre Mitmenschen entwickelt haben, um sich in ihrer Umwelt durchzusetzen und erfolgreich zu behaupten.
- Wenn Sie Ihre Mitmenschen und deren Reaktionen nicht immer begreifen, so halten Sie sich stets vor Augen, daß Prozesse in ihnen stattfinden, die Ihnen unbekannt sind.
- Ist Ihnen am Verhalten eines anderen etwas unbegreiflich, so begegnen Sie ihm eher mit Toleranz als mit Verachtung, solange Ihnen die Hintergründe seiner Handlungsweisen nicht bekannt sind.

2.3.5 Geben Sie Ihren Mitmenschen die Aufmerksamkeit, welche Sie von diesen selbst erwarten

Wissenschaftliche Untersuchungen haben bewiesen, daß die Befindlichkeit eines Individuums wesentlich davon abhängt, wieviel Aufmerksamkeit ihm von seinen Mitmenschen und seinem Umfeld entgegengebracht wird. Zahlreiche Fälle von schweren psychischen Störungen aus Mangel an Aufmerksamkeit (Strokes) können dazu aufgeführt werden.

Überwiegt die Haben-Seite mit positiven Strokes, wird sich ein Mensch in der Gesellschaft wohl fühlen und zum Siegertyp werden. Auch gelegentliche Mißerfolge kann er dann leicht wegstecken. Sind dagegen die negativen Strokes in der Überzahl oder muß ein Individuum gar auf Aufmerksamkeit aus seiner Umwelt ganz verzichten, beeinträchtigt dies sein Wohlbefinden ganz wesentlich; dieser Mensch fühlt sich als ein Verlierer, der Mißerfolg ist vorprogrammiert und die Widerstandskraft gegenüber Fehlschlägen nimmt zusehends ab.

Viele Störungen im Vorgesetzten-Mitarbeiter-Verhältnis sind auf ein Defizit ihrer Stroke-Bilanz zurückzuführen, und zahlreiche Beziehungsprobleme haben ihre Ursachen in der mangelnden Aufmerksamkeit, die Menschen einander geben.

Die Aufmerksamkeit, die Vorgesetzte ihren Mitarbeitern zuteil werden lassen, kann in folgende Stroke-Kategorien unterteilt werden:

- *Physische Strokes (positive)*
  Sie bedeuten eine angenehme physische Berührung und können in Form von Streicheln, Umarmen, Auf-die-Schulter-klopfen, etc. gegeben werden.

- *Physische Strokes (negative)*
  Hierbei handelt es sich um unangenehme physische Berührungen, wie zum Beispiel Schlagen, Treten, Stoßen, Ohrfeigen etc..

Eine freundliche Berührung kann eine sehr große Wirkung auf den Mitmenschen haben. Voraussetzung ist jedoch, daß diese natürlich, mit dem nötigen Einfühlungsvermögen und der Situation angepaßt geschieht. Der Mangel an physischer Berührung ist sicher eine der Ursachen, warum wir oft gehemmt und verschlossen auf andere wirken.

- *Psychische Strokes (positive)*
  Das können zum Beispiel ein anerkennender Blick, bewundernde Hochachtung, ein Lächeln oder eine Beförderung sein.

- *Psychische Strokes (negative)*
  Hierunter versteht man zum Beispiel verächtliche Blicke, geringschätzige Aussagen, Abwinken, Achselzucken oder eine Kündigung.

Alle Stroke-Arten können entweder bedingt oder unbedingt sein:

- *Bedingte Strokes*
  Sie sind geplante Aufmerksamkeiten, d.h. durch etwas Vorhersehbares bedingt, und erfolgen aufgrund besonderer Anlässe, zum Beispiel Jubiläen, Geburtstage oder sonstiger Feiern.

Durch die Vorhersehbarkeit dieser Strokes ist ihre Wirkung nicht sehr stark, da sie nicht als Überraschung kommen, sondern erwartet wurden und dadurch oft als Selbstverständlichkeit angesehen werden.

– *Unbedingte Strokes*
  Sie sind spontaner Natur, benötigen keinen Anlaß und haben dadurch auch eine wesentlich stärkere Wirkung. Sie können in Form eines unerwarteten Blumenstraußes, Briefes oder eines Geschenkes gegeben werden. Unbedingte Strokes werden als ehrlicher und herzlicher empfunden und wesentlich stärker vom Betroffenen honoriert.

Wissenschaftler sind der Meinung, daß die Anerkennung, die wir von der Umwelt bekommen bzw. anderen geben, so notwendig und wichtig wie unser tägliches Brot ist und daß Strokes einen wesentlichen Inhalt und Sinn unseres Daseins ausmachen.

Was bedeuten diese Aussagen für Vorgesetzte?

- Geben Sie Aufmerksamkeiten auf natürliche Weise, ungekünstelt und ohne Standardphrasen.
- Ihr *Verhalten* wird vom Partner eher als Ihre wirkliche Einstellung interpretiert als Ihre *Worte*.
- Vermeiden Sie Strokes, die Hintergedanken oder verborgene Absichten haben, da der Gesprächspartner fühlt, daß Sie durch Ihr Verhalten etwas erreichen wollen.
- Machen Sie das Geben von positiven Strokes nicht von *der* Aufmerksamkeit abhängig, die Ihnen selber zuteil wird.
- Steigern Sie Ihre Fähigkeit bewußt, spontane Aufmerksamkeit zu geben und Ihr Wohlwollen gegenüber anderen auszudrücken.
- Wenn Sie Ihrer Umwelt ausreichende Aufmerksamkeit widmen, werden Sie im Laufe der Zeit *automatisch* auch mehr Aufmerksamkeit von Ihren Mitmenschen erhalten.

2.3.6 Geben Sie Ihren Mitarbeitern ausreichendes Feedback

Feedback geben bedeutet Rückmeldung von Informationen, d.h., wer eine bestimmte Leistung erbracht hat, sollte anschließend auch erfahren, ob diese Leistung ausreichend war und welchen Zweck sie erfüllte.

Ein Verlagsangestellter führt beispielsweise im Rahmen seiner Befugnisse eine Werbe-Sonderaktion durch. Mit großem persönlichen Einsatz verschickt er Rundschreiben mit zahlreichen Informationen an eine von ihm herausgesuchte Interessentengruppe, die dem Absatz eines bisher schleppend verkauften Buches neue Impulse geben sollte. Nun ist es für ihn besonders wichtig, über den Eingang eventueller Buch-Bestellungen, die auf seine Aktion zurückzuführen sind, ein ausreichendes Feedback zu erhalten. Bleibt dieses jedoch aus, wird ihm die „Belohnung" für seinen Sondereinsatz versagt und damit jede neue Motivation für zusätzlich erbrachte Leistungen von vornherein unmöglich gemacht. Erhält er jedoch eine positive Rückmeldung, so wird er sich vornehmen, nach diesem Erfolg einem weiteren Buch neue Absatzchancen auf diese Weise einzuräumen. Selbst bei einem negativen Feedback wird er zumindest die Ursache des Mißerfolgs ergründen wollen und eventuell das nächste Mal eine andere Zielgruppe oder dergleichen ansprechen.

Die Ursache von problematischen zwischenmenschlichen Beziehungen sind häufig Feedback-Defizite, da der einzelne keine adäquaten Rückmeldungen auf seine Verhaltensweisen bekommt. Solche Feedback-Defizite verhindern im *persönlichen* Bereich positive zwischenmenschliche Beziehungen und im *leistungsbezogenen* Bereich ein angemessenes Arbeitsverhalten, denn mangelnde Rückmeldung kann hier

- demotivierend,
- frustrierend und
- verunsichernd

wirken.

Es ist aber gleichzeitig auch wichtig, diesen Informationsaustausch sachlich, verständnisvoll und einfühlsam vorzunehmen, um dem Partner nicht durch unsachgemäßes Geben bzw. Nehmen von Feedback zu enttäuschen oder zu verärgern.

Was sollten Vorgesetzte beherzigen?

- Geben und nehmen Sie Feedback positiv.
- Unterscheiden Sie beim Geben von Feedback zwischen Tatsachen, Wahrnehmungen, Vermutungen und Gefühlen, und stellen Sie letztere nicht als Fakten dar.
- Bitten Sie Ihren Partner um Rückmeldungen, die für Sie wichtig sind, hören Sie sich diese dann auch kommentarlos an.
- Positives Geben und Nehmen von Feedback bedarf einer ständigen Übung und eines großen psychologischen Einfühlungsvermögens.

2.3.7 Achten Sie bei Verhandlungen auf beiderseitigen Nutzen

Verhandlungen und Gespräche sind ein wesentlicher Teil der zwischenmenschlichen Kommunikation. Individuen, die hier – sowohl im persönlichen als auch im geschäftlichen Bereich – immer nur den eigenen Nutzen sehen und jenen der Partner nicht mit einkalkulieren, laufen Gefahr, auf lange Sicht gesehen, von einer Siegerposition in eine Verliererrolle überzuwechseln. Wer auf Dauer seine Erfolgsposition behalten möchte, muß in allen Lebensbereichen darauf achten, seinen Partnern dieselben Chancen einzuräumen, die der eigenen Erwartungshaltung entsprechen. Wissenschaftliche Interaktions-Hypothesen gehen im allgemeinen davon aus, daß zwei Personen ihre Kommunikation, d.h. ihre Verbindung, nur so lange aufrechterhalten, wie sie sich beide einen gleichwertigen Nutzen davon versprechen.

Die persönliche Achtung und Wertschätzung aller Gesprächsteilnehmer und Verhandlungspartner ist die Basis für erfolgreiche Gespräche und gleichzeitig auch eine notwendige Voraussetzung für beiderseitigen Nutzen. Wer dabei nur an den eigenen Nutzen denkt und die Erwartungshaltung der anderen mißachtet, macht sich auf die Dauer unbeliebt und wird von niemandem mehr geachtet und geschätzt. Fruchtbare Diskussionen sind nur dann möglich, wenn die jeweiligen

Standpunkte der Verhandlungspartner nicht zu weit voneinander entfernt sind, da sonst überhaupt keine Verständigung möglich ist. Deshalb ist es notwendig, um beidseitigen Nutzen zu erhalten, daß jeder Gesprächspartner von seinem ursprünglichen Standpunkt mehr oder weniger stark abrückt. Jeder Teilnehmer sollte Brücken bauen, damit sich die unterschiedlichen Standpunkte aufeinanderzubewegen und schließlich annähern können.

Beispiel:

Bei einem Druckauftrag möchte der Auftraggeber natürlich das preiswerteste Angebot und gleichzeitig den günstigsten Termin erhalten. Die Druckerei sollte, um den Kunden nicht an die Konkurrenz zu verlieren (aber um auch gleichzeitig die eigenen Interessen nicht ganz aufzugeben), wenn sie das Angebot nicht preiswerter anbieten kann, dem Kunden entweder eine Extraleistung, die im Bereich des Machbaren liegt, anbieten oder ihm eine besonders rasche Erledigung des Auftrages zusichern. Es besteht auch die Möglichkeit, falls die Konditionen nicht anders zu erfüllen sind, dem Kunden für den nächsten Auftrag eine günstigere Auftragsdurchführung einzuräumen.

Bereits Schopenhauer hat darauf hingewiesen, daß es dem Menschen ein Bedürfnis ist, einer Organisation, Gemeinschaft oder einem Mitmenschen, welchem er sich zugehörig fühlt, Nutzen zu bringen und für ihre Erhaltung Sorge zu tragen.

Welche Schlüsse sollten Vorgesetzte aus diesen Aussagen ziehen?

- Versuchen Sie, bei Verhandlungen nicht nur den eigenen Nutzen, sondern auch die Interessen des Gesprächspartners zu berücksichtigen.
- Denken Sie daran, daß Eigennutzen nicht unbedingt auf Dauer nur Vorteile bringt.
- Vermeiden Sie bei Verhandlungen emotionale Äußerungen, und greifen Sie den Gesprächspartner nicht persönlich an.
- Wenn Sie in einem Verhandlungsgespräch zu einem optimalen Ergebnis gekommen sind, verhalten Sie sich nicht als ein ‚Sieger', da Sie damit Ihren Gesprächspartner zum Verlierer abstempeln.

2.3.8 Nehmen Sie die Hinweise anderer zu Ihrem eigenen Verhalten positiv auf

Erkenne Dich selbst! Diese philosophische Weisheit ist aber schwer zu beherzigen, da schon nach Freud die Selbsterkenntnis die schwierigste Aufgabe sei, die das Leben an den Menschen stellt. Niemand ist so perfekt, daß er nicht für den Rest seines Lebens damit beschäftigt wäre, seine Verhaltensweisen so zu korrigieren, daß er vor sich selbst und seinem Umfeld bestehen kann. Kein Mensch ist aber in der Lage, sich so wahrzunehmen, wie die Umwelt ihn sieht. Deshalb ist man bei Verhaltensänderungen auf die Hinweise der anderen angewiesen. Wer wohlgemeinte Ratschläge aus der Umwelt aber in den Wind schlägt oder mit Verärgerung darauf reagiert, weist ein Informations-Potential zurück, das ihm sehr hilfreich bei der Verwirklichung einer reifen Persönlichkeit sein könnte.

Beispiele:

Bei Vorträgen, Geschäftsgesprächen und desgleichen benutzen Sie wiederholt Redewendungen oder machen Bewegungen, die durch die ständige Wiederholung von den Partnern als störend empfunden werden. Da diese Verhaltensweisen aber unbewußt von Ihnen gemacht werden, kann Sie nur ein Außenstehender auf dieses Verhalten hinweisen.

Ihr Situationspartner nimmt bei Ihnen Symptome wie Besserwisserei oder Geltungssucht wahr, die häufig auf dauerndes Verdrängen von Konflikten zurückzuführen sind, oder er sagt Ihnen, daß Ihre negative Leistungsmotivation von Ihren unbewußten Versagungsängsten herrührt.

Als Trivial-Beispiel kann hier noch der nur von anderen bemerkte Mundgeruch angeführt werden.

Durch offene Gespräche und adäquate Informations- und Kommunikationsprozesse ist der einzelne in der Lage, aus den Hinweisen anderer zu seinem Verhalten Schlüsse und daraufhin bestimmte Konsequenzen zu ziehen. Die meisten Menschen haben aber ein viel zu positives Selbstbild in ihrem Innern aufgebaut, deshalb weisen sie oft gutgemeinte Hinweise zu ihrem Verhalten entrüstet als einen Eingriff in ihre Privatsphäre ab. Wissenschaftliche Untersuchungen haben bewiesen, daß nur engstirnige, von sich selbst überzeugte Personen die gutgemeinten und meist sehr zutreffenden Hinweise anderer in den Wind schlagen und es unter ihrer Würde finden, sich aufgrund solcher Aussagen Gedanken über ihr eigenes Verhalten zu machen. Sie sind so überzeugt von sich selbst; ihnen ist mit gutgemeinten Ratschlägen nicht zu helfen.

Was bedeuten diese Aussagen für Vorgesetzte:

Wenn Sie auf Fehler in Ihrem Verhalten von anderen hingewiesen werden, fangen Sie nicht an,

- sich zu verteidigen,
- Ihr Verhalten zu rechtfertigen,
- nach Erklärungen und Ausflüchten zu suchen,

sondern hören Sie sich alles in Ruhe an, und gehen Sie in sich.

Werden Sie von einem Partner auf bestimmte Verhaltensweisen aufmerksam gemacht, dann

- reagieren Sie nicht ungehalten,
- klagen nicht Ihrerseits bestimmte Verhaltensweisen bei ihm an,
- honorieren Sie es, daß er den Mut hatte, mit Ihnen offen zu sprechen.

Beachten Sie, daß der anschließende Handlungsbedarf ganz allein aufgrund Ihrer persönlichen Erkenntnis – nicht aber auf Drängen der anderen – erfolgen kann. Bei Ihnen allein liegt letztendlich die Entscheidung, ob Sie an Ihren Verhaltensweisen tatsächlich etwas ändern wollen oder ob bei Ihnen die Weiterbildung der eigenen Persönlichkeit auch weiterhin nur einen geringen Stellenwert behält.

2.4 Voraussetzungen bei den Mitarbeitern

Alle Firmenmitglieder erwarten von Ihrem Betrieb, daß er mitarbeiterorientiert ist, ihnen soziale Vergünstigungen, sichere Arbeitsplätze, leistungsgemäße Entlohnung und in ihrem Arbeitsbereich eine persönliche Bedürfnisbefriedigung bietet. Nun muß ein Unternehmen seinerseits aber auch sicherstellen, daß es für diese Aufwendungen eine adäquate Gegenleistung von seinen Mitgliedern erhält. Um den Erfolg, d.h. Produktivitätssteigerung und Wettbewerbsfähigkeit, zu gewährleisten, muß auch ein mitarbeiterorientiertes Unternehmen – sowohl im eigenen als auch im Interesse seiner Mitglieder – bestimmte Anforderungen an seine Mitarbeiter stellen. Eine Realisierung der strategischen Wettbewerbsvorteile durch Weiterbildung ist nur dann möglich, wenn die Firmenmitglieder ihrerseits auch die notwendige Bereitschaft dazu aufbringen. Mit einer positiven Grundeinstellung gegenüber der eigenen Person, den Mitmenschen und dem Unternehmen schaffen sie die besten Voraussetzungen, herausragende Leistungen und Ergebnisse im betrieblichen Arbeitsbereich zu erbringen und gleichzeitig ein erfülltes Leben zu führen.

Wesentliche Faktoren, die es bei den Mitarbeitern zu beachten gilt, sind

- positive Selbstmotivation (2.4.1),
- Nutzen der Fähigkeiten (2.4.2),
- zügige Arbeitsabwicklung (2.4.3),
- Umfeldorientierung (2.4.4),
- Lernen aus Fehlern (2.4.5),
- Rasche Umsetzung der Kenntnisse (2.4.6),
- kollegiale Zusammenarbeit (2.4.7).

Diese Faktoren werden in den folgenden Ausführungen eingehend erläutert.

2.4.1 Sorgen Sie für eine positive Selbstmotivation

Motivation ist ein Zustand des Angetrieben-Seins, in dem sich einzelne Motive manifestieren, die zu einer bestimmten Aktion führen. Die Beweggründe unseres Handelns hängen jedoch von persönlichkeitsspezifischen Faktoren ab.

Innerhalb des Motivgefüges wird vorwiegend in

- habituelle Motivation und
- Aktualmotivation

unterschieden.

Erstere bezieht sich auf die Einstellung des Menschen, die aus dem Innern heraus entsteht und nicht von außen erzeugt werden muß. Es handelt sich dabei um eine *intrinsische Motivation*, die auch als Primärmotivation (ursprünglich) bezeichnet werden kann. Hier wird ein Individuum stets um einer Sache willen aktiv – hier wird Leistung aus Freude an der Arbeit erbracht. Im zweiten Fall spricht man auch von einer *extrinsischen Motivation*, der sogenannten Sekundärmotivation, die von äußeren Reizen und Einflüssen erzeugt wird. Hier ist ein Individuum motiviert, etwas als Mittel zum Zweck zu tun.

Die intrinsische Motivation kommt aus der inneren Überzeugung heraus, muß also nicht mühevoll durch Anreize stimuliert werden und bedeutet dauerhaftes Engagement für eine Aufgabenstellung. Intrinsisch motivierte Menschen setzen sich für eine Aufgabe allein optimal ein, da diese sie als solche befriedigt. Die extrinsische Motivation führt nur kurzfristig zu einer Leistungssteigerung, da die von außen kommenden Reize und Antriebe relativ schnell an Wirkung verlieren (zum Beispiel eine Gehaltserhöhung) und sich deshalb bald wieder der alte Zustand der Unzufriedenheit einstellt. Extrinsisch motivierte Menschen benötigen zusätzliche Anreize, da sie Arbeit lediglich als eine mehr oder weniger lästige Pflichterfüllung ansehen.

Der überwiegende Teil der Menschen besitzt in gewissem Umfang einen natürlichen Leistungsantrieb, jedoch sind manche stärker leistungsmotiviert als andere. Das von Natur aus leistungsmotiviertere Individuum wird alle anderen bei der Umsetzung eines Antriebes in Leistung übertreffen, da es sich mehr anstrengen wird, um den an sich selbst gestellten höheren Anforderungen zu entsprechen. Ein Mensch ohne starken inneren Leistungsdrang wird gewöhnlich für verstärkte Anstrengung eine entsprechende materielle Entlohnung erwarten, während den stark leistungsmotivierten in erster Linie die Aufgabenstellung als solche und deren erfolgreiche Bewältigung reizt. Dieser muß nicht erst durch Versprechungen jeglicher Art „bestochen“ werden, für ihn ist die schwierige Aufgabe allein eine ausreichende Motivation.

Was sollten Mitarbeiter aus diesen Aussagen ableiten?

- Versuchen Sie, einen hohen Ausprägungsgrad an intrinsischer Motivation zu erreichen, da Ihr persönlicher Erfolg davon entscheidend beeinflußt wird.
- Schöpfen Sie Ihre Kraft für Leistungsfähigkeit aus Ihren unerschöpflichen inneren Reserven.
- Schaffen Sie sich optimale Rahmenbedingungen für eine Leistungssteigerung durch intrinsische Motivation.

Beispiel:

Ihnen wird ein Aufgabengebiet zugewiesen, das Ihnen nicht liegt, da Sie weder einen besonderen Bezug zum Thema haben noch großes Interesse dafür aufbringen können. Ist die Durchführung der Arbeit unumgänglich, versuchen Sie, sich intrinsisch zu motivieren, indem Sie mit Tatkraft an die Aufgabenstellung gehen und diese als eine persönliche Herausforderung ansehen, der Sie vor sich selber gewachsen sein wollen. Sehen Sie es auch als Chance an, daß Sie sich im Zuge dieser Aufgabenbewältigung eine Menge neue Informationen und Wissen aneignen können, was nur Ihnen persönlich nützlich ist.

Gerade bei der Weiterbildung ist die Motivation *der* wirksame Antrieb für den Lernerfolg schlechthin. Man hat erkannt, daß es von der Lernmotivation abhängt, in welchem Maß neuer Stoff aufgenommen und verarbeitet wird. Motivation ist wohl der wirksamste Antrieb zum Lernen. Ohne Motivation ist überhaupt kein Lernen möglich. Der Lernerfolg ist wesentlich von Faktoren wie Interesse, Lernbereitschaft und

Lernintensität abhängig. Es ist erwiesen, daß man hauptsächlich jenen Stoff behält, welchen man mit Aufmerksamkeit, Interesse und der vollen Absicht, ihn auch zu behalten, lernt.

1. Voraussetzung für sinnvolles Lernen sind die Beweggründe (Motivationen), welche zum Lernen veranlassen.
2. Neuer Lernstoff muß bewußt und positiv aufgenommen werden.
3. Die aufgenommenen Informationen müssen aktiv verarbeitet werden.
4. Eine erfolgreiche Aktivität, welche das angestrebte Ziel erreicht hat, schafft neue Motivationen.

Lernmotivationen und Lernaktivität werden durch Erfolgserlebnisse gesteigert. Dieser Effekt ist um so gravierender, je kürzer der zeitliche Abstand zwischen der Lernanstrengung und ihrer Bewertung ist. Die meisten Lernvorhaben sind mit sowohl positiven als auch negativen Komponenten besetzt. Dadurch entstehen gemische Motivationen, die gleichzeitig Vermeidung und Zuwendung zu einem Problem verursachen. Es ist durch eine ganze Reihe von Untersuchungen bewiesen, daß positive Motivationen für Lernvorgänge den größeren Behaltenseffekt bewirken als negative. Es ist also wichtig, positive Motivationen zu erzeugen.

Die weitaus stärkste motivierende Kraft geht von der Belohnung aus, die mit der Leistung in unmittelbarem Zusammenhang stehen muß.

1. Verhaltensweisen werden gelernt, wenn sie durch Erfolg und Belohnung honoriert werden.
2. Die Belohnung muß in einem vernünftigen Verhältnis zur Leistung stehen.
3. Um wirksam zu sein, muß die Belohnung unmittelbar auf das gewünschte Verhalten folgen.

Besonders lernwirksame Motivationshilfen sind Interesse und Neugier. Die Erforschung unserer Umwelt durch Wissenschaftler wird von demselben Motiv geleitet.

1. Lernstoff, für den von vornherein ein gewisses Interesse besteht, wird leichter gelernt, als Stoff, dem man gleichgültig gegenübersteht.

2. Wird man durch Neugier zum Lernen „angetrieben“, ist der Lernerfolg größer, da er auf freiwilliger Basis beruht.
3. Als wichtiger motivierender Faktor sei noch die Absicht aufgeführt, mit der man sich vornimmt, einen Lernstoff zu behalten.

Es ist also wichtig, Lernleistung und Lernmotivation zu verbessern. Mittel- und kurzfristige Teilziele sollten langfristigen Zielen vorgezogen werden, um Erfolgserlebnisse zu schaffen. Negative Motivationen hemmen das Lernen und vermindern den Lernerfolg. Es ist erwiesen, daß der Erfolg beim Lernen nie größer sein kann als die innere Einstellung und Bereitschaft dazu. Die Lernfähigkeit hängt also in erster Linie von der Lernbereitschaft ab, die ihrerseits ein gewisses Maß an Interesse voraussetzt.

2.4.2 Nutzen Sie Ihre Fähigkeiten

Jeder Mensch hat bestimmte, ihm eigene Fähigkeiten in die Wiege gelegt bekommen. Es ist besonders wichtig, sich genau dieser Stärken bewußt zu werden und seinen Erfolg auf diesen aufzubauen. Erfolgreich kann man nur auf jenen Gebieten sein, für die man entweder

- besser als andere geeignet ist oder
- ein spezielles Interesse besitzt oder
- sich spezialisiert hat oder auch
- mehr als andere zu leisten bereit ist.

Stellen Sie zuerst fest, in welchen Bereichen Sie besondere Fähigkeiten aufweisen und in welchen Eigenschaften Sie Ihren Mitmenschen voraus sind.

Setzen Sie sich nicht unnötigerweise Grenzen, wo bei näherem Hinsehen gar keine sind. Diese eigenen Grenzen bestehen meist aus vermeintlichen Hindernissen, die man selbst errichtet hat und die man deshalb auch nur selber wieder abbauen kann. Denn Erfolg wird erreicht durch Überwinden der eigenen Grenzen.

Versuchen Sie aber andererseits nicht,sich irgendwelche „Wunsch-Fähigkeiten“ zuzuschreiben, sondern konzentrieren Sie sich nur auf die tatsächlich vorhandenen Neigungen. Da jeder relativ viele Fähigkeiten aufweisen kann, sollten Sie jene auswählen, von welchen Sie glauben, daß sie eine größere Chance für Erfolg bieten.

Gehen Sie nun systematisch daran, Ihre chancenreichsten Fähigkeiten durch

- zusätzliches Training auszubauen,
- sinnvolle Weiterbildung zu vervollkommnen und durch
- laufende Anwendung in der Praxis weiterzuentwickeln.

Haben Sie sich zum Beispiel vorgenommen, an einem Weiterbildungslehrgang teilzunehmen, dann werden Sie einen erfolgreichen Abschluß des Kurses nur dann erreichen, wenn Sie von sich selber und Ihren Fähigkeiten überzeugt sind und Sie auch gleichzeitig eine positive Grundeinstellung gegenüber der Weiterbildung haben.

Beim Vorsatz, die eigenen Fähigkeiten optimal zu nutzen, sollte auch der Aspekt einer altersbedingten Entwicklung der Intelligenz verstärkte Beachtung finden. Aufgrund wissenschaftlicher Erkenntnisse findet der Verlauf unserer Intelligenzentwicklung im Laufe eines menschlichen Lebens auf zwei unterschiedlichen Ebenen statt. Während die sogenannte „kristalline Intelligenz“ sich auf die Akkulturation bezieht – das ist jenes Wissen, welches man durch die Kultur des persönlichen Umfeldes übernimmt und zu dem auch jede Art der Weiterbildung gehört – bezieht sich die sogenannte „fluide Intelligenz“ auf die neurologischen und physiologischen Voraussetzungen für Intelligenz. Die kristalline Intelligenz nimmt während der gesamten Lebenszeit ständig zu, während die fluide Intelligenz bereits ab dem Jugendalter wieder abnimmt.

Anhand der Erkenntnis, daß Intelligenz keine globale Einheit darstellt, sondern sich aus einer Reihe unterschiedlicher Fähigkeiten zusammensetzt, ist der Mensch in der Lage, durch geeignete Maßnahmen den abnehmenden Verlauf der fluiden Intelligenzkurve zu verlangsamen und die steigende kristalline Intelligenzkurve zu verstärken.

Voraussetzungen zur Steigerung der kristallinen Intelligenz:

- lebenslange geistige Aktivität
- allem Neuen gegenüber aufgeschlossen und aufnahmebereit sein
- jede Art von Bildungsangeboten bis ins hohe Alter in Anspruch nehmen
- durch vielseitige Interessen zahlreiche Anregungsbedingungen schaffen
- andersdenkenden Mitmenschen aus fremden Kulturkreisen vorurteilsfrei und lernbereit begegnen

Fazit:

Je höher das Bildungsniveau, desto höher das spätere Leistungsvermögen – geistig aufgeschlossene Menschen haben auch eine höhere Lebenserwartung.

Voraussetzungen zum Erhalt der fluiden Intelligenz:

- lebenslange körperliche Aktivität
- positive Lebenseinstellung
- vollwertige und gesunde Ernährung
- ausreichender Schlaf

Fazit:

Der physiologische Alterungsprozeß und das Nachlassen der Reaktionsgeschwindigkeit können durch gezieltes Vorbeugen erheblich verzögert werden.

2.4.3 Handeln Sie – machen Sie es sofort

Der Philosoph William James gab als Antwort auf die Frage nach den Geheimnissen des Erfolges das Bekenntnis ab:

1. Beginne sofort
2. Gehe mit Leidenschaft an die Sache heran
3. Erlaube Dir keine Ausnahmen

Der Erfolg setzt nach diesen Überlegungen voraus, daß man sofort handelt. Wir sollten alle viel häufiger den Ausspruch beherzigen:

„Mach es sofort!“ Meist sehen wir die Eintrittsbarrieren für eine neue Aufgabe als viel zu hoch an. Wir überschätzen den Aufwand, weil wir diese Arbeit einfach nicht anpacken wollen. Gehen wir doch direkter an das Unerfreuliche heran! Und wenn wir schon die Hürden genommen haben, sollten wir es mit Leidenschaft tun. Dabei gilt es zu beachten, daß nicht die auf ein Vorhaben verwendete Gesamtzeit entscheidend ist, sondern daß es darauf ankommt, wie systematisch man daran arbeitet. Sicherlich ist die Frage nach den Ausnahmen schwierig zu beantworten. Wichtig ist aber, alle drei Aussagen zu beachten, wenn wir dem Geheimnis des Auf-die-lange-Bank-Schiebens auf den Grund kommen wollen.

Fragen Sie sich einmal, warum Sie gewisse Arbeiten nicht anpacken und zielstrebig umsetzen:

- Fehlt es Ihnen am richtigen Einstieg?
- Schieben Sie viel zu viel vor sich her?
- Können Sie nicht „Nein“ sagen?
- Sind Sie mit der Arbeit überfordert?
- Fehlt es Ihnen an Informationen?
- Haben Sie Aversionen gegen die Aufgabe?

Diese und weitere Fragen können Ihnen über die Gründe Ihres Verhaltens Anhaltspunkte geben. Versuchen Sie, sich darüber Klarheit zu verschaffen und Lösungen anzupeilen. Daß Lösungen und eventuell künftige Verhaltensänderungen notwendig sind, wissen Sie. Nicht zuletzt auch deshalb, weil unerledigte Aufgaben, die wir immer vor uns herschieben, Streß erzeugen.

Für jede Situation gibt es unterschiedliche Methoden. Beherzigen können Sie unter anderem

- Sagen Sie nicht alles zu. Lernen Sie, auch „Nein“ zu sagen. Ein rechtzeitiges, berechtigtes, höfliches „Nein“ konfrontiert Sie nicht mit Aufgaben, die Sie vielleicht doch nicht erfüllen können.
- Nehmen Sie jedes Papier möglichst nur einmal in die Hand. Wie häufig ertappen wir uns, ein unerfreuliches Schreiben immer und immer wieder in die Hand zu nehmen und den ganzen Vorgang mit uns herumzutragen. Wir können Freizeit häufig nicht ohne Reue genießen,

weil wir an solche Tatbestände denken. Ein Zwischenbescheid oder eine definitive Abwicklung läßt uns freier werden.

- Denken Sie immer an das Ziel und den Erfolg. Seien Sie sich darüber im klaren, daß ein Mißerfolg Ihnen keine Vorteile bringt.
- Haben Sie die Überzeugung, daß die Arbeit getan werden muß und Sie erfolgreich abgeschlossen werden kann, dann setzen Sie die Aussage von William James um:

1. Beginnen Sie sofort!
2. Gehen Sie mit Entschlossenheit leidenschaftlich vor!
3. Für das, was Sie entschieden haben, anzunehmen und durchzuführen, gibt es keine Ausnahme. Es wird finalisiert!

Lassen Sie mich abschließend noch den großen Schauspieler Peter Ustinov zu diesem Thema zitieren: „Die Menschen, die etwas von heute auf morgen verschieben, sind dieselben, die es bereits von gestern auf heute verschoben haben."

2.4.4 Seien Sie umfeldorientiert

Wer die Probleme und Bedürfnisse seiner Umwelt herausfindet und versucht, diese anhand der eigenen Fähigkeiten in den Griff zu bekommen, wird nicht nur seinem Umfeld von größtem Nutzen sein, sondern vor allem sich persönlich am sichersten, schnellsten und dauerhaftesten entwickeln und selber erfolgreich sein. Denn wer sich konsequent auf die jeweils dringendsten Probleme seiner Umwelt konzentriert und ihrem spürbarsten Mangel entgegenwirkt, wird damit den größtmöglichen eigenen Nutzen erzielen.

Der Wert eines Menschen wird durch jenen Wert bestimmt, den er für die Umwelt darstellt. Durch gesteigertes Nutzenbieten für die Gesellschaft erhält man als „anfallendes Nebenprodukt" zunehmende Anerkennung und Erfolg. Je mehr Fähigkeiten man besitzt, um anderen Nutzen zu bieten, desto erfolgreicher wird man.

Was kann dies konkret für den Mitarbeiter bedeuten?

- Überlegen Sie sich also, mit welcher Ihrer speziellen Fähigkeit Sie in der Lage sein würden, einem dringenden Bedarf im Unternehmen, im Bereich und in der Abteilung abzuhelfen.
- Versuchen Sie, herauszufinden, welcher Minimumfaktor, welche Marktlücke oder welcher Problemkreis am dringendsten einer Problemlösung bedarf.
- Konzentrieren Sie Ihre gesamten Kräfte, um mit Hilfe Ihrer Fähigkeiten genau dieses Problem in den Griff zu bekommen und damit aus der Welt zu schaffen. Ihre Firma produziert zum Beispiel im Zuge eines bestimmten Herstellungsverfahrens eine große Menge an heißem Abwasser. Diese Energiequelle könnte vielleicht das Heizproblem eines nahegelegenen Studentenwohnheimes oder dergleichen lösen.
- Seien Sie mit Ihrem „Werk" erst dann zufrieden, wenn Sie nicht nur Ihre eigenen Vorstellungen verwirklicht haben, sondern dabei auch gleichzeitig Ihr gesamtes Umfeld mit berücksichtigen; denn die eigenen Vorstellungen zu realisieren bedeutet nur scheinbare und kurzfristige Erfolge – das Umfeld aber mit einbeziehen bedeutet langfristige Erfolge.
- Denken Sie daran, wenn Sie dem Umfeld nutzen, dann nutzen Sie sich selbst.
- Wenn Sie Ihrem Abteilungsleiter oder dem Management zu Erfolg verhelfen, können Sie selbst auch nur gewinnen.
- Beachten Sie bei der Umfeld-Orientierung neben den Vorgesetzten und Mitarbeitern verstärkt auch Kunden, Lieferanten und die Öffentlichkeit. Es gilt heute mehr denn je, das bereits erwähnte Gewinner-Gewinner-Spiel zu realisieren. Dies kann bei Kundenreklamationen zum Beispiel bedeuten, daß jede noch so kleine Beanstandung eines Kunden möglichst rasch beseitigt wird. Unter Umständen ist auch auf Kundenwünsche einzugehen, die, streng betriebswirtschaftlich gesehen, gerade noch kostendeckend sind. Die Auswirkungen könnten eine solche Leistung jedoch rechtfertigen. Versuchen Sie auch, durch individuelle Aufmerksamkeiten den Kundenkontakt zu intensivieren.

Eine Organisation und ihre Mitglieder müssen eine Einheit bilden, die gemeinsam wirkt, denn Übereinstimmung ist der Schlüssel für ein Herausragen und für Einsatz. Übereinstimmung wird dann erzielt, wenn ein Mensch erkennt, daß sein Beitrag zum Aufbau einer Firma gleichzeitig auch ein direkter Beitrag zu seiner persönlichen Aufgabenstellung ist. Das bedeutet, daß wir von dem, was wir mit persönlichem Einsatz für andere tun, letztendlich selbst profitieren werden. Es ist erwiesen, daß wir Maximalleistungen nur für andere erbringen können, daß dieser Nutzen aber, den wir für die Gemeinschaft bringen, auf uns selbst wieder zurückfällt. So wie ein einzelnes Individuum sich ohne einen Partner nicht fortpflanzen kann, so kann auch der talentierteste Chirurg nicht sich selbst operieren, sondern muß seine Bestleistungen anderen angedeihen lassen. Um bedeutende Leistungen für andere erbringen zu können, müssen wir uns aber selber in einem optimalen Leistungszustand befinden. Nutzen für andere zu bieten bedeutet deshalb

- persönliches Wohlbefinden,
- positive Lebenseinstellung und
- optimaler Leistungszustand.

2.4.5 Lernen Sie aus Fehlern

Wer glaubt, perfekt zu sein, nie Fehler zu machen oder sich solche nicht leisten zu können, und gar der Meinung ist, nichts mehr lernen zu müssen, der beraubt sich jeglicher Möglichkeit, seine Verhaltensweisen zum Positiven zu wenden bzw. erfolgreich zu sein.

Ein Geschäftsmann zum Beispiel lebt am Rande des Existenzminimums, obwohl er seiner Meinung nach hart arbeitet. Alle seine zahlreichen Fehlschläge und Probleme kreidet er den in seinen Augen säumigen Lieferanten, anspruchsvollen Kunden, desinteressierten und unfähigen Mitarbeitern an. An seiner Misere ist aber auch gleichzeitig die Steuerpolitik und oft genug das Wetter schuld – es ist zu schön, die Leute gehen lieber baden, es ist zu kalt, die Menschen bleiben lieber hinter dem warmen Ofen, anstatt bei ihm einzukaufen. Nie aber sucht er die Schuld an seinen Niederlagen in seinem eigenen Verhalten und in seiner Unfähigkeit, aus eigenen Fehlern zu lernen. Verhalten wir uns alle nicht allzu häufig ähnlich?

Charles Garfield, einer der bekanntesten Management-Lehrer, sagt: „Ein ‚kritischer Pfad' ist der effizienteste und perfekteste Weg, der uns an ein Ziel bringt. Auf ihm ist auch Raum für Fehler und Korrekturen."

Vielleicht wird es bald nur noch einen einzigen *wirklichen* Wettbewerbsfaktor geben: die Fähigkeit eines Unternehmens, *schneller* als andere aus Fehlern zu lernen! Schneller lernen als andere – in *allen* Bereichen – kann zu einer Überlebensstrategie werden.

Rückschläge sind nicht nur als negativ anzusehen; sie können auch als ein Anstoß zu einer Kurskorrektur betrachtet werden. Im übertragenen Sinne bedeutet dies: Man muß schwimmen lernen, um nicht unterzugehen! Ergebnisorientierte Menschen besitzen die Fähigkeit, auch nach Mißerfolgen Veränderungen in Gang zu setzen, um dann Nutzen aus diesen Veränderungen zu ziehen. Fehler sind demzufolge nicht nur unvermeidlich, sie können sogar von Nutzen sein, wenn man bereit ist, aus ihnen zu lernen. Nur wer sich demzufolge seine Fehler eingesteht und nach ihrer Ursache forscht, ist auch bereit, aus ihnen die entsprechenden Lehren und Konsequenzen zu ziehen. Wer aber nicht bereit ist, sich seine eigene Schuld einzugestehen und die Fehler und Ursachen bei anderen (zum Beispiel der Gesellschaft, dem System, dem Umfeld oder dem Schicksal) sucht, bei dem ist der nächste Mißerfolg bereits vorprogrammiert.

Wer zum Beispiel nicht den Mut hat, einen offensichtlichen Fehler vor sich selber und vor anderen einzugestehen, kann ihn auch nie wirklich bekämpfen, da er für ihn ja nicht vorhanden ist; d.h., er muß den Fehler erst einmal einsehen und anerkennen, um ihn auch erfolgreich bekämpfen zu können. Eigene Fehler sollte man sich offen und ehrlich eingestehen, indem man sich die ganze Wahrheit vor Augen hält und sein Fehlverhalten zugibt. Man sollte sich aber gleichzeitig daran erinnern, welche Fähigkeiten man hat, seine guten Vorsätze auch wirklich durchführen und erfolgreich zu Ende bringen.

Welche Empfehlungen können Mitarbeitern konkret ausgesprochen werden?

- Setzen Sie die folgenden Fähigkeiten wie
  - Lernen aus den eigenen Fehlern,
  - geistige Flexibilität und
  - Konzentration der Kräfte

  zur Kurskorrektur nach Mißerfolgen ein.

- Fragen Sie sich nach jedem Rückschlag:
  - Was habe ich aus dieser Situation gelernt?
  - Wie kann ich es das nächste Mal besser machen?
  - Was kann ich veranlassen, um solche Fehlschläge in Zukunft zu vermeiden?

- Führen Sie sich vor Augen, daß niemand fehlerfrei ist und jeder einem lebenslangen Lernprozeß ausgesetzt ist.

2.4.6 Denken Sie bei der Wissensaufnahme verstärkt an die Umsetzung

Wir alle können immer wieder erkennen, daß es nicht darauf ankommt, zahlreiche Vorschläge und Techniken zu kennen und einen ganzen Strauß von Ideen im Kopf zu haben, sondern entscheidend ist deren Umsetzung. Erfolgsmenschen machen sich den Ausspruch zu eigen: „Es ist besser, eine Idee zu realisieren, als 100 Ideen im Kopfe zu haben."

Was heißt dies konkret für Mitarbeiter:

1. Seien Sie sich bewußt, daß es erfolgreichen Menschen verstärkt gelingt, Aufgaben wie geplant zu realisieren. Erfolgsmenschen handeln *heute*, nicht morgen. Erfolgsmenschen sind geprägt durch die Finalisierung von Aufgaben. Sie bleiben nicht auf halbem Wege stehen. Sie sind unermüdlich und ausdauernd im Verfolgen ihrer Ziele. Versuchen Sie bei allem, was Sie tun, sich daran zu erinnern.
2. Wenn Sie Wissen aufnehmen, egal ob durch Selbststudium oder in Seminaren, haben Sie ständig ein Blatt parat, in das Sie Ihre Ideen eintragen. Noch besser ist es, Sie führen ein Buch über Ideen oder gar eine Ideenkartei. Reservieren Sie sich wöchentlich mindestens eine halbe Stunde, um über diese Ideen nachzudenken und Lösungen für eine Umsetzung zu erarbeiten.
3. Suchen Sie nach den richtigen Gesprächspartnern für Ihre Ideen. Sie wissen selbst, an wen Sie sich hier wenden können. Beziehen Sie engagierte Partner mit ein. Machen Sie diese zu Ihren Beteiligten. Denken Sie daran, daß es dabei sinnvoller ist, ein Projekt auch in Ge-

meinschaftsarbeit durchzuführen, als lebenslang nur von der Idee zu träumen oder einen kümmerlichen Torso zu haben. Machen Sie daher ruhig andere zu Ihren Partnern.

Bei der Wissensumsetzung sollten auch die neuesten Forschungsergebnisse und -erkenntnisse auf dem Gebiet der Ausbildung von kognitiven Prozessen berücksichtigt werden. Dieses relativ neue Forschungsgebiet beschäftigt sich mit der kognitiven Fertigkeit, Gelerntes auf neue Situationen und Problemstellungen zu übertragen, d.h. Wissen in die Praxis umzusetzen. Diese praxisbezogene Wissensübertragung, auch als Transfer bezeichnet, verlangt intensive und komplexe Such- und Abrufprozesse aus dem Gedächtnis.

Die Transferfähigkeit eines Individuums kann erheblich gesteigert werden, wenn man sich eine Strategie für die Lösung einer Aufgabe ausarbeitet und gleichzeitig eine Strategie zur Überwachung des eigenen Tuns aufstellt. Dieser Überwachungsaspekt wird Metakognition genannt und bedeutet, eine effektive Selbstüberwachung, Selbststeuerung und Selbstorganisation der eigenen Tätigkeit bzw. des eigenen Verhaltens und seiner Fähigkeiten zu entwickeln. Mit diesem Wissen ist man dann in der Lage, die eigenen Lernprozesse und die Anwendung des Gelernten auf neue Aufgaben- und Problemstellungen umzusetzen, zu steuern und zu kontrollieren. Metakognition ist demzufolge die Fähigkeit, ein Wissen über das eigene Wissen zu entwickeln, welches sowohl Informationen über die eigene Person als auch über persönliche lern- und wissensrelevante Merkmale beinhaltet.

2.4.7 Treten Sie für eine mitarbeiterorientierte, kollegiale Zusammenarbeit ein

Auch wenn die Rahmenbedingungen im beruflichen Alltag bezüglich

- des Firmenstandortes,
- der finanziellen Leistungen,
- der Ausstattung und
- der technologischen Einrichtungen

optimal sein mögen, so sind es diese Kriterien nicht allein, die Leistungsbereitschaft bei den Firmenmitgliedern erzeugen. Eine wesentliche Voraussetzung für effiziente Leistungen von Mitarbeitern sind gute zwischenmenschliche Beziehungen und ein kollegiales Miteinander, das optimale Zusammenarbeit zwischen den einzelnen Bereichen ermöglicht. Die Herstellung solcher kollegialen Beziehungen sollte allen ein persönliches Bedürfnis sein, da es erfreulicher und weniger streßreich ist, im Arbeitsleben mit einem Minimum an Konflikten und einem Maximum an Harmonie zu bestehen. Wer bemüht ist, einen wesentlichen Teil zur Vermeidung von Konflikten im Arbeitsbereich beizutragen, sollte die Grundvoraussetzungen, die dazu nötig sind, beachten:

- Alle Kollegen sind untereinander gleichberechtigt. Niemand ist demnach befugt, Kollegen Anweisungen zu geben, und demzufolge auch nicht verpflichtet, Anweisungen anderer zu befolgen.
- Da der einzelne nicht Vorgesetzter seiner Kollegen ist, hat er auch nicht das Recht, sie bei der Wahrnehmung ihrer eigenen Aufgaben zu kontrollieren. Er ist lediglich berechtigt, für sie wichtige Informationen einzuholen.
- Hat jemand aufgrund seiner Erfahrung/Kenntnisse den Eindruck, daß im Bereich seines Kollegen Verbesserungen notwendig wären, kann er ihm die nötigen Anregungen dazu geben – die Ausführungsentscheidung bleibt jedoch dem betroffenen Kollegen überlassen.
- Jeder ist verpflichtet, bei Vorhaben, die den Bereich eines Kollegen berühren, dessen Verhalten beeinflussen oder seine Mitwirkung erfordern, sich rechtzeitig mit ihm abzustimmen, um eine Übereinkunft zu erzielen. Diese Selbstkoordination auf gleicher Ebene bedeutet, daß die Kollegen sich gemeinsam über das weitere Vorgehen klarwerden.
- Informationsaustausch zwischen Kollegen muß vertraulich behandelt werden und darf nur mit Zustimmung des anderen weitergegeben werden; es sei denn, es handelt sich um informationspflichtige Sachverhalte dem Vorgesetzten oder dritten Stellen gegenüber.
- Niemand ist berechtigt, Vorgesetzte oder andere Kollegen über Angelegenheiten zu informieren, die den Bereich eines anderen betreffen.

Von ebenso großer Bedeutung ist es, Konflikte auf der zwischenmenschlichen Ebene auszuschalten. Hier kann es sich zum Beispiel um folgende Problemstellungen handeln:

- Neid und Mißgunst auf den Status von Kollegen ist eine häufige Ursache für Konflikte.
- Mangelnde Verschwiegenheit der Firmenmitglieder untereinander führt meist zu ungerechtfertigten Verhaltensweisen.
- Falsche oder ungerechtfertigte Informationen über Dritte gipfeln oft in ungerechten Annahmen gegenüber diesen oder führen gar zu deren Diskriminierung.
- Ein zu optimistisches Selbstbild und dauerndes Sich-in-den-Mittelpunkt-Stellen einzelner Kollegen zehrt auf die Dauer an den Nerven der anderen und zwingt sie in eine Verlierer-Position.

Was sollten Mitarbeiter beherzigen?

- Bemühen Sie sich, die Regeln für Zusammenarbeit im beruflichen Bereich zu beachten.
- Vermeiden Sie im Umgang mit Kollegen Verhaltensweisen, die zu Konflikten im zwischenmenschlichen Bereich führen können.
- Wirken Sie mit einem guten Vorbild und mit Hilfestellung bei Problemen positiv auf Ihre Kollegen ein.
- Respektieren Sie Ihren Mitarbeiter als ein mündiges Individuum und tolerieren Sie dessen Verhaltensweisen – auch wenn sie nicht konform mit den Ihren sind.
- Berücksichtigen Sie das Bedürfnis anderer auf Wertschätzung, Achtung und Anerkennung in der Gesellschaft als eine elementare Voraussetzung für gute zwischenmenschliche Beziehungen.

Wenn das Zusammenwirken im Rahmen der zwischenmenschlichen Beziehungen optimal funktioniert und dadurch ein kooperatives *Miteinander*, statt eines leistungsmindernden *Gegeneinanders* gewährleistet ist, sind die Grundvoraussetzungen für Arbeitseffektivität und Arbeitseffizienz gegeben, auf welchen eine zukunftsorientierte Organisation aufbauen kann. Ein harmonisches Betriebsklima, das von gegenseitiger Hilfs- und Lernbereitschaft gekennzeichnet ist, ermöglicht es erst, Leistungs- und Produktivitätssteigerungen zu erzielen, die sich dann gewinnbringend auf das Unternehmen niederschlagen.

2.5 Wirtschaftliche Voraussetzungen

2.5.1 Weiterbildung: Überflüssige Ausgaben oder notwendige Investition?

Bei der Beantwortung der Frage der Evaluierung und Erfolgsmessung von Weiterbildungsmaßnahmen gibt es eine bipolare Spannungsreihe von Meinungen: eine Vielzahl von Praktikern und Theoretikern vertreten die Ansicht, daß es sich hierbei um ein unlösbares Problem handelt – der andere Grenzpol an Aussagen verdeutlicht, daß es sehr wohl Ansätze und Methoden zur Quantifizierung gibt und das Problem gelöst werden kann – wenn man nur systematisch und sorgfältig die Methoden- und Datenseite analysieren würde. Zwischen diesen extremen Meinungen gibt es eine Vielzahl von Aussagen, die meist begründete Argumente aufweisen.

Der Verfasser versucht im folgenden, einige Lösungsvorschläge zu skizzieren. Der von ihm entwickelte Lösungsweg wurde recht erfolgreich bei der Bewertung des Nutzens der Informationsverarbeitung angewandt. Diese Vorgehensweise hat die Erprobung und Verifizierung in zahlreichen Seminaren und Feldtests bestanden.

Mit den folgenden Ausführungen soll der Versuch unternommen werden,

- mehr Licht in die Nutzenproblematik bei der Weiterbildung zu bringen,
- die vorhandenen Verfahren für ihren Einsatz in der Praxis kurz zu skizzieren,
- die der strategischen Bedeutung der Weiterbildung gerecht werdenden Lösungsansätze zu entwickeln.

In den letzten zwei Dekaden wurden zur Untersuchung des Weiterbildungserfolges eine Reihe von subjektiven und objektiven Kontrollmethoden entwickelt, durch die sich zumindest Einsichten in den Weiterbildungserfolg gewinnen lassen. Sehr differenziert und auch pragmatisch sind die Lösungsvorschläge, wenn es um die Ermittlung der Eindrücke der Teilnehmer, Ausbilder oder Beobachtungen Dritter als Bewertungsgrundlage geht. Auch zur Ermittlung des Lernerfolges gibt es durchaus probate Vorgehensweisen und Verfahren. Nach wie vor gibt es jedoch erhebliche Probleme bei der Evaluierung des Nutzens nach der Rückkehr der Mitarbeiter und Führungskräfte von Bildungsmaßnahmen an ihren Arbeitsplatz. Welchen Einfluß haben diese Weiterbildungsaktivitäten auf Kriterien wie

- Umsatz,
- Herstellkosten,
- Produktinnovationen,
- Qualitätsverbesserungen,
- Verbesserungen des Firmenimage?

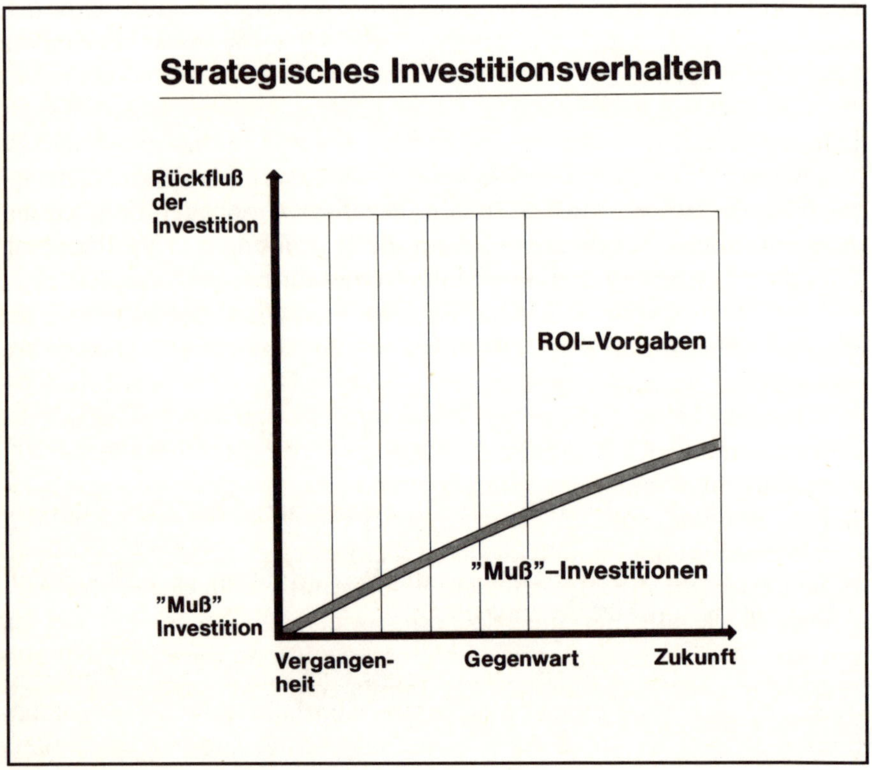

Um feststellen zu können, ob die Veränderung dieser Werte auf die Weiterbildung zurückzuführen ist, müßte die Messung unter der Ceteris-paribus-Klausel erfolgen. Dies ist bei der Vielschichtigkeit der Einflußfaktoren kaum möglich. Auch zeigt sich der Transfererfolg oft erst nach Monaten oder Jahren. Hinzu kommt, daß eine Reihe von zusätzlichen Nutzenkomponenten nicht in die Ergebnisse einfließen (zum Beispiel höhere Identifikation mit dem Unternehmen, stärkeres Erfolgsfaktorenbewußtsein).

Diese Schwierigkeiten lassen erkennen, daß es durchaus berechtigt ist, die Frage zu stellen, ob eine Evaluierung oder Wertermittlung im nachhinein überhaupt sinnvoll ist. Viel wichtiger ist es jedoch, dem Management gesicherte Entscheidungshilfen für die Weiterbildungsinvestition an die Hand zu geben – und zwar *vor* der Initiierung der Aktivitäten. Was nützt es, im nachhinein über verschüttete Milch zu schreien? Wir benötigen im Bildungsbereich ebenfalls ein ständiges Controlling, aber ein Controlling das nicht Erbsen zählt und als historische Datenaufbewahrungsanstalt fungiert, sondern ein Controlling, das strategisch orientiert ist und die Investitionen nicht mehr nur nach den klassischen ROI-Maßstäben mißt (siehe Abbildung „Strategisches Investitionsverhalten“).

Wer sein Investitionsbudget in den 90er Jahren nur nach Laufzeit der Amortisationsdauer freigibt, lebt äußerst gefährlich. Unternehmen, die ausschließlich nach dieser Meßlatte operieren, und das sind nicht wenige, favorisieren üblicherweise jene Vorhaben und Projekte, bei denen sich *eindeutige* Kosteneinsparungen ergeben und bei denen strategische Nutzenkategorien zu vernachlässigen sind. Wer dieses Investitionsverhalten auch in den 90er Jahren an den Tag legt, gefährdet den Bestand des Unternehmens. Strategische Weiterbildungsmaßnahmen dürften vor diesem Hintergrund *keine* Investitionsfreigabe erhalten. Bei einer solchen Auffassung der Firmenleitung über den Wert der Weiterbildung handelt es sich dabei nicht um notwendige Investitionen oder gar eine Investition mit Priorität, sondern nur um Ausgaben, die kontrolliert und so gering wie möglich gehalten werden müssen. Also her mit den Buchhaltern. Hält man diese Ansicht aufrecht, dann dürfte dies in den 90er Jahren zum Tod so mancher Unternehmung führen.

Was not tut, ist die Verknüpfung der klassischen Betrachtungsweise nach der Wirtschaftlichkeit, mit der strategischen Betrachtungsweise nach dem Wettbewerbsvorteil. Dies gilt es, sinnvoll in Einklang zu bringen (siehe Abbildung „Portfolio-Bewertung von Weiterbildungsmaßnahmen). Dabei ist die Bewertbarkeit und der Nutzen von Weiterbildungsmaßnahmen entsprechend den drei Kategorien

- Effektivität,
- Effizienz und
- Erfolgsfaktoren

zu unterscheiden.

Portfolio-Bewertung von Weiterbildungsmaßnahmen

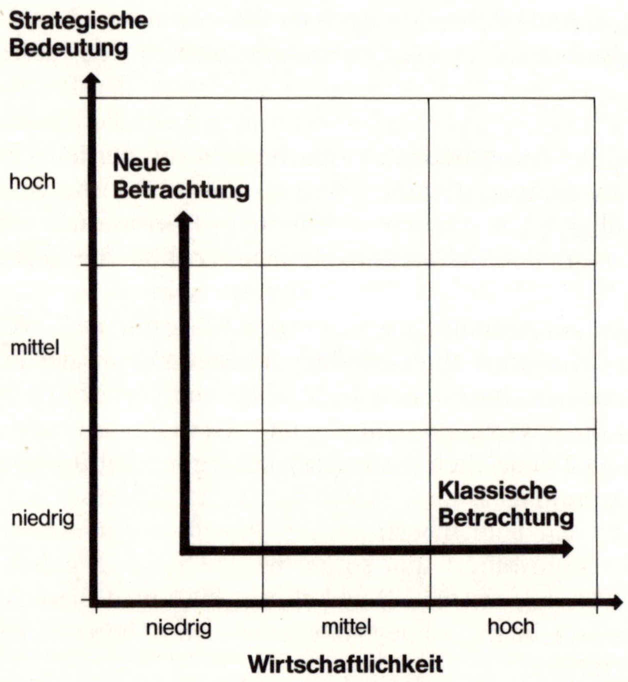

In der Literatur konnte der Verfasser nur relativ einfache Beispiele zur Nutzenquantifizierung entdecken. Meist wurde auf der Basis der Renditeformel eine betriebswirtschaftliche Weiterbildungsrendite ermittelt.[1] Ansätze einer differenzierten Nutzenanalyse konnte der Verfasser nicht entdecken. Vor diesem Hintergrund sind die folgenden Ausführungen zu sehen, die mehr Licht in diese Problematik bringen sollen. Daß die einzelnen Ansätze nicht immer als ein Allheilmittel angesehen werden können, ist selbstredend. Den interessierten Leser verweist der Autor auf sein Buch „Nutzen der Informationsverarbeitung".[2] In diesem sind die klassischen und neueren Ansätze zur Nutzenbewertung ausführlich dargestellt.

2.5.2 Priorisierung der Weiterbildungsinvestitionen mit Hilfe des Portfolio-Ansatzes

Um Investitionsentscheidungen im Weiterbildungsbereich vor dem Hintergrund der strategischen und wirtschaftlichen Ausrichtung entscheidbar zu gestalten, kann man sich auch der Portfolio-Analyse bedienen. Die nebenstehende Abbildung zeigt die klassische und die neuere Betrachtungsweise. Versucht man, in die neun Felder dieser Matrix einige Weiterbildungsmaßnahmen einzuordnen, dann dürfte sich voraussichtlich das in der Abbildung „Priorisierung von Weiterbildungsmaßnahmen" in die Portfolio-Matrix skizzierte Bild ergeben.

Die folgenden Abbildungen zeigen den Weg für eine konkrete Bestimmung der einzelnen Weiterbildungsmaßnahmen in der Portfolio-Matrix. Bei diesem Portfolio-Ansatz wird von einer Matrix mit den zwei Dimensionen Wirtschaftlichkeit (ROI-Betrachtung) und strategische Bedeutung (Wettbewerbsvorteile) ausgegangen. Unterteilt man die beiden Achsen nach

---

[1] Vgl. hierzu u.a.: Reicherts, K.-J. und Krukamp, J.: Praktische Ansätze betrieblicher Weiterbildungskontrolle. In: Weiterbildung im Wandel, hrsg. von Pullig, Karl-Klaus und Schäckel, Uwe. Hamburg 1987, S. 263 ff., Bronner Rolf: Weiterbildungserfolg. Modelle und Beispiele systematischer Erfolgssteuerung. Handbuch der Weiterbildung für die Praxis in Wirtschaft und Verwaltung, Band 6. München und Wien 1983.

[2] Nagel, Kurt: Nutzen der Informationsverarbeitung. 2. Aufl., München 1990.

– niedrig (Strategische Bedeutung / Wirtschaftlichkeit)
– mittel (Strategische Bedeutung / Wirtschaftlichkeit)
– hoch (Strategische Bedeutung / Wirtschaftlichkeit)

dann ergibt sich eine Matrix mit neun Feldern.

Der Verfasser hat in diese Matrix eine Reihe von Weiterbildungsmaßnahmen und Aktivitäten eingeordnet. Eine solche Einordnung gibt zu-

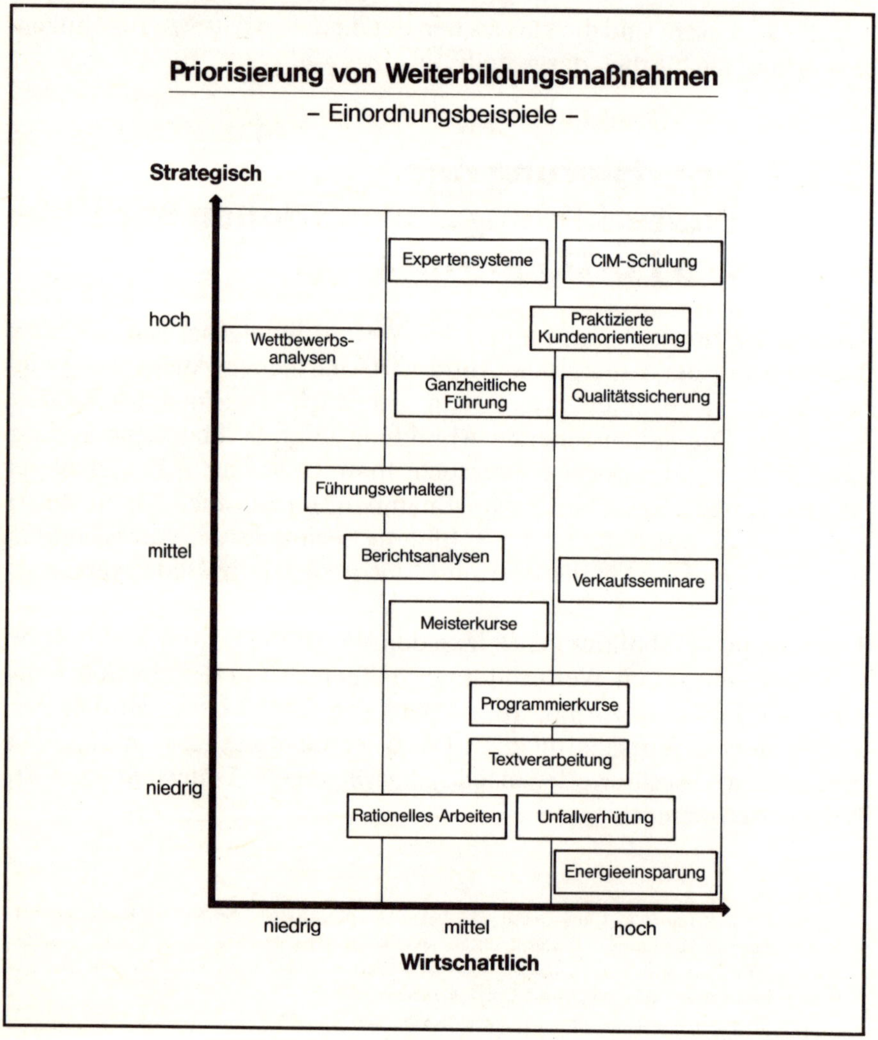

nächst einen Überblick über die Landschaft der Weiterbildungsaktivitäten. Durch die Zuordnung und Visualisierung der einzelnen Maßnahmen lassen sich dann relativ leicht Fragen beantworten wie:

- Wo stehen wir heute mit unseren Weiterbildungsmaßnahmen?
- Wie lassen sich unsere künftigen Maßnahmen einordnen?
- Welchen Wert haben die einzelnen Weiterbildungs-Alternativen für unsere strategische Ausrichtung?

Faktoren der wirtschaftlichen Orientierung der Weiterbildung

Bewertungs-faktoren	Gewich-tung	Interpretation
Kosten-einsparungen		0 = keine 1 = niedrig 2 = mittel 3 = hoch
Produktivitäts-verbesserungen		0 = keine 1 = niedrig 2 = mittel 3 = hoch
Von der Weiterbildung Betroffene		0 = gering 1 = mittel 2 = groß 3 = sehr groß
Anwendungs-häufigkeit		0 = jährlich 1 = monatlich 2 = wöchentlich 3 = täglich
Return on Investment		0 = > 36 Monate 1 = 18 - 36 Monate 2 = 12 - 18 Monate 3 = < 12 Monate
Bedeutung für andere Weiter-bildungsmaß-nahmen		0 = keine 1 = niedrig 2 = mittel 3 = hoch

- Wie sieht die Weiterbildungslandschaft der wesentlichen Mitbewerber aus?
- Ist die klassische Betrachtung der Investitionen in Weiterbildung (Dominanz der Wirtschaftlichkeit) oder die neue Betrachtungsweise (die strategische Bedeutung dominiert) vorherrschend (siehe Abbildung)?

Faktoren der strategischen Orientierung der Weiterbildung

Bewertungsfaktoren	Gewichtung	Interpretation
Unterstützung der Erfolgsfaktoren		0 = keine 1 = niedrig 2 = mittel 3 = hoch
Verbesserung der zukünftigen Wettbewerbsfähigkeit		0 = keine 1 = niedrig 2 = mittel 3 = hoch
Realisierungs-Chance		0 = keine 1 = niedrig 2 = mittel 3 = hoch
Innovativer Ansatz		0 = nein 1 = kaum 2 = teilweise 3 = ja
Orientierung der strategischen Weiterbildung		0 = intern, geringes Geschäftspotential 1 = intern, hohes Geschäftspotential 2 = extern, geringes Geschäftspotential 3 = extern, hohes Geschäftspotential

Um eine objektivierte Einordnung in die Matrix zu erreichen, hat der Verfasser das hier kurz skizzierte System entwickelt. Die Einflußfaktoren auf die Wirtschaftlichkeit und auf die Strategie enthalten die nachstehend aufgeführten Kriterien.

Einfluß-Faktoren auf die Wirtschaftlichkeit

- Kosteneinsparungen
- Produktivitätsverbesserungen

Beispiel zur Ermittlung der Weiterbildungs-Portfolio-Faktoren

Wirtschaftlichkeit

Faktoren	Gewichtung	Weiterbildungsmaßnahmen			
		Qualitätssicherg.	Entscheidungstraining	Rationelles Lesen	Bürokommunikation
Kosteneinsparungen	20	2	1	1	3
Produktivitätsverbesserungen	20	2	1	1	3
Von der Weiterbildung Betroffene	10	3	2	2	3
Anwendungshäufigkeit	10	3	1	3	3
Return on Investment	30	2	1	2	1
Bedeutung f. andere Weiterbildungsmaßn.	10	1	2	2	1
	100	2,1	1,2	1,7	2,2

Strategie

Unterstützung der Erfolgsfaktoren	30	3	3	0	2
Verbess. d. zukünft. Wettbewerbsfähigk.	20	2	3	1	2
Realisierungschance	10	2	2	3	3
Innovativer Ansatz	20	2	2	1	1
Orientierung der strateg. Weiterbildg.	20	3	1	0	1
	100	2,5	2,3	0,7	1,7

- Von der Weiterbildung Betroffene
- Anwendungshäufigkeit des durch die Weiterbildung vermittelten Wissens, Könnens, Verhaltens usw.
- Return of Investment (ROI)
- Bedeutung für andere Weiterbildungsmaßnahmen

Beispiel: Einordnung der Weiterbildungsmaßnahmen in die Portfolio-Matrix

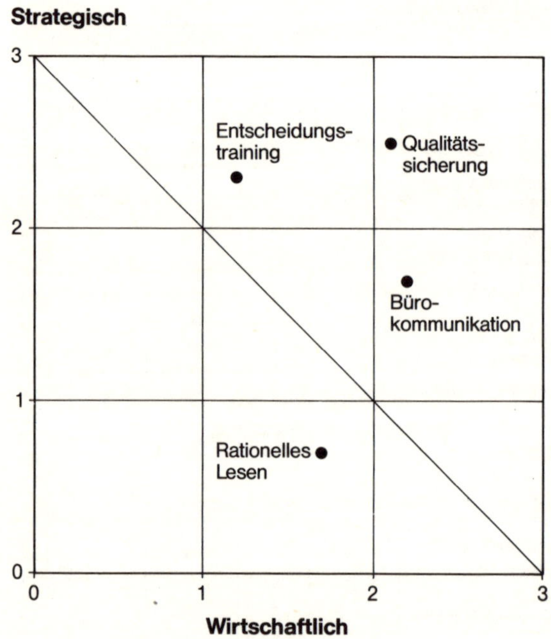

Weiterbildungsmaßnahmen:

• Bürokommunikation	(2,2/1,7)
• Entscheidungstraining	(1,2/2,3)
• Qualitätssicherung	(2,1/2,5)
• Rationelles Lesen	(1,7/0,7)

Einfluß-Faktoren auf die Strategie

- Unterstützung der Erfolgsfaktoren
- Verbesserung der zukünftigen Wettbewerbsfähigkeit
- Realisierungschance
- Innovativer Ansatz
- Orientierung der strategischen Weiterbildung

Formular zur Ermittlung der Weiterbildungs-Portfolio-Faktoren

Wirtschaftlichkeit

Faktoren	Gewichtung	Weiterbildungsmaßnahmen							
	100								

Strategie

	100								

Die Abbildungen enthalten die jeweilige Interpretation der oben aufgeführten Kriterien. Ein Beispiel zur Ermittlung der Weiterbildungs-Portfolio-Faktoren umfaßt die Weiterbildungsmaßnahmen

- Qualitätssicherung
- Entscheidungstraining
- Rationelles Lesen
- Bürokommunikation

Diese Maßnahmen werden entsprechend der Interpretation für jedes einzelne Kriterium berechnet (siehe hierzu die Abbildungen „Faktoren der wirtschaftlichen Orientierung der Weiterbildung", „Faktoren der strategischen Orientierung der Weiterbildung" und „Beispiel zur Ermittlung der Weiterbildungs-Portfolio-Faktoren") und anschließend in die Portfolio-Matrix eingeordnet (Abbildung „Beispiel: Einordnung der Weiterbildungsmaßnahmen in die Portfolio-Matrix"). Will man dieses System auf die eigenen, firmenspezifischen Anwendungen übertragen, dann empfiehlt es sich, das Formular zur Ermittlung der Weiterbildungs-Portfolio-Faktoren (Abbildung) zu verwenden.

2.5.3 Muß-Investitionen nach Nagel

Der Verfasser kann bei seinen zahlreichen Unternehmensberatungen immer wieder feststellen, daß die vorhandenen Programme vorwiegend Wirtschaftlichkeitsgesichtspunkten Rechnung tragen und strategische Komponenten zumeist fehlen. Heute kommt es aber entscheidend darauf an, neben der wirtschaftlichen Betrachtung auch die strategische Bedeutung der Weiterbildung zu berücksichtigen. Mehr und mehr stimmen die Entscheidungsträger der vom Verfasser skizzierten Darstellung des „Strategischen Investitionsverhaltens" (siehe Abbildung) zu. Wer heute Weiterbildungs-Investitions-Entscheidungen nur vor dem Hintergrund der Meßlatte des Rückflusses der Investition (ROI) trifft, lebt gefährlich. Die Grundlagen dieser Priorisierung waren früher fraglos in den meisten Fällen richtig. Hier hatte aber auch die Weiterbildung lediglich eine unterstützende Funktion. Heute kommt es entscheidend darauf an, einen bestimmten Anteil an „Muß-Investitionen", zur Sicherung des Unternehmens in der mittleren bis langen Sicht, zuzulassen. Bei solchen Investitionen verbietet sich jegliche Art von „Erbsen-Zählerei". Daß die Entscheidungsgrundlagen für das Management entscheidbar gestaltet werden müssen, versteht sich von selbst. Es wäre jedoch töricht, die verfügbaren Ressourcen nur für *die* Projekte zur Verfügung zu stellen, die den höchsten ROI haben. Diese Methode kann in Reinkultur heute nur dann Anwendung finden, wenn die notwendigen Mittel für die „Muß-Investitionen" bereits abgezweigt wurden.

Muß-Investitionen sind – sieht man von Investitionen auf der Basis gesetzlicher Erfordernisse ab – jene Investitionen, die

1. die Erfolgsfaktoren einer Organisation stark bzw. mittelmäßig unterstützen und
2. die eine hohe bzw. gute Realisierungschance erkennen lassen.

Die vom Verfasser diesbezüglich entwickelte Matrix findet sich in der folgenden Abbildung. Die Vorgehensweise, auf die im folgenden näher eingegangen wird, umfaßt fünf Schritte.

Schritt 1: Ermitteln der „Muß"-Investitionen

Diese Prüfung sollte unter zwei Aspekten erfolgen: Wie groß ist der Beitrag der Weiterbildung zur Erfüllung der kritischen Erfolgsfaktoren (hoch/mittel/gering), und wie groß ist die Chance der Realisierung des Erfolgs (hoch/wahrscheinlich/gering)? Überträgt man diese Einteilungskriterien in eine Matrix, dann ergeben sich drei Strukturbereiche für Investitionen (Abbildung). Diese drei Strukturbereiche können wie folgt gekennzeichnet werden:

- *„Muß"-Investitionen* (Feld I)
  Alle in diesen Strukturbereich fallenden Investitionen tragen entscheidend zum Erfolg der Organisation bei. Weitergehende Nutzen-Analysen sind vor allem dann erforderlich, wenn sich die Kosten nur schwer vertreten lassen. Sicherlich mag diese Anmerkung den einen oder anderen Leser erschrecken, es muß jedoch betont werden, daß es sich in diesem Strukturbereich um Investitionen handelt, die häufig existenznotwendig sind. Wie im Einzelfall ein Bewertungsgefüge erarbeitet werden kann, geht aus den nachstehend aufgeführten Schritten hervor.

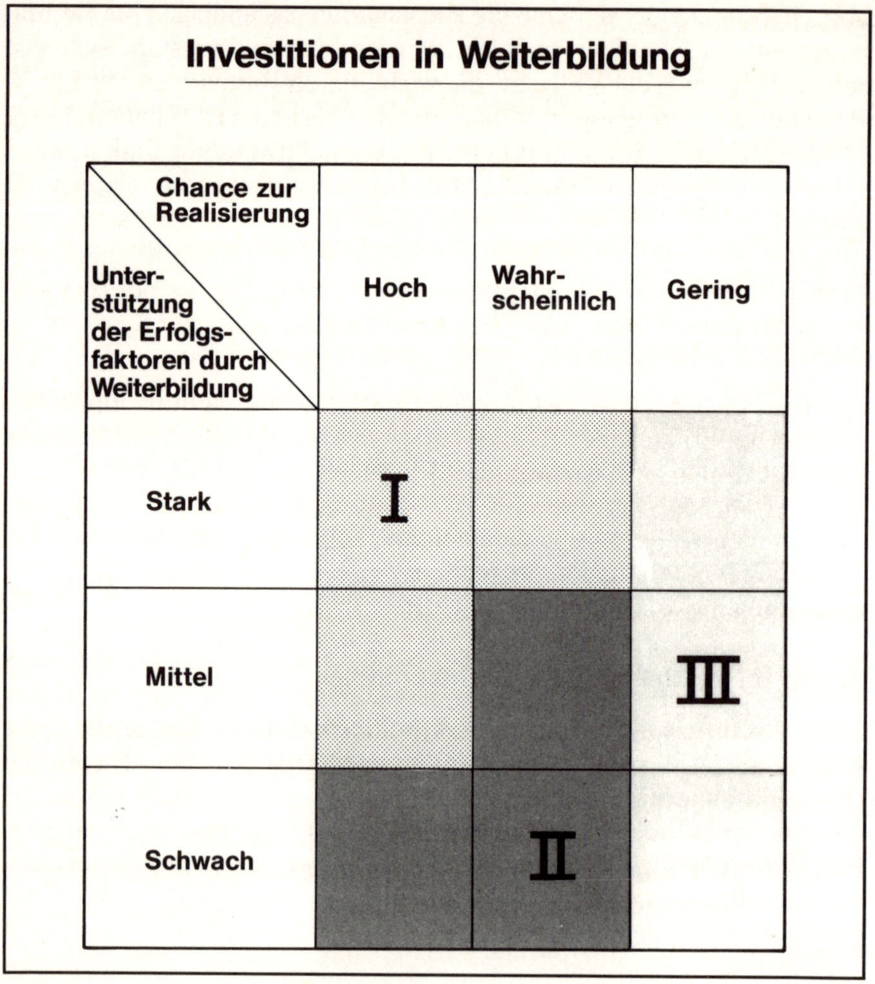

- *Wirtschaftlich zu überprüfende Investitionen* (Feld II)

Bei diesen Investitionsalternativen ist eine eingehende Kosten-Nutzen-Analyse bezüglich einer möglichen Verbesserung der Produktivität und einer Erhöhung der Effizienz der Mitarbeiter und Führungskräfte erforderlich. Nur wenn diesbezüglich entsprechende Vorteile zu erwarten sind, sollten Investitionen in diesem Strukturbereich realisiert werden.

- *Technisch/organisatorisch zu verfolgende Investitionen* (Feld III)

  Investitionsalternativen, die in diesen Strukturbereich fallen, können erst in Angriff genommen werden, wenn die Realisierungschancen besser beurteilt werden.

Diese sicherlich sehr grobe Einteilung gibt den Entscheidungsträgern einen ersten Eindruck über die Dringlichkeit der Investitionen in die Weiterbildung.

Schritt 2: Priorisierung der „Muß"-Investitionen

Hat man die „Muß"-Investitionen ermittelt, dann geht es um deren Rangfolge bezüglich der Realisierung. Vor dem Hintergrund knapper Ressourcen wird die Auswahl der Maßnahmen mit Hilfe von Bewertungsverfahren vorgenommen. Die Auswahlkriterien für die Rangfolge werden in erster Linie durch die strategischen Vorteile bestimmt.

Schritt 3: Aufstellen einer Argumenten-Bilanz

Die zur Realisierung vorgesehenen „Muß"-Investitionen können auch bei strategischen Projekten einer gewissen Quantifizierung zugeführt werden. Mit die erste Voraussetzung hierfür ist das Aufstellen einer Argumenten-Bilanz. In diese sind aufzunehmen: Vorteile – Nachteile, fördernde Faktoren – hemmende Faktoren.

Schritt 4: Ermitteln der Wertansätze des Brutto-Nutzens durch das Erarbeiten von Leistungskriterien

Um zu einer Quantifizierung zu gelangen, sind die einzelnen Leistungskriterien zu bewerten. Bei dieser Bewertung sollte man sich zunächst bemühen, empirisch ermittelte Werte für die einzelnen Leistungskriterien zu verwenden. Diese stehen in begrenztem Umfang für die meisten Vorteilskategorien zur Verfügung. Sollten Bedenken bezüglich der Übernahme dieser Werte bestehen, so müssen individuelle Ansätze gefunden werden.

Schritt 5: Ermitteln des Netto-Nutzens

Hier geht es insbesondere um die Wahrscheinlichkeit der Nutzenrealisierung. Die Bewertung der Wahrscheinlichkeiten hängt im wesentlichen von den spezifischen Verhältnissen im Unternehmen oder der Verwaltungseinheit ab. Im Grundsatz kann jedoch davon ausgegangen werden, daß die Wahrscheinlichkeiten bei der Realisierung von Kosteneinsparungen nahezu mit 100 Prozent anzusetzen sind. Hier kann man meist mit einer sicheren Erwartung rechnen. Schwieriger ist es dagegen, die strategischen Wettbewerbsvorteile bezüglich ihrer Realisierungschance richtig einzuschätzen. Es ist durchaus vorstellbar, die Wahrscheinlichkeiten auf der Basis von Bandbreiten zu berechnen. Dadurch ist es möglich, – je nach Einschätzung der Wahrscheinlichkeiten, mit einem pessimistischen Ansatz (z.B. Wahrscheinlichkeit 60%), realistischen Ansatz (z.B. Wahrscheinlichkeit 70%), optimistischer Ansatz (z.B. Wahrscheinlichkeit 80%) zu rechnen.

2.5.4 Die Wertvergleichsmethode und die Methode der Nutzenanalyse

Die *Wertvergleichsmethode* geht davon aus, daß auf der Basis des direkt bewertbaren und kalkulierbaren Nutzens der Wert der qualitativen Nutzenelemente berechnet wird. Im Weiterbildungsbereich gibt es zahlreiche Maßnahmen, bei denen der Nutzen durch Kosteneinsparungen und Produktivitätsverbesserungen sich relativ gut in Quanten fassen läßt. Um die qualitativen Kriterien bewerten zu können, versucht man, auf der Basis des Wertevergleichs Ansätze zur Fixierung der Nutzenhöhe zu finden.

Die Vorgehensweise sei an zwei Beispielen einer Weiterbildungsmaßnahme erläutert.

1. Beispiel zur Anwendung der Wertvergleichsmethode für die Darstellung des Nutzens der Mitarbeiterweiterbildung

Eine Unternehmung führt mit 25 Teilnehmern ein 2tägiges Seminar zum Thema „Zeitmanagement" durch. Im einzelnen werden dabei die in der folgenden Abbildung angesprochenen Themenkreise behandelt. Nach Abschluß des Seminars wird ermittelt, was konkret an Zeiteinsparungen pro Teilnehmer möglich ist. Auf der Basis der Tätigkeitsprofile wird errechnet, daß mit großer Wahrscheinlichkeit eine Stunde pro Woche eingespart wird (je Arbeitstag 12 Minuten).

Geht man von 40 Arbeitswochen im Jahr aus, dann beträgt die Einsparung:

40 Stunden à DM 75,– (einschließlich Lohnnebenkosten) DM 3 000,–
25 Seminarteilnehmer à DM 3 000,– = DM 75 000,–

Die Zeiteinsparungen werden im wesentlichen erzielt durch:
- Rationelles Telefonieren
- Rationelles Lesen
- ‚Vordenken' können
- Effektive Besprechungen
- Rationeller Schriftverkehr

Nach der Ermittlung des direkt bewertbaren Nutzens werden neben den quantitativen Kriterien die qualitativen Kriterien aufgelistet.

Diese sind im vorliegenden Beispiel:
- Weniger Störungen
- Koordinierte Zusammenarbeit
- Bessere Prozeßorganisation
- Höherer Zielerreichungsgrad
- Priorisierung der Aufgaben

Im nächsten Schritt werden die quantitativen und qualitativen Kriterien mit der gleichen Skala bewertet. In dem vorliegenden Beispiel ist eine Skala von 1 bis 5 gegeben. Die quantitativen Kriterien erhalten eine Durchschnittsbewertung von 3.0 und die qualitativen Kriterien eine Bewertung von 4.0. Setzt man die Bewertung von 3.0 mit den durch Kosteneinsparungen erzielten Nutzen von DM 75 000,– gleich, dann ergibt sich für die qualitativen Nutzenelemente ein zugeordneter Wert von DM 100 000,–.

Auch diese Methode ist kein Allheilmittel. In welchem Umfang sie den praktischen Erfordernissen gerecht zu werden vermag, hängt in hohem Umfang vom Einzelfall ab. Von besonderer Bedeutung ist die Gewichtung des Verhältnisses der quantitativen zu den qualitativen Kriterien. In unserem Beispiel wird von einer Relation von 1:1 ausgegangen, d.h., die quantitativen und qualitativen Vorteile halten sich die Waage.

Wertvergleichs-Methode

① **Nutzen durch Kosteneinsparungen/ Produktivitätsverbesserungen: DM 75.000,–**

② **Auflisten der quantitativen Kriterien**

③ **Auflisten der qualitativen Kriterien**

④ **Bewertung der Nutzenelemente**

Kriterien	Niedrig 1	2	Mittel 3	4	Hoch 5
② Quantitative Kriterien					
• Rationelles Telefonieren		X			
• Rationelles Lesen			X		
• 'vordenken' können			X		
• effektive Besprechungen				X	
• Rationeller Schriftverkehr			X		
③ Qualitative Kriterien					
• Weniger Störungen				X	
• Koordinierte Zusammenarbeit				X	
• Bessere Prozeßorganisation					X
• Höherer Zielerreichungsgrad			X		
• Priorisierung der Aufgaben				X	

⑤ **Ermitteln des Wertes der qualitativen Nutzenelemente**

- Durchschnittsbewertung der
  - quantitativen Kriterien: $\frac{15}{5} = 3.0$
  - qualitativen Kriterien: $\frac{20}{5} = 4.0$
- Zugeordneter Wert der
  - quantitativen Nutzenelemente: DM = 75.000,–
  - qualitativen Nutzenelemente: DM = 100.000,–

- Gesamt-Nutzen: DM = 175.000,–

Bei einer Reihe von Weiterbildungsmaßnahmen ist aber von unterschiedlichen Relationen zwischen dem quantitativen und dem qualitativen Nutzen auszugehen. So sind unter anderem Nutzenrelationen denkbar wie:

quantitativer Nutzen:	1	1	1	1	4	3	2
	:	:	:	:	:	:	:
qualitativer Nutzen:	1	2	3	4	1	1	1

Würde man im vorliegenden Beispiel von einem Wert von 1:2 ausgehen, d.h., die qualitativen Kriterien werden mit dem zweifachen Gewicht gesehen, dann wäre der qualitative Nutzenwert DM 200 000,– und der Gesamtnutzen DM 275 000,–.

Zusammenfassend seien die einzelnen Schritte aufgelistet (siehe Musterbeispiel):

Situations Analyse "Effektiver arbeiten"

Einflußfaktoren	Ausprägung heute morgen (0-10)	Differenz	Maßnahmen
1. Ziele setzen			
2. Planungen erabeiten			
3. Aktivitäten festlegen			
4. Prioritäten setzen			
5. Kontrollen vornehmen			
6. Störungen beseitigen			
7. Nein-sagen können			
8. Delegieren können			
9. Ordnung halten			
10. Arbeiten finalisieren			
11. Konsequentes Arbeiten			
12. Innovativ sein			
13. Betroffene beteiligen			
14. Vordenken können			
15. Positiv denken			
16. Regeln erarbeiten			
17. Mitarbeiter motivieren			
18. Effektive Besprechungen			
19. Perfektion vermeiden			
20. Techniken nutzen			
Durchschnittswerte			

1. Ermitteln des Nutzens der quantitativen Kriterien.
2. Auflisten der qualitativen Kriterien.
3. Bewertung der Nutzenelemente.
4. Ermitteln des Wertes bei qualitativen Nutzenelementen.

Eine genauere Bewertung der einzelnen Weiterbildungsmaßnahmen setzt eine spezifische Situationsanalyse voraus. Für das vorliegende Beispiel kann das skizzierte Formular „Situations-Analyse Effektiver arbeiten“ eingesetzt werden. Die Aufgaben für den Teilnehmer sind dabei:

1. Ermitteln Sie zunächst für alle Einflußfaktoren deren heutige Ausprägung. Die Skala reicht von 0 bis 10 (0 = keine Ausprägung, 10 = höchster Erfüllungsgrad, 5 = durchschnittliche Erfüllung).
2. Ermitteln Sie für alle Einflußfaktoren die Ausprägung, die Sie zu einem bestimmten Zeitpunkt erreichen möchten. Gehen Sie dabei von einem Planungshorizont von weniger als zwei Jahren aus.
3. Ermitteln Sie in der Spalte »Differenz« die Punktunterschiede zwischen den Spalten Ausprägung „heute“ und „morgen“.
4. Ermitteln Sie die Durchschnittswerte.
5. Erarbeiten Sie für die wesentlichen Schwachstellen Maßnahmen zur Verbesserung.

Je größer bei den einzelnen Kriterien die Differenz zwischen der Ausprägung von heute und morgen ist, desto höher dürfte der quantitative und qualitative Nutzen ausfallen. Selbstverständlich gilt es, die adäquaten Maßnahmen auch aufzusetzen und umzusetzen. Eine Hilfestellung kann in diesem Fall die folgende Übersicht der Arbeitstechniken geben. Aus dieser Darstellung gehen die zehn wesentlichen Gebote für ein effektives Zeitmanagement hervor.

Die beiden nachstehend aufgeführten Beispiele zur Wertvergleichsmethode und Nutzenanalyse entwickelte Axel Rogaischus. Das von ihm verwendete Zahlenmaterial wurde einerseits auf der Basis empirischer Werte (zum Beispiel durchschnittliches direktes Entgelt der verarbeitenden Industrie, durchschnittliche Fehlzeiten) und andererseits auf der Grundlage adäquater Wertansätze ermittelt. Der Leser hat die Möglichkeit, dasselbe Beispiel vor dem Hintergrund

10 wesentliche Gebote für ein effektives Zeitmanagement

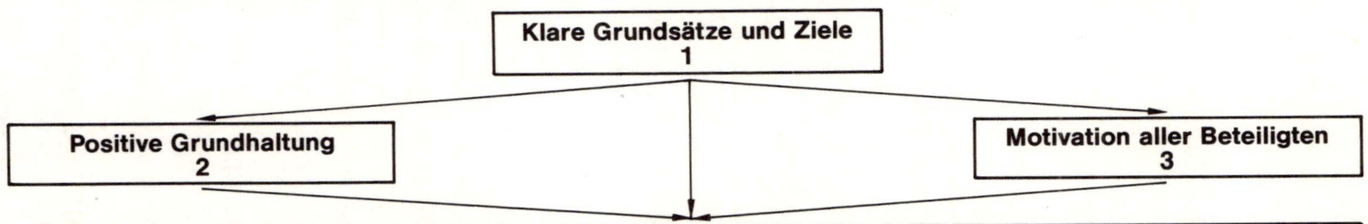

Planen und Priorisieren der Aktivitäten 4	Zielstrebiges konzentriertes Arbeiten 5	Rationelles Telefonieren 6	Nein-sagen 7	Meetings/ Konferenzen 8	Störungen 9	Unordnung/ Ablage 10
- Eigene Ziele erarbeiten - Externe Ziele einbinden - ABC-Analyse - Alpen-Methode - Eisenhower-Prinzip - Zeitplan-Buch - Finalisierung der Arbeiten - Kontrolle der Aktivitäten	- Systematisch arbeiten - Morgens richtig anfangen - Physiolog. Leistungskurve beachten - Qualitätsarbeit verrichten - Einsatz von Organisationsmittel - Papier nur 1 x in die Hand nehmen - Vermeidung von Perfektionismus	- Arbeiten mit Telefonblöcken - Gesprächsvorbereitung - Gute Gesprächsführung - Abschirmen und Filtern - Telefonfreie Zeiten - Rückruf anbieten - Nutzen der modernen Kommunikationstechnik	- Klare Grundsätze und Ziele beachten - Auswirkungen abschätzen - Schadensminimierung berücksichtigen - Auf innere Stimme hören - Vergleich des Anliegens mit Aktivitätenplan - Selbstbelohnung für Nein-sagen	- Ziele definieren - Richtige Auswahl der Teilnehmer - Selbstdisziplin aller - Vorgabe von Spielregeln für die Diskussion - Zeitrahmen vorgeben - Methoden-Einsatz (z.B. Meta-Plan) - 1-Seiten-Protokoll	- Vordenken: Aufgaben aus der Kunden-, Lieferanten-Mitarbeiter- und Vorgesetzten-Sicht erledigen - Regeln mit Beteiligten erarbeiten - Management by Objectives - Management by Delegation - Vorbeugende Absprachen - Frühwarnsysteme etablieren	- Klassifikations-System für Unerledigtes und Ablage - Papierkorb verstärkt einsetzen - Verzicht auf Papier - Elektronische Post und Ablage - Elektronisches Archiv - Redundanzfreie Ablage

- der Wertvergleichsmethode und
- der Nutzenanalyse

nachzuvollziehen.

Im Vordergrund dieser Beispiele steht der methodische Ansatz. Die fixierten Werte dienen lediglich dazu, die Vorgehensweise bei der Bewertung des Nutzens zu verdeutlichen. Daß die Wertansätze von Fall zu Fall sehr unterschiedlich sein können, versteht sich von selbst.

Die beiden methodischen Ansätze können isoliert angewandt werden; es ist aber auch sehr sinnvoll, von der Wertvergleichsmethode auszugehen und die qualitativen Wertansätze in die Nutzenanalyse mit einzubinden.

2. Beispiel zur Anwendung der Wertvergleichsmethode für die Darstellung des Nutzens der Mitarbeiterweiterbildung

1) Das Unternehmen

Ein Unternehmen der verarbeitenden Industrie, das mit 1 000 Mitarbeitern bei einem Umsatz von jährlich 500 Mio. DM einen Gewinn von 20 Mio. DM erwirtschaftet, plant umfassende Weiterbildungsmaßnahmen für die Mitarbeiter.

Diese Maßnahmen wurden beschlossen, da ein sehr schlechtes Betriebsklima, mangelnde Motivation der Mitarbeiter, eine hohe Fluktuationsrate von 5% aufgrund von Kündigungen von seiten der Mitarbeiter sowie ein überdurchschnittlich hoher Anteil an Fehlzeiten von 92 h p.a. pro Mitarbeiter registriert wurde.

Die Unternehmensführung klagt außerdem über mangelndes Wissen und eine zu geringe Identifikation der Mitarbeiter mit den Unternehmensstrategien.

Zusätzlich haben Kunden wiederholt zum Erkennen gegeben, daß sie am Telefon von verschiedenen Mitarbeitern vertröstet werden, oder sie wurden oftmals ohne Erfolg weitergeleitet (hohe Kundenunzufriedenheit).

Annahmen: Die jährliche Arbeitszeit pro Mitarbeiter beträgt 1730 h, das direkte Entgelt pro Stunde durchschnittlich DM 18,50. Die bisherigen Fähigkeitsprofile entsprechen durchschnittlich zu 80% den Anforderungsprofilen der Stellen. Die jährlichen Personalaufwendungen für das direkte Entgelt betragen folglich pro Mitarbeiter 32 000,– DM. Die Mitarbeiter bestehen zu 10% aus Führungskräften, bei denen ein direktes Entgelt in Höhe von DM 30,– durchschnittlich pro Stunde angenommen wird.

Die Kosten für die Einstellung und Einarbeitung eines neuen Mitarbeiters belaufen sich auf 20 000 DM.

Bei einer derzeitigen Fluktuationsrate von 5% werden jährlich 50 Mitarbeiter neu eingestellt. Dadurch entstehen Kosten in Höhe von 1 Mio. DM im Jahr.

2) Ermittlung des quantitativen Nutzens

- Nutzen aus Steigerung der Leistungsfähigkeit
  Durch die Weiterbildungsmaßnahmen wird die Übereinstimmung zwischen Fähigkeitsprofil und Anforderungsprofil bei jedem Mitarbeiter von 80% auf 85% erhöht.

  32 000,– DM = 100%
  25 600,– DM = 80 %
  27 200,– DM = 85%

  Von den 1 600,– DM, die aus der Steigerung der Leistungsfähigkeit resultieren, werden 50% als Produktivitätssteigerung realisiert. Der Nutzen pro Mitarbeiter beläuft sich folglich auf 800,– DM.

  Gesamtnutzen → 800,– TDM

- Nutzen aus Steigerung der Leistungsbereitschaft
  Die erhöhte Motivation der Mitarbeiter durch die Weiterbildungsmaßnahmen bringt eine weitere Umsetzung der gesteigerten Lei-

stungsfähigkeit um 20%. Der Nutzen pro Mitarbeiter beträgt in dieser Nutzenkategorie damit 160,– DM.

Gesamtnutzen → 160,– TDM

- Nutzen aus geringer Fluktuation
  Die Fluktuationsrate wird von 5% um 2% auf 3% gesenkt: Dies bedeutet, daß man die Kosten für die Einstellung neuer Mitarbeiter von derzeit 1 Mio. DM auf 600,– TDM senken kann.

  Gesamtnutzen → 400,– TDM

- Nutzen aus geringeren Fehlzeiten
  Die Fehlzeiten werden durch höhere Leistungsbereitschaft um 3% auf 89,2 h p.a. reduziert. Die Anwesenheit erhöht sich pro Mitarbeiter um 2,76 h p.a. Wird diese Zeit mit dem direkten Entgelt von 18,50 DM pro Stunde multipliziert, so erhält man den entsprechenden Nutzen pro Mitarbeiter.

  Gesamtnutzen → 51,– TDM

Faßt man die vier Nutzenkategorien zusammen, dann erhält man den nachstehenden quantifizierbaren und abschätzbaren Gesamtnutzen:

800,– TDM
160,– TDM
400,– TDM
51,– TDM
1 411,– TDM

3) *Übertragung ins Wertevergleichsmodell unter Hinzuziehung des immateriellen Nutzens (primär strategischer Nutzen)*

Quantifizierbarer Gesamtnutzen: 1 411,– TDM					
	Bewertung der Nutzenelemente				
Auflistung der quantitativen Kriterien	Niedrig		Mittel		Hoch
	1	2	3	4	5
* Nutzen aus steigender Leistungsfähigkeit					X
* Nutzen aus steigender Leistungsbereitschaft			X		
* Nutzen aus geringerer Fluktuation			X		
* Nutzen aus geringeren Fehlzeiten	X				
Auflistung der qualitativen Kriterien					
* Identifikation der Mitarbeiter mit den Unternehmensstrategien	X				
* Prozeßablaufoptimierung			X		
* Höhere Kundenzufriedenheit				X	
* Steigerung des Innovationsklimas		X			
* Flexibilität der Mitarbeiter		X			
* Mitarbeiter als Repräsentant nach außen	X				
* Erhaltung qualifizierter Mitarbeiter		X			
* Besserer Informationsfluß	X				

Ermittlung des Wertes der qualitativen Nutzenelemente:

* Durchschnittsbewertung der
  – quantitativen Kriterien: 12 : 4 = 3.0
  – qualitativen Kriterien: 16 : 8 = 2.0
* zugeordnete Werte der
  – quantitativen Nutzenelemente: 1 411,– TDM
  – qualitativen Nutzenelemente: 941,– TDM
* Gesamtnutzen 2 352,– TDM

Die *Nutzenanalyse* erlaubt eine differenzierte Bewertung des Nutzens. Die Vorgehensweise bei der Realisierung der Nutzenanalyse erfolgt in mehreren Stufen, wobei die Einteilung der herauszufindenden und bewerteten Vorteile einer Weiterbildungsmaßnahme nach

Nutzenanalyse

1. Einteilung der Nutzenkategorien

Nutzen

- **Nutzenkategorie I** – Einsparung bestehender Kosten
- **Nutzenkategorie II** – Einsparung zukünftiger Kosten
- **Nutzenkategorie III** – Nutzen durch den Erfolgsfaktor

2. Einteilung der Realisierungschance

- ○ **Hoch**
- ○ **Wahrscheinlich**
- ○ **Gering**

Standardaufteilung bei der Nutzenanalyse

Nutzen-Übersicht **Jahr ...**		**Anwendung:** ____________		
Realisierungs-chance / **Nutzen kategorie**		**hoch**	**mittel**	**gering**
I **Direkte Nutzen**				
II **Relative Nutzen**				
III **Schwer faßbare Nutzen**				

Standardaufteilung bei der Nutzenanalyse

Nutzen-Übersicht Jahr ...		Anwendung:		
Nutzen-kategorie / Realisierungs-chancen (in TDM)		hoch	mittel	gering
I Direkter Nutzen		①	③	⑥
II Relativer Nutzen		②	⑤	⑧
III Schwer faßbarer Nutzen		④	⑦	⑨

I Direkter Nutzen:	1		3			6			
II Relativer Nutzen:		2			5			8	
III Schwer faßbarer Nutzen:				4			7		9

- Nutzenkategorien und deren
- Realisierungschance

die Hauptpunkte sind.

Für die Einteilung des zu erwartenden Nutzens geht diese Methode von unterschiedlichen *Nutzenkategorien* aus. Der Nutzen wird dabei unterteilt in die drei Kategorien (siehe Abbildung „Nutzenanalyse“):

1. Direkter Nutzen (Einsparung bestehender Kosten)
2. Relativer Nutzen (Einsparung zukünftiger Kosten)
3. Schwer faßbarer Nutzen (Nutzen durch den Erfolgsfaktor „Weiterbildung“)

Die folgenden Beispiele für Nutzenkriterien ermöglichen dem Leser, einen besseren Einblick in die Zuordnung zu gewinnen.

Die drei Nutzenkategorien sind anschließend nach ihrer Aussicht auf *Realisierbarkeit* einzustufen. Hinsichtlich der Realisierbarkeit unterscheidet man nach hohen, mittleren und geringen Erwartungen.

Grundsätzlich sollte diese Einstufung individuell, d.h. unter Betrachtung der spezifischen Voraussetzungen der Unternehmen bzw. Verwaltungseinheit, erfolgen. Nur in den Fällen, in denen die Einstufung große Schwierigkeiten bereitet, kann man die „Standardaufteilung“ einsetzen. Bei der Standardaufteilung erfolgt die Einstufung lediglich nach der Wertigkeit der Nutzenkategorien und der Gruppierungen nach Realisierungschancen. Die Standardaufteilung (siehe Abbildungen) geht davon aus, daß die größte Realisierungschance bei der Nutzengruppe I/hoch ist und die kleinste Nutzengruppe III/gering. Für die Realisierungsstufe 2 kommen die Nutzengruppe I/mittel und II/hoch in Frage. Da die Standardaufteilung davon ausgeht, daß das Risikogefälle zwischen den Nutzenkategorien I, II und III geringer ist als das Gefälle zwischen den Realisierungschancen hoch bis gering, wird die Nutzenkategorie II/hoch zur Realisierungschance 2, die Nutzengruppe I/mittel zur Realisierungsstufe 3.

Das folgende Beispiel gibt einen Einblick in die praktische Anwendung dieser Methode im Weiterbildungsbereich. Es wurde dieselbe Ausgangssituation wie bei dem Beispiel zur Wertvergleichsmethode zugrunde gelegt.

3) Beispiel zur Anwendung der Nutzenanalyse für die Darstellung des Nutzens der Mitarbeiterweiterbildung

Nutzenkategorie I

- Durch die Weiterbildungsmaßnahmen wird die Übereinstimmung zwischen Fähigkeitsprofil und Anforderungsprofil bei jedem Mitarbeiter von 80% auf 85% erhöht.

  32 000,– DM = 100%
  25 600,– DM = 80%
  27 200,– DM = 85%

  Von den 1 600,– DM, die aus der Steigerung der Leistungsfähigkeit resultieren, werden 50% mit sehr hoher Realisierungschance als Produktivitätssteigerung eingehen. Der Gesamtnutzen für alle Mitarbeiter beläuft sich demzufolge auf 800,– TDM.

  Die Realisierung fällt erst ab der zweiten Periode an, da im Rahmen des ersten Jahres erst die Fähigkeitsprofile erhöht werden müssen. Es wird eine Lohn- und Gehaltssteigerung von jährlich 5% antizipiert.

Realisierungschance TDM

hoch					mittel					niedrig				
1	2	3	4	5	1	2	3	4	5	1	2	3	4	5
–	800	840	882	926										

Nutzenkategorie II

- Die erhöhte Motivation bringt eine weitere Umsetzung der gesteigerten Leistungsfähigeit als Produktivitätssteigerung um 20%. Die Realisierungschance wird je zur Hälfte als hoch und mittelmäßig eingestuft. Die Realisierung wird erst ab dem 2. Jahr wirksam. Die antizipierten Lohn- und Gehaltssteigerungen müssen auch hier berücksichtigt werden.

Nutzen → 160,– TDM

Realisierungschance TDM

hoch					mittel					niedrig				
1	2	3	4	5	1	2	3	4	5	1	2	3	4	5
–	80	84	88	92	–	80	84	88	92					

– Die Fluktuationsrate wird um 2% von 5% auf 3% gesenkt: Die Kosten für die Einstellung neuer Mitarbeiter wird von derzeit 1 Mio DM auf 600,– TDM gesenkt. Die Realisierungschancen werden sehr differenziert betrachtet.

Nutzen → 400,– TDM

Realisierungschance TDM

hoch					mittel					niedrig				
1	2	3	4	5	1	2	3	4	5	1	2	3	4	5
133	133	133	133	133	134	134	134	134	134	133	133	133	133	133

– Die Fehlzeiten werden durch höhere Leistungsbereitschaft um 3% auf 89,2 h p.a. reduziert. Die Realisierungschance wird als mäßig bis niedrig angesehen.

Nutzen → 51,– TDM

Realisierungschance TDM

hoch					mittel					niedrig				
1	2	3	4	5	1	2	3	4	5	1	2	3	4	5
					25	25	25	25	25	26	26	26	26	26

Nutzenkategorie III

– Die Mitarbeiter werden im Rahmen ihrer Weiterbildung mit vielen betrieblichen Bereichen konfrontiert. Sie lernen die Prozeßabläufe und verschiedene Bereiche des Unternehmens kennen. In Zukunft sind mehrere Mitarbeiter in der Lage, den Kunden qualifizierte Auskünfte zu geben bzw. sie an die richtige Stelle im Unternehmen zu verweisen. Die Außendienstmitarbeiter werden im Rahmen der Fortbildung mit den eigenen Unternehmensstrategien konfrontiert und sind in der Lage, dem Kunden qualifizierte Auskünfte über die Entwicklungstrends zu geben und auch im Sinne ihres Unternehmens die strategisch wichtigen Produkte dem Kunden qualifiziert anzubieten.

Es ist aus der steigenden Kundenzufriedenheit eine Umsatzsteigerung von 2% ab dem 2. Jahr zu erwarten. Die Realisierungschancen des daraus zu erwartenden höheren Gewinns von 400,– TDM sind nicht bekannt.

Realisierungschance TDM

hoch					mittel					niedrig				
1	2	3	4	5	1	2	3	4	5	1	2	3	4	5
–	133	133	133	133	–	134	134	134	134	–	133	133	133	133

– Durch die Weiterbildungsmaßnahmen wird erreicht, daß die Mitarbeiter sich wesentlich besser mit den Unternehmensstrategien identifizieren können. Sie fühlen sich verstärkt als Sub-Unternehmer.

  Die Unternehmensleitung erreicht eine Differenzierung zu den Mitbewerbern, indem jeder Mitarbeiter in sich selbst den entscheidenden Unterschied zur Konkurrenz erkennt.

  Eine Reihe von Mitarbeitern sind auch nach den üblichen Geschäftszeiten für die Kunden erreichbar („Hot-line"). Dieser zusätzliche Kundenservice äußert sich aufgrund einer vorsichtigen Schätzung in einer weiteren Gewinnsteigerung der Unternehmung von 80,– TDM mit mittleren bis hohen Realisierungschancen.

Realisierungschance TDM

hoch					mittel					niedrig				
1	2	3	4	5	1	2	3	4	5	1	2	3	4	5
40	40	40	40	40	40	40	40	40	40					

– Die Mitarbeiter beschäftigen sich mehr mit den Problemstellungen der Gesamtunternehmung, sehen Probleme und Möglichkeiten einer aktiven Gestaltung, primär in ihrem eigenen Bereich. Die Entwicklung von Verbesserungsvorschlägen nimmt dynamisch zu. Aufgrund der Ideen der Mitarbeiter können Kosten in Höhe von 150,– TDM eingespart werden. Die Realisierungschance ist in den ersten beiden Perioden doch erheblich geringer einzuschätzen als in den Folgeperioden.

Realisierungschance TDM

hoch					mittel					niedrig				
1	2	3	4	5	1	2	3	4	5	1	2	3	4	5
–	–	75	75	75	75	75	75	75	75	75	75	–	–	–

– Die Flexibilität der Mitarbeiter nimmt zu. Bei Änderungen der internen Stellenbesetzungen sinken die Einarbeitungszeiten. Der Nutzen wird auf 150,– TDM ab der 3. Periode geschätzt. Die Realisierungschance ist sehr differenziert.

Realisierungschance TDM

hoch					mittel					niedrig				
1	2	3	4	5	1	2	3	4	5	1	2	3	4	5
–	–	50	50	50	–	–	50	50	50	–	–	50	50	50

– Das Know-how des Unternehmens wird verstärkt erhalten. Durch die daraus resultierenden Qualitätssteigerungen werden die Nachbearbeitungskosten enorm gesenkt. Man schätzt die daraus entstehenden Einsparungen auf 90,– TDM mit sehr unterschiedlichen Wahrscheinlichkeiten. Die Realisierung wird allerdings erst mit Beginn des 2. Jahres erwartet.

Realisierungschance TDM

hoch					mittel					niedrig				
1	2	3	4	5	1	2	3	4	5	1	2	3	4	5
–	30	30	30	30	–	30	30	30	30	–	30	30	30	30

- Durch die Weiterbildungsmaßnahmen für die Führungskräfte wird ein besseres Zeitmanagement erreicht. Bei Meetings und Präsentationen wird die Effizienz gesteigert. Die daraus resultierenden Zeiteinsparungen werden durchschnittlich auf 2h pro Monat und Führungskraft geschätzt. Bei dem angenommenen direkten Entgelt für Führungskräfte von 30,– DM pro Stunde werden Einsparungen von 72,– TDM erzielt. Die Realisierungschancen werden als wahrscheinlich antizipiert.

Realisierungschance TDM

hoch					mittel					niedrig				
1	2	3	4	5	1	2	3	4	5	1	2	3	4	5
					72	72	72	72	72					

Die beiden folgenden Abbildungen fassen die Werte tabellarisch und graphisch zusammen.

Aus der Nutzenübersicht sind Rückschlüsse u. a. möglich über
- den Nutzen im ungünstigsten Fall (Realisierungsstufe 1),
- den maximal erzielbaren Nutzen (Realisierungsstufe 9),
- die akkumulierten Werte bis zu den einzelnen Realisierungsstufen,
- die Nutzenschwelle, bei welcher der Nutzen die zu erwartenden Kosten übersteigt.

Abschließend seien die Schritte beim Ablauf einer Nutzenanalyse aufgeführt:

1. Vorteile zusammentragen und auflisten
2. Vorteile in Nutzenkategorien einordnen
3. Nutzen bewerten
4. Realisierungschance zuordnen
5. Einordnung in die Nutzenmatrix (9 Felder)
6. Ermitteln des Nutzens für jedes Nutzenfeld
7. Feststellen der Kosten
8. Graphische Darstellung des Kosten- und Nutzenverlaufs
9. Einfluß der Finanzierung und Steuern prüfen
10. Entscheidung herbeiführen.

Übertragung der Nutzenkategorien in die Nutzenmatrix

Nutzenübersicht für 5 Jahre — Anwendung: Mitarbeiterweiterbildung

Nutzenkategorie	Realisierungschance je Jahr in TDM	hoch					mittel					gering				
		1	2	3	4	5	1	2	3	4	5	1	2	3	4	5
Direkter Nutzen (I)	1) Leistungssteigerung	–	800	840	882	926										
	Gesamt NK I:	–	800	840	882	926										
Relativer Nutzen (II)	1) Leistungsbereitschaft	–	80	84	88	92	–	80	84	88	92					
	2) Fluktuationsrate	133	133	133	133	133	134	134	134	134	134	133	133	133	133	133
	3) Fehlzeitenreduzierung						25	25	25	25	25	26	26	26	26	26
	Gesamt NK II:	133	213	217	221	225	159	239	243	247	251	159	159	159	159	159
Schwer faßbarer Nutzen (III)	1) Kundenzufriedenheit	–	133	133	133	133	–	134	134	134	134	–	133	133	133	133
	2) Mitarbeitereinsatz	40	40	40	40	40	40	40	40	40	40					
	3) Innovationsklima	–	–	75	75	75	75	75	75	75	75	75	75	–	–	–
	4) Flexibilität der Mitarbeiter	–	–	50	50	50	–	–	50	50	50	–	–	50	50	50
	5) Erhaltung qualifizierter Mitarbeiter	–	30	30	30	30	–	30	30	30	30	–	30	30	30	30
	6) Zeitmanagement						72	72	72	72	72					
	Gesamt NK III:	40	203	328	328	328	187	351	401	401	401	75	238	213	213	213

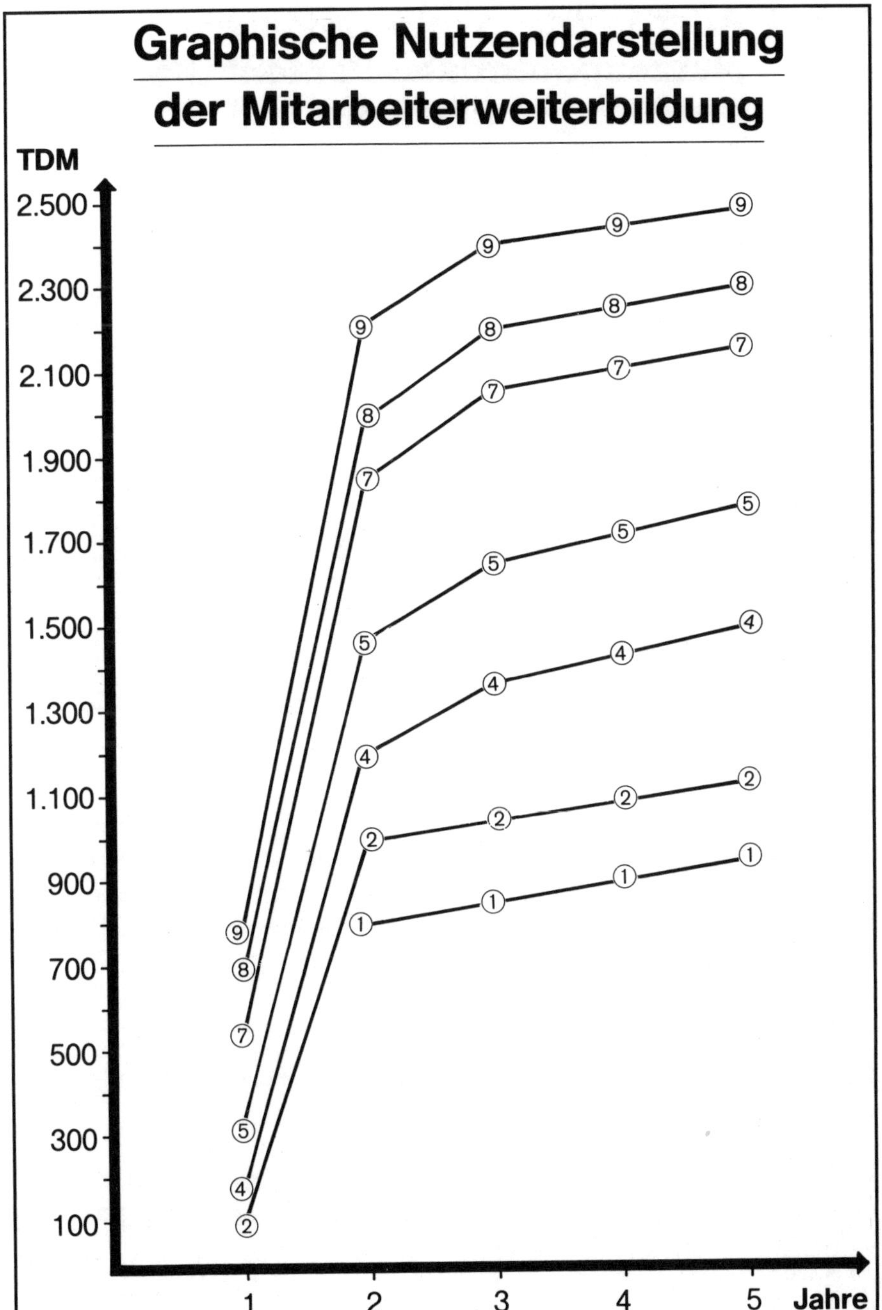
Graphische Nutzendarstellung
der Mitarbeiterweiterbildung
TDM
2.500
2.300
2.100
1.900
1.700
1.500
1.300
1.100
900
700
500
300
100
1
2
3
4
5
Jahre

2.5.5 Addition der Weiterbildungs-Nutzenpotentiale: Persönlicher, Abteilungs-, Bereichs- und Unternehmens-Nutzen

Alle Weiterbildungsaktivitäten haben Auswirkungen auf vier Ebenen:

1. Persönliche Ebene
2. Abteilungsebene
3. Bereichsebene
4. Unternehmensebene

1. Persönliche Ebene

In dieser Ebene werden nur die auf die Person fixierten Nutzenauswirkungen betrachtet.

2. Abteilungsebene

Die Analyse dieser Ebene betrachtet die Wechselwirkungen der Weiterbildungsmaßnahme mit den Auswirkungen auf die Abteilung.

3. Bereichsebene

Auf dieser Ebene werden die Auswirkungen auf das unmittelbare Umfeld der Abteilung gesehen. In die Analyse sind insbesondere die Beziehungen zu anderen Abteilungen, mit denen man verstärkt kommuniziert, aufzunehmen.

4. Unternehmensebene

Diese Ebene betrachtet die Auswirkungen auf das gesamte Unternehmen.

In der Praxis wird der Weiterbildungs-Nutzen vorrangig auf die erste und zweite Ebene bezogen. Nur in Einzelfällen wird auf die dritte und vierte Ebene reflektiert. Auch hier zeigt sich die Notwendigkeit der Betrachtung der Weiterbildung aus ganzheitlicher Sicht. Wenn der Mitarbeiter zum Mitunternehmer werden soll, muß bei allen Aktivitäten der

Hut des Unternehmers aufgesetzt werden, d.h., der Blickwinkel muß aus der Sicht der Unternehmensleitung erfolgen. Selbstverständlich ist diese Ebenenbildung nicht frei von Überschneidungen. So können bestimmte Vorteile auf mehreren Ebenen auftreten.
Die Betrachtung der vier Ebenen macht jedoch deutlich:

1. Die Nutzenerwägungen sind in einem größeren Verbundsystem zu sehen: Der Nutzen ist zu ermitteln für die Person, für die Abteilung, für den Bereich und für die Gesamtorganisation.

2. Dieses Modell führt durch das Denken in größeren Zusammenhängen zur Realisierung neuer Nutzenpotentiale (siehe Abbildung „Nutzenpotentiale der Weiterbildung“): Der Nutzen der ersten Ebene kann relativ schnell erreicht werden, er erreicht jedoch nur eine begrenzte Wirkung. Der Verlauf der Nutzenkurven der Ebenen zwei, drei und vier macht deutlich, daß die Nutzenpotentiale mit der Zunahme des erweiterten Blickwinkels steigen. Selbstverständlich hat man bei der Realisierung der größeren Nutzenpotentiale häufig von einem relativ geringen Nutzen in der Start- und Implementierungsphase auszugehen.

3. Das Denken in größeren Zusammenhängen führt zu innovativen Ansätzen bei den Weiterbildungsaktivitäten.

4. Das 4-Ebenen-Denken macht die Bedeutung der Erfolgsfaktoren für jede Ebene deutlich. In der praktischen Arbeit empfiehlt es sich, die Erfolgsfaktoren für jede Ebene zu erarbeiten und zu fragen, welche Weiterbildungsmaßnahmen tangieren die einzelnen Erfolgsfaktoren. Die folgende Matrix „Die Erfolgsfaktoren im 4-Ebenen-Denken“ zeigt den Einfluß der Weiterbildungsmaßnahmen auf die Erfolgsfaktoren. So tangiert die Weiterbildungsmaßnahme eins (1) beispielsweise sieben Erfolgsfaktoren, während die Weiterbildungsmaßnahme zehn (10) nur zwei Erfolgsfaktoren beeinflußt.

   Die Zeile „Note der Maßnahme“ zeigt die Bewertung für die Qualität dieser Weiterbildungsaktivität auf der Basis des nachstehend genannten Notenschlüssels an:

1 = sehr gut
2 = gut
3 = befriedigend
4 = ausreichend
5 = mangelhaft

Für die Weiterbildungsaktivitäten sind vor allem die Prozesse zu beachten, die *mehrere* Erfolgsfaktoren tangieren und deren Qualität als *nicht gut* beurteilt wird. In unserem Beispiel gilt es insbesondere, die Aktivitäten vier und neun dringend zu verbessern.

In der Praxis empfiehlt es sich, diese Form der Bewertung mit der Nutzwertanalyse zu verknüpfen. Diese würde eine Gewichtung der einzelnen Erfolgsfaktoren erlauben. Eine solche Vorgehensweise ist für die Unternehmensleitung von großer Bedeutung, macht sie doch die umfassende und strategische Bedeutung der Weiterbildung sichtbar.

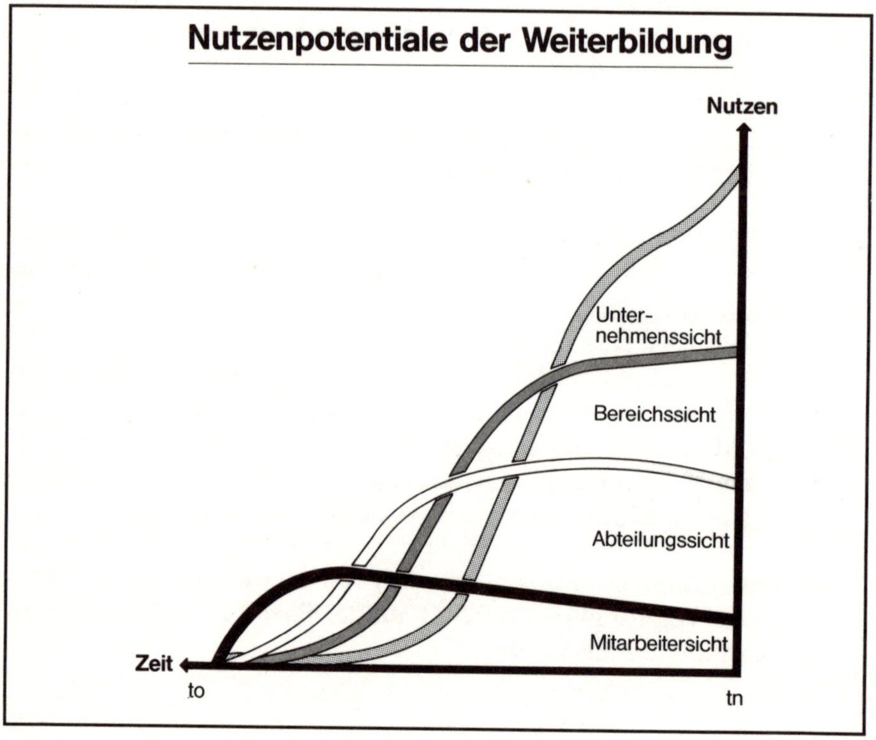

Die Erfolgsfaktoren im 4-Ebenen-Denken

Erfolgsfaktoren / Weiterbildungsmaßnahmen	1	2	3	4	5	6	7	8	9	10	11	12	13	14
1. Persönliche Ebene														
(1)	×	×		×		×		×				×	×	
(2)		×				×		×	×	×		×		
(3)		×		×										
(4)	×				×								×	×
(5)						×							×	
2. Abteilungs-Ebene														
(6)		×		×	×			×	×		×	×		
(7)	×		×		×			×	×	×				
(8)			×					×				×		
(9)	×			×					×				×	
(10)				×							×			
3. Bereichs-Ebene														
(11)			×	×		×	×		×				×	
(12)	×			×			×		×			×		
(13)	×								×				×	
(14)									×					
(15)											×			
4. Unternehmens-Ebene														
(16)	×		×			×	×		×				×	
(17)			×	×			×	×						
(18)				×									×	
(19)									×				×	
(20)														
Anzahl der Erfolgsfaktoren	7	4	5	9	3	5	4	6	10	2	3	5	9	1
Note der Maßnahme	4	2	1	5	5	2	2	1	4	1	1	2	3	2

3. Weiterbildung und persönlicher und unternehmerischer Erfolg

3.1 Rationelles Lernen – eine wesentliche Voraussetzung für erfolgreiche Weiterbildung

Die Problematik des Lernens wurde in den letzten Jahren immer häufiger Gegenstand wissenschaftlicher Untersuchungen. Die Erkenntnis, daß rationeller Lernen lernbar ist, gilt heute als gesichert. Da Lernen jedoch ein sehr komplexer Vorgang ist, ist es notwendig, den Lernprozeß in Teileinheiten aufzulösen, um die Gesetzmäßigkeiten des sinnvollen Lernens zu erkennen und ein planvolles Lernen zu ermöglichen. Wenn man die Gesetzmäßigkeiten kennt, dann kann man mit ihrer Hilfe die Lernvorgänge gezielt steuern.

Das Lernen des Menschen ist auf keine bestimmte Altersstufe begrenzt, d.h., es vollzieht sich laufend, vom Säugling bis zum Greis. Der Gedankenspeicher im Gehirn des Menschen ist so groß, daß wir bis ins hohe Alter hinein lernfähig sind. Lernen ist ein uns angeborener Instinkt und von Natur aus ein Vergnügen, das nur durch schlechte Lernmethoden beeinträchtigt wird. Lernen bedeutet aber auch, geistig beweglich und aufgeschlossen für Erfahrungen zu sein.

Der Biochemiker Frederik Vester hat aufgrund verschiedener Untersuchungen vier Lerntypen unterschieden:

1. Der abstrakte Lerntyp

Er nimmt meist in einer komplizierten formelhaften Art auf.

2. Der anschauliche Lerntyp

Er nimmt in Form von Bildern auf.

3. Der haptische Lerntyp

Er nimmt vorwiegend durch Anfassen (haptere) auf.

4. Der praktische Lerntyp

Er lernt durch Experimente.

Man hat festgestellt, daß maximal 5% der Menschen dem abstrakten Lerntyp zugeordnet werden können. 95% verteilen sich auf die anderen Lerntypen. Da in der Berufsarbeit die meisten Informationen abstrakt sind, hat der weitaus größte Teil der Menschen (ca. 95%) die Aufgabe, die abstrakte Information entsprechend dem eigenen Lerntyp umzuformen.

Im Rahmen dieser Themenstellung hat Lernen das Ziel, den gelernten Stoff zu behalten. Behalten heißt, einen Eindruck durch Assoziation zu speichern. Mit dem Lernen allein ist es also nicht getan. Der gelernte Stoff muß auch später noch zur Verfügung stehen, also behalten und wiedergegeben werden können.

3.1.1 Thesen zum Rationellen Lernen

Im folgenden erfahren Sie zehn Lernhilfen, die das Behalten fördern. Versuchen Sie, diese verstärkt bei der Wissensaufnahme zu beachten.

1. Lernen durch Erkennen des Zusammenhangs

- Lernstoff ist besser zu behalten, wenn man seinen Sinn und Zusammenhang versteht. Deshalb sollte man sich einen Gesamtüberblick verschaffen, bevor man zu den Details übergeht.

- Sinnvolles, verstandesmäßiges Lernen ist wirkungsvoller als mechanisches Einprägen, denn planvolles Einprägen begünstigt den Lernerfolg.

- Selbstverständlich kommt – neben anderen Fakten – auch der Art des zu lernenden Materials eine besondere Bedeutung hinsichtlich des Behaltens zu. Demnach wird Material mit ausgesprochen sinnvollem Inhalt – wie Prinzipien und Gesetzmäßigkeiten – am besten behalten; daraus folgt, daß der Lernende versuchen muß, Strukturen in seinen Stoff zu bringen, die Zusammenhänge zu sehen, die Gesetzmäßigkeiten zu suchen und zu erkennen.

2. Lernstoff sinnvoll strukturieren

- Es ist erwiesen, daß gut strukturierter Lernstoff besser behalten wird als nicht strukturiertes Material. Da die Voraussetzung für ein sinnvoll strukturiertes Lernmaterial nicht immer gegeben ist, sollte man versuchen, Lernstoff systematisch aufzubereiten und zu strukturieren, d.h., große Lerneinheiten werden sinnvollerweise in kleinere Lernabschnitte unterteilt.
- Dabei gilt es zu beachten, daß die wenigsten Themen und Lerninhalte linear aufgebaut sind, sondern zahlreiche Querverbindungen und Wechselwirkungen aufweisen.
- Um dennoch eine sinnvolle Struktur zu ermöglichen, ist es wichtig, die Zusammenhänge, die durch eine Teilung der Lerneinheiten auseinandergerissen werden, sowie alle Erkenntnisse und Schlußfolgerungen, die sich nur aus dem Zusammenhang ergeben, auf einer Themen-Gesamtübersicht festzuhalten.

3. Mehrere Sinne gleichzeitig am Lernprozeß beteiligen

- Da wir durch Sehen und Hören Informationen wahrnehmen, sollten wir auch beim Lernen möglichst viele Sinne in Anspruch nehmen, da es die Reproduktion des Stoffes erleichtert.

- Durch die Beteiligung von mehreren Sinnen beim Lernprozeß wie zum Beispiel
  - Zuhören und Beobachten
  - Mitschreiben
  - Visionalisieren
  - Diskutieren in Gruppen
  - Rollenspielen
  - selbständiges Durchführen

werden Assoziationen und Erkenntnisse gefördert, die eine wesentlich höhere Gedächtniswirkung ermöglichen und beim späteren Abrufen das Auffinden ganzer Themenkomplexe erleichtern.

- Werden möglichst viele Sinne wie Sehen, Hören, Riechen, Schmekken und Tasten aktiviert, die durch koordinierten Einsatz von Geist und Körper zusammenwirken, wird auch eine Mehrfachverarbeitung der Information durch die Aktivierung der rechten Gehirnhälfte ermöglicht. Durch das Benutzen *beider* Hemisphären steht dann auch mehr Speicherkapazität und demzufolge auch ein erweitertes Behaltens- und Erinnerungsvermögen zur Verfügung.

4. Eine Steigerung des Lesetempos erreichen

- Wir sollten unsere Fähigkeit zu lesen so weit ausbilden, daß es uns möglich ist, den Lernstoff rasch zu überfliegen, dabei jedoch das Wesentliche des Textes zu erfassen und im Gedächtnis zu behalten. Dadurch können Bezüge zum Ganzen hergestellt werden; ein besserer Überblick wird gewonnen.

- Außerdem ist es notwendig, Störfaktoren und unbewußt ablaufende Randerscheinungen beim Lesen konsequent zu beseitigen und damit für rationellere Lerngewohnheiten zu sorgen.

5. Reihenfolge des Lernstoffes beachten

- Nachteilig auf das Behalten von Stoffen wirkt sich oft die störende Beeinflussung von gleichartigen Stoffen aus. Dies wird als Interferenz bezeichnet und sollte vermieden werden, indem man abwechslungsreich lernt.

- Je passiver man sich demzufolge nach dem Lernen verhält (zum Beispiel schlafen), um so weniger können die neuen Lerninhalte durch erneute Eindrücke überlagert werden. Ist eine weitere Lernaktivität jedoch erforderlich, so sollte diese keine Ähnlichkeit mit dem zuvor gelernten Stoff aufweisen, also nicht mit dessen Gleichartigkeit korrelieren und dadurch eine retroaktive Hemmung auslösen.

6. Neuen Stoff zu bereits Gelerntem in Beziehung setzen

- Neuer Lernstoff soll bereits bekanntem Wissen zugeordnet werden, um durch die Herstellung einer Beziehung zu neuen Erkenntnissen zu gelangen und komplexe Zusammenhänge besser zu begreifen.
- Neue Informationen zu den unterschiedlichsten Themenkreisen sollen anhand eines „Aufhängers" gespeichert werden, der dann automatisch die Reproduktion der Gesamtinformation, die mit ihm verknüpft ist, ermöglicht.
- Durch das Zusammenspiel beider Gehirnhälften beim Lernprozeß wird Lernstoff anhand von Assoziationen (Beziehungen), die von Vorstellungen, Gefühlen und Tätigkeiten begleitet sind, dauerhaft gespeichert.

7. Lernen durch Konzentration

- Unter Konzentration versteht man die Fähigkeit, sich mit ein und derselben Sache über einen bestimmten Zeitraum hinweg intensiv zu beschäftigen. Diese Fähigkeit ist nicht allen Menschen in gleichem Maße zu eigen und sollte deshalb durch Konzentrationshilfen und gezieltes Konzentrationstraining gefördert werden.
- Eine sorgfältige Analyse des eigenen Arbeitsverhaltens ermöglicht die Behebung einer vorhandenen Konzentrationsschwäche, legt äußere und innere Störfaktoren offen und garantiert dadurch die bewußte Konzentration auf eine bestimmte Aufgabenstellung.

8. Zweckmäßig verteilte Wiederholung des Lernstoffes

- Um ein Vergessen des Lernstoffes zu verhindern, sollten zeitlich gestaffelte Wiederholungen vorgenommen werden. Man kommt mit weniger Wiederholungen aus, wenn diese auf einen größeren Zeitraum verteilt werden. Dies sollte sich aber nicht auf Lernstoff beziehen, der bereits fest im Gedächtnis eingeprägt ist, sondern sich auf Lernstoff beschränken, welcher des Wiederholens bedarf. Man sollte beachten, daß der Übergang vom Kurzzeit- ins Langzeitgedächtnis in der Regel erst nach mehrmaliger Wiederholung und Verarbeitung gelingt.

9. Lernen durch sinnvolle Zeiteinteilung

- Zur zeitlichen Bewältigung eines gewissen Lernpensums können Durchschnittswerte berechnet werden. Stellt man nun fest, daß die eigenen Werte erheblich über oder unter diesem Durchschnitt liegen, wäre es sinnvoll, seine Zeiteinteilung zu überprüfen, um Zeit besser planen und intensiver nutzen zu können.

10. Lernen durch aktive Mitarbeit

- Lernen ist ein aktives Verhalten. Nur eine aktive Aufnahme und Verarbeitung des Stoffes garantieren einen Lernerfolg. Je größer die Lernaktivität, desto erfolgreicher ist die Lernarbeit. Darunter versteht man eine zielbewußte Selbstbeteiligung am Unterricht, die durch Mitdenken, Mitreden und Mitschreiben den gesamten Lernprozeß erleichtert. Nur durch aktive geistige Arbeit kann eine langfristige Speicherung von Informationen erreicht werden. Beim passiven Zuhören ist es nicht möglich, die Informationen längerfristig zu speichern. Durch bloßes Zuhören werden zwischen 5% und 20% des zu lernenden Stoffes im Langzeitgedächtnis behalten, beim Lesen bzw. Sehen sind es zwischen 20% und 30%, bei Kombination von Hören und Lesen bzw. Sehen werden bis zu 60% des neuen Materials behalten; das Diskutieren des Stoffes in Gruppen führt zu einer Gedächtniswirkung von bis zu 70%, während durch „Selbst-Tun" (zum Beispiel durch die selbständige Durchführung eines chemischen oder physikalischen Versuches) bis zu 100% des neuen Stoffes behalten werden.

3.1.2 Zu den Methoden in der Erwachsenenbildung

Sehr deutlich formuliert Döring[1)] die didaktischen Mythen der Erwachsenenweiterbildung, deren Einfluß – so macht der namhafte Wissenschaftler und erfahrene Pädagoge deutlich – auf die Weiterbildungspraxis nicht unterschätzt werden darf:

---

1 Döring, Klaus W. und Ziep, Klaus-Dieter: Mediendidatik in der Weiterbildung. Weinheim 1989, S. 15.

1. „Der Mythos vom souveränen, erwachsenen Lerner, der eigentlich nur Fachwissen braucht, nicht aber eine didaktisch-methodische Aufbereitung des Lernangebots.
2. Der Mythos vom Lehren als einer ausschließlich personenbezogenen Vermittlungsaufgabe und damit zusammenhängend: die Dominanz des Senders/Dozenten und der Aussage gegenüber dem Empfänger/Teilnehmer und seinen Lernerfordernissen.
3. Der Mythos von der Dominanz und generellen Bedeutung des fachlichen und fachwissenschaftlichen Anteils am Lernangebot gegenüber anderen (zum Beispiel operativen, sozialen praktisch-strategischen) Anteilen.
4. Der Mythos von der Stoffmenge, Detailgenauigkeit und akribischen Wissenschaftlichkeit des Lernangebots.
5. Der Mythos von der Überlegenheit der (abstrakten) Theorie gegenüber der „bloßen" (pragmatischen) Praxis.
6. Der Mythos vom Lernen als einer (passiven) Informationsaufnahmeprozedur: Zuhören als wichtigste Lerntätigkeit.
7. Der Mythos von der einen Methode, mit der viele Dozenten glauben, alle Themen lerngerecht anbieten zu können (zum Beispiel Vortragsstil auf manuskriptgestützter Basis mit ständigem Folieneinsatz: Dozent als „Folienschleuder")."

Es ist Döring voll zuzustimmen, wenn er aufruft, diesen Mythen entgegenzuarbeiten und adäquate Voraussetzungen für die heutigen Erkenntnisse im Bereich des Erwachsenenlernens zu schaffen. Bezüglich seines im letzten Punkt angesprochenen Mythos der einen richtigen Lehrmethode wissen wir, daß keine Methode als das „Allheilmittel" schlechthin angesehen werden kann. Die Lehrmethoden sind auf die spezifische Situation abzustimmen. Bei der Auswahl der geeigneten Lehrmethoden sind unter anderem folgende Kriterien zu berücksichtigen:

a) Umsetzorientierte Kriterien
Aktive Lehrmethoden sind in viel höherem Umfang als passive Lehrmethoden geeignet, Umsetzungserfolge herbeizuführen. Für die aktiven Lehrmethoden ist charakteristisch, daß die Teilnehmer praktische Erfahrungen sammeln oder aktuelle Probleme lösen. Es ist wünschenswert, die praktische Lernsituation direkt der Praxis zu entnehmen.

b) Teilnehmerabhängige Kriterien

Bei der Auswahl der einzelnen Methoden ist auch die personale Struktur der zu Schulenden zu berücksichtigen. Dabei muß vor allem das Alter und die Veranlagung der Schulungsteilnehmer beachtet werden. So sind zum Beispiel Nachwuchskräfte im allgemeinen eher bereit, ihr Wissen durch Vorträge zu erweitern. Erfahrene Führungskräfte legen dagegen größeren Wert auf Erfahrungsaustausch, weshalb sich für deren Schulung besonders aktive Lehrmethoden eignen.

c) Ausbilderabhängige Kriterien

Bei der Auswahl der angemessenen Lehrmethoden wird der Referent auch Rücksicht auf die zur Verfügung stehenden Techniken nehmen müssen. Dabei ist auch zu beachten, daß die Ausbilder oft nur bei wenigen Methoden gute Kenntnisse und Erfahrungen haben. Alle noch so guten Lehrmethoden verfehlen die angestrebten Ziele, wenn man nicht die notwendige Erfahrung dafür besitzt.

d) Stoffabhängige Kriterien

Die Lehrmethoden eignen sich unterschiedlich für die zu behandelnden Stoffgebiete. So verlangt die Entwicklung des abstrakten Denkvermögens des einzelnen Teilnehmers andere Methoden als zum Beispiel die Schulung in Menschenführung. Zu berücksichtigen ist auch, ob sich die Lehrmethode im Hinblick auf die Häufigkeit der Stoffdarbietung eignet.

e) Zeitabhängige Kriterien

Die Auswahl der anzuwendenden Schulungsmethoden hängt außerdem von der zur Verfügung stehenden Zeit ab. Die Vorbereitung und Durchführung von Unternehmensspielen und praktischen Fällen erfordern zum Beispiel einen wesentlich größeren Zeitaufwand als Vorträge. Diese Methoden können nur dort nutzbringend eingesetzt werden, wo genügend Zeit vorhanden ist.

f) Budgetabhängige Kosten

Einen sehr starken Einfluß auf die Auswahl der Lehrmethoden haben die für die Schulung vorhandenen finanziellen Mittel. Steht der Ausbildungsabteilung bzw. dem Referenten nur ein relativ kleiner Betrag zur Verfügung, dann verbieten sich eine Reihe von Methoden wegen hoher Kosten von selbst.

Auf dem Gebiet des Lernens und Lehrens hat man bezüglich der Weiterbildungsmethoden in den letzten Jahren verstärkt eine Reihe von Erfahrungen gesammelt und auch neue Methoden, die sich zur Erhöhung der Leistungspotentiale der Mitarbeiter anbieten, erprobt. Mehr und mehr stellt man Veränderungen im Methodeneinsatz fest. Diese sind unter anderem zurückzuführen auf:

- die kürzer werdenden Produktlebenszyklen,
- die dramatische Verkürzung der Halbwertzeiten,
- den verstärkten Einsatz neuer Informations- und Kommunikationstechniken,
- die neuen Rollenbilder der Mitarbeiter und Führungskräfte,
- die kürzer werdenden Arbeitszeiten,
- die ständig steigenden Kosten der Weiterbildung,
- die neuen Dimensionen der Weiterbildung.

Diese Veränderungen bedingen zwangsläufig Änderungen im Methoden-Einsatz. Nachstehend sei für die drei Weiterbildungskategorien der Methoden-Wandel kurz angedeutet[1)] (siehe Abbildung „Methoden-Wandel in den drei Weiterbildungskategorien).

Im folgenden Kapitel werden für die zahlreichen neuen Ansätze in den Weiterbildungsmethoden drei Methoden etwas ausführlicher behandelt. Die Superlearning-Methode ist längst aus der Phase des Experimentierens herausgetreten. Namhafte Unternehmen setzen diese Methode heute systematisch in der Erwachsenenweiterbildung ein. Die Ausführungen zur Planspieltechnik sollen verdeutlichen, wie sich die Schwerpunkte einer Methode im Laufe von drei Dekaden verändert haben und wie der künftige Einsatz dieser Methode gesehen werden kann. Die knappen Aussagen zu den neuen Medien sollen lediglich verdeutlichen, wie vielfältig die Anwendungspalette bereits heute ist und welche Vorteile sich daraus für die Beteiligten ergeben.

[1)] Eine generelle Darstellung des Methoden-Wandels findet sich in Decker, Franz: Grundlagen und neue Ansätze in der Weiterbildung. Handbuch der Weiterbildung für die Praxis in Wirtschaft und Verwaltung, Band 7. München und Wien 1984, S. 344.
Decker, Franz: Aus- und Weiterbildung am Arbeitsplatz: Neue Ansätze und erprobte berufspädagogische Programme. München 1985, S. 321 ff.

Methoden-Wandel in den 3 Weiterbildungskategorien

Methoden-Wandel Gestern/Heute	Morgen
1. Effektivität	
– Passives Lernen	– Aktives Lernen
– ‚Blasmusik' von vorne	– Methodenvielfalt
– Kennen	– Verstehen
– Können	– Beherrschen
– Kollektives Lernen	– Individuelles und kollektives Lernen
– Textdominanz	– Umfassender Medieneinsatz
– ‚Schrankware'-Wissen	– Umsetzungswissen
– Lernen am Ort	– Distance-Learning
2. Effizienz	
– Ein- und wenigdimensionale Ansätze	– Mehrdimensionale Ansätze
– Verhaltensnormen	– Situative Methoden
– Vorgabe von Fällen und Rollen	– Einbring. u. Lösen der Teilnehmerprob.
– Vorstrukturiertes Verhalten	– Problembezogenes Verhalten
– Gelehrte Zusammenarbeit	– Gelebte Einbindung
– Geringe Betroffenheit	– Betroffene sind Beteiligte
– Begrenzte Teamrelevanz	– Hohe Teamfähigkeit
3. Erfolg	
– Statische Methoden	– Dynamische Methoden
– Introvertierte Ansätze	– Extrovertierte Ansätze
– Strategie-Defizite	– Bewährte Methoden
– Abteilungsdenken	– Unternehmerisches Denken
– Suboptimierung	– Vernetzte Optimierung
– Geringe Transfermöglichkeit	– Aktueller Praxisbezug
– ‚Pflege' von Paradigmen	– Innovationsdominanz
– Handlungsbedarf	– Umsetzung

3.1.3 Ausgewählte Lehrmethoden in der Erwachsenenbildung

3.1.3.1 Superlearning

Diese Methode der Lehrstoffvermittlung basiert auf Erkenntnissen des bulgarischen Neurologen, Psychiaters und Hypnoseforschers Prof. Georgi Lozanov. Superlearning ist eine Kombination aus Suggestion und Pädagogik (Suggestopädie) und berücksichtigt die Funktionsweise des Gehirns. Diese Art der Wissensvermittlung spricht die linke und die rechte Gehirnhälfte gleichzeitig an, d.h., daß sowohl logisches Denkvermögen als auch kreative Fähigkeiten angesprochen werden. Bei seinen Untersuchungen an Personen mit einem scheinbar unerschöpflichen Gedächtnis beobachtete Lozanov im Augenblick ihrer geistigen Höchstleistung völlige körperliche und geistige Entspannung. Auf der Basis seiner psycho-akustischen Forschungen erkannte er, daß eine besondere Musik den Körper völlig entspannt, den Geist jedoch wach und die Konzentrationsfähigkeit unbeeinflußt läßt – eine Voraussetzung für maximalen Lernerfolg.

Die wissenschaftliche Bezeichnung für „Superlearning" ist Suggestopädie, welche die Erkenntnisse der neueren Gehirnforschung und der Lernpsychologie mit den mnemotechnischen Praktiken der alten Griechen verbindet. Die beiden Amerikanerinnen Ostrander und Schroeder haben diese Methode durch ihr 1972 erschienenes Buch „Superlearning" bekannt gemacht – aber durch ihre neue Bezeichnung dieser Lernmethode ist eine zu hohe Erwartungshaltung an überdurchschnittliche Leistungen und sensationelle Lernerfolge entstanden.

Superlearning ist ein Lernverfahren, das den Menschen mit seinen gesamten Fähigkeiten in den Lernprozeß mit einbezieht. Diese Lernmethode wird als ein *sanftes Lernen*, das auf einer ganzheitlichen Betrachtungsweise des Menschen beruht, bezeichnet. Superlearning vermeidet es, den Lernenden unter Streß zu setzen, und versucht statt dessen, den Lernvorgang so anregend, angenehm und entspannend wie möglich zu gestalten. Lozanov geht davon aus, daß jeder Mensch lediglich 4 bis 10% seiner geistigen Möglichkeiten nutzt und den Rest der Gehirn kapazität brachliegen läßt; dieses Potential zu aktivieren war deshalb sein Bestreben. Seine Untersuchungen basieren auf der Tatsache, daß die Aufnahme- und Speicherfähigkeit von Wissen bei absoluter physischer und psychischer Entspannung um ein Vielfaches höher ist als bei Anspannung oder Streß.

Im suggestopädischen Unterricht werden möglichst viele Sinne wie Hören, Sehen, Riechen, Schmecken und Tasten aktiviert. In Verbindung mit geistiger und körperlicher Entspannung können Geist und Körper harmonisch zusammenwirken, d.h., durch koordinierten Einsatz von

Geist und Körper wird ein optimales Lernen ermöglicht. Auf diese Weise soll auch ein streßfreies Lernen garantiert, die Lerngeschwindigkeit erhöht und die Vergessensquote verkleinert werden. Um diese Harmonisierungen zu erlangen, müssen beide Gehirnhälften benutzt werden. Beim traditionellen verbal-abstrakten Lernen wird nur die linke Hälfte genutzt – die Speicherungsmöglichkeit der rechten Hemisphäre wird nicht beansprucht und steht dann auch als Erinnerungshilfe nicht zur Verfügung. Das Superlearning baut deshalb auf der beidseitigen Nutzung des Gehirns und der damit verbundenen mehrfachen Verarbeitung der gleichen Information auf, was sowohl die Speicherung als auch das Abrufen des gelernten Stoffes wesentlich erleichtert. Suggestion bedeutet die Beeinflussung der Denk-, Willens- und Gefühlsabläufe eines Menschen durch sich selbst oder durch andere.

Superlearning ist ein Lernen in zwei Bewußtseinszuständen, das durch die Aktivierung der rechten Gehirnhälfte ermöglicht wird. Durch Benutzen *beider* Hemisphären steht mehr Speicherkapazität und somit auch ein größeres Erinnerungsvermögen zur Verfügung. Der Behalteneffekt, der beim traditionellen Lernen nur durch häufige Wiederholungen erreicht wird, kann durch das Hinzunehmen eines weiteren Hirnbereiches wesentlich erleichtert werden.

Wesentliche Einflußkriterien auf den Lernerfolg durch Superlearning:

- *Lern-Umgebung*
  Dieses Kriterium spielt eine entscheidende Rolle bei der Lernstoffvermittlung. Deshalb ist es notwendig,

- eine lernverstärkende Umgebung zu schaffen,
- einen positiven, lernunterstützenden Rahmen zu gewährleisten,
- zum Lernthema passende Landkarten, Informations-Poster, Kulturszenen etc. günstig zu plazieren, da sie auf das jeweilige Themengebiet einstimmen.

- *Pädagoge*
  Der Lehrer stellt ein wesentliches suggestopädisches Element dar und ist aktiver Träger von Suggestion durch

- seine Stimme (die ein machtvolles suggestives Ausdrucksmittel darstellt),

- seine Augen (laufender Blickkontakt und anerkennender Augenkontakt verstärken das Selbstvertrauen),
- seine Körpersprache (ein Ausdrucksmittel, das unzählige Botschaften vermittelt),
- seine Wortwahl (bewußt gewählte Worte lösen interne Erlebnisse und Beziehungen/Assoziationen aus).

  Der Pädagoge ist dann eine Autorität im positiven Sinne, wenn er eine harmonische Beziehung zu den Lernenden aufbaut.

- *Beseitigung negativer Lernerfahrungen*

  Dieses wichtige Prinzip der Suggestopädie beruht auf der Erkenntnis, daß die im Laufe der Sozialisation erworbenen oder durch andere Bezugspersonen vermittelten lernhemmenden Einstellungen und inneren Haltungen zum Lernen ein optimales Lernen verhindern. Deshalb sollten Annahmen wie zum Beispiel

- Lernen ist schwer,
- Lernen ist mit unangenehmen Assoziationen verbunden,
- unsere Gedächtniskapazität ist begrenzt,
- das ist zu schwer für mich

durch den Lehrer ausgelöscht werden, da sie rückwirkende Konsequenzen auf die Lernfähigkeit haben, d.h. durch solche „Selbstprophezeiungen" ist der Mißerfolg bereits vorprogrammiert.

- *Suggestiv-Techniken als Gegenwirkung*

  Um solche lernhemmenden Faktoren auszuschließen, ist es notwendig, daß der Pädagoge durch gezielte Aussagen

- an frühere positive Lernerfahrungen erinnert,
- die ursprüngliche Neugierde eines Menschen anspricht und erneut weckt,
- an die einstige Freude beim Erfahren von Neuem appelliert

und dem Lernenden dadurch vermittelt, daß Freude am Lernen auch heute noch möglich sein kann.

Dem Pädagogen kommt bei dieser Lerntechnik eine entscheidende Rolle zu. Ausschlaggebend für den Lernerfolg ist, daß er dem Lernenden folgendes vermittelt:

- Eine positive Einstellung ist ein ausschlaggebender Faktor für ein effizientes Lernen.
- Lernen macht auf diese Weise Spaß, und Freude am Lernen hat die leichtere Aneignung des Wissens und die einfachere Umsetzung des Gelernten zur Folge.
- Fehler sind notwendige Begleiterscheinungen bei jedem Lernprozeß und nicht als negativ zu bewerten.

- *Entspannung durch Musik*
  Das Hauptprinzip der Suggestopädie ist die Entspannung, die das Gegenteil von Streß ist, der wiederum das Lernen blockiert. Dabei ist jedoch nicht nur Entspannung das Ausschlaggebende, sonst könnten alle im Unterricht vor sich Hindösenden mit hervorragenden Leistungen aufwarten, sondern es muß eine tiefe und konzentrierte Entspannung stattfinden. Dabei handelt es sich um eine „entspannte Wachheit", die gleichzeitig Entspannung und Konzentration auslöst. Dieser Zustand wird erreicht durch eine bestimmte Art von Musik, da sich nach Erkenntnissen der Physiologen die Körperrhythmen wie Herzschlag, Gehirnwellen etc. dem Takt der Musik anpassen. Die Alpha-Wellen sind bei der Suggestopädie ausschlaggebend für optimales Lernen.

Untersuchungen brachten Lozanov zu der Erkenntnis, daß der Lernende durch das Einspielen von einer bestimmten Musik während des Lernvorgangs in einen Alphazustand versetzt wird, der die Aufnahme von Lernstoffen erleichtert. Das menschliche Gehirn sendet in diesem Zustand Wellen mit verminderter Frequenz aus – parallele körperliche Reaktionen sind eine Verminderung der Herzfrequenz und – dadurch bedingt – eine Verlangsamung des Pulses und der Atmung sowie die Senkung des Blutdrucks. Die Aufgabe, das Gehirn und den Körper in diesen Zustand zu versetzen, fällt in der Suggestopädie der Musik zu. Die vorwiegend klassische Musik sollte einen getragenen und beruhigenden Rhythmus haben, durch den Atmung und Pulsfrequenz verlangsamt werden. Am geeignetsten ist dazu die Barockmusik mit ihren Largo-Sätzen, denn sie beruhigt durch ihr getragenes Tempo und durch ein ästhetisches Erleben – die Baßstimmen klingen wie menschlicher Pulsschlag.

Aus diesen Erkenntnissen entwickelte Lozanov ein Konzept, bei dem der Lernstoff in kleinen Lerneinheiten von 8 Sekunden vermittelt wird. Diese 8 Sekunden setzen sich aus einer Lernphase von 4 Sekunden und einer Pause von ebenfalls 4 Sekunden zusammen. Während der Lernphase sollte der Zuhörer die Luft anhalten – während der Pause jedoch 2 Sekunden lang einatmen und 2 Sekunden wieder ausatmen. Dadurch, daß der Rhythmus des Atmens mit dem der Musik (Viervierteltakt) völlig übereinstimmt, empfindet der Lernende eine vollständige Harmonie in sich, was sich positiv auf den Lernerfolg auswirkt.

Das Messen der bioelektrischen Hirntätigkeit (EEG) ergibt verschiedene Wellen:

- Beta-Wellen (14 bis 30 Hz)
  Kleine, sehr schnelle Wellen, die sich bei Nervosität und Streß verstärken = aktiver Zustand.
- Delta-Wellen (0,5 bis 3 Hz)
  Die langsamsten Wellen bilden die Voraussetzung für regenerierenden Schlaf = traumlose Tiefschlafphase.
- Theta-Wellen (4 bis 7 Hz)
  Sie ermöglichen ungewöhnliches Denken, Kreativität und Meditation.
- Alpha-Wellen (8 bis 12 Hz)
  Merkmal für geistige und körperliche Entspannung. Diese Wellen ermöglichen die Merkfähigkeit, Aufmerksamkeit und Phantasie.

Die Musik wird zur Erreichung des Entspannungszustandes eingesetzt und ist gleichzeitig das Transportmittel für den Lernstoff. Sie spricht die rechte Gehirnhälfte an, während die Sprache die linke Hemisphäre aktiviert.

Nachdem der Lernwillige durch den Lehrer (oder die Kassette) mit einer Entspannungsmethode in den Alpha-Zustand versetzt wurde, wird der Stoff vom Suggestopäden (Lehrer) vorgetragen oder von einer Kassette abgespielt. Die Präsentation muß in drei unterschiedlichen Arten der Intonation erfolgen:

- normale deklarative Präsentation,
- leise flüsternder, sanft einschmeichelnder Tonfall,
- laut kommandierender Befehlston.

Während im ersten Teil der Lernphase der Teilnehmer den zu lernenden Stoff still mitliest, wird im zweiten Teil dieselbe Information mit Musik als Entspannungshilfe vorgetragen; der Lernende hört dann dem Vortrag jedoch nur konzentriert zu. In der anschließenden Aktivierungsphase wird das neue Wissen unmittelbar nach dem Lernen (zum Beispiel durch Rollenspiele) praktisch angewandt, um es auf diese Weise wirksamer im Langzeitgedächtnis zu speichern. Dieser Lernphase fallen etwa 70% der Lernzeit zu.

Das Superlearning

Erreichen des Alpha-Zustands (ruhevolle Wachheit)	← Autogenes Training ← Bio-Feed-back-Geräte
Auflegen beruhigender Musik	← 60 bis 70 Takte pro Minute ← Empfehlenswert: Barockmusik
Einspielen der Lerninhalte	← Zeitliche Intervalle ← Tonband/Lehrer
Berücksichtigung von Atempausen	← Vor dem Einspielen einatmen ← Während der Vermittlung Luft anhalten ← Während der Pause ausatmen

Die drei Phasen des Superlearning:

1. Kognitive Unterrichts-Phase (linke Gehirnhälfte wird angesprochen)

Hier wird das rational-analytische Wesen des Lernenden angesprochen.

- Lernstoff wird gut strukturiert angeboten.
- Jeder versetzt sich – zum Abbau von Lernbarrieren – in eine Rolle, die sich auf den Lernstoff bezieht (im Fach Englisch wird man ein Engländer, in Anatomie ein Organ/Körperteil)

2. Rezeptive Unterrichts-Phase (rechte Gehirnhälfte wird angesprochen)

Hier kommt der Musik zentrale Bedeutung zu; sie soll den Lernenden in einen inaktiven rezeptiven Bewußtseinszustand versetzen.

- Bevorzugt werden die Meditation unterstützende Musikstücke mit ca. 60 Takten pro Minute.
- Bewußtes ruhiges Atmen unterstützt die Entspannung und beseitigt noch vorhandene Lernbarrieren.
- Ist der Lernende entspannt, wird der Lernstoff auf affektbetonte Weise präsentiert.

Der Wechsel von
- kognitiven, angespannten zu
- rezeptiven, entspannten Phasen

berücksichtigt neurophysiologische Erkenntnisse. Dies bedeutet:

- Die *linke Gehirnhälfte*, die
  - rational
  - analytisch
  - sprachlich

  ausgerichtet ist, wird von der *kognitiven Phase* angesprochen.

- Die *rechte Gehirnhälfte*, die
  - musisch
  - intuitiv
  - künstlerisch

ausgerichtet ist, wird von der *rezeptiven Phase* angesprochen. Hierbei wird die funktionelle Einheit beider Hirnhemisphären berücksichtigt und ungenutztes geistiges Potential aktiviert.

3. Aktive Unterrichts-Phase (Einsatz aktiver Lehrmethoden zur Festigung des Wissens)

Hier wird das aktiv und passiv aufgenommene Wissen verfügbar gemacht – denn nur zugänglich gehaltene Information wird nicht vergessen.

- In dieser Phase werden die Kenntnisse in Rollenspielen angewandt und phantasievoll verfremdet.
- Die affektive Entfaltung im Spiel und die heitere Gruppen-Atmosphäre wirken auch hier Lernbarrieren entgegen.

Im suggestopädischen Unterricht werden möglichst viele Sinne aktiviert. In Verbindung mit geistiger und körperlicher Entspannung können Geist und Körper harmonisch zusammenwirken und optimales Lernen ermöglichen. Vielfältige physische und physiologische Prozesse sind die eigentliche Ursache für verstärkte Informationsverarbeitung und Verbesserung der Gedächtnisleistung.

Zusammenfassend basiert „Superlearning“ auf folgenden Voraussetzungen:

- Suggestopädisches Lernen erfolgt in einem Zustand tiefer geistiger und körperlicher Ruhe und Entspannung.
- Durch koordinierten Einsatz von Körper und Geist werden beim Lernen Höchstleistungen ermöglicht.
- Der Einsatz von beiden Gehirnhälften gleichzeitig gewährleistet durch Mehrfachverarbeitung der gleichen Informationen einen besseren Behaltenseffekt, da das Gefühl und bestimmte Assoziationen gleichzeitig (mit der rechten Hirnhälfte) mit gespeichert werden.
- Da der Lerninhalt so präsentiert wird, daß möglichst viele Sinne angesprochen werden, entsteht ein positives Zusammenspiel beider Gehirnhemisphären (die Präsentation des Lernstoffes durch Bilder, Musik und Assoziationen mit vorhandenem Wissen spricht die rechte und durch Texte und Formeln die linke Hälfte des Gehirns an).
- Das Lernprogramm besteht aus folgenden Schritten:

- aktives Teilnehmen durch Mitlesen des Textes,
- passives Zuhören und Entspannen unter Musikbegleitung,
- Aktivierungs- oder Festigungsphase, in welcher der im Unterbewußtsein gespeicherte Lernstoff verarbeitet und durch praktische Übungen und Anwendungen vertieft wird.

- Eine Vielfalt der eingesezten Methoden und Medien soll die unterschiedlichsten Lerntypen ansprechen.
- Das Einsetzen von Entspannungstechniken soll Ängste abbauen, Denkblockaden und Lernstreß verhindern und positive Gefühle auslösen.

Um Suggestopädie anzuwenden, empfiehlt sich der Besuch eines der zahlreich angebotenen Seminare (wie zum Beispiel das COLLEGIUM GERMANICUM in Bochum). Im Eigenstudium kann Superlearning auch mit Hilfe von bespielten und besprochenen Kassetten angewandt werden, wobei jedoch die notwendige dritte Phase (Aktivierungsphase) zu kurz kommt. Es ist auch kein großes Problem, eigene Kassetten selbst zu besprechen. Voraussetzung dafür ist es, die richtige Musik zu wählen und die 8-Sekunden-Einheiten einzuhalten. Geeignete Musikstücke findet man in der entsprechenden Literatur. In der 4 Sekunden langen Lernphase kann man etwa 10 Vokabeln auf das Band sprechen, dann muß eine Pause von ebenfalls 4 Sekunden folgen.

Superlearning stellt die konsequente Umsetzung der Erkenntnisse neuerer Gehirnforschung und der Errungenschaften aus der Lernpsychologie in einem neuen Lernkonzept dar. Aber nicht so sehr der Einzelunterricht (zum Beispiel zu Hause) bringt den Erfolg, sondern erst der kommunikative Effekt einer größeren Gruppe in der Aktivierungsphase ist effektiv. Als besonderer Vorteil gegenüber der konventionellen Lernmethode ist anzuführen, daß der Lernende bei Superlearning nicht nur ohne Anstrengung, Leistungsdruck, Streß und Angstgefühle arbeitet, sondern daß er sogar Spaß am Lernen findet.

3.1.3.2 Planspieltechnik in der Weiterbildung

Institutionen, die sich die Weiterbildung von Mitarbeitern für die Wirtschaft und die Verwaltung zur Aufgabe gemacht haben, verwenden heute eine Vielzahl von Lehrmethoden. Diese Methoden sind das Ergebnis einer systematischen Erfassung der zahlreichen Möglichkeiten, die sich zur Erhöhung des Leistungspotentials der Führungskräfte anbieten. Dabei erkennt man heute mehr und mehr, wie wichtig es ist, die klassischen Lehrmethoden der Vorlesung und der Übung durch aktive Lehrmethoden wie Planspiele und Fallmethoden zu ergänzen und zu unterstützen. Nach den bisherigen Erfahrungen wecken die aktiven Lehrmethoden in höherem Maße das Interesse der Bildungswilligen, außerdem haben sie vielfach einen größeren Wirkungsgrad als die passiven Methoden, bei denen der Schwerpunkt des Lernprozesses beim Dozenten liegt.

Obwohl Planspiele im militärischen Bereich eine lange Tradition haben, beschäftigt man sich mit ihnen in der Wirtschaft erst seit gut zwei Jahrzehnten. Seit dieser Zeit hat jedoch der Einsatz von Planspielen auf diesem Gebiet eine schnelle Verbreitung gefunden. Die Planspieltechnik hat gerade in den letzten Jahren einen starken Aufschwung in der Aus- und Weiterbildung genommen. Dies ist nicht zuletzt auf die Vielzahl der zur Verfügung stehenden Planspiele und die Möglichkeit, diese auf Personalcomputern durchführen zu können, zurückzuführen.

Vorwiegend in der letzten Dekade wurden in hohem Umfange Planspiele entwickelt, die keinen starren Modellcharakter mehr haben, sondern den schöpferischen Überlegungen einen großen Spielraum lassen.

Der Kern eines jeden Planspiels ist das Modell. In einem mathematischen Modell, welches die Spielteilnehmer nicht kennen, sind zum Beispiel dargestellt:

- Abhängigkeit der Kosten
  - vom Beschäftigungsgrad
  - von der Kapazität,
  - vom Ausmaß der Rationalisierung usw.

- Reaktion der Verbraucher auf
  - Preise,
  - Qualität des Produktes,
  - Werbemaßnahmen,
  - Vertriebsanstrengungen,
  - Kundendienst usw.

- Abhängigkeit der Produktion
  - von der Kapazität,
  - von den zur Verfügung stehenden Stoffen,
  - vom quantitativen und qualitativen Stand des Personals,
  - von der Finanzierungsmöglichkeit usw.

Die Modelle selbst sind meist deterministisch aufgebaut. Da aber die Spieler

a) das mathematische Modell nicht kennen und
b) die Aktionen und Reaktionen ihrer Mitbewerber am Markt nicht exakt vorhersagen können,

stellen das Spielmodell und die Aktionen der Mitbewerber für sie einen schwarzen (vielleicht auch nur grauen) Kasten dar. Die Spieler müssen auf dem Wege des Experimentes die im Modell vorhandenen funktionalen Verknüpfungen in ihrer Logik sowie auch ihre Quantifizierung erkennen. Darüber hinaus ist das mögliche Verhalten der Mitbewerber in die Planungen und Aktionen mit einzubeziehen. Die Spielgruppe wird zunächst ihre Entscheidungen nach den in der Gruppe vorhandenen eigenen Vorstellungen und nach ihrem inneren Modell der Außenwelt ausrichten. Während des über mehrere Spielperioden sich erstreckenden Spiels wird sie sich aber durch die gesammelten Erfahrungen mehr und mehr auf das im Spielmodell dargestellte System einstellen.

Die wesentlichen Lehrzwecke von Unternehmens-Planspielen sind:

1. Üben von Entscheidungen

Das Planspiel bietet eine gute Möglichkeit, das Vorbereiten und Treffen von Entscheidungen zu üben. Die Teilnehmer lernen die Notwendigkeit und die Bedeutung der einzelnen Phasen des Entscheidungsprozesses kennen. Wesentlich ist vor allem, daß die Teilnehmer bei Planspielen die Abweichungen, die zwischen den erwarteten und tatsächlichen Ergebnissen auftreten, kontrollieren können. Es ist ihnen möglich, die wirtschaftlichen Konsequenzen getroffener Entscheidungen im Hinblick auf ein gestecktes Ziel klar zu erkennen und aus den gezielten Erfolgen oder Mißerfolgen zu lernen. Gerade diesem *aktiven* Lernen aus eigenen Erfolgen und Fehlern kommt im Rahmen der Weiterbildung eine besondere Bedeutung zu. Dabei haben die Planspiele den großen Vorteil, daß durch den Zeitraffereffekt – innerhalb verhältnismäßig kurzer Zeit können Entscheidungen für mehrere Jahre getroffen und analysiert werden – Erfahrungen wesentlich schneller gesammelt werden können als in der Praxis. Außerdem kosten Fehlentscheidungen im Planspiel nichts, da die Verluste nur auf dem Papier erscheinen.

2. Erkennen der betrieblichen Zusammenhänge

Beim Planspiel tritt vor allem die Verknüpfung aller Entscheidungen klar in Erscheinung. Die Teilnehmer lernen hier die unterschiedlichen Aspekte eines Problems sowie dessen Komplexität kennen und müssen sich daran gewöhnen, in Zusammenhängen, d.h. ganzheitlich, zu denken.

Über die Interdependenzen aller Entscheidungen wird zwar in vielen Aus- und Weiterbildungsprogrammen gesprochen, aber für die Mitarbeiter und Führungskräfte ist es wesentlich eindrucksvoller, wenn sie im Spiel miterleben, wie alle Teilpläne einer Unternehmung ineinandergreifen. In dem erzwungenen Denken in Zusammenhängen und Interdependenzen wirtschaftlicher Sachverhalte und Prozesse liegt der große Lehrwert des Planspiels.

3. Aufzeigen der Bedeutung der Information

Die Teilnehmer lernen durch diese Methode auch die Bedeutung von Informationen kennen. Ihnen wird deutlich gemacht, daß zum Beispiel Führungsentscheidungen oft bei unvollständiger Kenntnis der Einflußgrößen und bei unsicheren Erwartungen zu treffen sind.

4. Vermittlung betriebswirtschaftlicher Erkenntnisse

Planspiele eignen sich auch besonders gut dazu, das Interesse und Verständnis für neue betriebswirtschaftliche Techniken wie Kostenanalyse, Plankostenrechnung, Bilanzanalyse usw. zu wecken. Die Teilnehmer lernen die Bedeutung und Grenzen dieser Techniken kennen.

5. Überwindung der Widerstände gegen das Lernen

Bei der Anwendung von Planspielen wird bewußt der Spieltrieb des Menschen angesprochen. Der Verfasser konnte als Spielleiter bei zahlreichen Planspielen immer wieder feststellen, daß Aktivität und Interesse der Teilnehmer im allgemeinen sehr groß sind. Durch das „Spiel“ werden die Widerstände gegen das Lernen schnell überwunden. Gerade bei der Ausbildung von Führungskräften sind oft Hemmungen zu beseitigen, die aus der ursprünglichen Verknüpfung von Ausbildung und Schulbankatmosphäre herrühren.

6. Erziehung zur systematischen Arbeit in der Gruppe

Die Entscheidungen müssen in einer bestimmten Zeit getroffen werden. Die Gruppe muß sich in der Diskussion einigen. Da gemeinsame Entscheidungen zu treffen sind, müssen die einzelnen Spieler lernen, ihre persönlichen Interessen zurückzustellen, d.h., soziales Verhalten wird gefördert.

Der Verfasser ist seit Beginn der 60er Jahre als Spielleiter bei Planspielen tätig und hat bei der Entwicklung von Planspielen zahlreiche Erfahrungen sammeln können.[1] Die von ihm betreuten Spiele reichen von einer einfachen Struktur bis zu sehr komplexen Strukturen. Generell kann festgestellt werden, daß diese Methode wie kaum eine andere geeignet ist, die Erfolgskompetenz zu verdeutlichen. Es ist beeindrukkend, die Aktivität und das Interesse der Teilnehmer zu erleben. Sehr positiv wirkt sich das Vermitteln von Lehrinhalten während des Planspiels aus. Es ist jedoch darauf hinzuweisen, daß Planspiele auf Modellen und nicht auf der Wirklichkeit basieren. Aus diesem Grund wird vielfach der Einwand erhoben, Planspiele seien unrealistisch, da nur die wesentlichsten Züge der Wirklichkeit erfaßt würden. Die Einfachheit eines Spielmodells ist aber, unter pädagogischen Gesichtspunkten

---

[1] Vgl. hierzu unter anderem Nagel, Kurt: Manuelles Planspiel: Verkauf durch Vertriebsbeauftragte. In: Loseblattwerk Organisation, hrsg. von Lindemann, P. und Nagel K., Lieferung 9 vom 30. März 1982, S. 1–20;
Nagel, Kurt und Werner, Jürgen: Das Unternehmensspiel: Betriebswirtschaftliches Entscheidungstraining. 2. Aufl., München und Wien 1988;
Nagel, Kurt, Elschenbroich, Heinz-Dieter und Sieber, Edgar: Strategieplanspiel-Privathaushalt. Stuttgart 1990.

gesehen, kein Nachteil, weil gerade durch die sachliche und zeitliche Interdependenz der Entscheidungen dies am besten sichtbar gemacht wird. Eine Schwäche der Planspiele ist dagegen, daß sie zu stark auf die quantitativen Aspekte abstellen und die oft sehr wichtigen qualitativen Momente unternehmerischer Tätigkeit vernachlässigen. Gegenüber dem „Wieviel" hat aber gerade das „Wie" vielfach größere Bedeutung. Ein wesentlicher Nachteil der Planspiele ist auch, daß der oft noch starre Modellcharakter den schöpferischen Überlegungen und neuen Konstellationen fast keinen Spielraum läßt. Da der Entscheidungsrahmen festgelegt ist, müssen von Periode zu Periode oft die gleichen Entscheidungen getroffen werden.

Die angedeuteten Nachteile versucht man bei der Entwicklung neuer Planspiele mehr und mehr zu beheben. In einer Reihe von Fällen ist es auch gelungen, das Modell nach den spezifischen Verhältnissen eines Unternehmens zu modifizieren. In diesem Falle hat man auch das Ziel erreicht, vom Planspiel-Modell zum Simulations-Modell zu gelangen. Diese Modelle sind verstärkt in der Lage, aktive Steuerungsfunktionen wahrzunehmen. Sie geben außerdem Antworten auf die Frage „Was passiert, wenn?". In der Zukunft gilt es, Ansätze für das konkrete Umfeld einer Firma zu entwickeln und Abhängigkeiten zu finden über Problemstellungen.

- „Wie wirkt eine Preisabweichung von X Mark auf die Nachfrage, und was sind die Basisgrößen, von denen der Konsument bei der Beurteilung ausgeht?"
- „Wie reagiert der Konsument auf eine abweichende Qualität, und was ist seine Vorstellung von einer richtigen Qualitätshöhe?"
- „Was ist die Grundlage zur Erzeugung von Nachfrage? Ist das primär der Preis, die Werbung oder das Image der Firma usw.?"

Soll der Mitarbeiter künftig als Sub-Unternehmer agieren, dann gilt es, verstärkt diese Lehrmethode einzusetzen. Unternehmerisches Denken kann mit richtig eingesetzten Planspielen vortrefflich gelehrt werden.

3.1.3.3 Neue Medien

In den letzten Jahren sind durch die Weiterentwicklung der Informationsverarbeitung eine Reihe von neuen Lehrmethoden entstanden. Stellvertretend für die zahlreichen Systeme sollen im folgenden nur zwei kurz skizziert werden.

Lernprogramme ermöglichen das Selbststudium an jedem beliebigen Ort. Basis ist üblicherweise ein Personalcomputer. Der Lernende kann den Lehrstoff, der in eine Vielzahl von Lernelementen gegliedert ist, in eigenem Lerntempo durcharbeiten. Die Vorteile dieser Lernprogramme werden gesehen in:

- Lernen am Arbeitsplatz, zu Hause oder in Lernzentren
- Lernen nach individueller Zeiteinteilung
- Lernen im individuellen Tempo
- Lernen durch persönlich bestimmte Wiederholungsintervalle
- Lernen nach individueller Stoffauswahl
- Lernen mit kontrolliertem Lernerfolg
- Lernen mit Kosten- und Zeiteinsparungen

Aus Studien geht hervor, daß der Anteil des Wissensstoffes, der zum Selbststudium geeignet ist, zwischen 30 bis 50% des Gesamtanteiles des zu vermittelnden Stoffes liegt. In Frage kommen in erster Linie Informationen über Fakten, Regeln und Verfahren.

Die neuen Medien tragen neben dem effizienten Vermitteln von Wissen insbesondere dazu bei, die Kosten zu begrenzen. Besonders durch das Selbststudium werden die Weiterbildungskosten in einem vertretbaren Rahmen gehalten. Dies läßt sich insbesondere dann erkennen, wenn man die einzelnen Kostenarten der Weiterbildung näher betrachtet. Nimmt man an, daß in 1990 die reinen Lehrgangskosten etwa 50% der Gesamtkosten ausmachen, die Nebenkosten auf 30% und die Kosten für Arbeitsausfall sich auf 20% belaufen, dann wird deutlich, daß 50% der entstandenen Kosten keine eigentlichen Weiterbildungskosten sind. In den letzten Jahren hat die größte Steigerungsrate der Block der Nebenkosten erfahren: Reisekosten, Hotelkosten, Spesen, Kilometergeld etc. machten einen immer größeren Anteil an den Weiterbildungskosten aus. Setzt man die Gesamtkosten für einen Weiterbildungstag mit DM 1 000,– an, dann läßt sich unschwer ableiten, daß ca. 500,– DM keine Weiterbildungskosten im engeren Sinne sind. Versucht man, die Frage zu beantworten, ab wann beginnt das Selbststudium wirtschaftlich zu werden, dann läßt sich folgende Rechnung aufstellen:

Kostenarten beim klassischen Lehrbetrieb		Kostenarten beim Selbststudium	
Lehrgangskosten:	50%	Lehrgangskosten:	0%
Nebenkosten:	30%	Nebenkosten:	0%
Arbeitsausfall:	20%	Arbeitsausfall:	20%
	100%		20%

Im Falle des Selbststudiums kommen die Kosten für das Lernprogramm dazu. Setzt man diese auf DM 8 000,– und die Kosten für einen Weiterbildungstag mit DM1 000,– an, dann ergibt sich pro Selbststudiumstag eine Einsparung von DM 800,–. Dies bedeutet in unserem Falle, daß sich ein solches Programm nach 8 Tagen des Selbststudiums bezahlt macht.

Neben dieser rein quantitativen Betrachtung dürfen die qualitativen Vorteile nicht vergessen werden. Diese sind insbesondere zu sehen in:

1. Bedarfsgerechtes Lernen

Es wird gelernt, wenn die Kenntnisse benötigt werden. Das Lernen auf Vorrat, bei dem hohe Anteile rasch wieder vergessen werden, ist im Selbststudium nicht notwendig.

2. Strukturiertes Lernmaterial

Bei Lernprogrammen ist üblicherweise der Lernstoff systematisch aufbereitet und gut strukturiert.

3. Optimierung der Lernstoffwiederholung

Jeder Lernprozeß ist durch sinnvoll eingesetzte Wiederholungen zu unterstützen. Lernprogramme erlauben eine effektive Abfolge von Aufnahmen, Nachvollziehen und Anwenden.

4. Individuelle Zeiteinteilung

Kein Ausbildungstermin schreibt das Durcharbeiten der Programme vor. Entsprechend der physiologischen Leistungsbereitschaft kann der Lernende seine Lernphasen selbst bestimmen.

5. Verknüpfen von Lernen und Arbeiten

Aus Untersuchungen geht hervor, daß die Lernleistung um so besser ist, je sinnvoller der Lernprozeß organisiert wird. Die Möglichkeit, zu lernen und zu arbeiten bringt die notwendige Abwechslung für ein effektives Lernen.

6. Individuelles Lerntempo

Man weiß heute, daß die Geschwindigkeit des Lernens sehr strak von der personalen Struktur des Lernenden und dem aufzunehmenden Stoff abhängt. Beides läßt sich durch Lernprogramme individuell optimieren.

7. Individuelle Stoffauswahl

Beim Selbststudium gehört redundantes Lernen der Vergangenheit an.

Interaktiver Fernunterricht wird üblicherweise in der Form des Klassenunterrichts durchgeführt, wobei die Teilnehmer, obwohl oft Hunderte von Kilometern entfernt, voll in den Unterricht einbezogen werden. Sie haben die Möglichkeit, mit Hilfe von Bild und Ton ihre Fragen zu stellen. Da sie dabei von allen am Unterricht Beteiligten gesehen werden, entsteht für alle Teilnehmer das Gefühl,

- aktiv am Lernprozeß teilnehmen zu dürfen,
- direkt mit dem Dozenten und den am Unterricht Beteiligten in Interaktion treten zu können und
- die Live-Sendung – obwohl räumlich getrennt – direkt und unmittelbar erleben zu können.

Erwähnt sei hier noch kurz die Möglichkeit für alle Lern- und Weiterbildungswilligen, an den in letzter Zeit immer häufiger und vielfältiger ausgestrahlten Bildungsangeboten der regionalen Rundfunk- und Fernsehanstalten teilzunehmen. Ein besonderes Interesse gilt diesbezüglich dem seit Jahren angebotenen Lernprogramm des Telekollegs – einem Lernen im Medienverbund – das mit der staatlich anerkannten Fachhochschulreife abschließt und den Zugang zu allen Fachhochschulen und zu einer Reihe von Studiengängen an Gesamthochschulen ermöglicht. Das von den Kultusministerien der Länder Baden-Württemberg, Bayern, Nordrhein-Westfalen, Rheinland-Pfalz und Saarland veranstaltete Telekolleg wird vom Bayerischen und Westdeutschen Rundfunk sowie dem Südwestfunk übertragen und besteht aus

- Fernsehsendungen, die den jeweiligen Lernstoff anschaulich darbieten,
- schriftlichem Begleitmaterial, das der Vertiefung des Lernstoffes dient und auch Übungsaufgaben enthält, sowie
- dem Direktunterricht an den Kollegtagen; Kollegtagorte werden flächendeckend angeboten.

Es stehen die

- gewerblich-technische
- kaufmännische
- hauswirtschaftlich-sozialpädagogische

Fachrichtung zur Auswahl. Außerdem können anerkannte Zertifikate durch spezielle Einzelfachbelegungen erworben werden. Das Angebot richtet sich insbesondere an Personen, die neben ihrem Beruf eine höhere schulische Qualifikation erwerben wollen und damit die Voraussetzung für ein Studium an einer Fachhochschule erreichen wollen, und an jene, die über den zweiten Bildungsweg einen qualitativ höheren Schulabschluß – auch im fortgeschrittenen Alter – realisieren können.

3.2 Weiterbildung und persönlicher Erfolg

Die wachsende Bedeutung einer ständigen Weiterbildung ergibt sich aus der Notwendigkeit, im Berufsleben ein hohes Leistungsniveau sowie eine optimale Berufsentwicklung zu erreichen. Dabei ist Weiterbildung aber nicht nur auf einzelne Defizitbereiche beschränkt, sondern tangiert nahezu alle wesentlichen Tätigkeitsfelder *aller* Firmenmitglieder, d.h., vom einfachen Sachbearbeiter angefangen, bis hin zum obersten Management. Die meisten Mitarbeiter werden im Rahmen ihrer Aufgaben konfrontiert mit

- Gesprächen und Verhandlungen (3.2.1),
- Planungssitzungen (3.2.2),
- Vorträgen (3.2.3),
- Konferenzen und Besprechungen (3.2.4),
- Kommunikation (3.2.5).

Wie sich diese Aktivitäten im einzelnen verbessern lassen, sei in den folgenden Ausführungen verdeutlicht.

3.2.1 Vorschläge zu einzelnen Aktivitäten

3.2.1.1 Führen Sie erfolgreich Gespräche und Verhandlungen

Der Erfolg, der im Gespräch oder in einer Verhandlung erzielt wird, ist von einer Reihe von Faktoren abhängig. Stärkeren Einfluß haben
- Ihre Menschenkenntnis,
- die Art und Weise, wie Sie mit Menschen umzugehen pflegen, und
- der Einsatz der jeweiligen Verhandlungs-Techniken.

Viele Menschen haben Probleme bei wichtigen Verhandlungen und verspielen nicht selten interessante Chancen.

Prüfen Sie Ihr bisheriges Verhalten, und versuchen Sie, die folgenden Fragen zu beantworten. Stellen Sie fest, daß Sie mindestens zwei Fragen nicht mit einem eindeutigen „Ja" beantworten konnten, dann müssen Sie einiges verbessern:

1. Integrieren Sie wichtigere Verhandlungen in eine längerfristige Strategie?"
2. Akzeptieren Sie das Wort von Robert Bosch: „Lieber Geld verloren als Vertrauen verloren"?

3. Ist für Sie eine gute Vorbereitung die halbe Verhandlung?
4. Können Sie richtig zuhören?
5. Haben Sie einen aufgeschlossenen und sachlichen Verhandlungsstil?
6. Denken Sie bei Ihren Verhandlungen immer an das Gewinner-Gewinner- Spiel?

Ihre Gespräche und Verhandlungen werden erfolgreicher, wenn Sie an die folgenden Punkte denken:

1. Wichtige Verhandlungen sind ein Teil einer längerfristigen Strategie
   - Keine kurzatmigen Geschäfte.
   - Fragen Sie sich, wo Ihr Partner heute ist und wo er morgen sein wird?
   - Fragen Sie sich, wie Sie ihn dabei unterstützen können?

2. Bauen Sie auf langjährige Partnerschaften
   - Denken Sie nicht nur an Ihre Ziele.
   - Denken Sie auch an die Ziele Ihrer Partner.
   - Versuchen Sie, die Gemeinsamkeiten zu verdeutlichen.

3. Bereiten Sie sich gut auf das Gespräch vor
   - Verfügen Sie über die wichtigsten Informationen?
   - Kennen Sie die möglichen Einwandstypen?
   - Sorgen Sie für persönliche Überraschungen durch kleine Aufmerksamkeiten.

4. Versuchen Sie, gut zuzuhören!
   - Machen Sie die erforderlichen Notizen.
   - Greifen Sie auf frühere Aussagen zurück.
   - Knüpfen Sie an Gemeinsames an.

5. Achten Sie auf Ihren persönlichen Stil
   - Auf Sie ist Verlaß.
   - Sie sind freundlich.
   - Sie sind Fachmann.

6. Realisieren Sie den Gewinner-Gewinner-Ansatz
   - Schließen Sie ab und zu Kompromisse.
   - Ihr Verhältnis zum Partner ist persönlich und dauerhaft.
   - Seien Sie der Kümmerer und Nutzenspender Nummer 1.

3.2.1.2 Machen Sie Planungssitzungen effizient

Haben Sie nicht auch häufig schon die Erfahrung gemacht, daß aufgestellte Planzahlen nicht erreicht wurden und Sie im Nachhinein nicht einmal mehr sagen können, woran es eigentlich lag? Wie geht man denn in der Praxis vor? Eine Anzahl fachlich zuständiger Personen berät die Planung für einen zukünftigen klar definierten Zeitraum. In der Diskussion werden Argumente ausgetauscht und Erwartungen in Quanten umgeformt. Am Ende kann es zum Beispiel heißen:

- „Bei der von uns beschlossenen Preisstellung
- und dem von uns vermuteten Konkurrenzverhalten
- und dem vorgesehenen Werbeetat mit den vorgesehenen Werbeaktivitäten
- und der vermuteten Reaktion der Konsumenten auf Preis und Werbung und Qualität usw.

erwarten wir

- bei unserer Marktstellung
- und dem Ruf unserer Firma

einen Absatz von 5 000 Stück."

Aufgeschrieben, d.h. in den Plan eingesetzt, wird lediglich die Erwartungsgröße von 5 000 Stück. Somit ist diese Größe auch der einzige Ansatz für eine Plankontrolle. Nach Ablauf des Planungszeitraumes stellt man fest, daß nur 4 000 Stück tatsächlich abgesetzt werden konnten. Jetzt kommt der Soll-/Ist-Vergleich, in dem nur festgestellt werden kann, daß die Differenz 1 000 Stück beträgt. Das ist eine triviale Feststellung. Es wäre wichtig zu wissen, warum die Erwartungszahl nicht erreicht wurde. Die Gründe, daß eine Planzahl nicht erreicht wird, können unter anderem sein:

1. Die Voraussetzungen (Prämissen) waren falsch;
2. die Vorstellungen über die Verknüpfungen der Prämissen waren falsch;
3. die quantitative Bewertung der Prämissen war falsch;
4. das Prämissensystem war unvollständig. Wichtige Wirkfaktoren fehlten.

Es wäre sinnvoll und richtig, auf die einzelnen Prämissen rückzukoppeln, das heißt, den logischen Ansatz, der zur Planzahl führte, zu kontrollieren. Anders ist eine spätere Analyse nicht möglich. Dieser logische Ansatz wurde aber nicht aufgeschrieben und steht somit als Kontrollmaßstab nicht mehr zur Verfügung. Bei einer mathematischen Gleichung zum Beispiel ist ein falsches Ergebnis nicht aus sich heraus falsch; der Fehler liegt auf der linken Seite, im logischen Ansatz. Dort müssen wir auch in unserem Fall den Fehler suchen. Wie soll aber der Fehler gefunden werden, wenn der Ansatz nie formal existierte und kein Kontrollsystem für die einzelnen Prämissen besteht?

Es existiert zwar die Möglichkeit, alle Planungsmitglieder wieder zusammenzurufen, aber keiner weiß mehr genau, welche Argumente im einzelnen vorgebracht worden waren. Auch die Annahme, jenen für den Klügsten zu halten, der mit seiner Planvorstellung dem tatsächlich erreichten Ergebnis am nächsten gekommen war, ist sinnlos. Wenn man nämlich dessen Argumente und vorgeschlagenen Maßnahmen genauer betrachtet, ist die Tatsache, daß er „recht" hatte, meist nicht höher zu bewerten als ein zufälliger Treffer im Lotto. Solche nachträglichen Konferenzen dienen meist nur dazu, den einzelnen oder das ganze Team zu exkulpieren oder nach einem „Sündenbock" zu suchen.

1. Sorgen Sie bei Informations- und Planungsgesprächen für die adäquaten räumlichen und technischen Voraussetzungen. Als sehr zweckmäßig hat sich in vielen Fällen das Vorhandensein einer Pinnwand oder eines Flipcharts erwiesen. So ist es wahrscheinlich, daß – wenn die Entscheidungskriterien und Planungsansätze auf einer Pinnwand festgehalten werden – sich bei den Entscheidungen alle auf die Pinnwand konzentrieren. Die Atmosphäre dürfte im allgemeinen ruhig, kritisch und sachlich sein.

2. Machen Sie eine bestimmte Person für die gesamte Verhandlungsführung verantwortlich.

3. Jeder Verhandlungsteilnehmer hat seine Argumente anhand der folgenden Fragen zu präzisieren: „Was sind die Kriterien?" „Welche quantitative Wirkung messen Sie dem Kriterium bei?" „Wie wirkt dieses Kriterium im Zusammenspiel mit anderen Kriterien (zum Beispiel Anzeigenwerbung?)" usw.

4. Alle diese Kriterien mit ihren erwarteten quantitativen Wirkungen werden aufgeschrieben – und wenn erforderlich, als Protokoll photographiert.

Auf diese Weise erfährt man überhaupt erst einmal, auf welcher Gedankenbasis argumentiert wird. Der erste Versuch nach dieser Vorgehensweise wird im allgemeinen nur sehr schwer durchzuführen sein, da den Teilnehmern das exakte Befragen unangenehm und die Prozedur zeitraubend ist. Die Planungskritik nach Ablauf des Zeitraumes wird aber die ersten Fortschritte klar zeigen. Der Besprechungsleiter wird dann – wie in zahlreichen erprobten Fällen immer wieder zum Ausdruck kommt – sagen: „Wir sind bei der Planung davon ausgegangen, daß ..., tatsächlich aber entwickelte sich die Lage so ... (reale Ermittlungen)". Im Laufe der Zeit dürften die Planungsbesprechungen sachlicher werden, und sie werden auch nicht mehr so lange dauern.

Besonders eindrucksvoll stellt sich in der Praxis das Wir-Gefühl heraus. Aus den früheren „Ich-Behauptungen" werden „Wir-Aussagen". Es gibt keinen „Schwarzen Peter" mehr zu verteilen. Alle stehen gemeinsam dahinter. Probieren Sie diese Methode doch einmal!

3.2.1.3 Halten Sie erfolgreiche Vorträge

Dem Verfasser ist in den letzten drei Dekaden deutlich geworden, daß die meisten Menschen in der Lage sind, überzeugende und gute Vorträge zu halten. Ich habe Menschen kennengelernt, die sich mit jeglicher Art von Referaten schwer taten und heute unglaublich souverän sind. Ja es gibt darunter heute auch Herren, die mit großem Erfolg als Dozenten und Rhetorik-Trainer tätig sind. Andere dagegen, die gute Veranlagungen haben, entwickelten diese nicht weiter und tun sich heute beim kleinsten Vortrag schwer. Wiederum andere meinen, die großen Redner-Gurus zu sein, und wissen gar nicht, wie sehr sich die Zuhörer schon nach 20 Minuten langweilen. Ich meine, daß auch für diese These folgende Grundüberlegungen zu gelten haben:

1. 80% aller an uns gestellten Anforderungen sind machbar.
2. Jeder Vortrag beginnt bei null. Lorbeeren von gestern zählen heute nicht mehr.

Diese Aussagen sollten dem Ungeübten Mut machen und den Geübten vor Hochmut bewahren.

Um beim Vortrag Erfolge zu erzielen, muß der Redner sein Referat sinnvoll planen und die notwendigen Vorbereitungen treffen. Dies sollte insbesondere unter folgenden Gesichtspunkten geschehen:

1. Themabezogene Vorbereitung

- Je besser das gesammelte Material zum jeweiligen Thema ist, um so erfolgreicher wird Ihr Vortrag.
- Sorgen Sie bereits in der Vorbereitung für gute Darstellungen.

2. Ermittlung der Teilnehmerstruktur

- Analysieren Sie den Teilnehmerkreis.
- Stimmen Sie den Referatsinhalt auf die Probleme und das Niveau der Teilnehmer ab.

3. Berücksichtigen Sie den Zeitpunkt und die Länge des Referats

- Zu welchem Zeitpunkt spreche ich?
  (Morgens sind Zuhörer aufnahmebereiter und lernfähiger als nach einem ausgiebigen Essen oder spät abends)
- Wer ist mein Vorredner?
  (Durch Anhören seiner Ausführungen eventuell gedanklich an seine Rede anknüpfen, um dadurch einen besseren Einstieg zu finden)
- Wie lang ist mein Referat?

Zitat frei nach Tucholsky
Rede über alles, nur nicht über 60 Minuten!

- Sollten Sie länger sprechen, erarbeiten Sie eine Dramaturgie, in der Lehrgespräche und aktive Methoden sich abwechseln.
- Gesten zur Wirkungssteigerung einsetzen!
- Haltung bewahren!

  Unsere Haltung und Gangart sind die äußere Darstellung innerer Vorgänge, daher sollte man ruhig, aber nicht angewurzelt stehen oder gemessenen Schrittes durch die Zuhörerreihen gehen.

Eigentlich sollte man annehmen, daß das Problem der Motivation der Teilnehmer nicht besteht, da man davon ausgehen kann, daß Personen, die sich für die Teilnahme an einem Vortrag entschieden haben, hinreichend motiviert sind. Trotzdem kann ein monotoner Vortrag auch den motiviertesten Teilnehmer frustrieren.
Deshalb sollte man

- Voraussetzungen für eine erhöhte Aufnahmebereitschaft der Zuhörer schaffen.
- In Form von rhetorischen Fragen Teilnehmer mit dem Thema identifizieren, um das Zuhören und eine Mitarbeit lohnenswert für ihn erscheinen zu lassen.
- Anfangs- und Schlußzeiten genau einhalten (wirkt sich positiv auf die Teilnehmer aus).

3.2.1.4 Achten Sie auf effiziente Konferenzen und Besprechungen

Haben Sie nicht auch den Eindruck, daß Konferenzen und Besprechungen häufig echte Zeitverschwender sind und selten zu effektiven Ergebnissen führen? Die Effizienz dieser Veranstaltungen wird sehr stark vom Einfluß des Konferenzleiters und der Disziplin der Konferenzteilnehmer bestimmt. Versuchen Sie, Ihren Einfluß auf eine gute Vorbereitung und Durchführung von Veranstaltungen soweit wie möglich geltend zu machen.

Die Basis für erfolgreiche Konferenzen und Besprechungen können Sie legen, indem Sie die nachstehenden Fragen positiv beantworten:

- Ist die Konferenz überhaupt notwendig, bzw. gibt es andere Alternativen zur Einberufung einer Sitzung?
- Wird das Ziel der Konferenz klar definiert?
- Ist die Teilnehmerzahl so gering wie möglich?
- Werden die richtigen Konferenzteilnehmer eingeladen?
- Wird die Tagesordnung vorher bekanntgegeben?
- Stehen die notwendigen Hilfsmittel zur Verfügung?
- Werden Störungen (zum Beispiel Telefonate) möglichst ausgeschaltet?
- Erfolgt die Steuerung der Konferenz nach Plan?

- Steht der Protokollführer bei Sitzungsbeginn fest?
- Wird insbesondere versucht, während der Konferenz die nachstehende Phasenordnung einzuhalten:

• Einführung
• Problembeschreibung
• Problemanalyse
• Sammeln von Lösungsvorschlägen
• Bewertung der Lösungsalternativen
• Entscheidung für eine Lösung
• Auswirkungen dieser Entscheidung
• Aktivitätenplan für die Realisierung

Was die methodische Seite der Durchführung betrifft, gibt es eine Reihe von *„Spielregeln"*, mit denen bereits gute Erfahrungen gemacht wurden.

1. Vorgabe von festen Anfangs- und Endzeiten (dies ist nicht bei allen Arten von Konferenzen und Besprechungen möglich; geht es zum Beispiel um das Gewinnen innovativer Lösungsansätze, dann verbieten sich solche zeitlichen Eckpunkte von selbst).

2. Treffen Sie mit den Teilnehmern die Vereinbarung, daß jeder, der gegen die folgenden Regeln verstößt, pro Regelverstoß 10,– DM in eine Kasse zu bezahlen hat (der Betrag kann einer wohltätigen Organisation zur Verfügung gestellt werden):
   - Zu spätes Erscheinen.
   - Einbringen von Tagesproblemen.
   - Zeitweiliges Verlassen der Konferenz.
   - Verwenden von Killerphrasen (zum Beispiel „Das ist doch ein alter Hut"; „Das haben wir immer so gemacht"; „Davon verstehen Sie nichts").
   - Aussprechen von persönlichen Beleidigungen.

3. Achten Sie darauf, daß der Konferenzleiter aus allen Betroffenen Beteiligte macht. Bei erfolgreichen Besprechungen und Konferenzen kommt es entscheidend darauf an, alle Teilnehmer in das Gespräch einzubeziehen und die wesentlichen Vorschläge und Ideen weiterzuverfolgen.

4. Sie sollten Wert darauf legen, daß jede Konferenz möglichst mit einem Aktivitätenplan endet. Verzichten Sie auf langatmige Protokolle, die häufig erst nach 14 Tagen zugesandt werden und als „Schrankware“ nur vor sich hinschlummern.

3.2.1.5 Versuchen Sie, in verbaler und nonverbaler Kommunikation stimmig zu sein

Durch verbale Kommunikation erhalten wir einen recht geringen Prozentsatz an Informationen über einen Mitmenschen. Den weitaus größeren Eindruck hinterläßt bei uns die nonverbale Kommunikation der Körpersprache. Verbale Kommunikation vollzieht sich beim Menschen über die Sprache und wird vom Bewußtsein gesteuert. Durch die Sprache werden Charakter und Struktur eines Menschen offenbart. Sie ist Ausdruck für eine angestrebte Persönlichkeitswirkung. Die nonverbale Kommunikation vollzieht sich über Botschaften, die der Körper ausdrückt; sie wird im wesentlichen vom Unterbewußtsein her bestimmt und kann nur begrenzt vom Willen gesteuert werden.

Die Kinesik (Körpersprache) umfaßt jede unbewußte Bewegung des gesamten Körpers. Ausdrucksfelder sind zum Beispiel
- Gang
- Haltung
- Gestik
- Mimik
- Distanzzonen

Da die Körpersprache mehr über die eigentliche Meinung und Einstellung eines Menschen verrät als seine Worte, entsteht bei widersprüchlicher Körpersprache ein Gefühl des Unglaubens oder Mißtrauens, während eine die verbale Aussage untermauernde Körpersprache beim Partner das Gefühl von Vertrauen und Sicherheit auslöst.

Um die Körpersprache anderer deuten zu können und die eigene beherrschen zu lernen, sollte man jedoch einige wichtige Grundregeln beachten und beherrschen:

- Das Gesicht ist der ausdrucksstärkste Teil unseres Körpers. Aus dem Gesichtsausdruck lassen sich wesentliche Erkenntnisse über das Gefühlsleben eines Menschen ableiten.

- Der Blickkontakt bildet die kommunikative Brücke zum Gesprächspartner und vermittelt die Reaktion auf gemachte Aussagen. Die Skala des Ausdrucksverhaltens kann vom Anstarren bis zum Hindurchsehen reichen. Fehlender Blickkontakt kann folgende Ursachen haben:

  - Unsicherheit
  - Arroganz
  - Schuldgefühle/Scham
  - Keine Identifikation mit der Aussage
  - Ablehnung des Geprächspartners

- Eine aufrechte Haltung des Körpers spiegelt Sicherheit und Selbstbewußtsein wider, während eine gebeugte Körperhaltung auf eine unsichere und verlegene Person hinweist.

- Erhobener Kopf und gesenkte Schultern bedeuten, daß man es mit einem offenen und entspannten Menschen zu tun hat, gesenkter Kopf und hochgezogene Schultern vermitteln Verschlossenheit, Anspannung und Unsicherheit.

Versuchen Sie, in Gesprächen offen und ehrlich Ihre wirkliche Meinung zum Ausdruck zu bringen, dann wird Ihre verbale und nonverbale Kommunikation automatisch stimmig sein.

Wollen Sie Körpersprache bewußt einsetzen, so müssen sie deren Regeln gut beherrschen, um den Gesprächspartner nicht zu verstimmen.

Einfühlungsvermögen und Übung bilden Grundpfeiler, um Erkenntnisse der Körpersprache zum eigenen Vorteil zu nutzen.

3.2.2 Analyse der persönlichen Situation – dargestellt am Beispiel des PC-Programms „Persönliche Erfolgsanalyse"

Auf der Basis seiner Erkenntnisse zum persönlichen Erfolg entwickelte der Verfasser das PC-Programm „Persönliche Erfolgsanalyse".
Dieses Programm besteht aus vier Teilen. Jedes Modul kann als selbständige Einheit benutzt werden. Es empfiehlt sich jedoch, das gesamte Programm durchzuarbeiten. Erst dadurch ist eine integrierte und vernetzte Betrachtung der persönlichen Erfolgsfaktoren möglich.
Die Inhalte der einzelnen Module des Programms „Persönlicher Erfolg (PERAN)" sind (siehe Abbildung):

- Situationsanalyse
- Ausprägung der generellen Erfolgsfaktoren
- Ausprägung der wichtigsten spezifischen Erfolgsfaktoren
- Einordnung in Rollenbilder

3.2.2.1 Modul 1: Situationsanalyse

Ziel dieses Moduls ist es, die Einstellung zum persönlichen Erfolg zu vermitteln.

Um erfolgreich werden zu wollen, ist es notwendig, mit einer Situationsanalyse der eigenen Persönlichkeit zu beginnen. In dieser werden Begabungen, Vorstellungen und Wünsche analysiert und klar definiert; denn sie sind es, die eine Hochleistung erst ermöglichen. Jeder weiß sicher aus eigener Erfahrung, daß jene Aufgabenstellungen und Zielvorgaben, die der persönlichen Neigung und unseren Fähigkeiten am ehesten entsprechen; auch am erfolgreichsten ausgeführt und bewältigt werden. Vorliebe für eine Aufgabe, gepaart mit Begeisterung und intensiver Hingabe, macht Spitzenleistungen erst möglich. Wer dagegen erst Abneigungen oder gar Frustrationen überwinden muß, um eine Arbeit zu erledigen oder ein Ziel zu erreichen, verbraucht beim Überwinden unnötig viel Kraft, die dann bei der eigentlichen Aufgabenbewältigung fehlt.

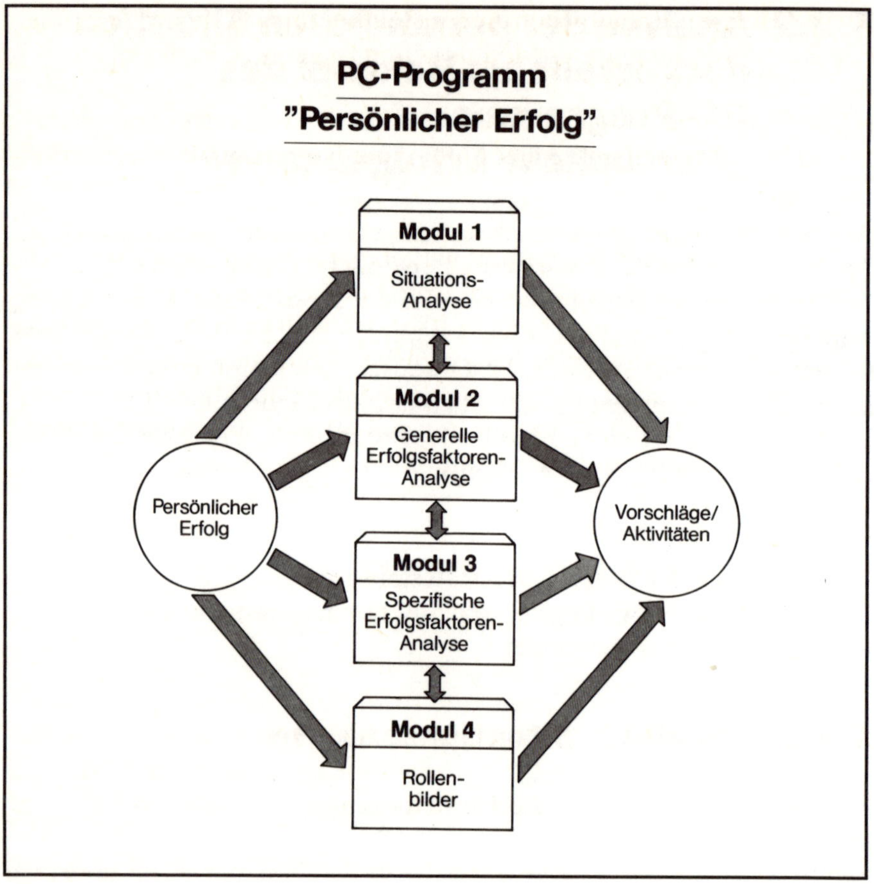

Im PC-Programm „PERAN" wird die Situationsanalyse auf der Basis von zehn Entscheidungskriterien erstellt. Diese sind:

- Verantwortung
- Altersunabhängigkeit
- Interesse
- Eigeninitiative
- Ziel
- Selbststeuerung
- Wollen
- Erkenntnisse
- Regeln
- Berufserfolg

Diese Kriterien verdeutlichen die Einstellung zum persönlichen Erfolg. Für die Anwendung dieses Moduls gelten folgende Überlegungen[1]:

- Das Programm enthält 20 Sätze, von denen jeweils zwei einen Tatbestand beschreiben und daher unter einer laufenden Nummer zusammengefaßt sind.

- Die Anwender des Programms vergeben für jeden Satz die Gewichtung, die sie selbst diesem beimessen. Für jeden Satz können sie prinzipiell 0 bis 10 Punkte vergeben. 10 ist das höchste, 0 ist das niedrigste Gewicht. Die Anwender haben zu beachten, daß pro Tatbestand (Satz A) und Satz B) die Summe der beiden Sätze 10 betragen muß. Dies bedeutet, daß wenn zum Beispiel für den Satz A) acht Punkte vergeben werden, der Satz B) automatisch zwei Punkte erhält.

- Das Programm ermittelt auf der Basis der Antworten die Punktzahl. Dabei gilt folgende grobe Einordnung:

51 bis 60 Punkte:	zufriedenstellende Erfolgsorientierung
61 bis 70 Punkte:	gute Erfolgsorientierung
71 bis 80 Punkte:	sehr gute Erfolgsorientierung
Mehr als 80 Punkte:	Ergebnis zu überprüfen, bzw. die starke Erfolgsorientierung kann zu persönlichen Problemen führen.

Ein Beispiel für den Computerausdruck der Situationsanalyse geben die beiden folgenden Seiten wieder.

[1] Vgl. hierzu Nagel, Kurt: Ihre Stärken – Ihr Erfolg. Ein PC-Programm zur Persönlichkeitsanalyse, a. a. O.

PERSÖNLICHE ERFOLGSANALYSE
Situationsanalyse

Unbekannt aus Irgendwo (Seite 1/2)

		Punkte
Verantwortung		
	A) Mein persönlicher Erfolg ist zufallsbestimmt und wird von Außenstehenden beeinflußt.	1
	B) Für meinen persönlichen Erfolg bin ich in hohem Umfang selbst verantwortlich.	9
Altersunabhängigkeit		
	A) Unabhängig von meinem Alter bin ich in der Lage erfolgreicher zu werden.	8
	B) Ab einem bestimmten Alter ist sowieso alles gelaufen.	2
Interesse		
	A) Ich bin mit meinem bisher Erreichten zufrieden.	4
	B) Mich interessiert eine weitere Verbesserung meiner persönlichen Situation.	6
Eigeninitiative		
	A) Ich bin bereit, meine Situation zu überdenken und das Steuer selbst in die Hand zu nehmen.	6
	B) Meine Situation läßt sich nur schwer verändern und ich bin zu sehr von außen gesteuert.	4
Ziel		
	A) Ziele und Strategien haben für mich nur einen begrenzten Sinn, da sich ja doch alles verändert.	0
	B) Ich halte mich an das, was mich meinen Zielen näherbringt.	10
Selbststeuerung		
	A) Meine Fähigkeiten nutze ich im besten Umfang.	7
	B) über meine Aktivitäten bestimmen andere und ich bin nicht in der Lage, mein Können und Wissen adäquat einzusetzen.	3
Wollen		
	A) Mit Hilfe meiner positiven Selbstmotivation kann ich viel erreichen.	9
	B) Mein 'Wollen' ist nicht besonders ausgeprägt.	1
Erkenntnisse		
	A) An Erkenntnissen, wie man persönlich erfolgreicher wird, bin ich sehr interessiert.	8
	B) Ich muß mich auf mein Gefühl und meine Erfahrungen verlassen.	2
Regeln		
	A) Standardisierte Erfolgsregeln sind auf mich nur in begrenztem Umfange anzuwenden.	5
	B) Für mich sind auf meine Person abgestimmte Empfehlungen sehr wesentlich.	5
Berufserfolg		
	A) Persönlichen Erfolg zu haben, sehe ich vor allem im beruflichen Bereich.	0
	B) Für mich ist persönlicher Erfolg insbesondere mit Erfolg im privaten Umfeld gleichzusetzen.	10

PERSöNLICHE ERFOLGSANALYSE
Situationsanalyse

Unbekannt aus Irgendwo (Seite 2/2)

Ein erster Anhaltspunkt für eine Erfolgsorientierung liegt vor, wenn die vom System ermittelte Punktzahl größer als 50 ist.
Eine, sicherlich sehr grobe, Orientierung ist folgende :
51 – 60 Punkte : zufriedenstellende Erfolgsorientierung
61 – 70 Punkte : gute Erfolgsorientierung
71 – 80 Punkte : sehr gute Erfolgsorientierung
> 80 Punkte : Ergebnis überprüfen bzw. die Erfolgsorientierung kann zu Problemen führen.

Sie haben 68 Punkte erreicht !

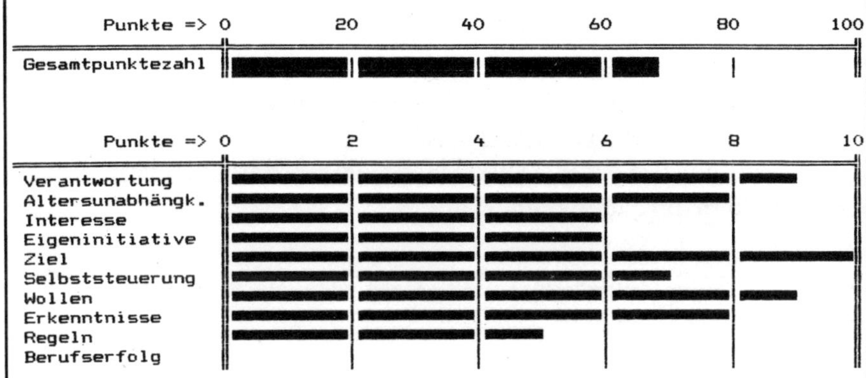

3.2.2.2 Modul 2: Ausprägung der generellen Erfolgsfaktoren

Durch zahlreiche Untersuchungen, Erfolgssysteme und Prinzipien konnte ermittelt werden, daß es im persönlichen Bereich eine Reihe von Faktoren sind, die bei erfolgreichen Menschen meist eine höhere Ausprägung als bei weniger erfolgreichen Personen haben.
Diese generellen Erfolgsfaktoren sind:

- Persönliche Strategie
- Effiziente Selbstorganisation

- Optimale Nutzung von Informationen
- Positive Selbstmotivation und Konzentration der Kräfte
- Wirksames Kommunikationssystem
- Umfeldorientierung

Alle 6 generellen Erfolgsfaktoren werden durch verschiedene Fragen näher beleuchtet.

Das PC-Programm „PERAN" enthält für jeden der 6 generellen, persönlichen Erfolgsfaktoren 6 Fragen (a bis f). Die Anwender haben die Fragen systematisch durchzuarbeiten und die Fragen ehrlich zu benoten. Die Notenskala geht dabei von 1 (= sehr gut) bis zu 5 (= mangelhaft). Im einzelnen stehen die Noten für:

1 = voll erfüllt; sehr gut; ja
2 = im wesentlichen erfüllt; gut; ja mit Einschränkungen
3 = erfüllt; befriedigend; teilweise
4 = nur teilweise erfüllt; ausreichend; im wesentlichen nein
5 = nicht erfüllt; mangelhaft; nein

Sind alle Fragen beantwortet, dann zeigt das Programm folgende Werte in grafischer Form auf:

1. Die Durchschnittsnote für jeden der 6 generellen Erfolgsfaktoren. Diese wird durch doppelte Balkenstärke besonders gekennzeichnet. In unserem Demonstrations-Beispiel hat zum Beispiel die Strategie eine Gesamtnote von 1,83 erfahren.
2. Für jede Determinante bei den generellen Erfolgsfaktoren wird die Note errechnet und als Balkendiagramm dargestellt. Dadurch wird sofort ersichtlich, welche einzelnen Faktoren stärker und welche schwächer ausgeprägt sind.
   Die Analyse der Auswertung ist von besonderer Bedeutung für die Anwender des Programms. Die Anwender prüfen, welche Faktoren Sie vorrangig zu verbessern haben und welche Aktivitäten in die Wege zu leiten sind.

Ein Beispiel für den Computerausdruck zu den generellen Erfolgsfaktoren wird auf den folgenden Seiten wiedergegeben.

PERSÖNLICHE ERFOLGSANALYSE
Generelle Erfolgsfaktoren

Unbekannt aus Irgendwo (Seite 1/4)

		Note
1. Persönliche Strategie		
	a) Längerfristige Ziele Haben Sie klare, längerfristige Ziele?	1
	b) Umfeldorientierung Ist Ihre Strategie am Umfeld (z.B. Vorgesetzter, Mitarbeiter, Kunde) orientiert?	3
	c) Positives Denken Haben Sie eine positive Grundeinstellung?	1
	d) Situationsanalyse Führen Sie von Zeit zu Zeit eine Situationsanalyse Ihrer eigenen Persönlichkeit (bezüglich Begabungen, Vorstellungen, Wünsche usw.) durch?	2
	e) Begeisterungsfähigkeit Führen Sie Ihre Aufgaben mit Begeisterung durch?	1
	f) Kontrolle Unterziehen Sie Ihre Ziele und Aktivitäten einer Selbstkontrolle?	3
2. Effiziente Selbstorganisation		
	a) Nutzen der Zeit Nutzen Sie Ihre Zeit effizient?	2
	b) Priorisierung Wissen Sie die Prioritäten richtig zu setzen?	2
	c) Kontrolle Führen Sie regelmäßig eine kritische Analyse Ihres Zeitmanagements durch?	3
	d) Arbeitsdisziplin Können Sie von sich behaupten, daß Ihre persönliche Arbeitsdisziplin sehr gut ist?	2
	e) Technikeinsatz Setzen Sie die für Sie adäquaten Techniken/Hilfsmittel zur Selbstorganisation ein?	4
	f) Finalisierung Schließen Sie angefangene Vorhaben, Aufgaben und Projekte fristgerecht und erfolgreich ab?	2
3. Optimale Nutzung von Informationen		
	a) Stellenwert Sind Sie sich bewußt, daß der persönliche Erfolg auch von einer gezielten Informationsanalyse, -verarbeitung und -auswertung beeinflußt wird?	2
	b) Kreativität Sind Sie kreativ (vermeiden Sie eingefahrene Denkweisen)?	2
	c) Aus- und Weiterbildung Nutzen Sie die gegebenen Möglichkeiten zur Aus- und Weiterbildung?	2
	d) Lernen Kennen Sie die wichtigsten Ergebnisse des rationellen Lernens und nutzen Sie diese?	5
	e) Vermitteln Sind Sie in der Lage, Ihr Wissen und ihre Fähigkeiten anderen gut zu vermitteln?	1
	f) Nutzen Nutzen Sie die Ihnen zur Verfügung stehenden Informationen und unterstützen Sie dabei auch andere?	2

PERSÖNLICHE ERFOLGSANALYSE
Generelle Erfolgsfaktoren

Unbekannt aus Irgendwo (Seite 2/4)

	Note
4. Positive Selbstmotivation und Konzentration der Kräfte	
a) Selbstmotivation Ist der Satz 'Positive Selbstmotivation ist die stärkste Antriebskraft für menschliche Leistungen' Ihrer Ansicht nach richtig?	1
b) Umfeld Ist Ihre Selbstmotivation in den Augen der anderen (Fremdbild) gut?	2
c) Selbstvertrauen Ist Ihr Selbstvertrauen ausgeprägt?	2
d) Stärken Konzentrieren Sie Ihre Kräfte (Energie) auf Ihre Stärken (Fähigkeiten)?	2
e) Optimale Nutzung Können Sie Ihr Wissen und Können optimal nutzen?	3
f) Wissensstand Ist Ihr Wissensstand zur Erfüllung Ihrer Aufgaben gut?	2
5. Wirksames Kommunikationssystem	
a) Kommunikation Stimmen Sie der Aussage zu, daß Erfolgsmenschen eine wirksame Kommunikation beherrschen müssen?	1
b) Kontaktpflege Suchen Sie den Kontakt, gehen Sie auf andere zu, motivieren Sie sich selbst und andere?	2
c) Verständnis zeigen Verwenden Sie eine ermutigende, bejahende Sprache und sprechen Sie anderen häufig Mut zu?	2
d) Beteiligung Gilt die Aussage 'Betroffene zu Beteiligten machen' für Sie?	2
e) Soziale Einstellung Bemühen Sie sich auch in Ihrem Privatleben (z.B. in Vereinen, kirchlichen Organisationen, sportliche Veranstaltungen) um Gemeinsamkeiten und sind Sie dort auch aktiv?	1
f) Beispiel geben Ist Ihr Verhalten gegenüber anderen beispielgebend (Was sagen Kollegen über Sie?)?	2
6. Umfeldorientierung	
a) Ziele Kennen Sie die konkreten Ziele Ihres Umfeldes (z.B. Familienmitglieder, Kollegen, Chefs, Kunden)?	3
b) Umfeldbeachtung Denken Sie bei der Realisierung Ihrer Ziele auch an die Ziele des Umfeldes?	2
c) Durchführung Können Sie behaupten, daß Sie Ihre Aufgaben zur vollen Zufriedenheit des Umfeldes lösen?	2
d) Wissen Sind Ihnen die wesentlichsten Erkenntnisse der menschlichen Verhaltensweisen und der Prozesse, die sich in der Beziehungsebene abspielen, bekannt?	3
e) Ethik Haben ethische Grundsätze für Sie einen hohen Stellenwert?	2
f) Verhalten Gehen Sie bei Ihrem eigenen Verhalten auch auf Ihre Mitmenschen ein?	2

PERSöNLICHE ERFOLGSANALYSE
Generelle Erfolgsfaktoren

Unbekannt aus Irgendwo (Seite 4/4)

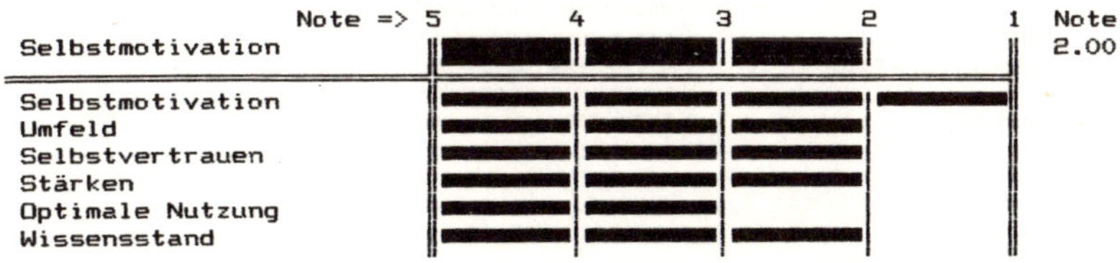

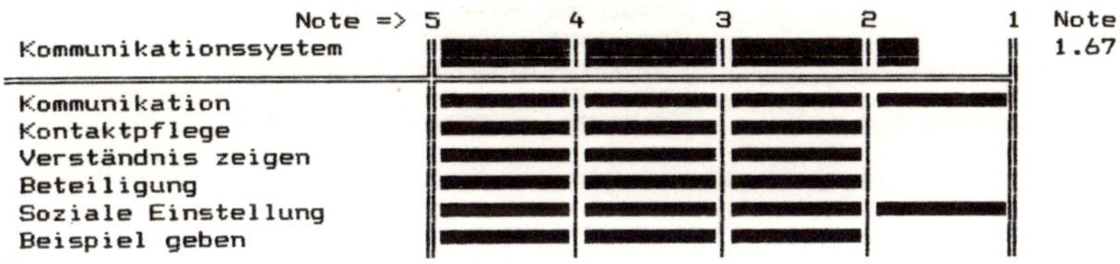

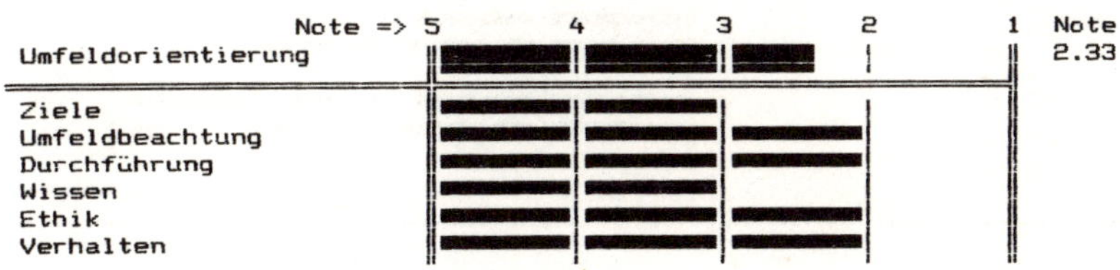

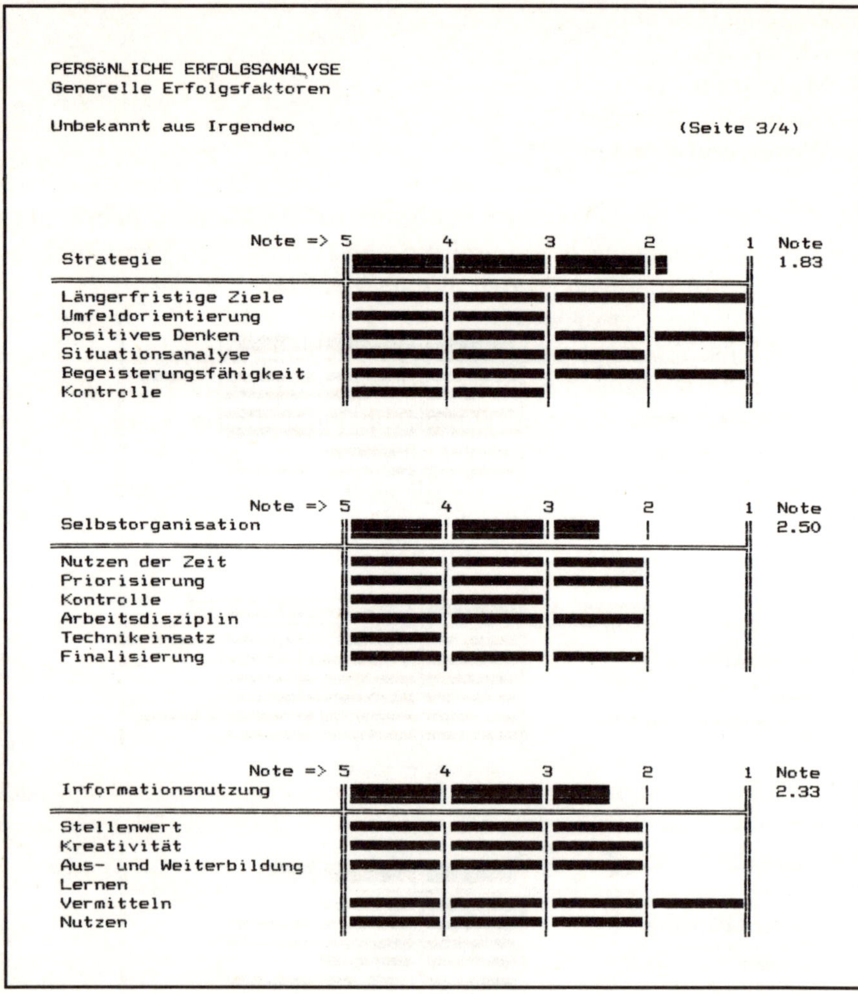

3.2.2.3 Modul 3: Ausprägung der wichtigsten spezifischen Erfolgsfaktoren

Neben den im Modul 2 behandelten generellen Erfolgsfaktoren haben die einzelnen Menschen unterschiedliche spezifische Erfolgsfaktoren. Diese können zum Beispiel sein:

- Zeitmanagement
- Klare Ziele
- Motivation
- Finanzielle Sicherheit
- Wissen und Können

Ziel dieses Moduls ist es, die wichtigsten Erfolgsfaktoren zu erkennen und ihre Ausprägung heute und morgen festzustellen. Anschließend gilt es, die notwendigen Aktivitäten festzusetzen.

Jeder Mensch verfügt über unterschiedliche Erfolgsfaktoren. Diese Faktoren dürfen jedoch nicht isoliert betrachtet werden. Sie sind vielmehr im Zusammenhang mit ihren Abhängigkeiten zu sehen. Bei der Analyse der einzelnen Faktoren stellt sich heraus, daß es Faktoren gibt, die aktiver als andere sind, das heißt sie beeinflussen die anderen Faktoren stärker. Diese aktiven Faktoren haben eine Hebelwirkung. Die Testperson nennt als ihre persönlichen Erfolgsfaktoren:

– Rhetorik	(A)
– Automotivation	(B)
– Familienleben	(C)
– Fachkenntnisse	(D)

Die Aufgabe besteht nun in der Analyse des gegenseitigen Einflusses dieser Faktoren. In unserem Beispiel soll die Einflußstärke wie folgt dargestellt werden:

– Starker Einfluß	= 2
– Mittlerer Einfluß	= 1
– Kein Einfluß	= 0

Für jeden Faktor ist zu untersuchen, wie der Einfluß auf die anderen Faktoren ist. In unserem Beispiel wurde folgender gegenseitiger Einfluß fixiert:

A. Die Wirkung der Rhetorik auf

– Automotivation	= 0
– Familienleben	= 0
– Fachkenntnisse	= 0

B. Die Wirkung der Automotivation auf

– Rhetorik	= 2
– Familienleben	= 1
– Fachkenntnisse	= 2

C. Die Wirkung des Familienlebens auf

– Rhetorik	= 1
– Automotivation	= 2
– Fachkenntnisse	= 0

D. Die Wirkung der Fachkenntnisse auf

– Rhetorik	= 0
– Automotivation	= 2
– Familienleben	= 0

Für jeden Faktor ist also seine Beziehung zu den anderen zu ermitteln. Trägt man dies in eine Tabelle ein, dann erkennt man, daß jeder Faktor eine bestimmte Aktiv- und Passiv-Summe hat. Je höher die Aktiv-Summe ist, desto stärker beeinflußt dieser Faktor die anderen. Eine hohe Passiv-Summe zeigt dagegen, daß dieser Faktor von den anderen stark beeinflußt wird.

In unserem Beispiel im PC-Programm gilt für die einzelnen Faktoren:

A. Rhetorik	Aktiv-Summe 0	Passiv-Summe 3
B. Automotivation	Aktiv-Summe 5	Passiv-Summe 4
C. Familienleben	Aktiv-Summe 3	Passiv-Summe 1
D. Fachkenntnisse	Aktiv-Summe 2	Passiv-Summe 2

Das Ergebnis zeigt uns, daß es zum Beispiel sinnlos wäre, mit der Rhetorik zu beginnen. Diese wird ja gerade durch die anderen Faktoren stark beeinflußt. Beginnt man dagegen mit dem Familienleben und der Automotivation und initiiert die erforderlichen Maßnahmen, dann lösen sich die Faktoren Fachkenntnisse und Rhetorik nahezu von selbst.

Während die Tabelle die gegenseitige Wirkung der einzelnen Faktoren aufzeigt, macht die graphische Darstellung ihre Positionierung deutlich. Aus dieser Matrix geht hervor, daß es vier Felder gibt. Diese können wie folgt skizziert werden:

Feld I:	(links oben)	Hohe Aktivität/Niedrige Passivität
Feld II:	(rechts oben)	Relativ hohe Aktivität/Relativ niedrige Passivität
Feld III:	(rechts unten)	Hohe Passivität/Geringe Aktivität
Feld IV:	(links unten)	Geringe Aktivität/Geringe Passivität

Die wesentlichen Schlußfolgerungen für die Praxis liegen darin, die Faktoren mit hoher Aktivität und niedriger Passivität zu erkennen und vorrangig anzugehen, das heißt die Felder I und II.

Diese Faktoren haben eine große Wirkung auf die anderen Faktoren. Werden sie mit Vorrang realisiert, so beseitigt man die originären Schwachstellen und baut wichtige Erfolgspositionen auf. Der Autor hat dieses System des vernetzten Denkens auf der Basis der Erfolgsfaktoren in zahlreichen unternehmerischen und persönlichen Beratungssituationen angewandt. Die Erkenntnisse waren für die Beteiligten meist sehr eindrucksvoll. Es muß aus diesem Grunde noch einmal mit großem Nachdruck auf vernetzte Denkweisen hingewiesen werden. Diese Erkenntnisse beruhen – wie bereits im Kapitel 1.2 beschrieben – im wesentlichen auf den Arbeiten von Frederic Vester.

PERSöNLICHE ERFOLGSANALYSE
Spezifische Erfolgsfaktoren

Unbekannt aus Irgendwo

Die Matrix der spezifischen Erfolgsfaktoren und ihr Ort in der Vernetzungsgrafik macht Ihnen deutlich, welche Faktoren aktiver sind als andere. Es gilt diese Faktoren mit ihrer Hebelwirkung besonders zu beachten. Diese Faktoren sind in der Grafik in den beiden oberen Feldern zu finden.

In Ihrem Falle sind dies :

	Heute	Ziel	Diff.
Automotivation	8	9	1
Familienleben	8	8	0

Sie sollten diese Faktoren vorrangig im Auge behalten, insbesondere dann, wenn die Differenz der Ausprägung (Diff.) zwischen Heute und Ziel groß ist.

Wirkung von ⇓ auf =>	A	B	C	D	E	Aktiv Summe
A : Rethorik		0	0	0		0
B : Automotivation	2		1	2		5
C : Familienleben	1	2		0		3
D : Fachkenntnisse	0	2	0			2
E :						
Passiv-Summe	3	4	1	2		10

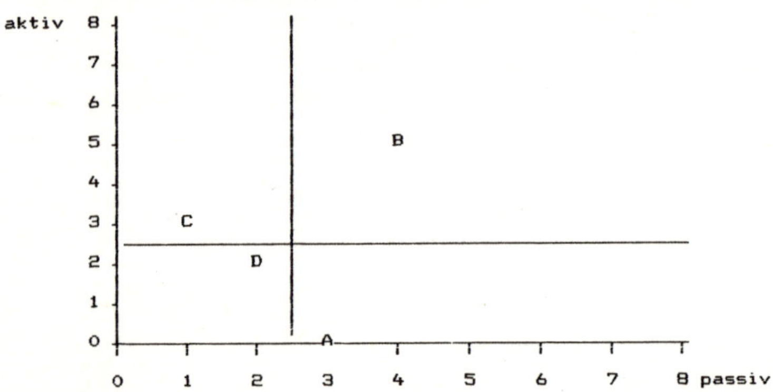

A: Rethorik B: Automotivation C: Familienleben
D: Fachkenntnisse

3.2.2.4 Modul 4: Rollenbild

Ziel dieses Moduls ist es, das persönliche Rollenbild und das Eigenschaftsprofil zu ermitteln. Die Beantwortung der Fragen läßt eine Zuordnung in die vier Typen des

- Fachspezialisten,
- Vermittlers,
- Innovators und
- Kämpfers

zu.

Den Hintergrund für diese Einteilung bilden die zahlreichen Aussagen zu den Rollenbildern des Menschen in der wissenschaftlichen Literatur. Eine grobe Charakterisierung der Rollenbilder und ihrer Eigenschaftsprofile liefert die nachfolgende Einordnung:

Typ A (Spezialist/Fachsimpler)

- Aufgabenorientiert
- Vorwiegend intrinsisch motiviert (Arbeit = Herausforderung)
- Übernommene Wertvorstellungen (Qualität, Verantwortungsbewußtsein, Leistung, Disziplin)
- Sozialist/präziser Arbeiter
- Vermeidet Risiken
- Pflichtbewußt
- Aktive/neutrale Haltung

Typ B (Vermittler/Humanist/Sozialist)

- Umfeldorientiert
- Vorwiegend extrinsisch motiviert (Anerkennung = Herausforderung)
- Wertvorstellungen anderer sind maßgebend (ethische Grundsätze)
- Vermittler im zwischenmenschlichen Bereich (soziale Einstellung)
- Problemvermeidung/Kompromißler
- Teamgeeignet
- Passive/neutrale Haltung

Typ C (Innovator/Optimist/Kreativitätsfreak)

- Wettbewerbs- und konkurrenzorientiert
- Erfolgserlebnisse motivieren
- Eigene Wertvorstellungen dominieren
- Hohes Potential an Kreativität/Intuition
- Risikofreudig
- Wahrnehmung mehrerer Chancen gleichzeitig
- Aktive/positive Haltung

Typ D (Einsamer Kämpfer/Schwarzer Peter/Pessimist)

- Machtorientiert
- Nur eigener Vorteil motiviert
- Negatives Welt- und Menschenbild
- Sucht Monopolstellung
- Einzelkämpfer- bzw. Eremitendasein
- Rücksichtslos/nutzt andere für sich aus
- Passive/negative Haltung

Ein Beispiel für den Computerausdruck zum Modul „Rollenbild" wird auf den folgenden Seiten abgebildet.

Die vier Typen wurden nach jeweils sieben Kriterien unterteilt. Dadurch eine Vergleichbarkeit der Eigenschaften ermöglicht. So zeigt zum Beispiel das erste Kriterium folgende Charakterisierung für die vier Typen auf:

Typ A: Fachspezialist	= aufgabenorientiert
Typ B: Vermittler	= umfeldorientiert
Typ C: Innovator	= wettbewerbs- und konkurrenzorientiert
Typ D: Kämpfer	= machtorientiert

Anhand dieser Rollenbeschreibung kann man auch in Organisationen unschwer die verschiedenen Menschentypen erkennen und zuordnen. Das erleichtert den Umgang mit ihnen wesentlich, da man ihre Wesensmerkmale und ihre Ziele kennt und somit in der Lage ist, sie besser zu verstehen. Besonders ungünstige Konstellationen sind bei der Stellenbesetzung zu vermeiden, um nicht verstärkt Konfliktsituationen heraufzubeschwören.

PERSöNLICHE ERFOLGSANALYSE
Rollenbild

Unbekannt aus Irgendwo (Seite 1/2)

Ziel dieses Moduls ist es, Ihr persönliches Rollenbild und Ihr Eigenschaftsprofil zu ermitteln.

Die Erkenntnisse in Wissenschaft und Praxis gehen von verschiedenen Menschentypen aus.
Legt man vereinfachend die vier Typen des Fachspezialisten, des Vermittlers, des Innovators und des Kämpfers zugrunde, dann ist durch Ihre Antworten folgendes Profil entstanden:

```
Fachspezialist |== 5 ==|
Vermittler     |== 1 ==|== 2 ==|== 3 ==|== 4 ==|
Innovator      |== 6 ==|
Kämpfer        |
```

Die Ziffern bedeuten folgende Entscheidungssituationen :

1. Kreativität
   - Für mich ist Kreativität sehr wichtig. ==>
   - Was früher war, ist auch heute meist richtig. ==>
   - Bewährtes und Neues müssen sinnvoll miteinander verknüpft werden. ==> X
   - Kreativität verursacht häufig Kosten und bringt nicht den notwendigen Erfolg. ==>

2. Menschliche Beziehungen
   - Probleme lösen sich von selbst, wenn die Menschen kooperativ sind. ==>
   - Das A und O im Leben sind zwischenmenschliche Beziehungen. ==> X
   - Solange ich bei meiner Arbeit nicht durch andere gestört werde, bin ich zufrieden. ==>
   - Nur meine ureigenen Ziele bestimmen meine menschlichen Beziehungen. ==>

3. Weltbild
   - Auch wenn eine Lage hoffnungslos zu sein scheint, finde ich noch eine akzeptable Alternative. ==>
   - Nur wenn wir auch den Mitmenschen Nutzen bieten, werden wir selber erfolgreich sein. ==> X
   - Ich kann alle Ziele erreichen, wenn ich nur will. ==>
   - Solange alles seine Ordnung hat, wird es auch in Zukunft weitergehen. ==>

4. Fachkompetenz
   - Man muß die Fähigkeiten anderer zum eigenen Vorteil nutzen. ==>
   - Niemand arbeitet so präzise und genau wie ich. ==>
   - Gemeinsam sind wir ein starkes Team. ==> X
   - Ich bin überaus fähig und erwarte dies auch von andern. ==>

```
PERSÖNLICHE ERFOLGSANALYSE
Rollenbild

Unbekannt aus Irgendwo                                     (Seite 2/2)

5. Aktivität
   Ich engagiere mich nur für eine Sache, die auch den
     anderen einen Vorteil bringt.                              ==>
   Je schwieriger eine Problemstellung, desto begeisteter
     nehme ich sie in Angriff.                                  ==>
   Nur wenn etwas zu meinen Gunsten ausfällt, ist es eine
     überlegung wert.                                           ==>
   Eine schwierige Aufgabenstellung bedeutet mir eine echte
     Herausforderung.                                           ==> X

6. Zielsetzung
   Ich setze mir und anderen hohe Ziele und strenge Termine,
     die unbedingt eingehalten werden müssen.                   ==>
   Ich lasse mir meine Ziele grundsätzlich vorschreiben und
     versuche diese so gut wie möglich zu erreichen.            ==>
   Die Zielsetzung sichert eine vernünftige Entwicklung und
     steht im Einklang mit dem gemeinsamen Systemziel.          ==> X
   Es werden Ziele gesetzt, die in den meisten Fällen an-
     nehmbare Kompromißlösungen sind.                           ==>
```

Das Modell der vier Typen mit seinen beruflichen Rollen-Identifikationen leistet einen wichtigen Beitrag zum besseren Verständnis der Firmenmitglieder untereinander und stellt fest, daß die vier wesentlichen Menschentypen aufeinander angewiesen sind und sich im Idealfall sehr gut ergänzen können. Dabei ist zu beachten, daß die Zusammensetzung einer Gruppe mit Menschen des Typs A, Typs B, Typs C und des Typs D insbesondere beeinflußt wird

- von den Aufgaben und Aktivitäten und
- von der jeweiligen Situation.

Zu diesen Einflußfaktoren sollen im folgenden einige Beispiele gegeben werden. Eine optimale Verteilung der einzelnen Rollenbilder ist sicherlich von Fall zu Fall zu analysieren.

Versucht man, eine erste Einordnung auf der Basis der Aufgaben und Tätigkeitsfelder vorzunehmen, so könnten sich zum Beispiel für die Abteilungen/Bereiche Verkauf, Rechnungswesen, Forschung und Entwicklung, Schulung folgende grobe Strukturen ergeben:

Funktion / Menschentypen	Verkauf	Rechnungswesen	Forschung und Entwicklung	Schulung
Fachspezialist	20	60	30	40
Vermittler	30	20	10	40
Innovator	40	10	60	20
Kämpfer	10	10	–	–

Die angegebenen Werte dürfen in hohem Umfang dann gelten, wenn die Organisationen prosperieren und keine Krisensituation gegeben ist. Ist die Wettbewerbssituation für ein Unternehmen zum Beispiel schwach, dann könnte ein höherer Anteil an Kämpfern zur Wahrnehmung der Chancen des Aufbaus neuer Geschäftsfelder oder zur Bewältigung von Krisen zweckmäßig sein.

3.3 Weiterbildung und unternehmerischer Erfolg

3.3.1 Anforderungen an die Beteiligten im Weiterbildungsprozeß

3.3.1.1 Das Zusammenwirken aller Beteiligten

Bei meinen zahlreichen Veranstaltungen fällt mir immer wieder auf, daß die meisten Verfahren zur Seminarbeurteilung nahezu identisch sind. Die Fragebögen enthalten häufig folgende Fragen:

- Wie beurteilen Sie das gesamte Seminar?
- Wie bewerten Sie die vermittelten Inhalte?
- Wie beurteilen Sie die eingesetzten Lehrmethoden?
- Wie bewerten Sie den Referenten?

Nur in Einzelfällen wird noch eine Bewertung bezüglich der Umsetzungsmöglichkeiten vorgenommen.

Eine solche Analyse reflektiert die Beurteilung ausschließlich aus der Sicht der Teilnehmer. Untersuchungsergebnisse[1)] machen dabei deutlich, daß von der Beurteilung des Referenten meist alle anderen Beurteilungen beeinflußt werden. Wird der Referent gut bewertet, ist auch die allgemeine Bewertung des Seminars gut. Die grundsätzliche Aussage kann für die unterschiedlichsten Themenstellungen getroffen werden. Der Referent steht also im Mittelpunkt der Evaluation. Er hat somit den größten Einfluß auf den Erfolg von Weiterbildungsmaßnahmen. So schlüssig diese empirischen Untersuchungen auch sein mögen, so verkennen sie doch den Tatbestand, daß die weiteren Betroffenen im Rahmen von Weiterbildungsmaßnahmen nicht in die Analyse mit einbezogen werden.

Eine Vielzahl von namhaften Pädagogen machen seit Jahren darauf aufmerksam, daß derartige Fragebögen nicht mehr zu rechtfertigen sind. Sie stellen weder eine hinreichende Grundlage für die Evaluation einer Weiterbildungsmaßnahme dar, noch bieten sie Grundlagen für die weitere Planung.[2)]

Warum werden denn nicht verstärkt

- die Teilnehmer,
- deren Vorgesetzte und
- die für die Weiterbildungsmaßnahmen Verantwortlichen

in die Beurteilung von Seminaren einbezogen?

Alle zusammen stehen jedoch für den Erfolg in der Weiterbildung. Wer in den 90er Jahren meint, nur mit einer guten Blasmusik von vorne – sprich mit einem guten Referenten – erfolgreich Weiterbildung machen zu können, hat die Zeichen der Zeit nicht erkannt. Es gilt, Betroffene zu Beteiligten zu machen. Dies kann nur dann gelingen, wenn auch die

1) Vgl. Oelsch, Gunther: Wichtigste Erfolgsfaktoren von Personalentwicklungsmaßnahmen. In: Weiterbildung in Wirtschaft und Technik (WWT), Heft 4, 1988, S. 15ff.

2) Vgl. hierzu u.a. Münch, Joachim und Müller Hans Joachim: Evaluation in der betrieblichen Weiterbildung als Aufgabe und Problem. In: Schriftenreihe Wirtschaftsdidaktik, Band 13. Baltmannsweiler 1988, S. 53.

Teilnehmer bereit sind, ihren Beitrag hierfür zu leisten: sie haben sich voll in das Seminar einzubringen. Und wenn heute mehr denn je die Umsetzung des vermittelten Wissens, der Verhaltensweisen und des unternehmerischen Denkens im Vordergrund steht, dann liegt es ganz entscheidend an den Teilnehmern, dies auch zu realisieren. Auch die Rolle der *Vorgesetzten* wird so gut wie gar nicht in die Seminarbeurteilung eingebunden. Dabei tragen sie in hohem Umfang mit die Verantwortung für die Gestaltung des Seminarprogramms, und zusammen mit den Mitarbeitern sind sie entscheidend für die *Umsetzung* verantwortlich.

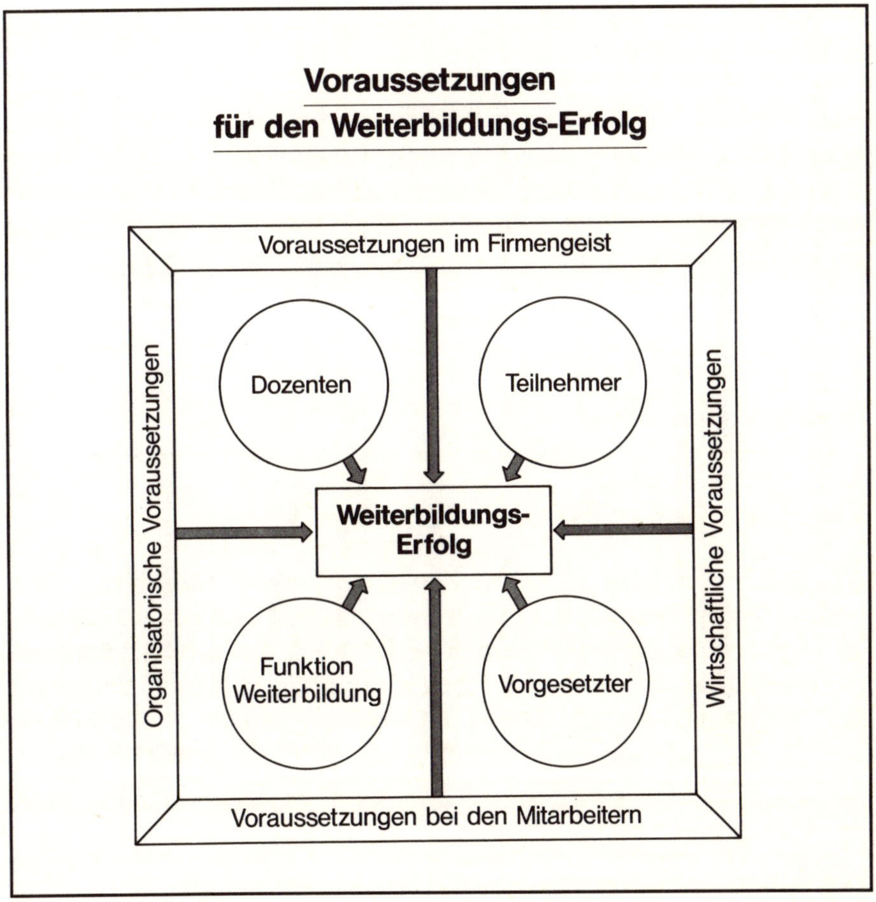

Die Weiterbildungs-Beteiligten und ihre Aufgaben

Beteiligte	Aufgaben			
	Sachziele	**Beziehungsziele**	**Innovationen**	**Umsetzung**
Weiterbildungs-Funktion	• Skill-Planung in langer und mittlerer Sicht • Ziele für einzelne Maßnahmen • Abstimmung der Ziele mit Referenten	• Fixieren der Teilnehmerstruktur • Kooperation der Teilnehmer • Ständige Betreuung	• Innovative Ansätze beim - Sachprogramm - Methodenprogramm - Zeitprogramm • Neue Ansätze in der Nutzenargumentation	• Mitwirken in der Fixierung der Unternehmensstrategien • Festlegen der Unterstützung der Unternehmensstrategien durch Weiterbildung
Referent	• Festlegen des Sachprogramms • Festlegen des Methodenprogramms • Festlegen des Zeitprogramms	• Referent als Moderator • Einbindung der Betroffenen	• Praxisbeispiele • Methodenansätze • Verfremden der Ansätze auf spezifische Situationen	• Erarbeiten der wirtschaftlichen Voraussetzungen • Mitwirkung bei der Umsetzung
Teilnehmer	• Identifikation mit den Sachzielen • Einordnung d. Ziele in die persönlichen Ziele	• Motiviertes Verhalten • Gewinner-Gewinner-Ansatz	• Übertragen der Innovationsansätze auf d. spezifische Umfeld • Finden von neuen Lösungen	• Erarbeiten der persönlichen Voraussetzungen für die Umsetzung • Ständiges Bemühen um die Realisierung
Vorgesetzter	• Einordnung der Ziele in die übergeordneten Ziele • Mitwirken bei der Festlegung der Sachziele	• Initiierung von Kommunikationsprozessen mit weiteren Gruppenmitgliedern	• Aufbereiten des Umfelds • Initiieren von Aktivitäten zur Umsetzung	• Erarbeiten der organisatorischen Voraussetzungen • Erarbeiten der Voraussetzungen im Firmengeist

Einen großen Einfluß auf den Erfolg von Weiterbildungsmaßnahmen hat auch der hierfür *Verantwortliche*. Es kann doch nicht dessen ausschließliche Aufgabe sein, sich nur nach dem richtigen Referenten umzuschauen und diesen zu verpflichten. Eine Vielzahl von Aufgaben kommen auf diese Mitarbeiter zu. Es sei an dieser Stelle bemerkt, daß Unternehmen, in denen ein Betriebsrat besteht, es gilt, diesen in alle wesentlichen Aktivitäten mit einzubinden. Zwischen dem Management und dem Betriebsrat gibt es eine Reihe von Kooperationsformen.[1)]

Vor diesem Hintergrund ist die Abbildung „Voraussetzungen für den Weiterbildungs-Erfolg“ zu verstehen.

Nur wenn die vier Rahmenbedingungen

1. Organisatorische Voraussetzungen
2. Voraussetzungen im Firmengeist
3. Voraussetzungen bei den Mitarbeitern
4. Wirtschaftliche Voraussetzungen

stimmen und die an die vier Beteiligten

1. Referent
2. Teilnehmer
3. Weiterbildungsverantwortlichen
4. Vorgesetzte

gestellten Anforderungen weitgehend erfüllt sind, kann es zu erfolgreichen Weiterbildungsmaßnahmen kommen.

Da auf die vier Rahmenbedingungen in Kapitel 2 näher eingegangen wurde, sollen im folgenden die Anforderungen an die Beteiligten skizziert werden (siehe Abbildung „Die Weiterbildungs-Beteiligten und ihre Aufgaben“).

---

1) Diese werden unter anderem dargestellt von Becker, Wolfgang und Kakalick, Gerhard am Beispiel Volkswagen AG, Kassel und Enslin, Heiner und Olbrich, Adalbert am Beispiel Voith GmbH, Heidenheim. In: Dybowski, Gisela, Herzer, Hans und Sonntag, Karlhein (Hrsg.): Strategien qualitativer Personal- und Bildungsplanung bei technisch-organisatorischen Innovationen. Schriften zur Personalwirtschaft, Band 19. Neuwied 1989, S. 155ff.

Das Zusammenwirken aller Beteiligten hat nicht nur in der Lernphase zu erfolgen, sondern verstärkt auch in der Vor- und Nachbereitungsphase. Wir wissen heute, daß Seminare, die zum Beispiel für den Teilnehmer schon in der Vorbereitungsphase Maßnahmen vorsehen, hinsichtlich des Lernerfolges wirksamer sind, als wenn ausschließlich die Lehrphase gesehen wird. Noch erfolgreicher wird die Weiterbildungsaktivität, wenn auch Nachbereitungsphasen vorgesehen sind.

3.3.1.2 Anforderungen an den Referenten

Im Mittelpunkt der meisten Seminarbeurteilungen steht der Referent. Wie bereits angedeutet, entscheidet vor allem er, ob das Seminar zu einem Erfolg wird oder nicht.

Die Erwartungshaltung an die Referenten ist in den letzten zwei Dekaden erheblich gestiegen. Dies ist auf eine Reihe von Gründen zurückzuführen:

- Die Teilnehmer von Weiterbildungsveranstaltungen können durch den verstärkten Besuch von Seminaren den Unterschied zwischen guten und weniger guten Referenten selbst beurteilen. Die meisten Seminaristen verfügen heute über Erfahrungen in der Einschätzung der Referenten; zum einen durch ihr Studium und zum anderen durch die Teilnahme an den vielfältigen Weiterbildungsveranstaltungen.
- Die Wettbewerbsvorteile der einzelnen Referenten werden nicht mehr in Dekaden und Jahren gemessen, sondern in Monaten. Diese Aussage dürfte in hohem Umfang für die meisten Referenten Gültigkeit haben. (Sicherlich wird es auch im Jahre 2000 noch einige „Gurus“ geben, die man als Vorzeigepferde in Veranstaltungen einbindet). Die rasche Veralterung des Wissens und der Fortschritt auf der Methodenseite sind nur zwei Punkte, die diese These unterstützen.
- Es reicht heute in den meisten Fällen aber nicht mehr aus, daß Referenten zu Wirtschaftsthemen im weitesten Sinne nur über das neueste Wissen verfügen; Dozenten müssen mehr und mehr in der Lage sein, die gesamte Klaviatur des Methodenwissens zu beherrschen. Es gilt mehr denn je auch hier, Betroffene zu Beteiligten zu machen. In

zahlreichen Seminaren, insbesondere mit Unternehmern, Vorstandsmitgliedern und Entscheidungsträgern des hohen Managements versuche ich, das gemeinsame Ziel deutlich herauszuarbeiten. Dabei gilt es, das Problem zu definieren und Übereinstimmung im Problem zu finden. Bei allen Lösungsansätzen steht auch die gemeinsame Lösung im Vordergrund, die es gilt, in einen Aktionsplan zu überführen. Die Rolle der Teilnehmer sehe ich bei diesen Veranstaltungen vorwiegend darin,

- Erfahrungen
  - einzubringen und
  - zu überprüfen
- Ziele
  - zu definieren und
  - zu bewerten.

Meine Rolle als Dozent ist dabei vornehmlich fixiert auf

- den kreativen Denkprozeß, den es
  - anzuregen und
  - zu führen gilt, sowie
- die adäquaten Methoden
  - aufzuzeigen und
  - anzuwenden (siehe Abbildung).

Gerade bei solchen Veranstaltungen kommt mir das Wissen um Strategien, Prinzipien und Systeme zustatten.[1)]

- Der Dozent in den 90er Jahren muß zugleich Berater sein. Von ihm wird – dies gilt für die meisten Themen – verlangt, daß er über konkretes Anwendungswissen verfügt. Jeder Referent sollte dafür Sorge tragen, daß er das gewünschte Profil in der Spannungsreihe Dozent und Berater abdeckt. Gerade wenn es verstärkt darum geht, zu innovativen Ansätzen zu kommen und insbesondere die Umsetzung ins Auge zu fassen, sind praktische Erfahrungen von besonderer Bedeutung. Der Verfasser konnte in den letzten zehn Jahren verstärkt auch als Berater tätig sein: Diese Tätigkeit wirkte sich außerordentlich po-

1) Vgl. hierzu Nagel, Kurt: 200 Strategien, Prinzipien und Systeme für den persönlichen und unternehmerischen Erfolg. 3. Aufl., Landsberg 1990.

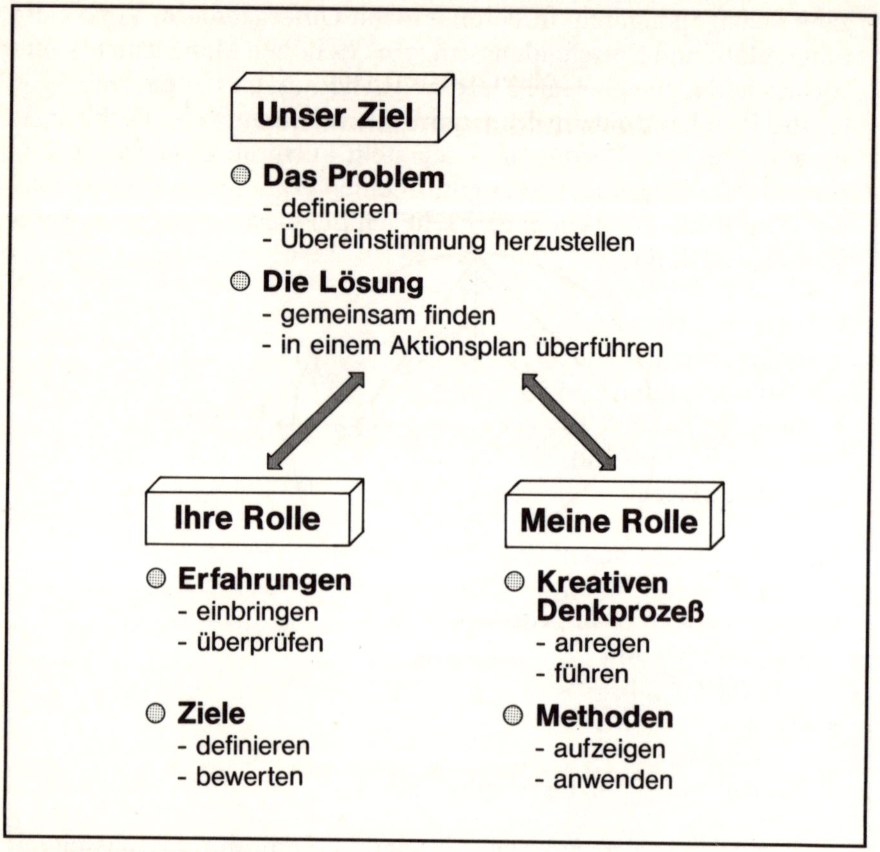

Abbildung: Ein Vorgehensmodell des Verfassers zur „Einbindung" der Teilnehmer

sitiv auf seine Dozententätigkeit aus und umgekehrt befruchtete die Vortrags- und Seminartätigkeit entscheidend die Beratungstätigkeit.

Welche Aufgaben hat der Referent in den 90er Jahren zu erfüllen? Zur Einordnung der Anforderungen (siehe Abbildung „Zielsetzung der Weiterbildungsmaßnahmen") werden die vier Kriterien Sachziele, Beziehungsziele, Innovationen und Umsetzung angewandt.

Zielsetzungen der Weiterbildungsmaßnahmen

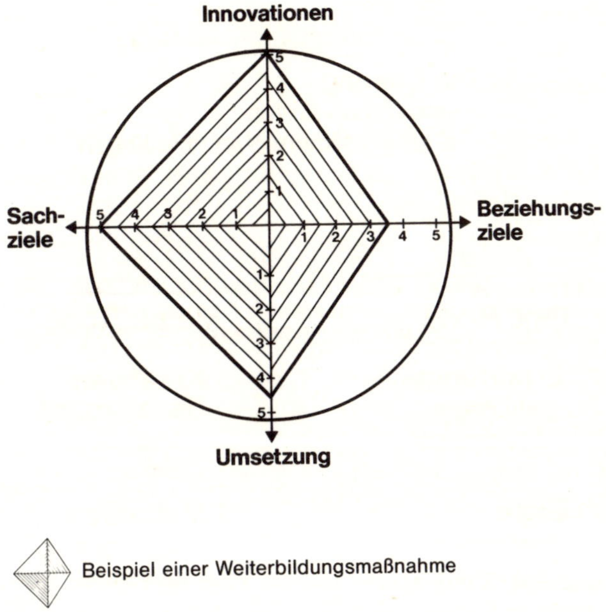

1. Sachziele

Der Dozent hat einen starken Einfluß auf das Erreichen der Sachziele. Er wirkt hier insbesondere mit bei der Gestaltung der drei Programme:

1. Stoffprogramm
2. Lehrprogramm
3. Zeitprogramm

Aus den Sachzielen wird das Stoffprogramm, das den zu vermittelnden und zu verarbeitenden Lehrstoff umfaßt, abgeleitet.

Das Lehrprogramm bestimmt die methodische Gestaltung und Durchführung des Stoffprogramms. Es zeigt, mit welchen Methoden und in welcher Reihenfolge der zu erarbeitende Stoff dargeboten werden soll. Die Lehrmethoden müssen dabei auf die spezifischen Sachziele abgestimmt werden.

Das Zeitprogramm, das die Dauer und Reihenfolge der Weiterbildungsmaßnahmen bestimmt, wird im wesentlichen von den fixierten Zielen abhängen.

2. Beziehungsziele

Hier hat der Trainer insbesondere dafür Sorge zu tragen, daß der Prozeß des Lernens auf der Basis eines guten Beziehungsklimas abläuft.

3. Innovationen

Durch Praxisbeispiele und neue Methodenansätze hat der Trainer sicherzustellen, daß ein gutes Innovationsklima während der Veranstaltung gegeben ist.

4. Umsetzung

Mehr und mehr sollten die Trainer als Berater bei der Umsetzung zur Verfügung stehen.

Döring[1] ordnet dem Ausbilder/Lehrer/Referenten in der beruflichen Erwachsenenbildung die nachstehenden vier Kompetenzen zu, die es insbesondere im Zusammenspiel mit den Lernpartnern professionell einzusetzen gilt. Diese korrelieren stark mit den vom Verfasser fixierten Kriterien, wobei in dem hier zugrundeliegenden Ansatz verstärkt auf die Umsetzungs- und Innovationsbezüge Wert gelegt wird.

1. Die soziale Kompetenz:

- Die Ausgestaltung des sozialen Klimas (Lern-/Unterrichtsklima)
- Verständnis und verständigungs-orientiertes soziales Modellverhalten
- Motivierender Teilnehmerumgang und Körpersprache

---

[1] Döring, Klaus W. und Ziep, Klaus-Dieter: Mediendidaktik in der Weiterbildung 1989, S. 95.

2. Die fachliche Kompetenz:

- Themenauswahl gemäß exemplarischen Gesichtspunkten
- Thematische Reduktion gemäß exemplarischen Gesichtspunkten
- Fachlogische Ausarbeitung
- Praxis- und Handlungsbezüge

3. Die didaktische Kompetenz:

- Strukturierung von Lernprozessen und Lernverläufen
- Die Anwendung und Umsetzung des didaktischen Repertoires
- Techniken der Informationsvermittlung

4. Die organisatorische Kompetenz

- Lernorganisation (Planung, Realisation, Evaluation von Lernprozessen)
- Rahmenorganisation (räumlicher, technischer, bürokratischer Hintergrund von Lernprozessen)
- Soziale Organisation (Gruppierung, Konfliktregulierung, Interaktion).

3.3.1.3 Anforderungen an die Vorgesetzten

Der Vorgesetzte wird heute noch viel zu wenig in die Bildungsmaßnahmen mit eingebunden. In Gesprächen mit Seminarteilnehmern wurden diesbezüglich Wünsche geäußert wie:

- Der Vorgesetzte sollte verstärkt Weiterbildungsmaßnahmen vorschlagen.
- Die Maßnahmen sollten nicht nur punktuell erfolgen, sondern im Rahmen eines Gesamtkonzepts der Personalentwicklung gesehen werden.
- Die Weiterbildungsaktivitäten sind vor dem Hintergrund der Mission und den Zielen der Abteilung zu sehen.
- Die Umsetzung des Wissens sollte laufend im Auge behalten werden.
- Der Vorgesetzte sollte die Kommunikation mit den weiteren Mitarbeitern seiner Abteilung bezüglich der Seminarergebnisse suchen.

– Über die jeweiligen Seminarergebnisse/-erfolge sollte mit den Mitarbeitern seiner Abteilung gesprochen werden.

1. Sachziele

Der Vorgesezte, der Bildungsverantwortliche und die Mitarbeiter legen die Sachziele fest. Die konkret formulierten Ziele werden vom Vorgesetzten in die übergeordneten Ziele eingebunden.

2. Beziehungsziele

Um diese Ziele zu erreichen, hat der Vorgesetzte insbesondere darauf zu achten, daß Kommunikationsprozesse mit weiteren Gruppenmitgliedern initiiert werden.

3. Innovation

Der Vorgesetzte hat einen wesentlichen Einfluß auf das Entwickeln neuer Ideen. Mit dem Mitarbeiter ist er aufgerufen, innovative Lösungen bei den Prozessen, Produkten und Märkten herbeizuführen.

4. Umsetzung

Für die Umsetzung ist im weitesten Sinne der Vorgesetzte verantwortlich.

3.3.1.4 Anforderungen an die Teilnehmer

Es geht heute mehr und mehr darum, die Teilnehmer in ein Seminar richtig einzubinden. Der Erfolg eines Seminars hängt entscheidend von der Rolle der Teilnehmer ab. Häufig läßt sich der gewünschte Weiterbildungserfolg nicht erreichen, weil sich die Teilnehmer in einer viel zu passiven Rolle sehen. Die Meinung, man hat eine Veranstaltung zu besuchen, man wird abgeordnet, man hört sich die Aussagen einmal an, dominiert. Wenn sich mit einer solchen Haltung noch Arroganz und Trägheit des Teilnehmers paaren, dann kann man von einer Weiterbildungsveranstaltung einfach keinen Erfolg erwarten.

Die Weiterbildung wird künftig verstärkt auch in der Freizeit stattfinden. Insbesondere gilt es, Übergangszeiten für die Weiterbildung zu nutzen. Seit Jahren schon mache ich meine Seminarteilnehmer auch darauf aufmerksam. Dabei gibt es für mich keinen Unterschied in der Bewertung der Aktivitäten, die jemand in seiner Freizeit wahrnimmt – vieles macht hier Sinn und ist produktiv. Als Student beeindruckte mich ein Professor der Volkswirtschaftslehre, für den Nahrungsaufnahme, Leibesübungen, Körperpflege, Entspannung und Aufnahme bzw. Vermittlung von Kenntnissen zur biologisch-organischen Produktion gehörten und somit letztlich produktiv sind. Nutzen Sie also Ihre Zeit.

- Sorgen Sie deshalb dafür, daß Reisezeiten, Wartezeiten usw. keine verlorenen Zeiten sind.
- Nutzen Sie – immer wenn es Ihnen danach ist – auch die kleinen Zeiteinheiten, die sogenannten „Kleckerzeiten".
- Oder beschäftigen Sie sich in den Übergangszeiten mit den Dingen, für die Sie sonst keine Zeit haben, zu denen Sie sonst nicht kommen.
- Achten Sie auch darauf, daß Sie anderen Leuten nicht die Zeit stehlen.

Sie wissen selbst am besten, wann bei Ihnen Kleckerzeiten entstehen und wie Sie diese nutzen können. So heißt es zum Beispiel von Mozart, seine Musik habe sich auf Reisen, beim Spaziergang oder im Halbschlaf fast von selbst zu Papier gebracht. Dies muß nicht verwunderlich sein, gilt es doch zu bedenken, daß er einen großen Teil seines Lebens immer „auf Achse" war.

Von Einstein wird gesagt, daß ihm seine besten Ideen beim Rasieren kamen und er schon am frühen Morgen diese Zeiten nutzte. Egal, ob morgens, mittags oder abends: Wichtig ist nur, daß Sie sich darüber Gedanken machen sollen und die notwendigen Schlüsse daraus ziehen.

Der Strauß der in Frage kommenden Methoden ist vielfältig. Im Einzelfall hängt dies von Ihrer personellen Struktur ab und von dem, was Sie mit den Übergangszeiten anfangen wollen. Ein Künstler wird vielleicht einen Skizzenblock immer griffbereit haben, jemand, der eine Sprache erlernen will, einen „Sprachführer" oder eine Kassette. Vieles spielt sich aber auch in unserem Kopf ab. Denken Sie daran, daß in diesem Fall auch Notizen oder ein Gedächtnisprotokoll angebracht sind.

Gehen Ihnen größere Probleme durch den Kopf, dann versuchen Sie es einmal mit der „Schweizer-Käse-Technik":

- „Bohren“ Sie bei allen passenden Gelegenheiten Löcher in die zu lösende Aufgabe.
- Mit der „Schweizer-Käse-Technik“ ist es möglich, innerhalb von wenigen Minuten den Einstieg in einen größeren Aufgabenkomplex zu realisieren bzw. die Problemlösung voranzutreiben.

Mehr und mehr wird es künftig darauf ankommen, diese Übergangszeiten zu nutzen. Jeder einzelne sollte dafür sorgen, daß Reisezeiten und Wartezeiten keine verlorenen Zeiten sind. Der Verfasser kennt eine Reihe von Damen und Herren, die ihr Auto zu einer rollenden Universität ausgebaut haben. Auch gilt es verstärkt, die Angebote über das Fernsehen und den Bildschirmtext in die Weiterbildungsaktivitäten zu integrieren. Hier gilt es, den Strauß von Methoden zu analysieren und für die Zielgruppen das Angebot in das Stoff- und Zeitprogramm zu integrieren.

1. Sachziele

Zum Erreichen der Sachziele durch die Teilnehmer ist es von Vorteil, wenn diese verstärkt in die Vorbereitungsphase eingebunden werden. Es reicht dabei jedoch nicht mehr aus, sich nur mit dem Stoffprogramm zu befassen, sondern es geht im wesentlichen darum, Beispiele zu Problemen aus der täglichen Arbeit einzubringen, Aufgabenschwerpunkte zu definieren und Erwartungshaltungen zu konkretisieren.

2. Beziehungsziele

Die Teilnehmer haben den entscheidenden Einfluß auf das Klima in einer Veranstaltung. Wenn hier – bildlich gesprochen – eisige Temperaturen herrschen, kann dies nicht nur auf den Referenten zurückgeführt werden. Durch ihr Handeln und Wirken sind die Teilnehmer durchaus in der Lage, dafür zu sorgen, daß das Klima stimmt. Auch sollte sich der Mitarbeiter mehr und mehr als Multiplikator der Weiterbildungsmaßnahmen verstehen. Er sollte verstärkt auch die Beziehungen in seinem Umfeld verbessern, indem er zum Beispiel die Kollegen mit den Lerninhalten vertraut macht.

3. Innovation

Die Aufgaben des Vorgesetzten sind hier insbesondere zu sehen im Schaffen eines innovationsfreundlichen Umfeldes und im Initiieren von

Aktivitäten zur Umsetzung. Wichtig ist, die Mission der Abteilung zu erläutern und ihr die Ziele zu verdeutlichen.

4. Umsetzung

Der Teilnehmer spielt die entscheidende Rolle bei der Transferumsetzung. Er hat zusammen mit dem Vorgesetzten darauf zu achten, daß die organisatorischen Voraussetzungen im spezifischen Umfeld vorhanden sind. Er sollte verstärkt auch Tips für den praktischen Alltag und Hinweise für die Umsetzung geben.

Die folgende Prüfliste kann für die Selbst-Analyse der Teilnehmer herangezogen werden.

Umsetzungserfolg durch Teilnehmer (Checkliste)						
	nicht	teilw.				voll
1. Habe ich das vermittelte Wissen verstanden?	0	1	2	3	4	5
2. Kann ich den Wert des Vermittelten richtig einordnen?	0	1	2	3	4	5
3. Bin ich in der Lage, das vermittelte Wissen auf						
– mich	0	1	2	3	4	5
– die Abteilung	0	1	2	3	4	5
– den Bereich	0	1	2	3	4	5
– die Unternehmung zu übertragen?	0	1	2	3	4	5
4. Gelingt es mir, neue innovative Ansätze zu finden?	0	1	2	3	4	5
5. Bemühe ich mich, konkrete Einsatzmöglichkeiten und Verbesserungen zu finden?	0	1	2	3	4	5
6. Versuche ich, Verbündete für meine Ideen zu finden?	0	1	2	3	4	5
7. Gelingt es mir, die Nutzenaspekte genügend zu verdeutlichen?	0	1	2	3	4	5
8. Bemühe ich mich, die Verbesserungen konsequent durchzusetzen?	0	1	2	3	4	5
9. Informiere ich die für die Weiterbildung Verantwortlichen über meine Ergebnisse?	0	1	2	3	4	5
10. Gebe ich dem Referenten die erforderlichen Informationen?	0	1	2	3	4	5

Welche Fragen habe ich
zu diesem Thema?

Das geht
mir gerade
durch den Kopf!

Das werde ich anwenden!

So gehe ich vor:

Diese Unterstützung benötige ich:

Aus der Checkliste geht hervor, daß die Teilnehmer zunächst das vermittelte Wissen richtig verstehen müssen, um es einordnen und anschließend umsetzen zu können. Es ist notwendig, die offenen Fragen zu klären und laufend zu prüfen, wie das vermittelte Wissen auch angewandt werden kann. Daß dabei häufig auch Verbündete für die Umsetzung gefunden werden müssen, versteht sich von selbst. Die oben stehenden Abbildungen sollen den Seminarteilnehmer an seine „Rolle“ erinnern.

3.3.1.5 Anforderungen an die Weiterbildungsverantwortlichen

Die Verantwortlichen für die Weiterbildung haben umzudenken. Dies gilt für die Stoffprogramme genauso wie für die Lehrprogramme und die Zeitprogramme. Bezüglich der zeitlichen Abwicklung von Seminaren sind wir heute noch viel zu sehr fixiert auf die generell üblichen Zeiten. Im allgemeinen finden Seminare von 9.00 Uhr bis 17.00 Uhr statt. Natürlich gibt es eine Reihe von Gründen, es bei diesen Zeiten zu belassen. Erfahrene Pädagogen und Trainer sind in der Lage, durch Teilnehmerarbeiten, Gruppenarbeiten und Diskussionen den Verlauf eines solchen Tagesprogramms optimal zu gestalten.

Wir wissen heute, wie problematisch es ist, nach dem Mittagessen den Teilnehmern eine verstärkte Aufnahmebereitschaft zuzumuten. Meist entsteht zu dieser nachmittäglichen Zeit im Kopf eine angenehme Leere, das Mittagessen löst den Verdauungsprozeß aus, und im Magen macht sich ein schönes Völlegefühl breit. In einem solchen Zustand kommen die Fallgesetze voll und ganz zum Tragen. Dies bewirkt sehr rasch, daß man leicht vor sich hindöst und Schwierigkeiten hat, in der Lerngemeinschaft dabei zu sein.

Hier sollten wir alle mehr Mut aufbringen und Überlegungen anstellen, wie sich das Zeitprogramm variabler gestalten läßt. Hier gilt es, mit aktiven Lehrmethoden den physiologischen Gesetzen Paroli zu bieten. Ich halte es nicht mehr für gut, in allen Seminaren von der klassischen Zeiteinteilung auszugehen. Warum nutzen wir bei Seminaren, Kursen usw. nicht verstärkt die vielfältigen zeitlichen Möglichkeiten.

Der Verfasser hat bei einer großen Weiterbildungs-Institution, die bisher ihre Veranstaltungen stets ab 17.30 Uhr durchführte, eine Sommer-Akademie für Manager gegründet, die an acht Werktagen von 6.30 Uhr bis 8.15 Uhr durchgeführt wird. Obwohl nur eine sehr spezifische Teilnehmergruppe angeschrieben wurde, war das Echo auf diesen Versuch überwältigend. Im Rahmen dieses Curriculums wurde im übrigen jedes Lehrmodul als eine in sich geschlossene Lerneinheit konzipiert. Großer Wert wird im Rahmen dieses Programms insbesondere auf die Umsetzung gelegt.

Dies soll nur ein Beispiel sein. Alle Verantwortlichen für die Weiterbildung sind verstärkt aufgerufen, darüber nachzudenken, das Zeitprogramm, das den Zeitpunkt, die Zeitdauer und die Reihenfolge der Weiterbildungsaktivitäten bestimmt, flexibel zu gestalten.

1. Sachziele

Als wesentliche Aufgaben kommen auf die Weiterbildungsverantwortlichen zu:
- Skill-Planung in langer und mittlerer Sicht.
- Beschreibung der Richt-, Grob- und Feinziele für die einzelnen Maßnahmen.
- Abstimmung der Ziele mit dem Referenten.

2. Beziehungsziele

Entsprechend den Sach- und Beziehungszielen ist der Teilnehmerkreis sorgfältig auszuwählen. Die Auswahlkriterien sollten gemeinsam mit dem Vorgesetzten und dem Dozenten festgelegt werden.

3. Innovationen

Der Bildungsträger hat verstärkt darauf zu achten, daß innovative Ansätze gefunden werden bei
- den Sachprogrammen
- den Methodenprogrammen
- den Zeitprogrammen

4. Umsetzung

Die Verantwortlichen für die Weiterbildungsmaßnahmen haben sicherzustellen, daß die Unternehmensziele und die Erfolgsfaktoren durch Weiterbildung entscheidend unterstützt werden. Es sollte die Aufgabe der Verantwortlichen sein, Gespräche mit den Teilnehmern zu organisieren und zu fördern. Die Bildung von Lernpartnerschaften und Werkstätten kann als Beispiel genannt werden.

3.3.2 Analyse der unternehmerischen Situation – dargestellt am Beispiel des PC-Programms „Strategische Unternehmensberatung"

Die Weiterbildung wird dann zum unternehmerischen Erfolgsfaktor, wenn sie die Unternehmensziele, die Geschäftserfordernisse und die daraus abgeleiteten Leistungserfordernisse entscheidend unterstützt: Will man die Bildungsdefizite im konkreten Einzelfall ermitteln, dann sollte zunächst einmal eine Bestandsaufnahme der unternehmerischen Stärken und Schwächen erfolgen. Fraglos kann ein Unternehmen nach mehreren Gesichtspunkten beurteilt werden. Eine Möglichkeit zur Unternehmensanalyse wird im folgenden kurz beschrieben. Es handelt sich hier um den Einsatz des PC-Software-Paketes „Strategische Unternehmensberatung (SUBER)".
Mehr und mehr hält die Informationsverarbeitung ihren Einzug in die Analyse von Unternehmen. Mit dem PC-Programm „Strategische Unternehmensberatung" (SUBER) ist ein Produkt geschaffen worden, das den Einsatz erprobter Werkzeuge gewährleistet und eine gelungene Symbiose von individueller und standardisierter Analyse herbeiführt. Das Programm basiert auf einer erfolgreichen Vorgehensweise bei der Unternehmensberatung und kann sehr flexibel

- problemorientiert
- bedürfnisorientiert
- nutzenorientiert

eingesetzt werden.

Das vom Autor mitentwickelte System der Unternehmensanalyse kam seit 1988 in zahlreichen Beratungsfällen vom Verfasser und anderen Unternehmensberatern zum Einstz.[1] Es kann behauptet werden, daß dieses System sehr erfolgreich in die Beratungspraxis umgesetzt wurde. In den einzelnen Untersuchungen führte das vorgestellte System zu

---

[1] Nagel, Kurt, Elschenbroich, Heinz-Dieter und Sieber, Edgar: Strategische Unternehmensberatung („SUBER") – Interaktives Programm. 2. Aufl., Hrsg. IBM Deutschland, Herrenberg 1990, IBM Form SR 12-8689 (5¼-Diskette) bzw. SR 12-3689 (3½-Diskette).

einer raschen Diagnose des Standorts der generellen und spezifischen Erfolgsfaktoren und trug dazu bei, den Entscheidungsträgern wesentliche Hilfestellung beim Aufsetzen von konkreten Aktionsplänen zu geben. Im folgenden wird dieses Programm näher beschrieben.

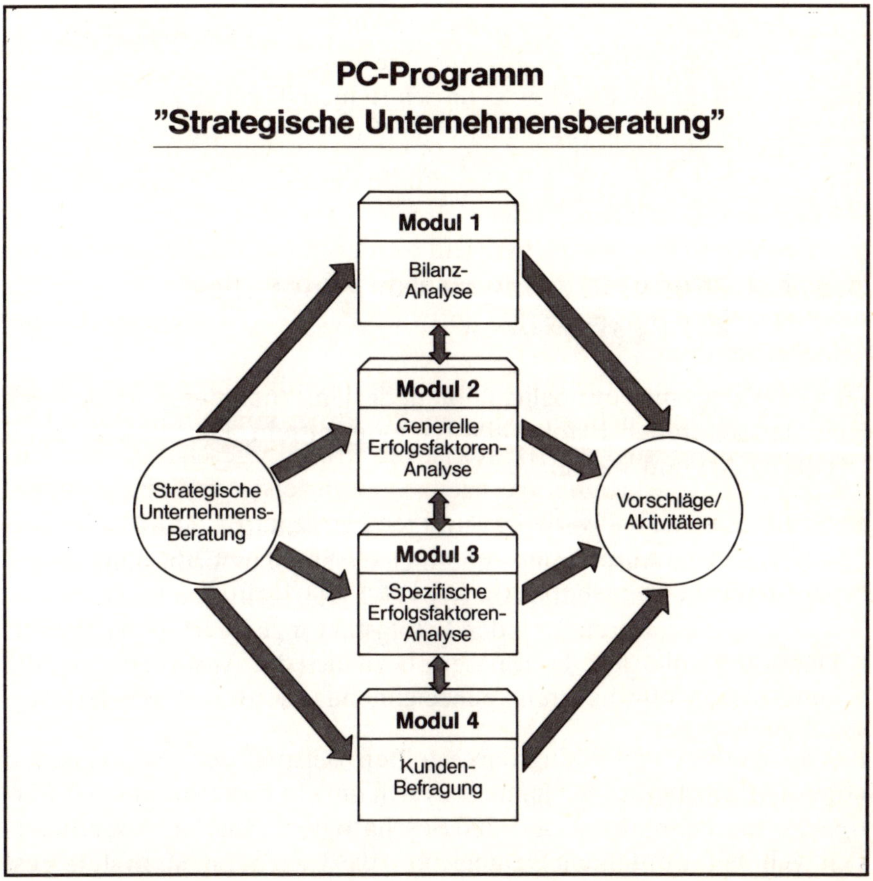

3.3.2.1 Modul 1: Bilanzanalyse

Grundlage für jede Art von Unternehmensanalyse ist das detaillierte Wissen um die wichtigsten Daten des Unternehmens. Nur wenn man die internen und externen Tatbestäde kennt, ist man in der Lage,

- die vorhandenen Strukturen und Prozesse nachvollziehen und einordnen zu können,
- die im Rahmen der Untersuchung gemachten Erfahrungen im Gesamtsystem zu verstehen und zu bewerten,
- adäquate Vorschläge und Aktionspläne zu erarbeiten.

Das 1. Modul des PC-Programmes ermöglicht die wesentlichen Bilanzdaten von sechs Jahren in ein computerunterstütztes Programm einzugeben und die wichtigsten Kennziffern maschinell zu ermitteln. Das Ergebnis zeigt, wie sich das zu untersuchende Unternehmen wirtschaftlich in den letzten Jahren entwickelt hat. Selbstverständlich können auch Planbilanzen simuliert werden.

3.3.2.2 Modul 2: Analyse der generellen Erfolgsfaktoren

Das PC-Programm ermöglicht, für jede Unternehmung die Ausprägung der generellen Erfolgsfaktoren zu ermitteln. Dies geschieht auf zweifache Art und Weise:

1. Als Basis dient eine generelle Erfolgsfaktorenmatrix. Die Einordnung der erreichten Ausprägung erlaubt eine erste Standortbestimmung.
2. Zu einer weitergehenden Analyse der Erfolgsfaktoren werden differenzierte Indikatoren für jeden Erfolgsfaktor zur Verfügung gestellt. Damit wird eine gute Transparenz bezüglich der Ausprägung der die einzelnen Erfolgsfaktoren kennzeichnenden Kriterien geliefert.

Bei dem in der Abbildung dargestellten Beispiel der „Strategischen Unternehmensberatung“ handelt es sich um ein mittelständisches Fertigungsunternehmen mit ca. 1 500 Beschäftigten. Aus der Gesamtübersicht geht hervor, daß die Strategie und das Führungssystem stark ausgeprägt sind. Eine Verbesserung sollte der Erfolgsfaktor Organisation erfahren, d.h., die Organisation muß möglichst rasch den vorhandenen Strategiekonzepten folgen. Die noch bessere Nutzung des Mitarbeiter-Potentials stellt ebenso wie die Kundenorientierung Ansatzpunkte zur Erhöhung der Erfolgspotentiale dar.

Mit Hilfe der Indikatoren für die einzelnen Erfolgsfaktoren ist es den Verantwortlichen rasch möglich, die einzelnen Stärken und Schwächen zu erkennen und Maßnahmen zur Verbesserung aufzusetzen. So ist zum Beispiel im vorliegenden Praxisfall (bezogen auf den Erfolgsfaktor „Strategie", Indikator: Geschäftsgrundsätze) das Erarbeiten eines einheitlichen Erscheinungsbildes (Corporate Identity) erforderlich. Geschäftsgrundsätze sind für dieses Haus in prägnanter Weise zu formulieren, den Mitarbeitern, Kunden und Lieferanten bekanntzugeben und von den Führungskräften und Mitarbeitern zu „leben".

Bezüglich des PC-Ausdrucks über den Ausprägungsgrad der Erfolgsfaktoren sei angemerkt, daß beim Ausdruck der einzelnen Erfolgsfaktoren in der ersten Zeile die Selbsteinschätzung aus der Gesamtübersicht übernommen wurde.

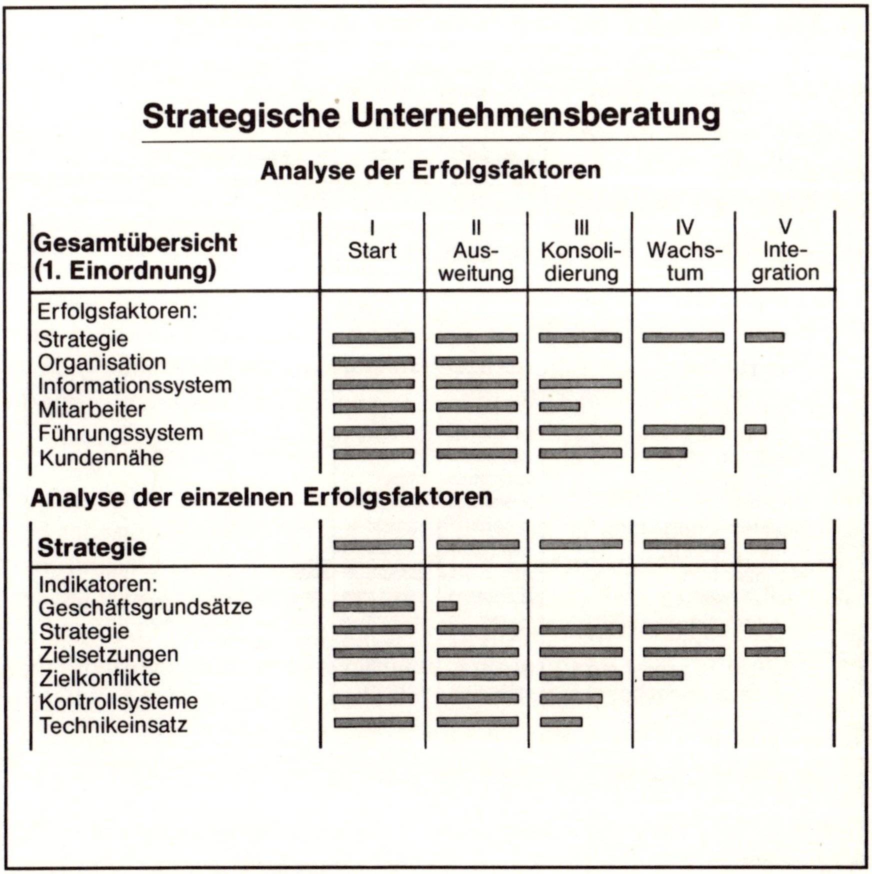

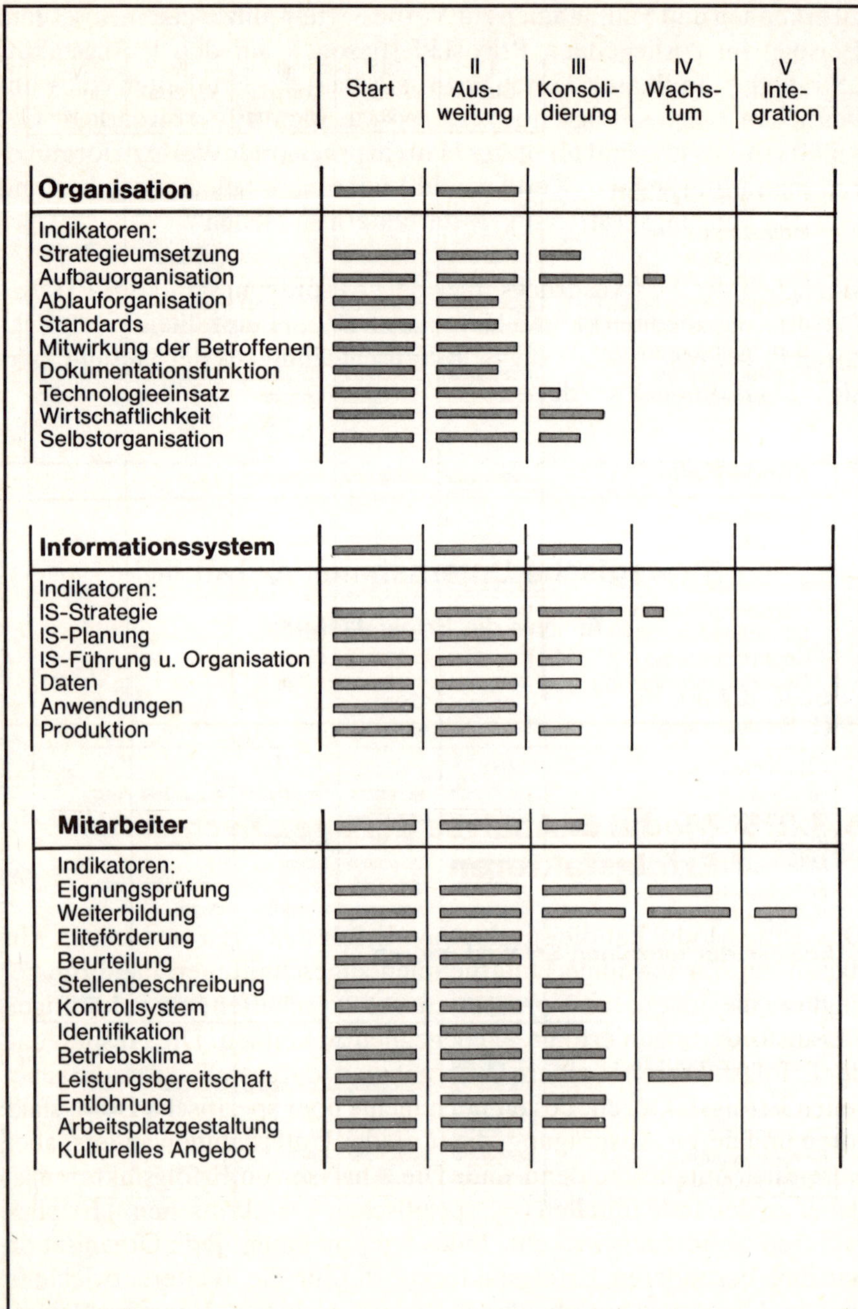
I Start
II Ausweitung
III Konsolidierung
IV Wachstum
V Integration
Organisation
Indikatoren:
Strategieumsetzung
Aufbauorganisation
Ablauforganisation
Standards
Mitwirkung der Betroffenen
Dokumentationsfunktion
Technologieeinsatz
Wirtschaftlichkeit
Selbstorganisation
Informationssystem
Indikatoren:
IS-Strategie
IS-Planung
IS-Führung u. Organisation
Daten
Anwendungen
Produktion
Mitarbeiter
Indikatoren:
Eignungsprüfung
Weiterbildung
Eliteförderung
Beurteilung
Stellenbeschreibung
Kontrollsystem
Identifikation
Betriebsklima
Leistungsbereitschaft
Entlohnung
Arbeitsplatzgestaltung
Kulturelles Angebot

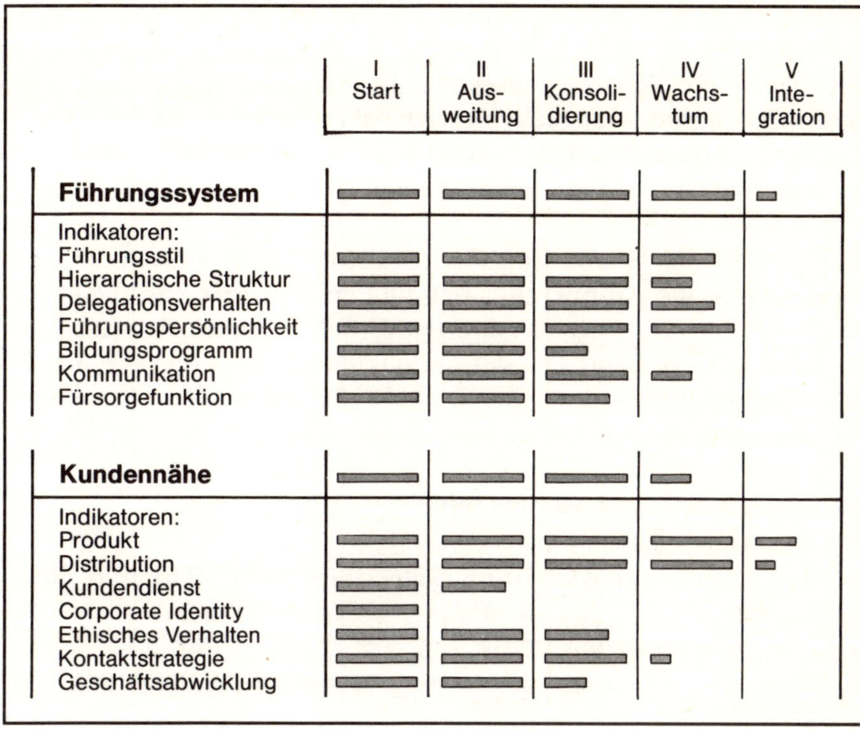

3.3.2.3 Modul 3: Analyse der spezifischen Erfolgsfaktoren

Das dritte Modul hat die spezifischen Erfolgsfaktoren zum Inhalt. Mit diesen auf das jeweilige Unternehmen zugeschnittenen Faktoren gelingt es, die adäquaten Voraussetzungen zu schaffen, um zukünftigen Herausforderungen erfolgreich begegnen zu können. Die Ausprägung der Erfolgsfaktoren in einem Unternehmen, dargestellt durch die generellen Erfolgsfaktoren, besagt noch nichts über spezifische Erfolgsfaktoren und deren Ausprägung, die für jedes Unternehmen anders, aber wesentlich mitentscheidend sind. Die Analyse von Erfolgsfaktoren ist daher zu den individuellen (= „spezifischen", = „kritischen") Erfolgsfaktoren weiterzuentwickeln. Jedes Unternehmen, jede Organisation hat ihre besonderen Erfolgsfaktoren, die für die Weiterentwicklung und das Überleben entscheidende Bedeutung haben. Vor einer Bewertung sind diese Faktoren erst zu erkennen und zu dokumentieren. Hilfestellung können Ihnen zunächst die in der Branche (Subbranche) wichtigen Erfolgsfaktoren geben. Sind die für Ihr Unternehmen spezifischen Erfolgsfaktoren nicht hinreichend bekannt und auch nicht entsprechend dokumentiert, so müssen diese in einem Benennungsverfahren ermittelt werden (vgl. hierzu Kapitel 1.2.3).

Hat man die wesentlichen spezifischen Erfolgsfaktoren ermittelt, empfiehlt es sich, die Ausprägung über ein Punktsystem (Ausprägung gering = 1; sehr stark = 10) zu bewerten. Erfaßt man auch die geforderte, zukünftige Ausprägung (wieder in Punkten), dann lassen sich aus der errechneten Differenz zwischen Ist und Soll Ansätze für unternehmerische Maßnahmen ableiten.

Entscheidende Fragen werden sein:

- Mit welcher Priorität sind die einzelnen kritischen Faktoren zu unterstützen?
- Welche Unterstützung und
- welche Aktivitäten sind aufzusetzen, um die Ausprägungsziele zu erreichen?
- Welche Programme sind aus der Sicht der Weiterbildung in kurzer und mittlerer Sicht gefordert?

3.3.2.4 Modul 4: Analyse der Kundenerwartungen

Zu einer aussagefähigen Unternehmensanalyse gehört auch die Einbindung der Kunden. Es ist wichtig, ihre Meinung über das Unternehmen zu erfahren. Beim Einsatz des PC-Programms „SUBER“ erhalten die Kunden einen Fragebogen mit den entsprechenden Fragen:

Wie zufrieden sind Sie mit uns bezüglich:

- Unserer Reaktion auf Ihre Wünsche?
- Unserer Einhaltung von Terminzusagen?
- Unserer Produktqualität?

usw. Die Fragen sind mit einer Antwortskala von fünf Möglichkeiten ausgestattet (1 = sehr gut, 2 = gut, 3 = befriedigend, 4 = ausreichend, 5 = mangelhaft), die wie folgt aussieht:

Reaktion auf Kundenwünsche

1 2 3 4 5

Einhaltung von Terminzusagen

1 2 3 4 5

usw.

Die Gesamtübersicht konsolidiert die Meinungen aller befragten Kunden zu einem Faktor. Ist eine Bewertung einzelner Erfolgsfaktoren aus eigener Sicht bereits erfolgt, dann ist eine Abstimmung zwischen eigener Sicht und Kundensicht möglich. Damit wird bei den externen (also den von Kunden sichtbaren) Erfolgsfaktoren eine weitere Analyse ermöglicht:

- Sind die „Kriterien" wirklich vom Unternehmen richtig beurteilt worden?
- Sind wirklich alle „kritischen Erfolgsfaktoren" in der eigenen Analyse erfaßt worden?

Es sei noch angemerkt, daß beim PC-Programm „SUBER" jeder Erfolgsfaktor nach befragten Kunden analysiert werden kann, so daß eine detaillierte kundenorientierte graphische Darstellung möglich ist.

Es versteht sich von selbst, daß aus Kundensicht schlecht bewertete Erfolgsfaktoren zu überprüfen sind und entsprechende Maßnahmen zur Folge haben müssen. Hier gilt es dann verstärkt, neue Aktivitäten anzusetzen.

3.3.2.5 Die Ziele des Programms und die Ermittlung des Weiterbildungsbedarfs

Aus der kurzen Beschreibung der einzelnen Module können die wesentlichen Ziele dieses Programms abgeleitet werden.

Modul 1:
- Ermitteln des finanziellen Status'.
- Erkennen wichtiger Veränderungen in der Bilanz und G + V-Rechnung innerhalb eines Zeitraums von drei Jahren.
- Gewinnen aussagefähiger Kennzahlen aus dem Rechnungswesen.
- Ableiten wesentlicher Schlußfolgerungen.

Modul 2:
- Diagnose bezüglich der Ausprägung der generellen Erfolgsfaktoren.
- Erarbeiten von Vorschlägen zur Verbesserung der Erfolgsfaktoren.

Modul 3:
- Fixieren der unternehmensspezifischen Erfolgsfaktoren.
- Ermitteln der aktiven und passiven Faktoren.
- Darstellung der Ausprägung heute und morgen.
- Erarbeiten von Vorschlägen.

Modul 4:
- Kennenlernen der Kundenmeinungen zu ausgewählten Fragenkomplexen.
- Erfassen der Stärken und Schwächen des Unternehmens aus der Sicht des Kunden.
- Erarbeiten von Verbesserungsvorschlägen bezüglich der einzelnen absatzpolitischen Instrumente und der Abstimmung der Kundenprozesse.

Der Verfasser hat im Rahmen seiner Beratungstätigkeit den Eindruck gewonnen, daß mit Hilfe einer umfassenden und vernetzten Analyse es rasch möglich ist, den konkreten Weiterbildungsbedarf zu erkennen. Vorausschauende Weiterbildungsfachleute sollten ein Interesse daran haben, der Unternehmung aus der Rolle des nur „Reagierens" in eine agierende, strategisch ausgerichtete Orientierung zu verhelfen. Dazu wäre das vorgestellte Paket ein mögliches System, das es erlaubt, die meisten Beratungsleistungen einzuordnen und im Verbund mit den Erfolgsfaktoren, den Wettbewerbskräften des Marktes und den Kundenaussagen zu sehen. Die mit der Funktion Weiterbildung Beauftragten sollten künftig verstärkt die Erfolgsfaktoren eines Unternehmens, die Branchenentwicklungen, das Produkt-Portfolio, die Wettbewerbskräfte, die künftigen Geschäftsfelder usw. im Auge behalten. Daneben

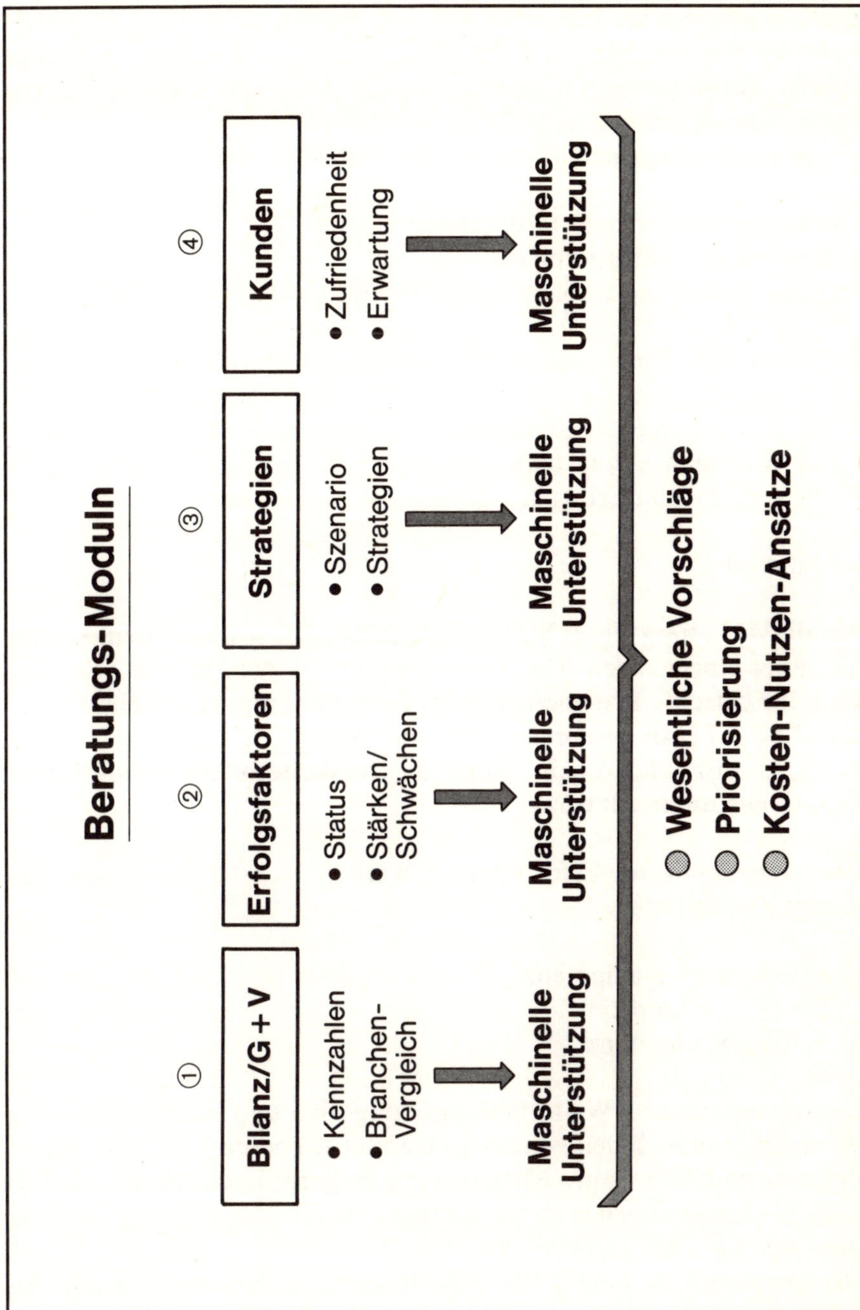
Beratungs-Moduln
①
Bilanz/G + V
• Kennzahlen
• Branchen-Vergleich
Maschinelle Unterstützung
②
Erfolgsfaktoren
• Status
• Stärken/Schwächen
Maschinelle Unterstützung
③
Strategien
• Szenario
• Strategien
Maschinelle Unterstützung
④
Kunden
• Zufriedenheit
• Erwartung
Maschinelle Unterstützung
Wesentliche Vorschläge
Priorisierung
Kosten-Nutzen-Ansätze

muß ein verstärktes Interesse an einer erfolgreichen Weiterentwicklung der Kunden bestehen. Es sollte hier der Grundsatz Gültigkeit haben: „Wenn es unseren Kunden gutgeht, dann geht es auch uns gut."

Der Weiterbildungsbedarf sollte abgeleitet werden aus den

- unternehmerischen Erfordernissen und den
- persönlichen Erfordernissen
  (siehe Abbildung „Ableitung des Weiterbildungsbedarfs").

Bei den unternehmerischen Erfordernissen empfiehlt es sich als Basis

1. die generellen Erfolgsfaktoren,
2. die Branchen-Erfolgsfaktoren und
3. die spezifischen Erfolgsfaktoren

heranzuziehen.

Auf die Ableitung dieses Weiterbildungsbedarfs wurde in dem Kapitel 1.2 näher eingegangen. Die Zuordnung dieses Weiterbildungsbedarfs kann für einzelne Personen oder für Personengruppen abgeleitet werden. In der Praxis wird es bei den unternehmerischen Erfordernissen meistens ausreichend sein, wenn dieser Weiterbildungsbedarf nach Funktionen unterteilt wird.

Bei den persönlichen Erfordernissen werden die Weiterbildungsdefizite abgeleitet aus der

1. Effektivitäts-Kompetenz,
2. Effizienz-Kompetenz,
3. Erfolgs-Kompetenz.

Die Inhalte dieser 3 Weiterbildungskategorien und Beispiele für Weiterbildungsmaßnahmen wurden in Kapitel 1.3 beschrieben. Bei dieser Bedarfsermittlung ist pro Mitarbeiter vom geforderten Profil und dem tatsächlich vorhandenen Profil auszugehen.

Die Teilnahme an einem Weiterbildungsprogramm muß für alle Arbeitskräfte eine erstrebenswerte und positive Angelegenheit sein – eine

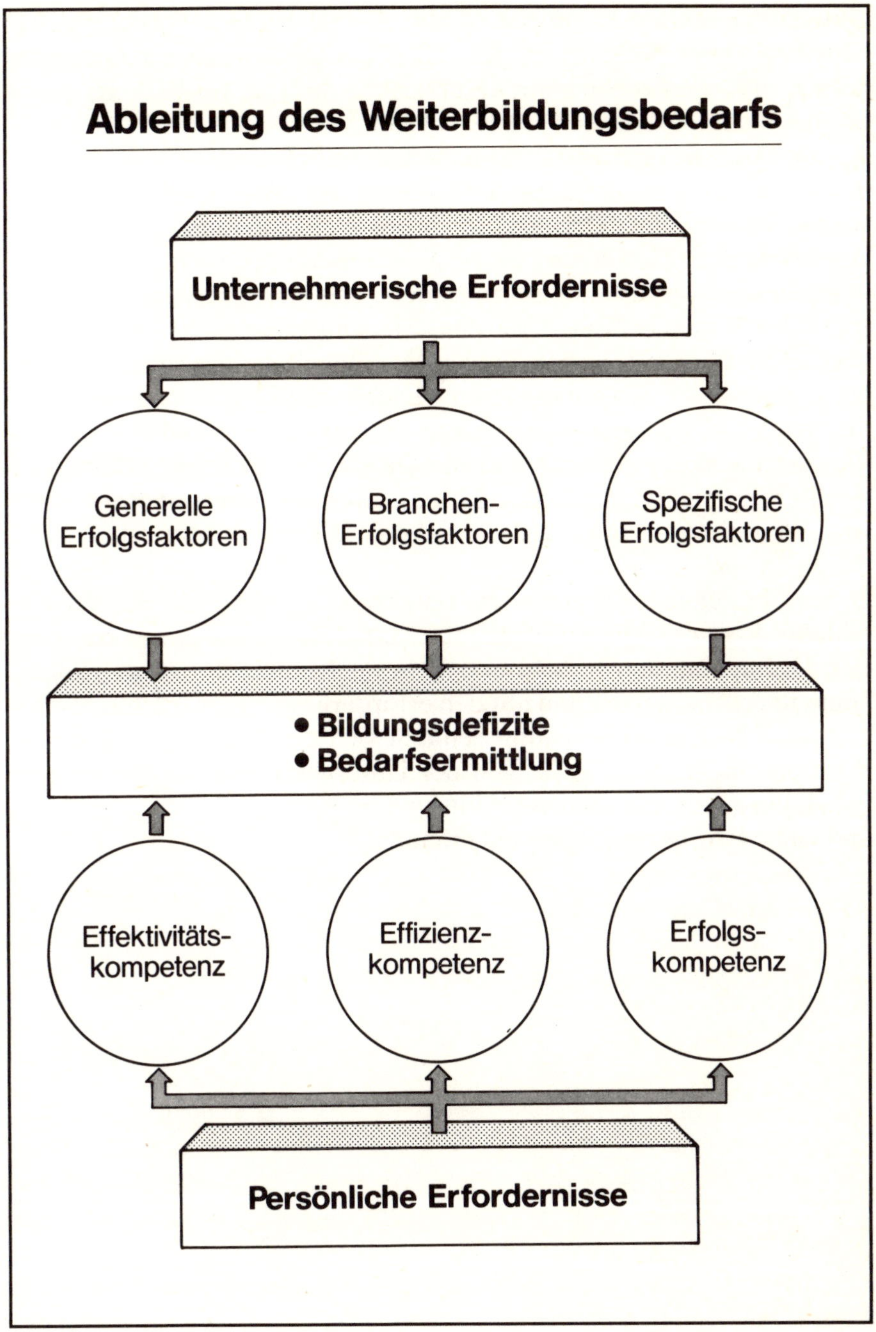
Ableitung des Weiterbildungsbedarfs
Unternehmerische Erfordernisse
Generelle Erfolgsfaktoren
Branchen-Erfolgsfaktoren
Spezifische Erfolgsfaktoren
• Bildungsdefizite
• Bedarfsermittlung
Effektivitäts-kompetenz
Effizienz-kompetenz
Erfolgs-kompetenz
Persönliche Erfordernisse

Unterstützung ihrer Karriere und eine Anerkennung für effiziente Arbeitsleistungen. Niemals dürfen Firmenmitglieder aber das Gefühl haben, zu einer Art Nachhilfeunterricht gesandt zu werden – als Strafe für uneffizientes Arbeiten. Unter solchen Voraussetzungen würden sie sich nicht mit den neuen Lerninhalten identifizieren, sondern ihre vermeintliche Strafe nur „absitzen". Dafür ist aber jeder Pfennig zu schade, der von einer Organisation in das Weiterbildungsprogramm investiert wurde. Zielsetzung eines Weiterbildungsprogrammes muß es deshalb sein, Mitarbeiter so zu bilden, daß sie zur Bewältigung des ständigen Wandels fähiger werden. Sie sollten außerdem so viel geistige Beweglichkeit und kreative Denkfähigkeit erlernen, daß sie die notwendigen Rollenanpassungen und häufigeren Rollenwechsel problemlos bewältigen können. Vor diesem Hintergrund ist es unabdingbar, die Weiterbildung über die gesamte Zugehörigkeit eines Mitarbeiters zu einer Unternehmung zu betreiben. Nur in diesem Sinne wird Weiterbildung ein entscheidender Erfolgsfaktor sein.

Diese Überlegungen machen die unternehmerische Sicht der Weiterbildung deutlich. Neben die Effektivitäts-Komponente und die Effizienz-Komponente tritt mehr und mehr die Komponente des Erfolges. Hier gilt es, anzusetzen und mit den erforderlichen Weiterbildungsprogrammen zu beginnen. Damit schließt sich der Kreis der Aussagen. Wird die Weiterbildung als Teil der Unternehmensstrategie verstanden, dann gilt es, die Ziele der Unternehmung konkret zu unterstützen und vitale Erfolgspositionen aufzubauen.

Literaturverzeichnis

Beutel, Klaus *Fischer, Hans-Peter:*	Fragestellungen für Führungskräfte zur PE-Bedarfserfassung. In: Innovative Personalentwicklung, hrsg. von Sattelberger, Thomas. Wiesbaden 1989, S. 59–65
Bolt, James, F.:	Executive Development as a Competitive Weapon. In: Training and Development Journal, 43. Jahrg., Heft 7, 1989, S. 71–76.
Bronner, Rolf:	Weiterbildungserfolg. Modell und Beispiele Systematischer Erfolgssteuerung. Handbuch der Weiterbildung für die Praxis in Wirtschaft und Verwaltung, Band 6. München und Wien 1983.
Decker, Franz:	Aus- und Weiterbildung am Arbeitsplatz: Neue Ansätze und erprobte berufspädagogische Programme. München 1985.
Decker, Franz:	Grundlagen und neue Ansätze in der Weiterbildung. Handbuch der Weiterbildung für die Praxis in Wirtschaft und Verwaltung, Band 7. München und Wien 1984.
Diedrich, Andreas:	Effizienz betrieblicher Weiterbildung. Diss., Köln 1988.
Döring, Klaus W. *Ziep, Klaus-Dieter:*	Mediendidaktik in der Weiterbildung. Weinheim 1989.
Döring, Klaus W.:	System Weiterbildung. Weinheim und Basel 1987.
Dybowski, Gisela *Herzer, Hans* *Sonntag, Karlheinz:*	Strategien qualitativer Personal- und Bildungsplanung bei technisch-organisatorischen Innovationen. Schriften zur Personalwirtschaft, Band 19, Neuwied 1989.
Freiesleben, Ulrich:	Bildung im Strukturwandel von Unternehmen. Frankfurt am Main 1989.

Gaugler, Eduard (Hrsg.): Betriebliche Weiterbildung als Führungsaufgabe. Wiesbaden 1987.

Gerken, Gerd: RADAR für TRENDS. 17.10.1989.

Hammer, Richard; Bauer, Wolfgang; Gartlacher, Hansjörg; Lind, Rudolf; Wörz, Richard: Aus- und Weiterbildung von Führungskräften in der Unternehmenspraxis. Wien und Ehningen 1984.

Heidack, Clemens (Hrsg.): Lernen der Zukunft. München 1989.

Heismann, Günter: Eine Frage des Stils. Über die Untersuchung von David Clutterbuck und Walter Goldsmith. In: Manager Magazin, Heft 9, 1985, S. 202ff.

Heller, Kurt; Facaoaru, Cornelia: Selbst- und Systemerkenntnis. In: DABEI-Handbuch für Erfinder und Unternehmer. VDI Verlag Düsseldorf 1987, S. 45ff. Hrsg. von der DABEI Deutsche Aktionsgemeinschaft Bildung – Erfindung – Innovation e.V.

Hölterhoff, Herbert: Strategische Personalentwicklung. In: Personal Führung, Heft 1, 1989, S. 26–35.

Hülshoff, Theo: Markierung einer neuen Betriebs- und Führungspädagogik. In: Weiterbildung, Heft 3, 1989, S. 16.

Jeserich, Wolfgang: Top-Aufgabe. Die Entwicklung von Organisationen und menschlichen Ressourcen. Handbuch der Weiterbildung für die Praxis in Wirtschaft und Verwaltung. Band 8. München und Wien 1989.

Jung, Raimund; Wörster, Wolfgang: Lerntätigkeit. Probleme und Perspektiven des Lebens in der Weiterbildung. Frankfurt 1989.

Kettgen, Gerhard: Moderne Personalentwicklung in der Wirtschaft. Wien und Ehningen 1989.

Leitner, Reinhard; Runge, Thomas; Burschik, Robert; Grausam, Gerhardt: Der Weiterbildungsbedarf im Unternehmen. Methoden zur Ermittlung. Handbuch der Weiterbildung für die Praxis in Wirtschaft und Verwaltung, Band 2. München und Wien 1982.

Lorenz, Konrad: Die Rückseite des Spiegels. 4. Aufl., München 1983.

Meffert, H.: Marketing. Eine Einführung in die Absatzpolitik. Wiesbaden 1982.

Mewes, Wolfgang: Energo-Kybernetische Strategie (EKS), Frankfurt/Main.

Mewes, Wolfgang: Komplexe Systeme besser managen lernen. In: Zeitschrift i.O., Heft 9 (Teil 2), 1988, S. 420ff.

Münch, Joachim Müller, Hans Joachim: Evaluation in der betrieblichen Weiterbildung als Aufgabe und Problem. In: Schriftenreihe Wirtschaftsdidaktik, Band 13. Baltmannsweiler 1988, S. 17–61.

Nagel, Kurt Elschenbroich, Heinz-Dieter Sieber, Edgar: Strategische Unternehmensberatung („SUBER") – Interaktives Programm. Hrsg.: IBM Deutschland, 2. Aufl., Herrenberg 1990, IBM Forum SR 12-8689 (5¼-Diskette) bzw. SR 12-3689 (3½-Diskette).

Nagel, Kurt Elschenbroich, Heinz-Dieter Sieber, Edgar: Strategieplanspiel – Privathaushalt. Stuttgart 1990.

Nagel, Kurt Werner, Jürgen: Das Unternehmensspiel: Betriebswirtschaftliches Entscheidungstraining, 2. Aufl., München und Wien 1988.

Nagel, Kurt: Die innerbetriebliche Ausbildung von Führungskräften in Großunternehmen. Berlin 1969.

Nagel, Kurt: Die 6 Erfolgsfaktoren des Unternehmens. 3. Aufl., Landsberg 1989.

Nagel, Kurt: Erfolg durch effizientes Arbeiten, Entscheiden, Vermitteln und Lernen. 4. Aufl., München und Wien 1990.

Nagel, Kurt: Ihre Stärken – Ihr Erfolg. Ein PC-Programm zur Persönlichkeitsanalyse. Hrsg. Deutscher Sparkassenverlag. Stuttgart 1990. Artikel-Nr. 310093/004 (5¼-Diskette) bzw. 310093/005 (3½-Diskette).

Nagel, Kurt: Manuelles Planspiel: Verkauf durch Vertriebsbeauftragte. In: Loseblattwerk Organisation, hrsg. von Lindemann, P. und Nagel, K., Lieferung 9, vom 30. März 1982, S. 1–20.

Nagel, Kurt: Nutzen der Informationsverarbeitung. 2. Aufl., München 1990.

Nagel, Kurt: 200 Strategien, Prinzipien und Systeme für den persönlichen und unternehmerischen Erfolg. 3. Aufl., Landsberg 1990.

Nieder, Peter: Die Unternehmens-Führung. In: Der Betriebswirt, Heft 4, 1987. S. 7ff.

o.V.: Manager Magazin, Heft 6, 1988.

Pascale, Richard: The Paradox of "Corporate Culture": Reconciling Ourselves to Sozialization. In: California Management Review, Vol. 27, No. 2, 1985, P. 26ff.

Porter, Michael E.: Wettbewerbsvorteile – Spitzenleistungen erreichen und behaupten. Frankfurt a.M. 1985.

Porter, Michael E.: Wettbewerbsstrategie – Methoden zur Analyse von Branchen und Konkurrenten. 3. Aufl., Frankfurt a.M. 1985.

Pümpin, Cuno: Management strategischer Erfolgspositionen. 3. Aufl., Bern und Stuttgart 1986.

Reicherts, K.-J. Krukamp, J.: Praktische Ansätze betrieblicher Weiterbildungskontrolle. In: Weiterbildung im Wandel, hrsg. von Pullig, Karl-Klaus und Schäkel, Uwe. Hamburg 1987, S. 263–281.

Sattelberger, Thomas (Hrsg.): Innovative Personalentwicklung. Wiesbaden 1989.

Scheuten, W.K.: Informationstechnik und Mitarbeiterqualifikation. In: Personalführung, Heft 1, 1989, S. 8–13.

Siewert, H.: Persönlichkeitstest erkennen und bestehen. München 1989.

Simon, Hermann: Blockaden. In: manager magazin, Heft 3, 1990, S. 194–197.

Stiefel, Rolf Th. u.a. (Hrsg.): Management-Andragogik und Organisationsentwicklung (MAO). Filderstadt.

Stiefel, Rolf Th.: Strategieumsetzendes Lernen. In: Innovative Personalentwicklung, hrsg. von Sattelberger, Thomas. Wiesbaden 1989, S. 38–41.

Vester, Frederic: Sensitivitätsmodell. Frankfurt 1980.

Vester, Frederic: Der Papiercomputer. In: Management Wissen, Heft 10, 1987, S. 48ff.

Abbildungsverzeichnis

Stichwortverzeichnis

Z